NOUS LES FILLES

MARIE ROUANET

NOUS LES FILLES

PAYOT

ISBN : 2-266-04055-3

Longtemps, à ces jeux où l'on imposait des gages : la balle au sol, patte perchée, la désignance, l'équilibre au bord du trottoir, on me demanda :

« Et maintenant, rentre dans l'eau sans te mouiller. »

Je protestais :

– C'est pas possible ! »

Les autres riaient, se parlaient à l'oreille, se regardaient d'un air entendu et affirmaient :

« Si, c'est possible. Nous on peut. On sait le faire. »

Je restais toute bête et jalouse de ne pas savoir.

Alors, même si je donnais ma langue au chat, au lieu de me révéler le secret, on m'imposait un gage plus difficile ou cruel.

Un automne, je revins de la colonie avec ce savoir magnifique.

Je l'avais échangé contre une de ces « choses » précieuses que je gardais dans une boîte et que ma mère jetait quand elle s'avisait de ranger mon coin : tapis de bourres de laine, pain d'hostie du bord des nougats, minuscules bouts de craie de couleur, bobines de fil vides, chiffons.

J'avais payé le prix qu'il convenait pour connaître la clef de l'énigme.

Je pus alors sourire d'un air important, ramasser une branchette, dessiner un rond dans la poussière, sauter à pieds joints au centre et dire triomphalement : « Je suis dans l'O, et je ne me mouille pas. »

Un jour, je connus le secret et je fus capable de fermer le cercle.

Peut-être suis-je toujours dedans.

1

DES ANNÉES TOUTES RONDES

« Il neige, il neige, à gros flocons,
Petits enfants, c'est la saison,
il faut rentrer à la maison... »

Chanson de corde (coups doubles)

Parce que d'un brin d'herbe je fais une loupe, parce que je sais tirer une catapulte du plantain et des poupées des boutons de coquelicot, on me prend toujours pour une campagnarde. Il n'en est rien.

Derrière la cathédrale de Béziers existe un vieux quartier de rues étroites, bordées de maisons hautes, dont seuls les étages supérieurs reçoivent le soleil, et de biais encore, pendant son bref passage entre les toits. C'est là que je naquis et vécus les premières années de mon enfance dans le fourmillement d'une vie qui envahissait la rue. Les appartements étaient petits et sombres. La plupart se composaient d'une pièce donnant sur la rue par une seule fenêtre, d'un débarras obscur et d'une chambre ouvrant sur une cour intérieure ou une ruelle. Ils étaient habités d'un petit peuple indifférent aux arcs brisés, aux sculptures sous les toits, aux escaliers à vis.

Les portes et les fenêtres – parfois à meneaux – largement ouvertes dans ce doux pays au ciel clément, déversaient, avec des flots d'odeurs et de cris, des femmes et des enfants.

La maison où je demeurais, obéissant à une logique médiévale qui nous échappe aujourd'hui, formait avec la suivante un angle obtus. Cette encoignure en forme de triangle, déployée autour de la porte d'entrée, pavée de rectangles de basalte, fut mon premier lieu de jeu.

Près de moi, descendues d'un logement semblable au mien, il y avait Judette et Jaquette, les jumelles. On leur avait donné ces prénoms peu communs mais bien connus des Biterrois, car elles étaient nées si menues qu'on les croyait perdues et qu'il fallait bien des saints pour les protéger [1]. De plus, on les avait vouées à la Vierge et on ne les habillait que de bleu et de blanc. Il y avait aussi Solange dont la grande sœur était morte de la typhoïde. Il planait sur elle la terrible contagion et la mort.

Parfois une petite herbe verte poussait entre les pierres presque noires. Nous la cueillions brin à brin et faisions des bouquets.

Nous jouions sous le regard d'une mère qui avait apporté sa chaise ou son pliant sur le seuil. Nous ne dépassions jamais le rebord du trottoir : ni pour aller à la fontaine, de l'autre côté de la rue, ni pour passer sous le porche arrondi de la maison voisine. Même pour les commissions à l'épicerie, si proche que ma mère regardait de la fenêtre si « les haricots étaient arrivés », si proche que pour s'y rendre elle n'enlevait pas son tablier, c'était en donnant la main à quelqu'un que j'effectuais le déplacement.

J'étais encore « petite ». Le regard des femmes ne me quittait pas et leurs mains ne me lâchaient que pour me donner une liberté de quelques mètres sous surveillance constante.

Certaines fillettes, des « grandes », venaient jouer là aussi. Nous n'étions pas admises à participer. Nous les regardions exécuter, à une barre de fer qui soutenait la porte, la « candelette » – où le corps tourbillonnait autour de la barre serrée sous le ventre – et le « cochon pendu » – où accrochées par la jointure des genoux, tête en bas, elles se balançaient et balayaient le sol de leurs cheveux.

Nous les regardions jouer à la balle. Du plat de la main elles la frappaient et la balle rebondissait, décrivant de fantasques trajectoires à cause du sol inégal. Elles la rattrapaient habilement, la faisaient même passer sous leur jambe levée en chantant : « Connaissez-vous Nénette et Rintintin... » et « une négresse qui buvait du lait [2] ». Ce qu'elles faisaient nous paraissait très difficile. Puis elles partaient en courant à des distances inaccessibles et seuls leurs cris nous parvenaient alors.

On m'emmenait promener avec mes cousines et ma sœur sur une quelconque placette ombragée de platanes – Canterellette, la Place de la Révolution ou dans un des jardins publics de la ville : la Plantade, le Plateau des poètes, le Jardin des vieux.

C'est l'hiver, la lumière est délicieuse et glacée. Tandis que nous descendons la « Rampe des moulins », vertigineuse et interminable, le vent s'engouffre sous mon manteau. En bas, à la Plantade, contre le mur pourtant il fera presque chaud. Le bassin carré reçoit, depuis ses quatre coins, quatre jets d'eau venus de grenouilles de bronze. La surface de l'eau est en permanence troublée. Une fontaine à bouche de lion coule net comme du verre. Je n'ai pas le droit de m'en approcher, mais je le fais quand même : dans le creux de ma main je vais voler de l'eau pour remplir le bassin de mon jardin.

Car dans l'allée, près de ma cousine, je dessine avec elle un jardin. Nous sommes accroupies. On nous empêche de nous asseoir sur le sol : nous salirions de terre notre culotte. Nous ne nous mettons pas non plus à genoux : nous ferions périr le bout de nos souliers et jambes et chaussettes seraient maculées. Notre grand-tante qui nous surveille avec notre grand-mère préfèrerait que nous jouions debout et que nous ne tripotions pas de la terre.

Mais nous, ce que nous aimons, c'est dessiner un jardin. Avec un bâton nous en traçons la forme générale, nous plaçons les allées, les massifs, puis nous posons sur les traits des cailloux, des boules de platane, des graines de mélèze ou de cyprès, les fruits rouge corail du fusain, ceux, métallisés, du laurier d'Europe ou ceux du lierre, vert bronze. Nous utilisons tout ce que nous trouvons joli, suivant les saisons. Des fleurs tombées de l'acacia. Des fleurs de marronnier rose. Nous piquons des branchettes, feuillues ou non, pour figurer les arbres.

Nous voudrions bien un bassin où l'eau reste. Mais lorsque après avoir creusé le sol, j'arrive en me cachant à verser dans le trou quelques poignées d'eau, la terre la boit tout de suite.

Ah ! si nous avions un miroir ! Nous le poserions sur des feuilles. Il serait transformé en eau brillante plus belle que ce rond bordé de cailloux blancs où l'eau est bue à la seconde et devient de la boue.

Toutefois, quand je pense aux jeux multiples que j'ai pratiqués, ce n'est pas ce jardin décoré qui me vient à l'esprit. La vraie enfance commence lorsque, échappant à ces mains, à ces regards qui me tiennent, j'effectue seule les déplacements, lorsque enfin je suis dans la rue, quand j'ai des amitiés, des expériences qui me sont propres : de six à treize ou quatorze ans.

J'ai vécu en ville, une ville dont je ne sortais que très rarement et que j'arpentais à pied. Le seul dépaysement de l'année, jusqu'à dix-sept ans, fut la colonie de vacances. Encore n'était-elle, tant nous y étions encadrées, qu'un patronage prolongé.

Après la guerre, mes parents quittèrent le centre historique, ses rues somptueuses mais insalubres, pour s'installer dans un quartier aux portes de la ville : la Font-Neuve. Ils avaient loué une villa rudimentaire, sans aucun sanitaire, perméable au chaud comme au froid. Mais elle était peinte de ciments vert vif et jaune, largement ouverte au soleil et à l'air. Devant la porte, quelques pieds carrés de terre permettaient de parler de jardin. Telle quelle, nous la trouvions merveilleuse. Le quartier tout entier était composé de semblables maisonnettes.

Quand j'arrive, un groupe de filles de mon âge joue dans la rue.

J'ai une terrible envie de sortir.

Ma sœur, elle, a passé l'âge des jeux. C'est une petite jeune fille. Jamais elle ne s'est mêlée aux équipes bruyantes des trottoirs, elle s'amusait seule et sagement comme se plaît à dire ma grand-mère. Elle découpait dans des magazines des dames, des messieurs et des enfants; elle composait des familles. Au dos, elle inscrivait d'une écriture soigneuse les noms, prénoms et âges des personnages. Elle garde encore ces poupées bien qu'elle n'y joue plus, dans un ancien calendrier des PTT qui lui sert de chemise.

Maintenant elle est « indisposée », elle a des seins et de la coquetterie. Je dois la supplier – et encore accepte-t-elle rarement – pour qu'elle consente à jouer avec moi.

Mais un jour, je me décide à sortir, et j'avance sur le trottoir.

J'appris que je venais dans la villa après Ginette Lacour.

« Qu'est-ce que vous avez mis dans cette pièce ? me demanda Alice en désignant une fenêtre.

– Une chambre où je couche avec ma sœur.

– Eh bien, Ginette Lacour, elle avait là une salle à manger.

Je dus avouer :

– Nous, on n'a pas de salle à manger. »

Je devais entendre beaucoup parler de la glorieuse Ginette. On me montra même sur le mur de ma chambre la trace, en plus foncé sur le bleu du mur pâli par le soleil, des meubles enlevés.

En quelques jours je savais le nom de la douzaine de fillettes qui participaient aux jeux. Je les avais situées dans l'espace. Alice : sa maison s'ouvrait au ras du trottoir, je la voyais de ma fenêtre. Évelyne : la sienne était ornée de faux bois et elle habitait au premier étage. Josée : son jardin faisait face au mien. Les sœurs Maurel, Lucienne et Marcelle : un figuier dépassait du mur. Les sœurs Pech : Anna, Claire, Mauricette, Éliane – Anna boitait – habitaient en haut de la rue de la Treille, et Lili à mi-côte : un grand kaki donnait de l'ombre à la façade de sa villa.

Elles m'avaient interrogée et elles avaient appris que mon père était mécanicien, artisan dans le quartier voisin des Abattoirs, que ma mère ne travaillait pas, qu'avec ma sœur nous allions à l'école libre, que je n'avais ni vélo ni patins à roulettes, que ma grand-mère habitait à côté de la cathédrale, que j'avais une cousine à Carcassonne et des tantes à Paris.

Au bout de quelques jours, je disais comme les autres : L'escalier, Le figuier, Le trottoir, Le poteau, La rue, La fontaine, Le fossé.

Là, près d'elles, j'allais vivre vraiment l'enfance, celle des jeux multiples, de la relative liberté de fillettes lâchées dans la rue et la ville, très surveillées encore, mais indépendantes dans un territoire réduit, effectuant seules les trajets à l'école, à la paroisse, chez les commerçants.

Et cette enfance fut citadine. Ma seule nature fut celle qui entourait directement Béziers et où nous nous rendions à pied au cours des promenades du jeudi ou du dimanche.

J'ai connu les bords de la rivière – l'Orb – le Canal du Midi, les Neuf écluses, les talus et leurs herbes folles, les vignes où je vendangeais, les *pechs* [3] qui entouraient la ville – de Gargailhan, de la Pomme, des Moulins – les multiples chemins de vignes par lesquels pénétrait la campagne. Mais c'est surtout sur les places aux bancs verts, à l'ombre des platanes, sur les trottoirs, dans la cour de l'école et dans les salles paroissiales, que j'ai joué et ces univers tangeants furent ma vie.

Le quartier de la Font-Neuve était habité par de pauvres gens. J'ai vécu là une enfance modeste. Sereine aussi.

On comptait pour tout, il était toujours question d'économies et la « fin du mois » rythmait le temps, ce passage périlleux dont certains sortaient vaincus. On en entendait parler, on en parlait entre copines.

« Eh! disait Mme Puech à sa fille en l'envoyant aux commissions, n'en prends que pour cent francs que c'est la fin du mois. » Lucienne « allait à crédit » et expliquait à l'épicière « ma mère paiera à la fin du mois ». Il n'était pas rare que Paulette, Lili ou Alice précisent : « Je risque pas de prendre des sous à ma mère... », « Je ne pense pas acheter de cahier neuf... je prends qu'une pièce pour la quête... que c'est la fin du mois »; ou bien elles annonçaient : « Le mois prochain ma mère m'achètera des sandalettes... un ruban pour les cheveux. »

Une économie sans bavures dirigeait la plupart des maisons.

Chez moi l'argent était réparti dans des enveloppes : loyer, charbon, électricité, nourriture, mutuelle, et il n'en sortait que pour l'usage prévu. Jamais rien n'était détourné de ce qui nous assurait le strict quotidien. En faisant attention, en s'arrangeant, on s'en sortait.

En dessous de nous, il y avait les pauvres, sales, dépenaillés. On disait d'eux : « Ils ne savent pas se tenir. » Leurs boutons n'étaient pas recousus, leurs ourlets, leurs bretelles fermaient avec une épingle, leurs trous restaient béants. Ils n'étaient pas montrables.

Nous ne voulions pas jouer avec certaines fillettes quand par hasard nous les rencontrions dans quelque regroupement paroissial : elles avaient les mains sales, elles avaient des poux, elles disaient des gros mots et étaient toutes des « garçonnières ». Nous, nous n'étions pas des caraques [4]. Nous étions propres, raccommodées avec soin, nous avions la raie dans les cheveux bien droite et les trous, même sur les pieds invisibles des chaussettes, étaient reprisés soigneusement. Il ne s'agissait pas avec quelques « points de Jésus [5] » de rapprocher les bords d'une échancrure – on appelait cela une bougne ou un cul de poule – mais de reconstituer une chaîne et une trame en lançant des fils et en se servant de l'aiguille comme d'une navette. On nommait cela le point de reprise croisé.

La gloire dans les familles se réduisait le plus souvent à la réputation d'être ainsi irréprochable, de pouvoir travailler dur, et de joindre habilement les deux bouts.

Je n'avais pas de soucis, je n'étais pas dévorée d'ambitions. Je recevais mon comptant de taloches et d'affection, je n'avais à m'occuper de rien. J'étais heureuse. J'ai donc passé mon temps à jouer à tout et surtout à ce qui ne coûtait rien. Aucun tracas n'est venu me distraire de la corde à sauter, des marelles [6] et jeux de balles, du dépiautage des fleurs sucrées de l'acacia.

J'ai joué merveilleusement au milieu de mes « copines », avec les alternances rituelles des saisons, des lieux, des circonstances. J'ai joué avec des filles, exclusivement, à l'école, au catéchisme, en colonie : il n'était ni d'usage, ni de bon ton de nous mêler aux garçons.

Et malgré la bande de couleur dont ma robe était rallongée, malgré ces souliers dont on découpait le bout pour qu'il ne blesse pas le pied devenu trop grand, malgré ce goûter où il y avait plus de pain que de garniture mais qui était toujours une fête, je fus, pendant des années, délicieusement livrée au jeu.

Le soir je rentrais vers la lumière, vers la chaleur de la cuisinière de fonte, j'étalais un journal sur la table de la cuisine et je jouais encore ou je faisais mes devoirs.

Le froid, le chaud, le vent, la croissance de la végétation, la respiration du ciel et des vignes alentour, les promenades du jeudi et celles – différentes – du dimanche, les temps scolaires, les vacances, les moments et les époques réservés à Dieu, les modes qui passaient et provoquaient des engouements, tout cela entrait pour une part dans le choix et le lieu du jeu.

Avant la rentrée, les vendanges animaient le quartier d'une façon toute particulière, le remplissaient d'odeurs spécifiques – celle, anisée, du crottin de cheval, celle par bouffées du raisin écrasé. A elles seules, elles créaient une saison, un lien privilégié avec le paysage viticole qui entourait la ville. Femmes et enfants vendangeaient dans des domaines très proches où ils se rendaient à pied. C'était un peu une bénédiction cet argent qui permettait de faire face aux frais scolaires, une aubaine que les enfants puissent l'accomplir et gagner leur journée.

Le matin, je criais bonjour à travers la rue à Alice, à Josée qui vendangeaient ailleurs. Le soir, nous restions le plus souvent assises au bord du trottoir, sur les longs parallélépipèdes de basalte qui le bordaient, les bras cuits de soleil, le cou blanc parce que resté à l'ombre du chapeau, la cheville marquée – en plus clair sur la peau noircie et zébrée d'écorchures – des lacets croisés des espadrilles, un peu effondrées, les jambes étendues devant nous. Nous parlions. Trop lasses pour courir, nous ne jouions à rien et surtout pas aux osselets ou aux ficelles, jeux qui supposaient des mains agiles et non pas griffées et parfois blessées comme l'étaient les nôtres, tachées par le raisin, irritées et rougies par le sulfate, un peu gourdes. Nous nous racontions comment les choses se passaient dans les diverses « colles [7] » où nous étions embauchées : les petits incidents, les piqûres de guêpes, la boue des orages, les doigts taillés par le sécateur. Nous parlions aussi du prix des journées, nous faisions la multiplication sur le trottoir avec un bout de plâtre tombé et évoquions l'utilisation de cet argent que nous étions en train de gagner – une jupe à carreaux, un tricot « à fermeture Éclair ». Aucune de nous n'en aurait le libre usage, nos mères l'encaisseraient, mais nous étions heureuses à l'idée du cartable neuf, des souliers du dimanche, de la laine que nous irions choisir et dans laquelle on nous tricoterait gilets, cache-nez et capuchons, pull-overs, gants et chaussettes.

Alice racontait comment les jeunes avaient inventé sur l'air du « Petit vin blanc », une chanson contre le meneur [8], trop sévère; comment untel avait été « farci », comment on l'avait, elle, « capounée [9] »; elle rapportait les plaisanteries souvent triviales de la vigne.

Moi, j'expliquais la balançoire que nous fabriquions avec trois comportes. Je montrais avec les gestes : une comporte tenait en équilibre par ses poignées sur le fond de deux autres renversées. A tour de rôle on s'asseyait au fond et on se laissait aller, ainsi accroupi, à un doux balancement dont on sortait tout poisseux.

Les autres me demandaient des détails pour pouvoir refaire elles aussi la balançoire, le lendemain, au bout de la vigne, dans l'ombre torride de la haie de roseaux qui bruissaient comme de la soie. Car, même si nous menions notre rangée comme des femmes et au même prix qu'elles, une licence nous était accordée de nous mettre en avance pour jouir d'un peu de repos en attendant le reste du groupe [10]. Nous jouions alors à « ringuette, à greli-grelot [11] », nous partagions en deux, d'un coup de sécateur, les gros criquets à rayures, verts et jaunes, pourtant inoffensifs, nous pressions fortement nos yeux fermés et décrivions ce qui passait alors, lumineux, sur la rétine, nous nous faisions une joie d'un nid de guêpes vide trouvé sur un cep, si joliment garni d'alvéoles hexagonales. Nous l'emportions dans la poche du tablier en ayant bien soin de ne pas l'écraser. Nous coupions des bouts de roseau, arrachions des morceaux d'écorce aux pins. Assises sur nos seaux renversés nous nous amusions au téléphone : une phrase murmurée dans le creux de l'oreille et passant de l'une à l'autre, devenait absurde ou grivoise.

Le soir, sur le trottoir, nous montrions nos trouvailles tout en parlant des chansons, devinettes, blagues, apprises d'autres filles [12] venues d'ailleurs. Il y avait de petites Espagnoles aux prénoms surprenants : Incarnation, Assomption, Maria-de-los-Angeles et nous colportions toutes ces menues choses.

En dehors de ce « temps des vendanges », tout au long de l'année, nous puisions autant que cela était possible dans la nature qui arrivait jusqu'à nous, dans celle vers laquelle nous allions. On croit la ville vide d'herbes. Elle en est pleine – et encore aujourd'hui. Combien de rouquettes, de pissenlits sur les trajets que j'effectue tous les jours ! et cela en dépit des désherbants.

Il y avait de subtiles richesses à la vie brève. Pendant une quinzaine de jours, à peine, en mars, on pouvait voir des diamants au cœur de l'euphorbe. Le pistil brillait d'une humidité gluante, formant des facettes, et semblable à une pierre précieuse. Nous ne savions rien des pistils équipés pour capter des pollens, mais nous avions remarqué cette brillance dont la contemplation nous enchantait. Ces diamants étaient fugitifs et bien vite ternis.

Le mois d'avril ne se passait pas sans que plusieurs fois

nous eussions cueilli la fleur du pissenlit pour la faire parler en l'approchant du dessous du menton : lorsque la corolle se reflétait en jaune sur la peau, cela voulait dire que nous aimions le beurre.

Un matin, apparaissait dans l'herbe la goutte écarlate du premier coquelicot. Une de nous arrivait à l'école porteuse du premier bouton et on entrait dans un extraordinaire trésor vert dont le mois de mai était l'apogée.

A partir de cette tache rouge qui ne demandait pas de recherches mais s'imposait par sa couleur, après la première hirondelle, c'était la violente explosion printanière. Il y avait une multitude d'événements à ne pas manquer. On surveillait l'éclosion des « lumières [13] », la meilleure maturation de l' « espangassat [14] » pour jouer au diable, le fruit de la luzerne, la floraison des acacias. La grande richesse des fossés, des talus de vignes, des jardins autour des villas, des espaces en terre battue, et même des trottoirs cimentés entre les fentes desquels poussaient des mauvaises herbes, était à nous, personne ne nous la disputait. Mais bien que le printemps et le long automne chaud du Languedoc fussent des moments privilégiés, c'est toute l'année en fait qu'à nos jeux se mêlaient des végétaux divers dont nous utilisions la floraison ou le fruit.

Les cornichons sauvages devaient être utilisés sur la plante même – une plante terriblement rude, raide et velue poussée dans les talus. Ils étaient une des joies pures de l'automne. Au moment de la maturité du fruit, le moindre frottement à la base du pédoncule les faisait éclater comme des bombes en jetant un jet puissant de liquide glaireux plein de graines étoilées, un peu semblable au jus de la tomate, mais blanchâtre. Nous en étions souvent éclaboussées mais nous avions peur d'en recevoir au visage car on disait qu'il rendait aveugle. Aussi, touchions-nous les cornichons de loin, avec une branchette.

Il y avait ce dont on ne jouait pas vraiment, possessions brèves, comme les gouttes d'eau qui brillaient dans certaines feuilles après la pluie. Aux piquants des chardons, sur les poils des tiges, l'eau restait suspendue en gouttes argentées. Certaines ajoutaient à l'argent un éclat topaze ou vert comme l'herbe jeune ou, c'était rare, rouge, ou alors ineffablement bleu. Les plus prisées étaient les bleues, puis les rouges. Souvent, au moment où l'on cueillait la tige, la goutte fuyait, la secousse l'éparpillait ou la déplaçait et la couleur s'éteignait. Si on arrivait à la garder ainsi à peine suspendue, à la hauteur de l'œil les fantasmagories de la lumière disparaissaient et c'est en vain que nous nous penchions, vaguement conscientes de l'importance de l'angle de vue. On tordait le cou, on le faisait tordre aux autres, mais la lueur était perdue. D'autres fois, au contraire, les gouttes soutenues par les feuilles restaient tremblantes, argentées et pénétrées du bleu céleste. Elles étaient presque introuvables, elles étaient des sortes de rêves poursuivis à longueur de printemps dans le trèfle, l'achillée, l'euphorbe.

En novembre les marrons d'Inde fournissaient un joli matériel aux usages multiples. Le large hile du fruit, sa peau luisante comme du cuir ciré en faisaient un jouet recherché. Avec quatre allumettes – je conservais soigneusement toutes les allumettes brûlées après avoir ôté le bout noirci – les marrons devenaient de belles vaches. Ce fruit ne se gardait pas : il ternissait, se ratatinait dans sa peau froissée, il fallait le jeter. En revanche, même si la saison était assez courte, les noyaux d'abricots devenus sifflets, assiettes pour poupées, ou perles de collier, se gardaient longtemps, jusqu'à ce qu'ils soient perdus ou échangés. Les moments des micocoules, des kakis, ceux des pommettes, des gousses de caroube, pleines d'une gelée sucrée que nous mangions et nommions confiture, les moments des fromageons de la mauve, arrivaient et repartaient.

A partir de juillet on pouvait se faire des « doigts de sorcière » en enfilant sur chacun une trompette de Jéricho. Cela durerait jusqu'aux orages de septembre. En octobre, se scindaient en trois les graines de buis, libérant trois grands ducs, aussi ressemblants qu'ils étaient petits. C'est là aussi que les azeroliers répandaient leurs pommettes rouges, vraies pommes de la grosseur d'une bille, du même rouge que la pomme d'api. Les gousses du genêt étaient sèches en fin d'été. Il fallait attendre la pousse du sédum des murailles pour en faire le riz des dînettes. Nous l'égrenions dans les « nombrils de Vénus [15] » et le mangions avec des cuillères sorties du buis [16]. A l'arrivée des glands – cueillis lors des promenades ou trouvés sur le tas de branches du boulanger – nous bricolions des services à café en miniature en utilisant les cupules comme tasses ou comme couvercles – auxquels il ne manquait même pas les boutons pour les saisir : un reste de pédoncule.

Le fait de ne connaître que quelques arbres d'une seule espèce – je veux dire de les avoir à notre disposition dans les lieux fréquentés et sur les trajets dont nous ne nous écartions pas – augmentait encore la brièveté saisonnière de l'utilisation.

Nous ne connaissions qu'un seul arbre à kakis, un micocoulier, quelques caroubiers, *l*'arbre de Judée de Faux, *la* glycine des Rives, *le* figuier des Maurel, *le* mûrier du bout de la rue. Dans un terrain vague nous avions repéré deux acacias dont l'un était encore très jeune. Sur une place quelques marronniers blancs et roses, un azerolier au bout de la côte. Et quand nous avions cueilli tout ce qu'il était possible d'atteindre sur les branches accessibles, quand un de ces brusques orages de mai par exemple avait mis par terre toutes les fleurs d'acacia, c'était fini et il fallait attendre l'année suivante pour en jouir à nouveau.

Dans ces conditions une poignée de micocoules – ce petit fruit très parfumé, de la grosseur d'une perle noire – devenait entre nous une excellente monnaie d'échange.

Le seul arbre que nous eussions à profusion était le platane. Végétal par excellence, il est dressé sur toute mon enfance, sur tous les lieux de jeu : places, rues, cours d'école et bords de route.

Autant le cyprès projette sur le sol une ombre épaisse et bleue au contour net, autant il est – en rideau d'arbres – un rempart au vent, autant le platane, toujours venté, donne une ombre mouvante, insaisissable, un friselis de lumière. Il mettait sur nos jeux une multitude de piécettes lumineuses qui miroitaient comme une eau et que je m'amusais à compter en disant que je ramassais des louis d'or. Bien qu'il puisse protéger des fines pluies, l'air le traverse, il bouge au moindre souffle et la sueur, tout d'un coup, devenait fraîcheur sur les fronts et les nuques. Tout est bon en lui, de la cime inaccessible au pied ancré dans le goudron des villes.

Il était l'arbre de toute l'année ludique et son utilisation, tout en variant avec les étapes de sa croissance, était permanente.

L'hiver, les dures boules grenues étaient de redoutables

projectiles auxquels il ne manquait même pas le propulseur : cette tige réduite aux fibres, semblable à une cordelette. En serrant la boule dans la paume ou en l'écrasant sous le pied, on libérait une poudre jaune dont on se maquillait les joues, des graines qui ressemblaient à de petits palmiers et pouvaient servir, plantées dans la poussière, à garnir les jardins dessinés. On en remplissait aussi un édredon pour poupée – elles étaient légères, duveteuses, et faisaient du volume. Le noyau sur lequel elles étaient insérées, plus dur que le caillou, nous le gardions comme une bille de bois granuleuse. Au printemps, deux écailles rousses et velues s'ouvraient sur les boules jeunettes, rouges, deux pompons de laine, à peine plus petits que des cerises, qui devenaient des pendants d'oreille.

Très vite, après, apparaissaient les premières feuilles neuves, brun clair, tout en velours, précieuses comme ce tissu rare. Nous les mettions à sécher dans les livres de classe. Parmi les feuilles tombées, des premières aux dernières – cela commençait à la rentrée – je choisissais les plus belles, les plus mordorées pour les porter en bouquet à ma mère. J'en posais une sur une feuille de papier, j'en dessinais le pourtour avec un crayon, après je la coloriais. Dans les gros tas sonores des feuilles tombées où nous traînions nos pieds, j'avais l'impression de nager. Je faisais même les mouvements de la brasse.

Lorsque le limbe et les parties les plus fines des nervures avaient disparu, cassés, dissous par les pluies d'automne et qu'il ne restait plus que la tige et le départ des trois nervures centrales, nous appelions ce vestige une patte d'oiseau. Ces pattes ne correspondaient à aucun oiseau précis ou réel. L'illusion était toutefois si parfaite, qu'il fallait « se tirer les yeux » pour deviner la texture du végétal au lieu de la corne.

L'écorce du platane, elle, qui se desquame à longueur d'année en plaques irrégulières, était une vraie mine de jouets. La courbure inventait l'utilisation. Les plus gros morceaux incurvés en gouttière devenaient des berceaux qu'on pouvait balancer. Certains totalement enroulés sur eux-mêmes figuraient des flûtes de pain que nous débitions en tartines. Nous les brisions entre nos doigts et obtenions de la chapelure ou de la farine.

Autour des blessures de l'arbre, l'écorce, parfois, dessinait des lettres. Il était possible de les garder car les morceaux une fois mouillés pouvaient s'aplatir. Les plus fréquentes étaient des S, des L, des I. Quelle chance pour celle qui trouvait sa propre initiale ou celle du bien-aimé! Parfois c'étaient des O, ils servaient alors de bracelets pour poupée, de couronne et même, quand ils étaient assez gros, de bracelets pour nous.

Certains débris, presque plats, devenaient des ardoises pour jouer à la maîtresse – on y écrivait aisément – tandis que d'autres dessinaient des cartes de géographie. Suivant les trouvailles, nous disions :

« C'est la Corse », « C'est l'Italie », « C'est l'Angleterre ».

Comme le hasard donnait des Frances incomplètes, d'approximatives Amériques, au besoin, du pouce et de l'index, nous rectifiions le contour, arrangions golfes et caps. Car un des grands avantages de l'écorce de platane était de pouvoir se travailler de la simple pression des doigts sans avoir besoin de couteau ou de ciseaux. Ainsi pouvions-nous à d'autres moments y découper fourchettes, plats, assiettes, louches : tout un service de table.

Et lorsqu'on avait taillé les platanes, lorsqu'il ne restait d'eux qu'un tronc dont il semblait impossible qu'il puisse refeuiller, nous jouions encore. L'une de nous sortait. Nous arrachions hors de sa présence une petite plaque subéreuse que nous lui remettions quand nous la faisions revenir. Elle devait deviner l'endroit où nous avions enlevé l'écorce en observant les formes, les nuances de couleurs et surtout le petit point d'arrachement, humide, d'un vert plus vif par lequel tout à l'heure elle était soudée au tronc. Nous appelions cela « le puzzle dans le platane ».

Bien qu'il suivît obligatoirement celui des saisons, le calendrier des jeux pouvait être bouleversé par une circonstance exceptionnelle.

Marcelle avait trouvé dans son garage une corde magnifique et nous sautions malgré la chaleur suffocante de juillet, le goudron mou et la « pépie » qui bientôt nous séchait la gorge. J'allais voir ma grand-mère et, bien que ce fût réservé à l'hiver, par ennui, je me faisais une maison dans du papier plié. Nous trouvions un morceau de plâtre écrivant bien sur le ciment et nous tracions un « palais [17] » au mois de septembre, malgré les courbatures de la vigne. C'est en janvier qu'on avait enfin obtenu du boucher les cinq osselets nécessaires au jeu [18], et nous faisions une partie malgré l'onglée à nos doigts, manière d'essayer sans attendre s'ils allaient bien.

Et pendant la vogue des patins à roulettes nous étions si passionnées qu'il n'y avait ni heure ni saison. Je m'y vois aussi bien les cuisses bleues de froid que le feu aux joues. J'y vois Alice suant, écarlate sous la lumière d'août, dans sa tunique de la Société de gymnastique qu'elle avait mise « pour avoir moins chaud », disait-elle, en réalité pour crâner en la faisant virevolter comme une corolle.

Malgré cette possibilité d'aller par fantaisie à contre-saison, nos jeux suivaient la progression végétale et l'état du ciel. Nous jouions avec tant d'humbles végétaux et si souvent dehors qu'il était impossible d'échapper au vent, au soleil, à la pluie.

Après les vendanges les matins et les soirs se faisaient plus frais, se faisaient plus courts. Il s'ajoutait à cela les contraintes de l'école et celles des diverses dévotions. Ce que j'aimais alors c'était le rassemblement des choses éparses de l'été : enfants partis en colonie ou dans leur famille, horaires relâchés parce qu'ils n'étaient plus rythmés impérativement par les horaires scolaires, absence de catéchisme, messe entendue près de ma mère ou de ma grand-mère. L'école allait créer à nouveau son espace sonore où des voix, des cris arriveraient à heure fixe. La reprise des activités paroissiales me retiendrait plus longtemps loin du quartier.

Les jeux de la rue y gagnaient en prix.

Pendant les jours courts, les moments pour rester dans la rue étaient si réduits que nous continuions une partie sur plusieurs jours.

« Où j'en étais ? devenait alors la question quotidienne.

– J'avais un an rappelle-toi.

– Tricheuse, tu avais pas fait l'omelette.

– Que si, j'en étais à l'œil de bœuf [19]. »

Au clair soleil de janvier nous pouvions âprement nous disputer, au point de partir à l'école chacune sur un trottoir. Ou bien alors, avec Evelyne, Josée, Alice nous jouions tranquillement dans la lumière froide. Le palais offrait moins de controverses parce que nous marquions nos chambres à l'initiale de notre nom. Mais il pouvait tomber une averse entre-temps...

Souvent en nous quittant à la dernière minute pour courir ensuite jusqu'à l'école, nous précisions bien :

« J'en suis à " sans parler[20] ", souviens toi-z-en.
– Et moi " d'un pied ".
– Et moi au 3 de commande[21].
– On continuera ce soir si on a le temps. »

Parfois nous avions ce temps, d'autres fois non.

Le mercredi nous mendiions à nos mères de reporter devoirs et leçons au lendemain et nous jouissions d'une demi-heure, d'une heure.

Mais le plus souvent, de novembre à février, en attendant le repas du soir, j'étais occupée dans la cuisine à un jeu solitaire, silencieux, qui obligeait à ne pas trop bouger.

Toute la famille se trouvait réunie dans la seule pièce chauffée et il n'y avait pas de place, en général, pour les copines. J'entrais chez Alice, je bavardais bien quelques minutes avec elle, nous faisions des projets pour le lendemain, nous échangions un livre, un illustré. Puis je rentrais chez moi. La soirée était occupée à des ouvrages, des lectures et relectures à l'infini du peu de livres que je possédais, à un bricolage à base de boîtes d'allumettes vides, à un découpage.

Avec ma sœur nous nous disputions la meilleure place pour poser nos pieds dans le four ouvert de la cuisinière. Il fallait partager cet espace étroit sans se brûler. La chaleur montait délicieusement sous les robes. Cette chair exposée au froid tout le jour s'épanouissait de bien-être. Tout en me chauffant et en lisant je faisais griller une tartine sur le dessus de la cuisinière. Le pain y prenait un goût unique. Il s'accrochait parfois à la fonte et salissait ce dessus que ma mère fourbissait tous les matins et soignait au « Zébracier ». J'avais beau faire ma grillade en cachette, l'odeur pénétrante me trahissait.

A d'autres moments et si j'avais pris la précaution d'en ramasser en chemin, je jetais une feuille de buis sur le métal brûlant. Elle se contorsionnait, tournait, avait des soubresauts. Nous accordions à ces mouvements un sens divinatoire. La feuille de buis nous offrait, disait-on, l'image de notre vie : elle serait paisible ou agitée, remplie de réussites ou d'échecs, de malheurs ou de voyages – la feuille filait parfois à l'autre bout du fourneau. Enfin, elle serait plus ou moins longue suivant le temps où la feuille continuait à se mouvoir. Car au bout d'un moment, ratatinée et noircie, elle s'arrêtait de bouger. C'était la mort. On devait mourir dans son pays si la feuille s'immobilisait dans les ronds, ou à l'étranger si elle en était loin.

Le meilleur côté devant le four était celui opposé au foyer. Près du petit fourneau qui contenait le charbon incandescent on pouvait, si on ne faisait pas attention, se brûler les mollets ou laisser rôtir les pantoufles. Du côté opposé, par contre, on était tranquille et on pouvait même appuyer la cuisse sur la porte du four ouvert. En général, la première arrivée prenait la meilleure place.

A la nuit noire, il y avait la promenade du lait ou les commissions à l'épicerie. Je faisais cela volontiers, pour pénétrer dans l'étable à vaches ou dans l'épicerie, deux lieux de délices. Mais quand il faisait froid et sombre, le lait ne prenait que quelques minutes, même en marchant lentement dans la nuit immobile, et c'était le seul entracte d'une soirée ressentie comme interminable.

Le froid rassemblait progressivement à partir d'octobre les gens à l'intérieur. Sur les trottoirs on les voyait marcher vite. Ils s'arrêtaient moins volontiers pour bavarder et les enfants, les oreilles et les joues rouges de froid au-dessus du cache-nez, étaient toujours les derniers à regagner les maisons. En hiver, quand nous ne jouions pas, on pouvait nous voir sur un coin de trottoir sale, manger des kakis dont le jus dégoulinait partout.

L'arbre à kakis [22] était une des splendeurs du plein hiver. Les fruits orange pendaient sur des branches totalement dépouillées. L'arbre semblait avoir été artificiellement décoré de boules d'or roux. Il avait été précédé dans la magnificence par les grenadiers dans lesquels, au milieu du vert vif des feuilles persistantes, brillait la peau des grenades, en cuir rouge. Nous les admirions et les convoitions car nous connaissions leur fabuleux agencement intérieur, ces grains séparables comme des perles de verre rose au centre nébuleux. Pour quelques-uns de ces grains, groupés par dizaines, bien emboîtés et serrés dans une peau blanche comme de la peau de gant, nous acceptions de donner ce que nous demandait l'heureuse propriétaire du fruit : un pétale séché, une boîte, un caillou ou quelque friandise.

L'hiver, de la mi-décembre à la floraison des amandiers, était éclairé d'une lumière vide et sonore sur les jardins transparents. Il invitait, dans des temps trop brefs, aux jeux actifs de la rue et quand il pleuvait, à ceux des intempéries, sur les tables des cuisines ou dans la salle du patronage.

En février les jours avaient allongé mais à la sortie de l'école il y avait le froid et les devoirs à faire. Les groupes étaient souvent incomplets. Enfermée dans la cuisine parce que j'étais enrhumée ou penchée sur l'encrier, j'entendais quelques éclats de voix, des courses et des rires. Quand j'avais fini, il était trop tard pour aller jouer. Il faisait froid. Il faisait presque noir.

Mais dès le mois de mars, quand allongeaient les jours, quand d'abord jusqu'à six heures et demie, puis sept heures, puis plus tard encore, s'installait un crépuscule bleuté, commençait vraiment le temps des jeux du soir sur le trottoir. On pouvait jouir d'une demi-heure, de trois quarts d'heure avant d'aller au lait. Puis, après le lait, on pouvait encore sortir. Imperceptiblement et naturellement se reculait l'heure du repas qu'on ne prenait le plus souvent qu'à la nuit. Nous pouvions alors mener jusqu'à la fin une partie et même commencer un autre jeu. Plus tard encore, lorsqu'on se rapprochait des grandes vacances, on pouvait revenir dehors après le repas du soir. Si bien qu'au moment où l'été allait défaire un peu la vie du quartier, nous restions assises sans jouer au bord du trottoir. Ayant épuisé nos réserves d'invention et d'énergie, nous ne savions plus « à quoi faire ».

L'été s'installait brûlant, plein d'incertitudes.

Le temps d'école en était lui-même perturbé. La maîtresse faisait durer les récréations, nous permettait de nous asseoir dans la cour pour l'heure de travaux manuels, nous laissait lire dans la salle de classe après avoir à demi fermé les volets. Il faisait jour, tard le soir. L'heure du coucher n'était plus fixée. Tout le monde profitait, dehors, de la fraîcheur relative des nuits. Les adultes tiraient leur chaise sur le pas de leur porte. On nous laissait jouer à la lueur des réverbères et la rumeur des conversations montait dans la rue, mêlée aux bruits de nos jeux. Les jours où, comme disaient les gens, il était « tombé du feu », le soir on respirait. Les jardins avaient été arrosés, certains avaient lavé leur trottoir à grands seaux d'eau tirée à la fontaine publique. Ça sentait bon la feuille de tomate froissée, la terre, l'abricot, le tilleul. Quand il avait fait très chaud, les cigales continuaient à chanter tard dans le noir. Nous jouions à les saisir sur les arbres des terrains vagues et sur les branches qui dépassaient des jardins. Nous chatouillions leur ventre avec une paille et elles criaient plus fort. Nous les gardions dans des boîtes d'allumettes vides et quand elles étaient mortes, elles séchaient sans pourrir, et étaient jolies comme un bijou de « corozo », intactes. On pouvait les garder des mois.

En même temps que la croissance du jour était venue celle de la chaleur.

Soudain nous nous étions senties flasques. Le manteau était devenu trop lourd, pour rentrer de classe je le portais sur le bras. Je retroussais les manches du tricot. Je mendiais d'enlever la chemise américaine et de mettre enfin la chemise de coton à fines bretelles de l'été.

En promenade, le jeudi, nous avions soif. Le chemin paraissait poussiéreux, le soleil éblouissait. Nous cherchions l'ombre qu'au début nous trouvions un peu trop fraîche encore. Nous traînions à la sortie de classe.

Progressivement nous allions reléguer les cordes à sauter, les morceaux de pavé lisses, bien choisis, avec lesquels nous jouions à la marelle. Nous les rangions dans une boîte ou au fond d'un tiroir, nous sortions nos ficelles et nos osselets.

Au patronage, comme nous avions supprimé les parties épuisantes de ballon prisonnier, nous tricotions, nous cousions. Nous jouions aussi à la dînette, à la marchande. Après certains jeux actifs, le feu aux joues, nous allions aux bornes-fontaines, boire et nous inonder le visage.

Je vidais les verres avec tant d'avidité que j'en perdais la respiration. Je ne sais pourquoi on nous mettait en garde contre le fait de trop boire. Je m'attirais des réflexions, toujours les mêmes :

« Tu vas avoir une dilatation d'estomac.

– Tu ne mangeras rien.

– Pas possible ! cette petite a le diabète. »

C'est pourquoi, au robinet de la cuisine, je préférais la fontaine où, loin des regards, je buvais à volonté.

Puis c'était la plénitude immobile de l'été dans un quartier désert.

Les départs et les retours de colonie découpaient le temps en périodes brûlantes.

Dans la rue, de fin juin à septembre, passait le matin le fourgon de bois peint en vert de la glacière biterroise. Il nous trouvait en train de jouer, assises serrées dans une bande d'ombre, ou en train de frotter les noyaux d'abricots contre le crépi du mur, pour faire des sifflets. Il fallait longuement frotter avant que ne cède le bois dur. La glacière arrivait à des heures irrégulières entre neuf heures et midi. Elle s'arrêtait au pied de l'escalier.

Les femmes d'alentour arrivaient alors avec une cuvette ou avec un seau pour y mettre le bloc de glace qu'elles achetaient. Certaines possédaient dans leur maison un petit meuble de bois doublé de zinc appelé : glacière, dans lequel une case était aménagée pour recevoir le « pain ». L'eau de la glace fondue s'écoulait par un tuyau qui aboutissait à un tiroir tout en bas du meuble qu'il fallait vider au fur et à mesure de la fonte de la glace. Celles qui ne possédaient pas ce meuble achetaient quand même un « quart » aux jours les plus chauds, et le mettaient dans un seau dans l'ombre d'un garage ou d'une cave. On posait les bouteilles dans le seau et on recouvrait le tout d'un sac.

Quand il arrivait, nous nous approchions du fourgon pour mendier un débris irrégulier comme un bout de verre brisé, que nous garderions dans nos paumes, le faisant passer de l'une à l'autre, le frottant sur notre visage et notre cou, le suçant parfois, bien que le bruit courût que la glace était faite avec de l'eau sale. Comme le fourgon coulait et laissait derrière lui une traînée mouillée, s'il n'y avait pas de débris nous pouvions au moins tendre la main pour y recevoir quelques gouttes et boire une gorgée d'une eau qui nous paraissait tout à fait glaciale.

Le glacier attendait que toutes ses clientes fussent arrivées pour n'avoir à ouvrir sa porte qu'une fois. Il enlevait la barre de fer qui maintenait le battant épais à double fermeture. A l'ouverture, une bouffée d'air gelé nous saisissait. L'intérieur était garni de longs blocs parallélépipédiques, dont les arêtes, vives au matin, s'arrondissaient à mesure que passait le temps. Le bord des pains – ils devaient mesurer un peu plus d'un mètre – était transparent, et le cœur nébuleux et rayonnant, couleur de cristaux de neige. Le glacier, pour protéger sa cargaison, allait très vite. Il attrapait le bloc avec un grand crochet de fer, le faisait glisser sur son avant-bras garni d'une toile de jute et mesurait le quart de la largeur d'un hachoir à glace garni de dents, dont le manche, à la différence des hachoirs domestiques, était vertical. Il frappait les faces du pain à petits coups. A la dernière il frappait plus fort et la glace se fendait, libérant parfois, quand la cassure n'était pas franche, ces petits éclats que nous convoitions.

Lors d'un événement exceptionnel – un repas de famille – il arrivait qu'une femme achetât, divisé en quatre morceaux, un pain entier, et c'était le signe évident que la fête se préparait. Mais ordinairement l'achat n'était même pas d'un quart quotidien. Seulement un quart deux jours sur trois – sauf peut-être au moment des plus grosses chaleurs, quand, le soir, dans le bac de zinc, il ne restait qu'une écume grise. Le troisième jour, on s'arrangeait avec les deux débris des jours précédents.

Avoir un morceau un peu plus gros que le compte, ne fût-ce que de très peu, était donc important. Et il arrivait que la ménagère ne fût pas contente, qu'elle trouvât son quart trop petit, que la section se fût faite non pas verticalement mais en biais, la privant d'un bout précieux qui lui aurait permis peut-être de sauter un jour. C'est pourquoi la vente de la glace était toujours accompagnée de réclamations :

« Servez-moi mieux qu'hier. J'ai été volée.

– Ça fait deux jours que vous passez à onze heures et demie quand c'est tout fondu... demain on vous attend de bonne heure... »

Et certains matins, le fourgon commençait par notre quartier.

Le débitage était si rapide, l'ouverture des portes si brève – un escamotage – que nos yeux n'étaient jamais rassasiés de cet intérieur de transparences argentées et bleutées. Aussi, toujours, lorsque nous étions là, nous nous précipitions vers le fourgon inépuisable qui nous jetait au visage un air d'hiver.

A la maison on tentait d'économiser la glace. On n'ouvrait le meuble qu'en cas de nécessité. On ne mettait que très rarement la bouteille contre le bloc pour ne pas l'user. On n'en coupait pas – en se servant d'un couteau pointu comme d'un pic – un morceau pour se faire un glaçon, ou alors par rare luxe, lorsque mon père avait eu particulièrement chaud dans le cambouis des moteurs et qu'il s'offrait dans ses lithinés cette récompense.

Les lithinés étaient de petits sacs de poudre qui, versés dans une bouteille d'eau ordinaire, la transformaient en eau minérale pétillante. C'était moins cher que le Vichy, moins cher que la limonade. Les lithinés – nous étions fidèles à ceux du Docteur Gustin, d'autres préféraient les Vées – étaient réservés à l'été. La bouteille, pleine de bulles, qui sortait de la glacière couverte de buée, et seulement au moment des repas, était le signe des chaleurs.

Pour le goûter et les autres soifs du jour, nous avions le robinet que nous faisions couler un moment pour faire monter dans les tuyaux une eau moins tiède qui alors nous paraissait fraîche.

Dans les journées torrides – elles commençaient parfois dès le mois de mai, entrecoupées de Marin [23] pluvieux et de Nord [24] – tout le monde appréciait les moments où l'eau était libérée dans les ruisseaux des rues. Les femmes en profitaient pour récurer le fond avec leur balai, nettoyer leur trottoir, l'arroser pour le rafraîchir. Sous ce courant d'eau vive, le ruisseau n'était plus gluant et fétide. Il cessait de nous dégoûter : nous y puisions pour la dînette. Nous nous asseyions sur le trottoir et laissions passer le flot sous nos jambes. Nous n'étions pas loin de croire que c'était un ruisselet de montagne. Les Maurel le comparaient à ceux de Babeau-Bouldoux, le village de leur grand-mère, qui nous paraissait si lointain à cause de son nom.

Moi je comparais avec ceux de la colonie, Paulette avec ceux de Cerdagne, Alice avec ceux des Alpes.

L'illusion était bien vite finie. Avant l'évaporation totale il subsistait quelque fraîcheur, mais les eaux domestiques envahissaient à nouveau le ruisseau. Eau de riz, eau laiteuse de cuisson de pommes de terre, eau verte du chou-fleur, carrément puante, eau rouge, comme sanglante, des betteraves, premières eaux de lessive, grises de crasse, eaux de nettoyage du poisson qui charriaient parfois une vessie.

A mesure que s'élevait le soleil, des odeurs concentrées et tournées montaient, si insupportables parfois que nous changions de place.

Au début de l'été, deux tilleuls déversaient sur la rue leurs odeurs sucrées. Tous les voisins profitaient de la récolte bien que l'on invitât d'abord les amis pour la cueillir sur les branches les plus basses. Mais finalement, dans toutes les maisons, à un moment du mois de juin, les fleurs de tilleul séchaient sur des morceaux de vieille toile, des toiles à matelas blanchies par les lessives où les rayures grises n'apparaissaient plus que comme un souvenir.

Tilleul et menthe, il y en avait pour chaque maison, pour les tisanes d'hiver, et comme c'était utile, on ne nous autorisait pas à les cueillir pour jouer. Pourtant, pour fabriquer notre menthe à l'eau – à base de feuilles écrasées – nous trouvions la menthe des jardins très supérieure au « mentastre » sauvage. Nous avions aussi remarqué que la fleur du tilleul, toute jeune, encore pliée dans une bractée translucide, ressemblait à s'y méprendre à un petit pois – même couleur, même forme incurvée. Alors nous en dérobions en faisant bien attention qu'on ne nous surprît pas.

Plus qu'en toute autre saison, sur la rue d'été, se déversaient les bruits des disputes, des colères, les pleurs de celles qu'on avait grondées, parfois tannées et qui revenaient au jeu les yeux rouges, la poitrine longtemps soulevée d'un spasme. Nous savions presque toujours pourquoi elles avaient pris la « rouste » : les cris des mères nous parvenaient par les portes et les fenêtres ouvertes.

C'était une caractéristique de petites gens, que de laisser béantes les ouvertures sur la rue. Dès qu'une maison était tant soit peu bourgeoise, la porte était close et il fallait frapper pour entrer. S'il y avait une sonnette, manuelle et surtout électrique, ou une porte fermée à clé, c'était la marque d'une classe sociale élevée. Mais si on voulait parler à Mme Grillot ou à Mme Pibre, on les appelait à travers le rideau que l'on avait pendu dès l'apparition de l'été. Les portes ouvertes se chargeaient d'étaler sur la rue une intimité que rien ne protégeait. On savait ce que les gens cuisinaient, ce qu'ils disaient. Dans la tiédeur et le silence des nuits chaudes on pouvait suivre tous les mouvements des autres. On savait qui toussait, qui se levait pour boire ou pour aller aux cabinets, à quelle heure, ici, on s'était couché, à quelle heure étaient rentrés le fils Ader ou Puech, s'ils avaient parlé ou ri trop haut. Rien ne disait jamais que derrière la fenêtre sombre quelque « bouillaque [25] » ne fût pas en faction et ne surveillât pas l'heure à laquelle les jeunes filles étaient revenues du bal, du cinéma, et qui les accompagnait.

Odeurs, disputes et pans entiers de conversation devenaient publics. De plus comme les logements étaient très petits, il était commode d'occuper les seuils aux beaux jours pour des épluchages, des séances de tricot ou de couture. Surtout le soir après le repas. C'était la seule période où nous voyions un peu les hommes, où nous entendions résonner ces voix graves dans le crépuscule.

De la fin dernière de juin au 14 juillet, date des vacances, une période brûlante commençait, blonde de poussière, de soleil réverbéré par les murs, insoutenable aux regards, de ciment si chaud que le soir, bien après que l'ombre fût descendue, il dégageait encore une chaleur d'âtre. Le jeudi, pour les promenades, nous mettions un chapeau de paille, nous allions vers l'ombre d'un bois de pin, ou les frondaisons d'un jardin public, vers l'ombre fraîche des platanes du bord de l'Orb. Mais il fallait avant d'y arriver longer des talus blancs de graminées déjà mûres.

La folle avoine était alors dans toute sa splendeur. Chaque graine semblait une hirondelle en plein vol. Nous la posions sur le dos de la main d'où elle s'envolait à notre souffle ou au moindre mouvement de l'air.

C'était l'époque où les chardons lâchaient leurs anges, où cette immortelle pâle à forte odeur de poivre était sèche et pourrait fournir des bouquets impérissables.

C'était l'époque où nous trouvions, accrochée à une herbe, une mue de cigale, vide de son occupante, et nous tentions de la garder malgré sa fragilité, où nous trouvions aussi la cigale verte, encore molle, que nous prenions dans nos mains et qui y mourait.

Éblouissements rouges quand nous passions brusquement du soleil à l'ombre, chaleur entre les épaules, étaient les signes de juillet avant le départ en colonie. Plus que jamais, la bouche sèche, nous désirions la fontaine où nous nous mouillions bras et jambes. Depuis longtemps nous avions délaissé les jeux où il fallait courir et sauter. Le soleil nous traquait jusque dans la classe. Il passait à travers les lamelles horizontales inclinées des volets et rayait de lumière l'ombre de la salle. Plus tard, dès les vendanges, une fraîcheur s'installait. C'est avec un gilet que nous partions à la vigne.

Malgré la longue splendeur des automnes languedociens et avant même la rentrée des classes, on avait dépendu et rangé les rideaux, les fenêtres ne s'ouvraient plus qu'au bon du jour et petit à petit, seulement le matin, par mesure d'hygiène, pour aérer des logements étroits où se confinaient les odeurs de cuisine et les odeurs humaines.

En effet, le lavage « en grand » se faisait une fois par semaine et les odeurs des membres de la famille se mêlaient à celles des plats préparés. Finalement tous les objets de la maison, les meubles, les murs et les tissus s'imprégnaient d'une senteur mélangée, au point que mon père parfois, en hiver, faisait brûler dans la maison du « papier d'Arménie ». Il en allumait une languette qui en se consumant répandait une odeur d'encens. Il promenait son papier dans tous les recoins – on voyait luire la braise menue de la combustion – et pendant un temps toutes les odeurs domestiques étaient chassées.

Croissance ou décroissance de la chaleur, semaine ou dimanche, école ou vacances : la manière de s'habiller changeait et intervenait dans le déroulement des jeux.

Avec la rentrée qui mettait de l'ordre et des contraintes, le lundi devenait le jour du tablier propre. En le revêtant je me promettais de le garder sans taches, de l'installer le soir bien comme il faut sur le dossier d'une chaise pour qu'il n'ait pas trop de faux plis, de me garder des mouvements brusques qui décousaient les poches et arrachaient les boutons, de me tenir loin des grillages où se trouait le tissu.

S'il ne s'agissait que de recoudre un bouton, le coin d'une poche ou l'ourlet, s'il s'agissait d'une « reprise perdue [26] », ma mère me les faisait faire, mais elle exécutait elle-même les reprises presque magiques auxquelles j'arrivais mal encore – reprises à fils croisés ou reprises damassées [27]. Quand c'était trop difficile ou quand le tablier était devenu trop petit, on le confiait à ma grand-mère et quand il me revenait j'avais toujours quelque surprise.

La beauté d'un raccommodage rendait le trou invisible, perdu dans le tissu à carreaux, les boutons avaient été tous changés : comme j'en avais perdu beaucoup et pour qu'ils ne fussent pas dépareillés, elle avait trouvé une nouvelle série. D'autres poches avaient été taillées dans un tissu différent pour faire un joli contraste, on en avait profité pour allonger le tablier « du même ». Dans l'instant, mon désordre ou mes pertes devenaient bénins, ma croissance un phénomène bénéfique et non déplorable.

De toute la semaine, je ne quittais pas le tablier. L'hiver, je le portais sur la robe, l'été, pour alléger, directement sur la combinaison.

Nous ne connaissions pas le pantalon, nous passions l'hiver en jupes. Entre la fin de la chaussette et la culotte, genoux et cuisses étaient nus. Quand il « pialait » – on désignait ainsi le froid le plus vif – des plaques violacées apparaissaient sur la peau. Elle devenait alors à la fois insensible au toucher et terriblement douloureuse aux coups et écorchures, fréquents à la saison des jeux actifs.

Nous étions partagées entre la nécessité de nous protéger du froid et le fait que les vêtements nous gênaient. Nous commencions par enlever les gants pour être plus habiles à la balle et mieux manipuler les objets. Alors le poignet se frottait au bas des manches, se « bisait » jusqu'à se blesser. Nous attrapions l'onglée et soufflions sur nos doigts ou les mettions à réchauffer sous nos bras. Bientôt pour jouer à « patte perchée » ou « patte malade [28] », pour sauter à la corde, tout nous gênait et surtout le cache-nez et le manteau. Le cache-nez rejoignait les gants dans la poche. Le manteau nous dérangeait tellement – il empêchait de lancer la balle, il se prenait dans la corde – que nous le posions pour être plus à l'aise. Les habillages et déshabillages ralentissaient le rythme du jeu. Souvent l'une perdait son cache-nez, tombait un gant, salissait son manteau.

Un manteau qui jamais n'allait bien. Pièce maîtresse de l'habillement d'hiver, il coûtait cher. Aussi, nos mères faisaient-elles tout pour le faire durer. Une sœur plus grande le passait à sa cadette à laquelle il allait à peu près. Avant d'en acheter un, c'était toute une histoire, on regardait d'abord si celui de l'année passée ne pouvait pas « faire » un an de plus et ainsi on passait l'hiver avec un manteau trop court, aux emmanchures étroites : les gestes en étaient freinés. Parfois on ne pouvait fermer tous les boutons, la robe dépassait, le tablier aussi et il arrivait qu'on vît trois étages de vêtements. Si la couleur n'en pouvait plus on le teignait, si le tissu était trop râpé on le retournait complètement, sens dessus dessous. Cela révélait parfois un envers d'une autre couleur, d'une texture différente, grenue ou pelucheuse. On l'allongeait jusqu'à l'extrême limite du faux ourlet, on l'augmentait d'une bande de couleur – et pour que l'ensemble fût joli on mettait un col assorti à la bande. Puis quand vraiment il n'était plus possible de rien donner aux coutures, à la longueur des manches, on se résignait, avec les sous des vendanges, à en acheter un. Cette fois on le prenait bien grand pour qu'il dure longtemps, une bonne réserve dans l'ourlet le rendait pesant et il continuait à gêner les jeux d'hiver.

Inélégant et encombrant, ce manteau « pour tout aller » n'était guère aimé. C'est pourquoi nous cherchions les coins à l'abri pour pouvoir l'ôter. Par les journées très ensoleillées de l'hiver en Languedoc on trouve de faux printemps dans les coins abrités du vent. On les appelle des « cagnards ». L'impasse Vallérugo en était un et nous le recherchions à ces époques. La géographie du jeu changeait. Jamais à aucun autre moment de l'année nous n'aurions lancé la balle contre la palissade de l'impasse, ou joué là.

Pour d'autres raisons que la commodité nous roulions nos chaussettes sur les chevilles et enlevions le capuchon de laine qui couvrait notre tête. Nous les trouvions inesthétiques. Ils faisaient « bébé ». Le fin du fin de l'élégance c'était les socquettes de coton ajouré et le chapeau. Alors, malgré le froid, nous descendions les chaussettes et fourrions le capuchon dans la poche. Les mollets n'étaient pas sensibles au froid comme les cuisses et l'intérieur des genoux, mais les mains attrapaient de douloureuses engelures. Quand nous rentrions en classe après la récréation, ou dans la maison le soir, les parties exposées au froid se réchauffaient brusquement. Les joues, les oreilles, le nez, devenaient écarlates. Il passait dans tout le corps un frémissement particulier à l'afflux de sang. Ce bourdonnement brûlant n'était pas désagréable : il était caractéristique de la saison.

Les intempéries nous prenaient toujours un peu au dépourvu.

Pour la neige nous n'étions pas du tout équipées, mais elle était si rare que malgré l'inconfort de nos tenues elle était une incroyable fête. Émoustillées soudain, nous regardions les lieux connus, transformés, enchantés. Nous quémandions que l'on nous menât au Plateau des poètes, à la Plantade. La plupart du temps la neige ne tenait pas et quand enfin venait le jour de la promenade, les allées où nous marchions étaient dégagées. Nous ne regardions guère la neige que de loin, posée sur les branches, sur le Titan de bronze [29], sur les pelouses inaccessibles. On n'aimait pas nous laisser sortir, cette mouillure était la mort des souliers, mais la neige tombait si rarement que finalement on nous concédait de jouer un peu dans cette blancheur inattendue.

Il n'en était pas de même de la pluie. D'ailleurs nous ne la recherchions pas, sauf en été pour ouvrir nos bouches parfois et y recevoir les grosses gouttes des orages. A part cela, nous ne l'aimions guère. Elle imposait une pèlerine de toile caoutchoutée avec un capuchon que nous trouvions laide, malcommode parce qu'elle emprisonnait les bras et ne laissait pas l'usage des mains. Nous ne connaissions pas d'autre imperméable.

Ah! si nous avions eu un parapluie! et le joli bruit de la pluie sur nos têtes! et les gouttières au bout des baleines, et la lumière qu'il donnait aux joues! et cette corolle autour du visage que l'on pouvait faire tourner d'un mouvement du poignet! Emprunter le parapluie de notre mère était une joie. Si j'étais chez ma grand-mère et qu'un orage éclatât, je bénissais le ciel : elle me prêtait le sien. Posséder un parapluie était une rareté. Il s'en offrait un parfois au moment de la communion solennelle et je me souviens de copines attendant que tombe la pluie par des mois de juin désespérément secs, pour pouvoir enfin étrenner le leur, déployer brusquement, par une magie mécanique, sa perfection de parachute, sa toile translucide tout d'un coup lisse et tendue par le jeu rayonnant des baleines. En désespoir de cause, devant le ciel immuablement bleu, la privilégiée invitait les copines chez elle à venir voir son parapluie, elle l'ouvrait dans la maison et se faisait immanquablement rappeler à l'ordre par sa mère parce que cela portait malheur.

Avec l'hiver arrivait aussi le temps des souliers qui succédaient aux sandalettes et espadrilles. Lourds, un peu rustiques pour résister, ils nous ôtaient de la légèreté mais en compensation les patins s'y fixaient mieux que sur des chaussures légères.

Ils étaient particulièrement soignés ces souliers d'hiver pour tous les jours. Chaque soir, je les cirais. S'ils étaient mouillés, je les bourrais de papier journal, les mettais près de la cuisinière, pas trop près toutefois pour ne pas abîmer le cuir. Ces jours-là je ne les cirais que le lendemain. Sinon je le faisais tout de suite. Il fallait d'abord bien les brosser pour en faire partir la poussière et la terre. Puis avec une brosse fine je passais le cirage partout, dans tous les coins des coutures, sur la languette, sous le laçage. Je prélevais le cirage du « Lion Noir » dans des petites boîtes métalliques qu'un papillon de métal permettait d'ouvrir commodément. Je trouvais cela très astucieux, sachant par les boîtes de coco combien les boîtes rondes se coinçaient facilement. J'attendais un peu puis je faisais briller le cuir en le frottant avec un chiffon de laine, et vigoureusement. « Ne les caresse pas », disait ma mère. Des chaussures brillantes, même si elles étaient vieilles, même s'il s'agissait de ces galoches à gros lacets ressemelées par mon père avec de vieux pneus, des chaussures brillantes étaient le signe d'une certaine qualité de la pauvreté. On savait faire la différence entre un talon usé, un contrefort affaissé par l'usage et une chaussure négligée, non entretenue. Certaines fillettes portaient leurs souliers « en groulle », c'est-à-dire en pliant le contrefort sous le poids du talon, en l'écrasant, en le brisant, irrémédiablement. On reconnaissait aussi les chaussures frottées d'un papier froissé de celles qui étaient cirées tous les soirs. Avant de rentrer à l'école, certaines d'entre nous passaient hâtivement sur les leurs le mouchoir ou le bas de la manche.

Dans les maisons, l'hiver surtout, on mettait les pantoufles. Ma mère les cousait dans de vieux restes épais de manteaux. La semelle se composait de plusieurs épaisseurs de tissu. Il lui arriva, plusieurs fois, de les doubler de peau de lapin et je serais étonnée de ressentir jamais sensation plus agréable de confort et de luxe que mon pied sortant du cuir dur et froid pour entrer dans la douceur moelleuse de la fourrure tiédie encore à la chaleur de la cuisinière.

Ces souliers qu'il ne fallait pas abîmer étaient eux aussi une contrainte et il nous tardait de passer à la sandalette du printemps et surtout pour plusieurs mois à l'espadrille de corde dans laquelle le pied restait nu. Les sandalettes de cuir, nous les blanchissions du contenu d'une pâte en tube, appliquée à l'aide d'une brosse à dents hors d'usage. Un des raffinements était de dégager avec la pointe d'une aiguille à tricoter – une de celles, minces et brillantes, qui servaient à la fabrication des chaussettes à talon – les petits trous engorgés par la pâte à blanchir et de faire réapparaître, nettes et superbes, la rosace ou l'étoile qu'ils dessinaient sur le dessus du pied.

La sandalette était réservée au dimanche et tous les jours, tout l'été, nous portions des espadrilles qui achevaient le plus souvent leur vie dans la terre des vignes. Bleu marine ou blanches, les sandales de corde étaient retenues par un lacet croisé que parfois pour « faire du genre » nous montions jusqu'à mi-mollet.

Rêches quand elles étaient neuves, les espadrilles devenaient de plus en plus douces. Elles nous faisaient légères et silencieuses. Au palais, on jouait presque aussi finement – à un centimètre près – que si on avait eu le pied nu. Les orteils se mouvaient librement. Mais elles faisaient vite négligé, si on ne prenait pas la précaution, les sombres de les laver, les blanches de les blanchir avec la même pâte que le cuir, de les blanchir jusqu'au bout des lacets pour qu'ils ne paraissent pas gris près de la toile éclatante. On me dit « été » et c'est cela que je vois : les sandalettes et les espadrilles blanches en train de sécher sur le bord de la fenêtre, j'en sens le contact sur mes orteils, je vois une cheville brunie sur laquelle sont noués les cordons blancs.

Lavées ou blanchies, les espadrilles retrouvaient quelque peu la raideur du neuf et serraient le pied, mieux ajustées parce que la toile avait rétréci d'être mouillée. Cette sensation, pourtant contraire à la douceur de la toile usée, faisait partie du plaisir du propre. Pendant un bout de temps on évitait de les tacher, puis on n'y pensait plus jusqu'au prochain blanchissage.

Lorsque le goudron fondait sur la rue au moment de la plus grosse chaleur, nous y marchions pour renforcer la semelle.

Comme l'été était un temps où en colonie et dans la rue nous jouions beaucoup – on nous le reprochait, on nous trouvait bien « désœuvrées » et nos mères disaient « vivement l'école » – au bout de quelques semaines la toile des espadrilles crevait du bout du pied. On en rigolait entre nous et, en agitant le gros orteil dans le trou, on disait : « J'ai fait de la place. » Ma mère exécutait alors une reprise ou découpait carrément le bout et brodait un feston pour que le tissu ne crache pas. Comme les espadrilles blanches pouvaient être ravivées par le blanchissage nous les préférions aux bleues. Toutes d'ailleurs, les bleues à la couleur éteinte, les blanches devenues grises et tachées, finissaient leur vie dans les vignes, finissaient avec ces chaleurs venues par soubresauts.

Été comme hiver, un jour par semaine, on quittait les choses « d'usage », « pour tout aller » et on mettait les beaux habits du dimanche, les beaux souliers. Nos jeux s'en trouvaient modifiés. Nous évitions ce qui était brutal et salissant. Sans nous sentir privées, nous allions, loin des chemins poussiéreux, vers d'autres plaisirs : la grand-messe, la Foire de janvier, la promenade en ville. Avant les vêpres nous faisions un tour jusqu'à la cathédrale, jusqu'au Plateau, ou bien nous lisions dans les locaux du patronage.

Il planait sur le dimanche un air sacré. Une vague sainteté nous pénétrait qui nous rendait indifférentes à la limitation des jeux.

Ce qui rythmait les temps réservés à Dieu, temps indépendants des intempéries, pénétrant l'hiver, pénétrant l'été, réservant des heures, des périodes, des mois, c'était, avant tout, les dimanches.

Seule la messe était obligatoire. Soit la messe basse du matin, soit la grand-messe. Le patronage et les vêpres étaient facultatifs. Parfois, surtout pendant le temps de la foire, je n'allais qu'à la messe. Le plaisir de la foire était si rare et si intense – elle restait trois à quatre semaines seulement, sur la place de la Citadelle – que je manquais volontiers le dimanche en paroisse. Mais si ma mère avait décidé que nous allions passer l'après-midi chez ma grand-mère ou chez une amie à elle, alors je regrettais vivement les multiples plaisirs trouvés dans les ravissantes dévotions.

La veille, nous étions allées à « confesse ». Après la récréation de quatre heures, dans la classe silencieuse, prenant bien soin de cacher ce que nous écrivions du buvard dressé verticalement, les yeux touchant presque le cahier pour faire comme un coin secret, jetant sans cesse un coup d'œil pour nous assurer que les voisines ne « fintaient [30] » pas, nous écrivions nos péchés sur un papier. Pour établir convenablement la liste, nous nous aidions des chapitres du catéchisme relatifs aux commandements de Dieu et de l'Église, de celui consacré aux vices et aux péchés capitaux. C'était l'examen de conscience dans lequel il était de la plus grande importance de ne rien oublier, de ne rien cacher non plus, ce qui aurait annulé la confession. Si on oubliait par mégarde un péché, il fallait le mettre en réserve et ne pas omettre de s'en accuser la semaine suivante. Cela rendait la confession difficile. D'autant plus qu'à la lecture des divers chapitres je me découvrais tous les péchés.

« Est-ce bien de dire : “ Je le jure ” ? Non. »

J'essayais bien de « juler » ou de « donner ma parole », mais c'était quand même au moins un mensonge.

« Il n'est jamais permis de mentir, même pas pour rendre service », précisait le catéchisme.

Dans le mensonge que nous pratiquions abondamment, il fallait distinguer la calomnie, la médisance, le jugement téméraire. Tous les trois étaient péccamineux et nous y avions recours sans arrêt.

« Qu'est-ce qu'un orgueilleux ? Celui qui se vante. »

« Qu'est-ce qu'un avare ? Celui qui s'attache à tout ce qu'il possède... »

« Qu'est-ce qu'un envieux ? un gourmand ? un impur ? un coléreux, un paresseux ? »

C'était toujours moi.

« Dans les jeux et délassements je dois éviter ce qui serait contraire à la pureté et à la charité. »

Pour la pureté, nous parlions beaucoup des garçons et rêvions de « ça et ça ».

Quant à la charité, je crois que rien n'était plus absent que cette notion dans toute notre vie. Lorsque quelqu'une refusait qu'on fasse à « cuillère et fourchette » pour choisir qui allait jouer et qui serait exclu du jeu, ce n'était pas au nom de l'amour du prochain, mais tout simplement parce qu'elle avait peur d'être éliminée. Pour peu qu'elle se sentît forte, elle réclamait au contraire cette manière de partager.

« Les jeux ne doivent pas se prolonger au-delà du temps convenable. »

Je ne m'arrachais au trottoir que contrainte et forcée et surtout lorsque ma mère menaçait de sa fenêtre : « Je vais t'apprendre à écouter. »

Nous étions très scrupuleuses dans l'établissement de notre liste, mais je ne me souviens pas d'avoir sérieusement pensé que je pusse, la semaine suivante et encore la suivante, jouer sans tricher, sans mentir, sans être méchante, médisante, impitoyable, sans chercher à me faire valoir.

Nous partions vers l'église notre papier plié en quatre dans le creux de la main – tout petit, écrit menu, comme ces billets que nous nous envoyions – et nous révisions en attendant notre tour. Lorsque nous sortions, « confessées de frais », notre premier souci était de faire disparaître la liste compromettante. Non seulement nous la hachions en morceaux minuscules mais nous jetions ces morceaux dans l'égout. J'ai vu mâchonner le papier jusqu'à le détruire et cracher dans un trou d'eau au pied d'un platane. Nous éprouvions alors un soulagement intense. L'absolution ne paraissait fonctionner que lorsque le papier avait disparu.

Souvent, lors des instructions de Monsieur l'Abbé, nous entendions comparer le péché à une tache sur les vêtements. Aussi, la « toilette en grand » du samedi soir, qui se faisait dans un cuvier de zinc devant la cuisinière et qui serait suivie du linge de corps propre et des « beaux habits », me paraissait être le complément de la confession.

Clairette nous racontait que sa grand-mère – qui l'élevait – repassait sa chemise, sa culotte, pour les lui faire enfiler tièdes après le nettoyage du samedi. Elle lui nouait même autour du cou, chauds encore, d'anciens mouchoirs de soie.

Le dimanche, jour triplement béni par la propreté du dedans et dehors, par les chaussettes de coton immaculées et les souliers comme des miroirs, je partais à la messe basse, très près de me croire angélique. J'avais sur la tête un petit chapeau ou un béret – celui des « Ames Vaillantes [31] ». Je m'étais fait prêter par ma mère le missel à tranche rouge où je pouvais marquer la messe du jour d'un signet blanc, rouge, vert ou violet, suivant la couleur des ornements. L'hiver, il faisait nuit et je prenais Bernadette au passage. Je frappais sur le tuyau de descente des eaux. A l'étage, elle entendait mon appel, et descendait, toute propre elle aussi.

A l'église, je rentrais dans l'odeur des cierges, de l'encens, dans un froid humide, confiné, dans un mélange de coins obscurs et de lumières dont les plus vivantes étaient celles des cierges aux autels de la Vierge, de Saint-Antoine, de Notre-Dame du Perpétuel Secours.

J'avais quitté la maison sur la pointe des pieds pour ne réveiller personne. Comme j'étais propre et que je n'avais pas à déjeuner, il avait suffi de m'habiller silencieusement. Cet insolite réveil dans une maison endormie était une sorte d'amusant exploit réalisé sur la paresse et l'envie de déjeuner. Je partais le ventre vide et le matin avait, en plus, le goût et la sensation stomacale particuliers au jeûne.

Certaines d'entre nous ne pouvaient supporter de rester ainsi sans manger et il était fréquent qu'à cette messe matinale quelqu'une s'évanouît. Elle se renversait soudain sur sa chaise, devenait pâle. Sa tête glissait sur le côté. Elle s'effondrait, mais pas tout à fait. Le bruit courait : « Claude se trouve mal. » Tout le monde voulait voir. Cela provoquait une agitation que sœur Sainte

Anna ne tolérait pas. Seule la privilégiée la plus proche de la malade, pleine d'importance, aidait à la soutenir, à lui tapoter le visage. La religieuse proposait alors à celle qui se trouvait mal un morceau de sucre imbibé d'alcool de menthe : elle sortait le flacon et le sucre plié dans du papier fin d'une poche cachée dans les plis de sa robe noire.

Parfois la malade ne résistait pas à l'exceptionnelle friandise et suçait son sucre, lentement, comme un bonbon. D'autres fois elle refusait en disant qu'elle voulait communier. Le jeûne total était en effet impératif pour s'approcher de la Sainte Table. Il fallait n'avoir ni bu ni mangé depuis la veille au soir minuit. Quand le samedi il y avait une séance récréative et qu'un gâteau était offert, on prenait bien garde que ce fût avant minuit.

J'aurais bien voulu moi aussi serrer mes lèvres blêmes, dire non, héroïquement, au sucre et au magique alcool de menthe incolore dont l'odeur se mêlait à l'encens et m'approcher de la Sainte Table, soutenue par la religieuse. C'eût été un bon moment. Je soupçonnais toujours les malades de feindre, mais je n'osais pas m'y aventurer.

Nous avalions l'hostie et bien qu'à cet effet nous eussions vidé notre estomac, Jésus n'y venait pas. Nous le recevions dans le « temple de l'âme », dans « la maison du cœur ». Nous n'en doutions pas : l'hostie n'était ni peu ni prou une nourriture. Nous la recevions directement dans la bouche sur la langue tendue. Mais entre le gosier et les zones inférieures de l'intestin, là, quelque part, avant même l'estomac, elle se volatilisait en quelque sorte pour nourrir notre âme. L'embranchement était au milieu de la poitrine : « le pain des anges » arrêtait de descendre pour remonter vers les régions nobles. Il nous avait été dit que la matière dont était faite l'hostie se désagrégeait sans « restes » à peine avalée. Nous en étions soulagées. Il eût été impensable que le corps du Christ subît le sort des nourritures habituelles, soumises à la digestion et achevant leur vie dans les horribles « cabinches ».

Certes, c'était un mystère, mais nous pensions que dans sa sagesse et ses multiples pouvoirs l'Église, incarnée par les prêtres, avait trouvé le moyen de faire ainsi s'évaporer l'hostie. Elle n'était ni du pain ni rien d'autre de connu – bien qu'on vît toujours auprès d'elle sur les images des épis de blé – mais une nourriture abstraite faite d'on ne savait trop quoi de pur, et au moment de l'élévation il était bien normal que « les séraphins frémissent de crainte » et que « les chérubins se couvrissent de leurs ailes ».

Nous connaissions bien les anges invisibles nageant autour de nous par les images pieuses. Le catéchisme nous disait que nous en avions chacune un derrière nous, qu'il ne fallait pas faire pleurer. On en voyait, détournés de l'enfant en train de faire une bêtise et se désolant, le visage caché dans les ailes. On en voyait un, immense et bleu, protéger une fillette qui passait l'eau tumultueuse d'un torrent sur un pont à demi démoli. J'avais du mal à croire qu'il y en eût un derrière Alice, derrière Solange-la-boiteuse, derrière les sœurs Maurel, communistes. J'avais du mal à croire que le mien me suivît dans le quartier, mais à l'élévation, je croyais volontiers que le ciel s'ouvrait, que « les anges descendaient d'une manière invisible », remplissaient le sanctuaire et que « le Roi des rois venait en mon âme ravie ».

Après la communion, après l'agenouillement devant la Sainte Table au beau linge amidonné, après avoir tenu le plat doré sous mon menton, je revenais à ma place pour le grand moment de « l'action de grâces ». C'est là que les mains jointes « à la vierge », comme la statue de Notre-Dame de Lourdes, paume contre paume, à hauteur de la poitrine, ou doigts enlacés, je prenais des attitudes soignées. Par le port de tête, l'expression des yeux, le rythme des pas, j'imitais les enfants des images, agenouillés, yeux clos, si sages dans leurs robes claires.

J'enfouissais le visage entre mes mains, ou bien, les mains nouées sous le menton, les yeux fermés ou fixés sur le tabernacle, je m'immobilisais, laissant aux autres le soin de suivre la fin de l'office, de se lever, de s'asseoir. C'était le privilège de celles qui avaient communié. Après l'*Ite missa est* il était même de bon ton de s'oublier en prières au point de ne pas remarquer la sortie, au point de devoir se faire ramener à la réalité par la religieuse. Sœur Sainte Anna attendait bien un moment, faisait sortir les autres et se décidait finalement à taper sur l'épaule de la dévote. Les autres disaient « elle fait sa sainte », elle « fait des simagrées ». Faire sa maligne, son intelligente, sa gentille, sa douillette, sa mijaurée, sa sainte, signifiait qu'une de nous essayait de paraître telle, mais qu'on l'avait vue venir.

On s'ennuyait avec patience à la messe, comme lorsqu'on était « fourchette » au jeu, en attendant les moments où il se passait quelque chose : l'élévation et ses clochettes, le cortège de communion, le retour, les moments où le prêtre clamait certaines paroles, les grands mouvements bruyants où les fidèles se levaient, s'asseyaient, s'agenouillaient.

Le reste du temps le prêtre murmurait doucement en latin des phrases incompréhensibles, le dos tourné, bougeant les ustensiles, faisant les gestes d'une sorte de cuisine sans aliments, tout en simulacres, à vrai dire, peu éloignée de nos dînettes. Le lavement des mains à cet égard était remarquable et nous nous reconnaissions dans le filet d'eau minuscule où le prêtre se lavait le bout des doigts, dans le linge en miniature auquel il s'essuyait. Cela s'appelait « lavement des mains » mais il était visible qu'il ne se lavait pas « pour de vrai » – nous savions bien ce qu'était le vrai lavage des mains au savon avant les repas. « Et frotte-les » disait ma mère !

La communion était si peu matérielle qu'on pouvait presque la comparer à ces dînettes où on faisait semblant d'avaler. Comme nous le prêtre avait peu de vaisselle. Seulement, lui, maniait une dînette sacrée qu'il accompagnait, comme nous le faisions – dans ces moments où il susurrait – de paroles racontant l'histoire. Il disait sûrement : « Tiens maintenant, c'est l'heure, je vais préparer les haricots verts », et il faisait semblant de les prendre, « mes enfants vont rentrer de l'école, je dois aller chercher le pain » et il trottait à l'autre bout de l'autel – comme nous au coin du trottoir – parlait un moment à la boulangère – « bonjour madame, donnez-moi une flûte » – revenait les mains vides, mimant le geste de celui qui porte le pain, et s'affairait à nouveau à son repas.

Car tout était fait dans la messe pour évoquer un repas et premièrement les mots : table, pain, vin, eau, linge. Mais ils étaient toujours suivis d'un adjectif ou d'un complément de nom précisant bien qu'il ne fallait pas s'y tromper. C'était la « Sainte » table, le pain « du ciel », le linge « d'autel », le vin « de messe ». On ne disait ni verre, ni assiette, on avait « calice » et « patène ». Tout exprimait que vaisselle et apprêts étaient destinés à autre chose qu'à un vrai repas.

Ce que nous recevions dans la bouche, si peu semblable au pain, il ne fallait point le mâcher, ni le toucher.

Quand l'hostie se collait au palais ou à la muqueuse buccale, c'est avec des contorsions de langue qu'il s'agissait de la dégager sans aucunement lui faire toucher les dents. La légende dorée était pleine d'hosties saignant après avoir été malmenées, volontairement il est vrai, par des impies. Nous ne voulions pas courir ce risque et nous nous racontions après les péripéties de l'avalage. C'était à celle qui aurait gardé l'hostie le plus longtemps collée sur la langue ou le voile du palais.

Ce pain n'avait donc rien à voir avec le pain des tartines et du boulanger. La nappe de communion, luisante d'amidon et jamais salie, aux pliures parfaites où nous posions nos mains jointes, était très loin de la table familiale, de même que ce plat doré qui passait sous notre menton au cas où seraient tombées des miettes.

Une nappe, une vaisselle jamais salie et qui plus est d'or, mettait la cuisine de la messe en parallèle, mais très au-dessus, des dînettes et des repas ordinaires. Il restait les linges.

Le mot lui-même était chargé de mystère. En colonie, il servait essentiellement à désigner la culotte.

« Avez-vous changé de linge ? » disait Laure.

Il s'agissait bien de culotte, sinon elle disait : chaussettes, ou combinaison. Le mot désignait aussi les chiffons mystérieux des règles.

Les toiles immaculées qui accompagnaient le repas sublime de la Sainte Communion étaient donc chargées d'obscurs interdits d'autant plus qu'il était impossible d'y toucher. Le prêtre, nous disait-on, faisait lui-même le premier savonnage des précieux linges, avant de les confier à des sacristines, le plus souvent des religieuses. Sainte lessive qui n'en était pas une, Sainte Table où l'on ne mangeait pas, vases sacrés, toute la messe était plongée dans une atmosphère d'invisibles présences, de faux-semblants comme dans nos jeux, où après avoir mimé le manger et le boire nous sortions de table avec la faim.

Lorsqu'il y avait plus de communiants que d'hosties consacrées, le prêtre commençait par donner seulement un bout d'hostie parfois tout petit et cela nous désolait. Puis il partageait la grande hostie de la consécration, « imprimée », ce qui, quoiqu'on dise, nous paraissait plus divin et permettait de faire « bisquer » les autres, en frottant un index contre l'autre – pointé vers la copine – et en disant « tu bisques, tu rages, tu manges du cirage » ou « du fromage ».

Après la messe de communion nous rentrions chez nous déjeuner, et certains dimanches revenions pour la grand-messe. Là nous jouions à nous mettre dans le feu des vitraux. Nous aimions toutes les couleurs sauf le jaune. Nous disions « jaune cocu » et refusions le jaune même au jeu des petits chevaux. Si une fille était sous le jaune du vitrail, nous nous moquions d'elle. Mais nous tendions la jambe pour recevoir le bleu, le plus beau, sur nos chaussettes blanches et aussi les paumes des mains, ou le visage pour qu'il soit étrangement maquillé. C'était un jeu avec très peu de mouvement car la sœur ne badinait pas avec la tenue aux offices – au besoin à la sortie elle nous recommandait d'aller nous confesser de notre distraction et nous rappelait que « Dieu voyait tout ».

Suivant l'heure et la saison, nous savions à peu près à quel endroit seraient les rayons des vitraux pour peu que le soleil brillât derrière le verre coloré de Saint-Aphrodise ou de la cathédrale. Nous cherchions à prendre les meilleures places. Il y avait au dernier moment, avant d'entrer dans les bancs, une bousculade silencieuse d'une violence parfaitement contenue. S'il nous était impossible de donner des coups de pied, de tirer les cheveux, il nous restait le pinçon et les regards de haine, les phrases glissées à travers les dents serrées, sans presque bouger les lèvres : « Tu verras... tu ne perds rien pour attendre » ou le terrible « Je te suis fâchée ».

Quand j'avais le bonheur d'être dans la lumière désirée, je prenais la pose. Je bougeais les lèvres en récitant la prière comme je le voyais faire aux religieuses. Je me savais enviable, ainsi auréolée de violet, de bleu, d'orange. Si, bien placée au centre des couleurs, j'avais le bonheur de les sentir passer sur mon visage, une après l'autre, à mesure que se déroulait l'office et que le soleil tournait, je me sentais envahie d'une incroyable félicité. Au besoin, j'inclinais imperceptiblement le corps en avant ou en arrière. Les copines me regardaient. Le dimanche suivant une autre sûrement aurait ma place et je la regarderais, transformée par la lumière, faire la sainte ou quelquefois le pitre – le violet nous incitait à une pitrerie, limitée, toutefois, à une grimace, à cause de la présence terrible de la religieuse.

Une autre distraction de la grand-messe interminable était de nous montrer des images pieuses.

Elles tiennent une grande place dans mon enfance, ces

images. Elles étaient des trésors, elles étaient un des plus puissants attraits de la religion. Nous allions les admirer dans la vitrine du magasin « Saint-François d'Assise » où elles apparaissaient après Pâques en prévision des communions. Nous en possédions toutes. Nous connaissions celles des autres et nous nous plaisions à les contempler. Certaines, souvent anciennes, venues de tantes ou de grands-mères, ou données au catéchisme, présentaient des reliefs, il y était fixé des morceaux de tissu figurant une robe ou un voile de communiante. Le bord pouvait être doré, juste un filetage sur l'épaisseur du papier, ou bien être si finement travaillé qu'il semblait une dentelle de fil fragile autour des saintes représentations. Il arrivait même que l'image ne fût pas rectangulaire mais dessinât une ogive. Quand de la poudre d'or – qui restait sur les doigts où nous la regardions briller – soulignait les auréoles, les rayons de l'hostie planant au-dessus du calice, l'ostensoir, les ciboires, rien n'était jugé plus beau. Précieuses et inutiles, nous les gardions dans le livre de messe, le catéchisme ou une boîte et les admirions pendant la messe, ou en attendant notre tour à confesse.

Elles représentaient le Bon Pasteur, l'Enfant Jésus charpentier en train d'aider son père – parfois à clouer sa propre croix –; un tabernacle où frappait un enfant blond; l'Enfant Jésus innocemment endormi sur la croix et la couronne de son supplice; le Christ accueillant des enfants marchant vers lui les mains croisées sur le cœur; l'agneau de Dieu sur un coussin rouge; la Sainte Face ruisselante de sang; l'Assomption de Marie au milieu de nuages roses; la Résurrection de Jésus sortant, lumineux, de sa tombe; la théorie des communiantes agenouillées, yeux clos, dans les rayons de lumière oblique venus des vitraux; sainte Anne apprenant à lire à la Vierge Marie; Jean-Baptiste et Jésus, enfants, jouant à des jeux d'anges, vêtus de tuniques bleues ou roses; la Nativité avec l'enfant sur la paille, à peine vêtu; les âmes du purgatoire au milieu des flammes tendant les mains vers le ciel d'où se penchaient les élus, certaines échappées déjà du lieu de souffrance par le mérite des prières et montant vers le Paradis; Jésus au Jardin des Oliviers acceptant le calice tandis qu'au second plan dorment les disciples; Marie et l'enfant environnés de pampres et de lys; Jésus montrant son cœur brûlant couronné d'épines.

Partout des anges. Beaucoup n'avaient pas de corps : ils

étaient réduits à une tête bouclée, blonde, soutenue dans les nuages par deux ailes rondes de papillons. Ceux qui avaient un corps portaient de longues robes qui cachaient leurs pieds. Ils ne touchaient pas terre d'ailleurs. Leurs bras sortaient des manches larges pour montrer le ciel du doigt, élever un calice en l'air, poser la couronne des élus sur la tête d'un saint ou d'un martyr. Leur robe drapée était semée d'étoiles d'or.

Partout des colombes, rosées ou blanches, de doux visages lisses, des êtres blonds semblant planer au-dessus de la terre, au-dessus des phrases inscrites d'une écriture toujours gracieuse, ornée de majuscules tarabiscotées et de longs points d'exclamation.

« Je te quitte, ô terre! » – l'âme, sous la forme d'une colombe, s'envolait d'une tombe.

« *Fiat voluntas tua* », illustrait le lit où se résignait quelqu'un.

« Avec Jésus l'exil est doux », la fuite en Égypte dans un paysage de palmiers.

« Adorez cet incompréhensible mystère! » était surmonté d'un Dieu triangulaire dans une nuée d'anges sans corps.

Cette imagerie qui pourtant ne faisait grâce ni de la mort, ni de la souffrance, qui rappelait sans cesse qu'il y avait des croix à porter et des calvaires à grimper, nous l'aimions parce qu'elle était soulignée d'or, parce que les vertus qu'elle proposait, trop inaccessibles, ne nous concernaient pas et que nous pouvions sans danger nous y repaître d'un monde somptueux et immatériel qui n'était ni celui du quartier ni celui de la famille, mais l'entourait de si près qu'il suffisait de peu de chose pour passer de l'un à l'autre.

Je ne trouve pas de meilleur exemple de cet allègre va-et-vient que le jeu de la marelle-avion. Sur un pied nous parcourions l'espace chiffré de la terre au ciel et du ciel à la terre, avec parfois des séjours en purgatoire et des haltes dans nos reposoirs. C'est en faisant glisser le palet d'une case à l'autre et en sautant par-dessus les traits que nous avancions, montions et redescendions, une fois proches du ciel, une autre fois revenues sur terre au point de départ, une autre fois retenues dans le purgatoire ou la prison... Tout cela était sans conséquence sur la vie. Il nous apparaissait obscurément, dans le geste du pied agile, que le jeu allait sans cesse du quotidien au céleste, que le jeu lui-même les liait et les faisait se pénétrer.

Lequel influençait l'autre? Certes, parfois grâce à la dévotion, la vie de tous les jours gagnait en mystère et grandeur, mais nous investissions si fort le sacré de notre puissance de jeu que nous habitions la vie religieuse comme les trottoirs du quartier, saisissant toutes ses particularités, les faisant servir à des usages inattendus.

Je pense au feu des vitraux. Je pense au pèlerinage de Notre-Dame de Consolation où inscrire notre vœu sur un papier plié glissé ensuite dans le tronc était le plus important.

Je pense aux petits nègres achetés par l'intermédiaire de l'œuvre de la Sainte-Enfance dix francs pièce : pour ce prix nous choisissions le prénom et quel délice de les nommer Barnabé, Ignace, Aphrodise ou Jude! C'est cela que nous aimions et non pas les sauver du paganisme [32]. Ce qui paraissait inutile devenait parfois pour nous essentiel. On avait beau nous dire que l'important était ailleurs, nous revenions sans cesse à l'accessoire, au futile qui faisaient notre joie et nous subissions l'essentiel.

La saponaire poussée « exprès » au bord de l'eau pour qu'on puisse se laver les mains; le mouron semé d'yeux de Jésus et d'yeux de Joseph [33]; la passiflore recélant la couronne d'épines du Christ et les clous de la crucifixion; les graines duveteuses du chardon qui passaient dans l'air de l'été, insaisissables comme des bulles – nous les appelions des « anges » et nous ne doutions pas de leur essence divine à cause de leur couleur et de leur légèreté –; les enfants de chœur cachés dans le bouton du coquelicot – d'où il ne restait plus qu'à les faire jaillir; le fruit de l'iris qui ressemblait a une courgette; toutes ces multiples magies du monde nous apparaissaient comme autant de manifestations de la Providence.

Et nous amuser, nous réjouir de n'importe quel moment de la vie religieuse était parfaitement légitime, quelque plaisir que l'on y trouvât, curiosité, satisfaction de l'orgueil, distraction pure.

Certains jours étaient si intéressants que nous ne les aurions manqués pour rien au monde.

Le Jeudi saint, pour obtenir les indulgences, il fallait visiter au moins trois églises et adorer dans chacune d'elles le saint sacrement, solennellement installé au centre d'un reposoir.

Je faisais les visites avec ma mère, une de ses amies et sa fille qui avait mon âge.

C'était un peu comme du théâtre. Dans un coin de l'église, à l'écart de l'autel principal, on dressait une sorte de pyramide fleurie, au centre de laquelle l'hostie était exposée et mise en scène. Elle occupait le centre d'une orfèvrerie ronde, rayonnante : l'ostensoir, où on l'installait dans une petite boîte vitrée.

Plus l'église était située dans un quartier riche, plus il y avait de fleurs et plus le reposoir était somptueux. Les dames des paroisses faisaient assaut d'invention, renouvelaient chaque année le thème et quelques jours avant le Jeudi saint, des bruits couraient en ville :

« Il ne faut pas manquer d'aller à la Madeleine! Sur une table ils ont représenté la Cène » et on indiquait même qui avait fourni la nappe damassée.

« Il paraît qu'à Saint-Nazaire ils ont mis une " vraie " biche empaillée près d'une cascade en papier cristal. »

« Au Cours Saint-Jean, il n'y a que des roses rouges, des milliers, et l'ostensoir au centre. Ça coûte une fortune. »

Comme nos mères, avec ma copine, nous nous lancions dans l'appréciation des idées ou du coût du reposoir. Je ne dis pas que nous ne faisions pas la prière, mais c'était surtout la curiosité qui nous poussait. Je rentrais le soir, épuisée, éblouie de ces splendeurs immobiles dans l'air embaumé des reposoirs.

Sur un parterre d'œillets rouge sang, une croix grandeur nature où pendait un linge blanc. La Sainte Face finement peinte en rouge sur une toile, comme si Véronique venait d'en essuyer le visage du Christ. Un ostensoir sur un grand panneau de satin blanc et son rayonnement matérialisé par des fils d'or. L'agneau de Dieu couché sur un coussin tenant une croix entre ses pattes de devant. Sur un rocher, la robe sans couture de Dieu et près d'elle un cornet et des dés : on vient de la tirer au sort. Un bel antiphonaire posé sur un lutrin en bois doré ouvert à l'office du jour. C'était une des rares occasions de notre vie où nous pouvions voir des dorures, du luxe et nous aimions les pompes de l'église chrétienne.

Nous entrions dans l'église sombre aux statues voilées de violet et nous nous dirigions vers le coin éclairé et fleuri du reposoir, nous embrassions un crucifix posé sur un coussin, qui sur les pieds, qui sur la plaie du côté, qui sur le front à l'emplacement de la couronne d'épines.

Puis on l'essuyait avec un petit mouchoir brodé et on mettait une pièce dans le plat à offrandes posé auprès. Pas trop grosse : il y avait beaucoup d'églises à visiter. Et on partait plus loin, à Saint-Jacques, chez les Clarisses...

Nous n'aurions pas manqué non plus la fête annuelle d'Aphrodise, patron de Béziers. Nous le sentions nôtre, à l'école libre, car il n'y avait que la place à traverser pour pénétrer dans la basilique. La fête à la fois religieuse et profane nous appartenait donc.

Après la messe du matin, le 28 avril, nous descendions à la crypte pour l'unique fois de l'année. Les pèlerins, l'un derrière l'autre, circulaient dans un étroit déambulatoire autour des restes du saint. Nous savions qu'il y avait là des reliques, de ces petits morceaux d'os poreux dont nous connaissions les pouvoirs miraculeux. Silence, touffeur d'un lieu clos toute l'année, demi-obscurité : je passais dans la crypte avec autant de crainte que sous le pont, protégée toutefois par la file des gens en prière, attirée par le mystère d'or et de cendres que contenait le reliquaire et ses velours.

Saint Aphrodise avait sa place, dans un monde d'histoires légendaires, près de Jaquette, de saint Victorin dans sa châsse de verre, statue de cire où étaient noyées des reliques, près d'une petite vierge anonyme vêtue d'argent terni dans la chapelle des Pénitents, de sainte Thérèse et Bernadette dont nous rêvions de voir les corps « conservés » par-delà la mort.

La topographie de la légende d'Aphrodise passait tout près de l'école, dans cette « rue des Têtes » qu'il avait parcourue, à la fois mort et vivant, portant sa tête dans ses mains pour aller jusqu'à sa sépulture.

En remontant de la crypte nous baisions cette tête, posée sur un coussin rouge, le cou coupé sanglant, la bouche à demi-ouverte.

C'était une terrible tête de douleur, jaune ivoire, portant l'auréole et comme immobilisée dans le bois au moment le plus violent du martyre. Après, certaines se vantaient d'avoir embrassé la bouche tordue de douleur.

Parfois nous le faisions, furtivement, bravant le dégoût.

« Bèh, disait Odile, il doit y avoir du sang dedans.

– Mais non puisqu'il est en bois.

– Oh ! c'est pas sûr, on peut pas si bien imiter. T'as vu les yeux ?

– Mais si! c'est en bois, la sœur l'a dit.

– N'empêche que tu es une dégoûtante. »

Toutefois il planait sur l'audacieuse ce courage d'avoir osé et tout en la critiquant nous la jalousions.

L'histoire de cet homme à la tête coupée, jetée dans un puits qui, comme un estomac, l'avait vomie en faisant monter son eau bouillonnante, pour que le saint la ramassât, nous occupait beaucoup, du moins le jour de sa fête. Était-il mort ou non quand il avait marché dans cette rue où nous passions tous les jours et quand les odieux spectateurs du martyre s'étaient moqués de lui, empierrés à l'instant, le visage déformé de malice ?

« Il n'était pas mort puisqu'il a ramassé sa tête et qu'il a marché en la portant.

– Si, il était mort, mais c'était un miracle.

– Puisque c'était un miracle, c'est qu'il n'était pas mort. Il fallait bien que les yeux de cette tête y voient. »

Quand nous sortions de la basilique sombre, pleine de cette légende, il fallait plisser les yeux à cause de la lumière d'avril – vive et transparente – à cause des semences que les platanes lâchent à cette époque où se défont les vieilles boules. Et sans transition nous sautions dans la fête païenne.

Le matin, le chameau de toile mené par le papari [34] avait traversé la ville, accompagné de groupes folkloriques. Il nous intéressait, cet animal gigantesque, à l'intérieur duquel étaient dissimulés des porteurs dont on ne voyait que les pieds. Nous avions même inventé le jeu du chameau où, pliées en deux, nous tenant par la taille, aveuglées par notre position, nous devions suivre le rythme saccadé qu'imposait la meneuse. Elle cherchait à nous faire tomber pour pouvoir distribuer des gages.

Le chameau était venu jusqu'à la placette de sa démarche dansante et instable. Devant l'église, une multitude de marchands s'étaient installés. On y vendait des moulinets de couleurs vives qui tournaient au vent comme des toupies, des coques [35], des faïences de terre brune pour poupée : les taraillettes [36], et surtout des « rossignols », petits cruchons qu'on remplissait d'eau et qui chantaient avec un gazouillis de fontaine quand on leur soufflait dans le bec. On vendait aussi des pistolets à eau et des balles à élastique.

A peine émergées du silence de la basilique, on pénétrait dans le bruit et l'agitation. Les garçons nous « attaquaient » à coups de balles sur la tête – ces fameuses balles à élastiques qui comme des boomerangs revenaient dans leurs mains. Ils nous trempaient des jets de leurs pistolets à eau. Nous faisions semblant de ne pas trop nous amuser, nous prenions l'air contrarié et disions qu'ils étaient bêtes, mais quel délice de subir ces privautés en poussant des cris!

Ma mère ne disait trop rien si j'étais mouillée. Elle demandait seulement : « Tu as mangé ta coque ? Tu t'es régalée ? »

Parfois j'avais préféré au gâteau une taraillette ou un rossignol.

La religieuse, par contre, nous grondait. Elle nous rappelait que la Saint-Aphrodise était une fête religieuse, qu'il fallait prier et non nous amuser. Nous protestions que ce n'était pas notre faute mais elle affirmait que nous nous prêtions au jeu, que nous allions rôder.

Et c'était vrai. Nous aimions les cris, les garçons audacieux et brutaux. Alors sous prétexte d'aller voir Huguette dont la mère était pâtissière et qui l'aidait à vendre des coques, nous repassions devant la fontaine et les garçons ne nous rataient pas, allant parfois jusqu'à nous arroser sous les robes.

L'année liturgique était ainsi jalonnée de jours ou de périodes qui étaient autant d'occasions de nous divertir, de jouer le sérieux, de devenir « intéressantes ».

Chaque fois que nous nous levions avec le jour pour aller à une messe de communion, avant l'école, dans la semaine, traverser la ville endormie, marcher sur le trottoir dans le noir, emporter le déjeuner dans le cartable était réjouissant parce que insolite.

Le mercredi des Cendres plaisait par son étrangeté. Nous recevions sur le front une petite croix de cendres infligée par le pouce du prêtre. Il nous disait, en latin, que nous étions poussière et que nous retomberions en poussière. Nous ne comprenions pas le latin, mais on nous avait tellement repété la signification de ce murmure, que nous aimions cette cérémonie dramatique où il ne s'agissait pas de mourir, mais seulement de se faire croire qu'on y pensait. A cette messe du petit matin, la chape du curé était violette, le marbre où nous nous agenouillions était glacé, et la lumière à cette saison-là toujours parcimonieuse.

Certaines portaient sur le front une frange de cheveux

lisses ou des boucles échappées. Il fallait les écarter de deux pinces et dégager l'espace pour recevoir les cendres sur un front nu, avec l'interdiction formelle d'effacer cette trace jusqu'à la toilette du lendemain.

Les franges et les boucles retombées à leur place estompaient par frôlement la croix qui n'était plus bientôt qu'un halo gris. Celles dont les coiffures nettes, avec la raie au milieu, dégageaient naturellement le front, la gardaient intacte. Elle n'était pas d'ailleurs la même pour tout le monde. Le prêtre ne trempait son pouce dans le plat ovale contenant les cendres du laurier que tous les trois ou quatre fidèles et certains fronts portaient à peine un peu de gris et les autres une croix comme tracée au charbon de bois. Il était très gratifiant d'avoir une grosse marque et non une simple tache noirâtre.

Les soirs de mai, après le repas, j'étais autorisée à aller au mois de Marie. A cette occasion, ma mère me faisait souper seule sur un coin de table pour que je ne fusse pas en retard. Elle me fricassait un œuf, prélevait une part de soupe, de fricot, et c'était une telle fête de partir avec Bernadette ou Josette que la monotone récitation du chapelet dans l'église crépusculaire se chargeait de mon bonheur, du repas que je percevais différent et qui était semblable pourtant à ce que j'aurais mangé en famille, mais qui, pris sur un coin de table, changeait de goût, du lent retour, du chapelet dans la poche du gilet, du plaisir de crâner devant les autres, de la fin de l'année qui s'annonçait et amènerait avec les jeux du beau temps, les soirées après souper sur le trottoir.

Ce que nous aimions par-dessus tout, c'étaient les tableaux vivants et les saynètes inspirées de l'Écriture Sainte.

Le tableau vivant que nous exécutions dans le chœur de l'église ou dans la salle paroissiale était une scène figée. Retenant notre respiration, arrêtées comme des images, nous immobilisions le geste et l'expression du visage quelques minutes, le temps que les spectateurs regardent; on s'en faisait une montagne, on en rajoutait sur la difficulté, on se plaignait des prouesses exigées par certaines poses : le bras en l'air ou la jambe tendue en arrière. Mais celle qui devait réaliser l'exploit difficile n'aurait pour rien au monde abandonné son rôle.

Nous représentions la Nativité. Il fallait être blonde pour prétendre incarner la Sainte Vierge et de violentes jalousies et rancœurs se développaient à l'occasion de ces tableaux idylliques.

Nous représentions Marie-Madeleine aux pieds de Jésus. Pour cela une fillette à longues tresses était choisie. Pour cette occasion on libérait sa chevelure qui, d'avoir été nattée, gardait des ondulations de vague. Nous étions remplies d'envie lorsque la religieuse, avec sollicitude, pour l'efficacité du message religieux, arrangeait ses cheveux, exigeait une robe à galons, rehaussait d'une touche de maquillage le visage enfantin.

Il y avait Jésus enfant, prêchant dans le temple. Saint Jean-Baptiste et la Sainte Famille.

A Noël, pour représenter l'Enfant Jésus, on prenait une fillette de la maternelle et même une année, Suzanne avait pu amener son petit frère, un bébé qui ne marchait pas. Quelle occasion de « s'en croire »! Quel pouvoir donnaient les rôles, dans les scènes fixes comme dans les épisodes mimés et parlés, vrais moments de théâtre!

Pour l'Annonciation, nous voulions toutes être l'ange à cause des ailes. Pour cette même raison, le rôle préféré dans le réveil des bergers était aussi celui de l'ange, ainsi que dans l'agonie au Jardin des Oliviers où l'ange ne parlait pas mais où en plus des ailes il tenait à la main un calice qu'il présentait à Jésus – Jésus adulte était souvent « une grande ». Depuis ce temps lointain des processions de la petite enfance, nous n'avions plus été habillées en ange. Nous regardions avec envie les petites sœurs déguisées qui suivaient les communiantes. La robe, c'était déjà beau, qui était ornée d'étoiles, et la couronne, qui ceignait le front d'un ruban lui aussi étoilé. Mais que dire des ailes! Elles étaient un enchantement. L'armature de métal qui leur donnait forme était invisible sous le tulle, et parfois le tulle lui-même disparaissait sous les plumes blanches collées une à une par une mère patiente. Le plumage était parsemé d'étoiles d'or. Nous aurions fait les pires bassesses pour être l'ange. Peut-être même eussions-nous vendu notre âme au diable.

Les rôles que nous tenions étaient plus ou moins importants, plus ou moins gratifiants.

Nous aurions bien voulu représenter la Cène mais cela nous était refusé. Restaient le Jardin des Oliviers, la tentation de Pierre, les doutes de Thomas après la Résurrection. Reste surtout dans mon souvenir la parabole des Vierges sages et des Vierges folles. J'y figurais parmi les folles – les « sottes » disait le texte.

Tandis que les Sages avaient un voile bleu, nous portions nos cheveux dénoués. Elles avaient des robes blanches à ceinture dorée, nous étions en robes de couleur. Les Sages avaient une lampe qu'elles allumaient dans le courant de la représentation – elles en faisaient des embarras avec leurs allumettes! – nous avions une lampe éteinte.

Quand, à un moment, nous leur quémandions de l'huile, elles refusaient, disant qu'elles n'en auraient plus assez pour elles. Pour un peu, elles nous eussent traitées de « demandeuses ». En tout cas elles prenaient le même air. Nous partions en courant en acheter en coulisse, chez Honorat sûrement, et, pendant ce temps, l'époux – une grande habillée comme un prince – les faisait entrer dans la salle des noces.

Nous revenions et frappions à la porte close, mais la grande passait la tête à travers le rideau et disait : « Je ne vous connais point. »

Comme sœur Sainte Anna avait précisé qu'elle avait fait son choix entre les sages et les folles en fonction de notre conduite, j'avais honte qu'on n'eût pas jugé bon de me mettre le voile bleu et de me confier la loupiote allumée.

Toutefois, la plupart du temps, les tableaux vivants et les saynètes nous élevaient à des dignités extraordinaires. C'était à peine différent des rôles principaux ou subalternes que nous nous distribuions sur le trottoir quand nous jouions aux « pièces ». Nous râlions d'être la « foule des pharisiens » ou un simple berger sans éclat de la crèche, comme nous râlions d'être la bonne.

Tout ce qui était l'occasion de s'habiller de façon particulière, de porter un costume qui était une sorte de déguisement nous plaisait. Pour cette raison – la robe longue et le voile – nous nous disions attirées par la vie religieuse. Pour cette raison nous pensions devenir un jour, quand nous serions jeunes filles, « Enfants de Marie [37] ». En attendant, nous nous contentions d'être des « Croisées de l'Hostie ».

Habillées aux grandes fêtes d'une chasuble à créneaux bleus, le dos et la poitrine marqués d'une grande croix, voilées de bleu et de blanc, nous ressemblions au petit génie de la Javel Lacroix. La Croisade était un mouvement enfantin beaucoup moins distrayant que les Ames Vaillantes. La quadruple devise n'avait rien d'affriolant :

« Prie, Communie, Sacrifie-toi, Sois apôtre. » La littérature des Croisés nous proposait d'édifiantes histoires où des enfants malades, n'ayant jamais commis un seul péché mortel, mouraient aux mains de multiples servantes. Dans une chapelle, une colombe de plâtre s'animait par un miracle pour prendre l'hostie dans le calice et leur donner la communion. Ils escaladaient gracieusement les autels pour frapper au tabernacle, pour parler à Jésus et le distraire car il s'ennuyait – le ciboire et les hosties « de reste » étaient enfermés à clef dans le tabernacle, une petite maison. Jésus était là « prisonnier de son amour ». Parfois ils se rompaient le cou, d'autres fois l'enfant divin, prisonnier derrière la porte dorée dans l'étroit passage tendu de satin, sortait pour jouer avec le petit saint. Un serviteur ou un sacristain émerveillé surprenait ces jeux.

Je me demandais à quoi ils pouvaient bien jouer ; je ne connaissais que des distractions où nous chicanions, nous disputions et mentions sans vergogne. La seule idée que je pouvais en avoir était les jeux des récréations de retraites où, sans tricher, sans faire les orgueilleuses, sans dire de gros mots, nous étions toutes bêtes, ne sachant plus nous amuser et trouvant tout d'un insupportable ennui. Mais les saints enfants jouaient avec Jésus, convertissaient au dernier moment des brutes sans religion condamnées à mort – ils avaient prié, et juste avant de monter sur l'échafaud, le criminel embrassait le crucifix. Tout cela était sévère mais séduisait à force de miracles.

Heureusement, il y avait le *Petit Bulletin de la Croisade eucharistique.* Cette simple feuille de la taille d'une enveloppe, rouge, bleue, jaune ou verte suivant les mois – de ces mauvaises couleurs d'imprimés bon marché – présentait un quadrillage daté, en face d'une liste de dévotions : chapelets, dizaines, rosaire, chemin de croix, messe, communion, sacrifices, messe vécue et communion spirituelle. De plus, y était notée l'intention particulière de la Croisade : missions, vocations religieuses. Régulièrement on nous relevait le *Petit Bulletin* dont nous avions rempli les cases. Je mentais bien un peu – peut-être croyais-je tromper Dieu ? – mais sans trop et à propos d'invérifiables sacrifices et de *Je vous salue.* La religieuse savait combien de fois j'étais allée à la messe et à la communion. Des championnes connues de toutes détenaient d'incroyables records, souvent des « grandes » du certificat. Micheline, pendant les trois jours d'une retraite, avait récité cent quatre-vingt dizaines de chapelet, un exploit dans le genre du grand écart facial. Yvonne, en colonie, avait, au moins deux fois, récité mille *Ave Maria* le jour du quinze Août [38] – mille : chiffre absolu. Telle autre, comme Marie-Bernadette qui était morte, allait à la messe de communion tous les jours. D'autres moins pieuses se contentaient de prendre un « jour de messe » pour que chaque matin, par roulement, il y eût au moins une « croisée » à la messe basse.

Que faisait-on de toutes ces dévotions d'enfants accumulées ? Nous ignorions exactement où elles partaient. Au « diocèse » disait-on, autre abstraction. Elles entraient dans la comptabilité de Dieu, redoutablement bon en calcul.

Il était toujours question de chiffres.

On faisait « les neuf premiers vendredis du mois ». Il s'agissait neuf mois de suite – ça paraissait une éternité – d'aller le vendredi à la messe de communion. On obtenait alors l'indulgence plénière.

Une foule de prières donnaient trente jours, cent cinquante jours, trois cents jours d'indulgences à décompter d'un total final de jours de purgatoire, total qui serait arrêté le jour de notre mort et qui était donc inconnu. La visite des églises « comptait », la « communion spirituelle » aussi, moins toutefois que la communion réelle, la « messe vécue », sans être aussi valable que la messe, apportait sa petite gratification.

C'est d'ailleurs le *Petit Bulletin de la Croisade eucharistique* qui m'avait appris l'existence de la messe vécue, et de la communion spirituelle.

La messe vécue consistait à suivre l'office en pensée, de loin, quand on ne pouvait y assister. C'était le cas pendant les vendanges. Je n'avais pas toujours le courage de me lever à cinq heures pour aller à la messe des vendangeurs. Je me contentais d'une messe vécue.

Quant à la communion spirituelle ou communion de désir, elle était une tension de l'âme, une tristesse, des pleurs intérieurs, un recueillement plein de regrets pendant le temps où les autres communiaient. Ce n'était pas un équivalent à la communion sacramentelle, mais ça comptait.

Nous n'étions pas gênées de tous ces chiffres. Ils devaient ressembler au total hebdomadaire de sœur

Sainte Anna qui ajoutait les notes de dictée, de géographie, de calcul, de leçon de choses à la messe du dimanche, la bonification pour les Vêpres et pour le mois de Marie. Un mélange de genres dont je ne songeais pas à m'offusquer.

Les comptes de Dieu, les jours d'indulgence, les additions du *Petit Bulletin de la Croisade eucharistique*, donneraient un total inscrit dans le grand livre du Jugement dernier. La balance de Dieu était impossible à tromper et le livre aux colonnes bien ordonnées, indiquait notre avoir spirituel.

Elle avait bien du mal, notre maîtresse, à maintenir nos pratiques dans l'orthodoxie : nous étions à la fois tentées par le monde et par le côté le plus superficiel, le plus amusant des pratiques. Les petites filles vouées au « bleu et au blanc » nous intéressaient plus que les vocations, les négrillons plus que l'évangélisation, le costume des croisées plus que la devise. Je préférais saint Antoine de Padoue que je priais beaucoup parce que je perdais tout, à Notre-Dame du Perpétuel Secours.

Ce saint perturbait beaucoup notre maîtresse. Tout le petit peuple avait en lui une grande confiance. Madame Truel disait que saint Antoine de Padoue l'exauçait toujours. Elle l'appelait « Saint Antoine de Pompadour ». Ma mère elle-même me conseillait, lorsque j'avais égaré quelque chose, de le prier. Je récitais alors la formule :

« Saint Antoine de Padoue
Vous qui faites trouver tout
Faites-moi s'il vous plaît
Retrouver... (ici le nom de l'objet)
Quand vous disiez votre bréviaire
Chaque fois que vous l'aviez perdu
Mais vous faisiez une prière
Un ange vous l'avait rendu.
Faites que ce que j'ai perdu
Me soit rendu. »

Lorsqu'elle nous entendait, sœur Sainte Anna était désemparée. Elle n'osait pas nous interdire carrément cette prière, pas plus que de réciter pendant l'orage :
« Sainte Barbe, sainte Hélène, sainte Marie-Madeleine,

préservez-nous du feu du tonnerre », pas plus que de porter un mouchoir à Notre-Dame du Moucadou [39], mais elle eût préféré quelque chose de moins fantaisiste, des pratiques plus orthodoxes comme les neuvaines et les pèlerinages encadrés par les prêtres. Toutefois elle ne pouvait rien contre ce qui nous poussait vers le plus spectaculaire et le plus amusant. Quand une de nous attrapait le hoquet, elle serrait son poignet gauche de sa main droite et débitait sans respirer, trois fois de suite, à toute vitesse :

« J'ai le hoquet,
Dieu me l'a donné,
Je ne l'ai plus.
Vive Jésus!
Je l'envoie à celui que j'aime,
Si celui que j'aime ne m'aime pas,
Le hoquet me reviendra. »

Elle devait le dire en se cachant. De voir mêlés Jésus et « celui que j'aime », sœur Sainte Anna avait les larmes aux yeux.

Elle essayait de nous arrêter au seuil de ce qu'elle appelait la superstition, lorsque par exemple les parents amenaient les fillettes chez des femmes qui avec des croix et des prières arrêtaient le feu, faisaient fuir les verrues, tiraient le soleil de la tête, un soir trop chaud de vendanges, avec un verre plein d'eau emmailloté d'un torchon et dans lequel au bout d'un moment commençaient à monter des bulles.

Les « chaînes » qui circulaient, à l'en croire, il fallait les brûler.

Un beau matin on trouvait dans sa boîte aux lettres une chaîne qu'une copine ou un adulte nous faisait passer.

« *Quelqu'un me l'a envoyée, moi aussi je vous l'envoie. Ne détruisez pas cette lecture. Continuez cette chaîne, elle vous portera bonheur.*

Saint Antoine de Padoue, priez pour nous.

Elle a été commencée dans une clinique et doit faire le tour du monde. Copiez-la treize fois, une fois par jour, et le treizième jour il vous arrivera une grande joie.

Envoyez-la chaque jour à une personne à qui vous voulez du bien.

Mme Ballenge, qui l'a écrite, a gagné un million.

Mme Colette, qui l'a détruite, a perdu son fils.

Mme Dumas, qui ne l'a pas interrompue, a gagné dans les affaires.

Mme Bertrand, qui est restée quinze jours sans écrire, a été tuée dans un accident.

Deux mécaniciens l'ont continuée et ont fait fortune.

Saint Antoine de Padoue, j'ai confiance en vous. »

« Moi, disait Josée, ma mère l'a faite, elle a dit comme ça qu'on ne savait jamais.

– Moi, ma mère a dit que saint Antoine c'était un “ vrai ” saint, que c'était pas comme sainte Rita qui est que pour les caraques, et qu'elle ne voyait pas où est la superstition.

– Moi, ma mère m'a dit de ne pas dire qu'elle la faisait, mais que si elle pouvait gagner le million, eh bé ! »

Et tout le monde continuait.

Ainsi le fil du temps nous tenait dans un fin réseau invisible, partageant la rue entre ombre et soleil, créant de chauds abris d'hiver et des abris d'été frais, aérés, offrant un magasin vert modulé de plantes à longue durée et de splendeurs fugitives, rythmant les jours d'école, et dans les jours d'école, les heures de loisir, apportant les moments de la colonie, des vacances, réservant des jours pour Dieu, proposant de sortir dans la rue ou de se confiner dans les maisons, nuançant l'air d'odeurs naturelles, domestiques ou sacrées. Le temps, les temps divisaient à l'infini, variaient de couleurs extraordinairement abondantes et fines une vie casanière et rangée, enrichissaient la géographie, modifiaient même les itinéraires – en répandant par exemple sur une portion de trottoir des pétales de rose – tracés sur d'humbles territoires où nous savions tirer parti de tout.

2

L'UNIVERS EST SUR LE TROTTOIR

« J'ai vu la Chine, je vous assure,
Elle est couverte de Chinois,
Les femmes portent des chaussures
En forme de coque de noix. »

Chanson de corde (coups simples)

Aux divers moments de notre vie, des espaces de jeux nous étaient livrés ou tolérés, assez étroits finalement, que nous arpentions, où nous tournions et retournions, dont nous connaissions les moindres particularités. Nous en avions investi la très humble géographie et tout y était plié à notre usage. Pour chaque dessin ou couleur de ciment, chaque plaque d'égout, chaque marche, chaque seuil, existait un usage établi à travers divers tâtonnements et dont nous ne nous écartions guère. Nous étions casanièrement accrochées à nos habitudes.

Lorsque nous débarquions en juillet dans le couvent d'Ouillas, c'est avec des cris de joie que nous reprenions possession de ces chaises du dortoir dont le dessus se relevait et découvrait un placard à toilette, du chemin de la Rotonde bordé des quatorze stations de la Passion, du pré de la Loubière. En revenant de la colonie nous retrouvions avec plaisir trottoirs et rues du quartier, à la rentrée des classes les spécificités de la cour de récréation. Lorsque reprenaient les promenades du jeudi, nous parlions à l'avance de Fonserane, des cyprès, de l'ange musicien de la crèche, des bassins des écluses. Nous étions très sensibles aux retrouvailles avec le connu.

Dans chacun des endroits, c'était comme si nous tenait un fil d'une certaine longueur, un lien sans lien, invisible. Les limites, personne ne les imposait, elles ne faisaient pas l'objet d'une surveillance continue. Elles étaient tacites.

Pendant la promenade, nous marchions en rang d'abord, puis par petits groupes quand le rang se défaisait. A l'arrêt nous demeurions dans un certain périmètre.

Puis nous recomposions l'ordre du rang pour rentrer. Il n'était point besoin de nous le dire.

En colonie Laure, Denise et Rose s'asseyaient sur leur pliant à la limite du pré, dans l'ombre des peupliers, et nous jouions sous leur regard. A peine, parfois, quelqu'un devait-il appeler une de nous qui s'éloignait trop.

L'ébattement libre ne nous manquait pas. Il nous importait moins de conquérir des espaces nouveaux que de prendre possession des moindres éléments de notre décor, de les marquer, de les charger d'usage – ne nous permettant que quelques entorses brèves et ressenties comme aventureuses.

Le lieu le plus fréquemment utilisé était ce morceau de quartier que nous sentions comme nôtre. Il était privilégié par la présence en son sein de la maison et du gouvernement de notre mère. La maison n'était pas vraiment à nous, mais à elle, bien que nous y eussions nos entrées. Elle se réduisait à la cuisine.

Aucune de nous n'avait une chambre à elle seule et surtout pas une chambre où elle pût jouer. Encombrées de lits pour y loger plusieurs enfants, sans chauffage, parfois obscures, les chambres étaient des lieux où dormir. Pas de salle à manger non plus : s'il en existait une, elle était consignée parce que précieuse. Pas de salle de bains. On ne trouvait l'eau et la chaleur – le robinet et la cuisinière – qu'à la cuisine, et elle paraissait toujours étroite à la famille rassemblée. Pour y jouer avec une copine il fallait demander la permission, s'astreindre à des jeux calmes. On ne pouvait ni tracer des traits sur le carrelage ni le salir d'herbe ou de terre, ni mettre du désordre. Si j'y jouais seule, je préférais les lectures et menus bricolages qui n'exigeaient pas de grands gestes. Avoir toujours besoin de permissions, ne pas pouvoir décider sans contrainte à quoi « on faisait » transformait la maison en fief maternel. Cela d'ailleurs n'empêchait pas ce lieu d'être plein de douceur.

A jours fixes – le lundi ou éventuellement le mardi s'il faisait trop mauvais pour sécher le linge – l'espace de la cuisine était chamboulé dans toutes les maisons par la lessive. Ma mère poussait la table, les chaises, pour installer le baquet. Je n'aimais pas cet ordre bouleversé, cette eau répandue, ce carrelage où les pas laissaient des taches noirâtres. Mais quand je rentrais il y avait l'odeur du linge en train de bouillir dans la lessiveuse sur la cuisinière. L'objet était énorme et en occupait tout le dessus. Ma mère, le visage rouge et suant, avait fait « han! » pour le hisser là-haut. Par moments, elle soulevait le couvercle, comme un grand bouclier et on voyait l'astucieux arrosage du linge par le pignon central qui répandait la lessive bouillante comme un jet d'eau. Le carrelage quand je rentrais était plus propre que jamais, car ma mère avait profité du « lessif » pour le nettoyer à fond. Il en était comme décapé. Tout à nouveau était rangé.

Alors je m'épanouissais de bonheur et de bien-être. Il me semblait qu'une magie s'était exercée en mon absence – vraie magie puisque je ne serais pas arrivée à l'accomplir. Je faisais confiance à ma mère. Je savais que si j'étais partie à l'école avec « le déménagement » – c'était l'expression qu'elle utilisait : « Aujourd'hui, il y a le déménagement » –, je rentrerais dans la douceur de l'ordre revenu et j'avais cela en tête en filigrane de mon après-midi d'école, en arrière des jeux du moment. Quelle sécurité de savoir que, tandis que je jouais, l'ordre domestique se reconstituait! Je n'envisageais pas de pouvoir être trahie.

Comme autre « déménagement », il y avait : le « tomata », les confitures, la confection des « oreillettes », les vitres, le lessivage des murs, certains travaux de couture, le plumage des petits oiseaux, l'écorchage de deux ou trois lapins de campagne ou plus – mon père chassait –, la teinture d'un tissu ou de la laine.

Je quittais des ustensiles sales, graisseux, des duvets qui volaient partout, des fils, des bouts de chiffon ou de laine répandus sur le sol, une bassine bouillonnante de teinture noire ou rouge et quand je revenais, je trouvais l'odeur du linge repassé, les bouteilles de tomata bien alignées, en train de refroidir avec leur opercule d'huile, pas encore fermées par leur système métallique actionnant un bouchon de porcelaine blanche ceint d'un joint rouge découpé par mon père dans du caoutchouc. Les oiseaux lardés étaient côte à côte dans la cocotte, ficelés d'un fin coton à repriser, les peaux de lapin tendues et salées, la corbeille tapissée d'un linge blanc et le sucre comme du givre sur les oreillettes.

C'était comme dans les contes où des génies, de petites divinités domestiques passaient dans les maisons en l'absence des hommes ou pendant leur sommeil et signaient leur passage de mille services, rangeaient les objets, pliaient les habits jetés à la volée, lavaient les casseroles sales, les rideaux, triaient les lentilles, changeaient l'eau des fleurs et préparaient la soupe. Tout autant de prodiges que nos mères avaient accomplis et qui faisaient de la cuisine et de toute la maison, leur bien à elles, et, seulement après, et avec leur assentiment, le nôtre.

Le premier espace qui nous appartenait vraiment était une portion de quartier située autour des habitations : celui qu'atteignaient les voix de nos mères, l'étendue à l'intérieur de laquelle nous parvenaient leurs appels.

Souvent, l'une ou l'autre sortait à la fenêtre et criait : « Évelyne! Lucienne! Anna! »

Elles n'appelaient pas pour vérifier si nous étions bien là mais pour nous demander une multitude de petits services. Gare, toutefois, si leur appel ne nous était pas arrivé, si nous nous étions imprudemment éloignées. En général, une copine répondait pour nous et venait nous prévenir en courant. Nous pouvions être à la fontaine, au buisson, avoir couru clandestinement à l'épicerie ou chez Lili dont la maison était plus isolée.

En nous éloignant, nous avions bien pris la précaution de dire : « Si ma mère m'appelle... viens me chercher », mais on n'avait pas toujours une copine bien intentionnée sous la main. En période de tension ou de fâcherie, on laissait s'égosiller la mère – on affirmerait ensuite qu'on n'avait rien entendu – et on se réjouissait secrètement de l'engueulade inévitable.

Les femmes appelaient leurs filles de façon imprévisible, mais le plus souvent quand elles s'activaient à la cuisine.

« Vite, ta mère t'appelle.

– Qu'est-ce qu'elle veut ?

– Que tu ailles à l'épicerie...

– Que tu ailles au lait un peu plus tôt parce qu'elle veut faire une sauce blanche.

– Il lui manque du pain.

– Tu dois l'aider à éplucher les haricots. »

Parfois c'était des mystères. La mère appelait :

« Denise! viens vite!

– Pourquoi? criait la fillette.

– Monte, tu le verras... »

ou : « Pourquoi ma mère m'appelle ? demandait Alice à la copine qui la prévenait.

– Elle a pas dit pourquoi. »

C'était n'importe quoi : un écheveau à défaire, une lettre à écrire à tante Angèle, les devoirs qui n'étaient pas faits, les leçons, une course de dernière minute.

Nous obéissions en rouspétant, sauf si la perspective d'aller jusqu'à la place nous séduisait : picorer un peu de râpé en rentrant de l'épicerie, grignoter la tranche ou mieux, le quignon de pain frais « rendu » par la boulangère, partir avec une copine elle aussi chargée par sa mère de quelque commission.

Un certain espace créé par le jeu, la présence des maisons et de nos mères, où nous n'étions pas véritablement surveillées mais à portée de surveillance, était nôtre et nous nous y sentions chez nous. Nous nous aventurions hors de ses limites invisibles avec une vague impression d'insécurité, toujours méfiantes et le plus souvent à deux.

L'ancienne route de Bédarieux, nous l'appelions *la* rue, seulement sur les quelques dizaines de mètres où elle était notre domaine. Elle était bordée d'un côté par un trottoir continu, en face par un fossé herbu, interrompu de place en place par des portions de trottoir. Après la maison de Mme Pelaprat, nous l'appelions à nouveau la route : elle menait vers le vignoble, vers le passage à niveau de « l'intérêt local », train de la montagne et des villages.

Le jeu serré des maisons du quartier où alternaient des maisonnettes, des maisons à un ou deux étages, et des jardins, se clairsemait peu à peu, pour faire place à une vraie vie agricole. Les jardins devenaient de plus en plus grands, s'ornaient de quelques rangées de souches, puis apparaissait une petite vigne, un verger, tandis que les maisons se faisaient plus rares. Aux cabanes de vignes, succédaient bientôt, au milieu de leurs terres, annoncés par une allée de pins, par les arbres d'un parc, les bâtiments des grands domaines, ceux-là mêmes où nous vendangions.

Vers le nord, très loin nous semblait-il, cette route de Bédarieux s'arrêtait net, en cul-de-sac au milieu des vignes. Seuls des chemins de terre bordés d'amandiers continuaient en direction de Bédarieux. A l'endroit où s'interrompait le goudron se tenait une usine à engrais, Tournissac, qui traitait les ordures. Elle était entourée d'énormes tas puants dont le vent de la montagne rabattait l'odeur, parfois, sur tout le quartier.

De la maison de Mme Pelaprat à la rue du Figuier, nous appelions la route *rue* et étions chez nous.

Le trottoir était celui, continu, qui la longeait. Il était bordé de longs rectangles de granit ou de basalte où nous jouions à avoir un vélo. Nous marchions un pied sur le bord, l'autre dans le ruisseau quand il était sec, et nous avions l'impression de pédaler.

En face, le trottoir était interrompu d'espaces en terre battue, d'un terrain vague, d'un long mur et chacune de ces choses, à son heure, était précieuse.

Le trottoir était de ciment gris ou légèrement jaune. Certaines parties en étaient séparées en rectangles par une rainure en creux dans le ciment; sur d'autres, les rectangles se chevauchaient; sur d'autres encore, de multiples ponctuations en creux le faisaient tout grêlé.

Nous nous installions devant chez Évelyne pour jouer à la marelle à six carrés. Tout nous y invitait : les rainures traçaient déjà le jeu de traits bien droits et indélébiles, et cela nous économisait la craie, puisqu'il ne restait que les lignes perpendiculaires à marquer; une petite plaque grise en fer lisse – elle préservait une bouche de gaz – marquait de manière toute naturelle le carré numéro 4, celui du repos; les deux marches de l'escalier montant chez Évelyne permettaient de s'asseoir tandis que sautait de nombre en nombre celle dont c'était le tour : de là on la surveillait bien. S'il faisait froid, la porte du couloir offrait l'abri de son encoignure – avec toutefois un inconvénient : l'odeur nauséabonde qui nous parvenait par bouffées quand nous étions sur le seuil.

Située un peu plus bas, la porte de la cuisine d'Alice, qui ouvrait directement au ras du trottoir, fournissait un autre abri. Lorsqu'on voulait jouer à la marelle escargot [1] ou à « je déclare la guerre » [2] qui nécessitaient de tracer un cercle, on se transportait un peu plus loin, là où le trottoir n'était marqué que de petits points.

Les différentes zones de ciment étaient de place en place séparées par la plaque de fer fendue en long, menant l'eau des chenaux au ruisseau. Il arrivait parfois par là, brusquement, des eaux de vaisselle ou de lessive :

nos marelles étaient effacées et notre jeu inondé. Mais à d'autres moments, ces tuyaux sonores avaient leur intérêt : on pouvait y attacher la corde à sauter quand il manquait une partenaire, et on pouvait « téléphoner » à Évelyne dans sa cuisine ou à Arlette dans sa chambre.

Sous la plaque de fonte ajourée nous trouvions des « choses », des oiseaux tombés dans le chenal du toit et entraînés par les eaux, morts ou à demi morts, des insectes, des souris, un bouchon, de petits objets partis avec l'eau de vaisselle ou l'eau de rinçage des lessives. Nous les regardions à travers la fente et nous tâchions de les faire glisser jusqu'au ruisseau avec une branchette. Parfois, tandis que, accroupies, nous travaillions à récupérer une chose qui nous avait paru intéressante, quelqu'un ouvrait son robinet, vidait une bassine. Nous devions nous garder de ces eaux le plus souvent sales, à vague odeur de nourriture, où nageaient des débris de repas. Il nous arrivait d'être tachées et dégoûtées. Le bruit du liquide dans le tuyau nous avait averties, mais trop tard. Dans le meilleur des cas c'étaient des eaux savonneuses. La mousse alors montait à travers la fente, une mousse blanche que nous jouions à prendre dans le creux de la main, pour y souffler dessus comme sur une bulle, la faisant passer d'une main dans l'autre, l'envoyant dans la figure de la copine. D'autres fois c'était des eaux bouillantes où avaient cuit des légumes. De la vapeur tiède sortait de la fente et on était submergé d'odeurs. Le flot amenait parfois l'oisillon, le hanneton, la cigale, la libellule, le cordonnet ou le bouton de nacre enfuis par le trou de l'évier.

Quand nous jouions au téléphone, nous parlions dans le tuyau et recevions des messages des étages supérieurs. Alternativement, nous parlions et écoutions. Les messages étaient incompréhensibles, mais c'était une bonne partie de rigolade. Évelyne, Denise ou Alice résistaient rarement au plaisir de verser de l'eau pour nous arroser et le jeu se déroulait dans les rires et les cris – cris de souris de celle qui la recevait dans l'oreille, rires des autres. Comme c'était de l'eau propre, on se prêtait au jeu, volontiers, tout en se contorsionnant. Cela ne nous empêchait pas de mettre une copine, en espion, l'oreille collée à la descente, pour nous avertir des bruits suspects.

A la moitié, environ, de notre trottoir se dressait un poteau électrique fait de deux troncs d'arbre – il fut d'ailleurs quelques années après remplacé par un poteau en ciment, commode aussi avec ses étagères qui furent utilisées. Il nous servait de limite pour le patin à roulettes. Quand nous arrivions à toute vitesse sur un ou deux patins, c'est là que nous tournions en nous cramponnant au bois pour nous arrêter. Nous arrivions et butions de toutes nos forces sur le poteau. Nous nous y blessions quelquefois d'échardes cruelles enfoncées sous les ongles ou dans les paumes. Sur la barre de fer transversale qui tenait écartés les deux troncs – on reconnaissait des sapins – nous posions les manteaux, les cache-nez, ou la tartine du goûter.

Du côté de la place de la Font-Neuve, notre trottoir s'arrêtait à l'arrivée d'une rue transversale que nous appelions « la rue du Figuier », parce que, de la cour de la dernière maison dépassait un grand figuier dont les fruits salissaient périodiquement le trottoir. C'était collant, gluant de fruits écrasés et il était rare que nous jouions là, mais cela arrivait car cette maison était celle de Lucienne et Marcelle et nous restions à bavarder, à manger des figues ou à jouer au bord de cette frontière.

La rue du Figuier était toute vieillotte, comme d'un autre âge, encore pavée de carrés de basalte, les ruisseaux étaient tapissés de galets de rivière – ce qui lui faisait une double bordure jaune de chaque côté du basalte gris bleuté. Elle était pentue et il nous arrivait de venir courir là, d'y faire quelques glissades lors des vives gelées, lors des rares chutes de neige.

Après quelques maisons, la rue du Figuier tournait brusquement à angle droit. Nous lui donnions alors son vrai nom de rue de la Treille et elle desservait un coin du quartier encore plus campagnard que le nôtre où habitaient Lili, Solange-la-boiteuse et ses sœurs.

De place en place, l'horizontalité de notre trottoir était rompue de vallonnements, là où la bordure s'affaissait jusqu'au niveau de la rue pour donner accès aux remises. La secousse brusque de la descente puis de la montée était dangereuse, aux patins comme à la course, mais nous trouvions ces vallonnements jolis parce qu'ils étaient en général hachurés de façon différente, en éventail.

En plus des alternances de dessins, de couleurs de niveaux, le trottoir était nuancé de zones brillantes où le ciment à force d'être lavé prenait des allures de marbre, des zones impeccablement balayées, qui tranchaient sur d'autres où le ciment restait brut, où la saleté s'accumulait en couches qui noyaient jusqu'aux dessins des rainures.

Car chaque habitant nettoyait ou ne nettoyait pas son « devant de porte », la limite du nettoyage étant l'extrémité du mur de sa maison. Les femmes soigneuses, nous les rencontrions presque tous les jours, le balai-brosse à la main, frottant vigoureusement, utilisant pour laver leur trottoir quelque eau de lessive. On les voyait aussi arracher les herbes folles qui poussaient entre la fin du trottoir et l'aplomb du mur, dans ces quelques millimètres où se logeait un peu de terre. Elles faisaient la chasse aux feuilles mortes, aux trompettes de Jéricho, aux fleurs d'acacia. Elles ne voyaient pas d'un bon œil nos jeux devant chez elles, à cause des taches de confiture du goûter, de la boue ou de la crotte à nos pieds, des traits que nous dessinions à la craie. Certaines sortaient comme des furies pour nous empêcher de dessiner palais et maisons, balayaient nos herbes sauvages d'un air rageur, nettoyaient la terre et l'eau des dînettes avec des injures.

La mère Portal nous faisait fuir de devant sa maison – que nous appelions le château à cause d'une tourelle. C'était dommage car nous aimions bien jouer là : les chambranles de l'escalier et des portes imitaient le faux bois – un faux bois en ciment où des traits dessinaient l'écorce et les nœuds du tronc, tout cela peint en chocolat. Il y avait trois escaliers de ce genre dans le quartier mais aucun autre n'était accessible comme celui des Portal.

Les endroits cimentés devant ces maisons bien tenues se prêtaient bien à nos jeux d'osselets, au glissement du morceau de carreau de cuisine qui nous servait de « palais » et les marches d'escalier aux dînettes.

Aussi guettions-nous le moment où les femmes « à l'étiquette » partaient vers la ville. Nous savions alors que nous avions plusieurs heures pour jouer. Dès qu'elles apparaissaient du côté de la Place, nous décampions.

Les femmes méticuleuses nettoyaient aussi le ruisseau d'un balai artisanal de branchettes fines. Elles rassemblaient les ordures mouillées sur la rue, en un petit tas. Elles ne touchaient strictement qu'à leur surface de trottoir, à leur métrage de ruisseau et critiquaient les « goullamasses », les « sansognes » [3].

C'était l'occasion de disputes car, les passants traînant

sous leurs pieds les saletés de ceux qui ne nettoyaient pas, la saleté finissait par s'étaler sur les portions propres de trottoir.

Si nous aimions bien les endroits propres du ciment, pour nous asseoir sans nous salir, pour avoir de jolies maisons, pour ne pas nous maculer les mains aux osselets, les zones sales ou carrément abandonnées n'étaient pas sans intérêt. Le long des murs poussaient des coquelicots si petits et si pâles qu'ils étaient à peine reconnaissables et, à certaines époques, des champignons gris translucides, friables dès qu'on les touchait un peu fort, précieux ingrédients pour la marchande et la dînette.

Et là, personne ne nous grondait si on jouait à pétrir de la terre, à hacher des herbes ou à les piétiner. On pouvait dépiauter des centaines de fleurs d'acacia pour en manger le pistil et laisser les pétales, ou manger des micocoules et cracher les noyaux, faisant un jeu de les jeter avec la bouche le plus loin possible, laissant là les branches brisées. Le jus des kakis que Lili nous vendait pouvait couler au sol.

Là, surtout, nous étions sûres de retrouver l'osselet posé près d'une fourmilière pour que les fourmis le nettoient, ou le noyau d'abricot ou de pêche mis dans un coin pour que les insectes le débarrassent de la chair qui y adhérait encore. Là, personne n'effaçait nos traits de craie et le lendemain nous retrouvions les gâteaux de terre mouillée ornés de baies sauvages ou de pétales aux belles couleurs.

Un coin magnifiquement propre était le devant des portes d'Alice et d'Évelyne, qui étaient mitoyennes. Par égard pour nos copines nous faisions à la fin du jeu un nettoyage approximatif.

Le long *du* trottoir on trouvait encore deux grattoirs à pieds. L'un était une pièce de fer unie, l'autre était découpé et dentelé. On y posait une boîte à chaussures, un carton qui serviraient d'étagère. Nous préférions le grattoir dentelé d'Andrès et nous le disputions. Dès qu'il était question de jouer à la marchande quelqu'un criait : « Prem, pour le grattoir d'Andrès! [4]. » Les grattoirs constituaient aussi de précieux perchoirs pour jouer à chat-perché.

Par places, les grandes plaques de fonte rondes des égouts, les petites plaques carrées de gaz qui ressemblaient à des plaques de chocolat, les plaques rondes des bouches d'eau, servaient de table, de placard, de lit de poupée.

Il y avait encore un devant de porte garni de petits cailloux de rivière, ronds et dorés, dessinant une étoile. Il s'en était détaché un, un jour, et je le gardai, lisse, blanc, de la taille d'un œuf de pigeon. Il tenait juste au creux de ma main.

Une herbe fine poussait entre les galets et créait, au printemps, tout un treillis vert. Nous l'appelions le tapis.

Sur le macadam lui-même, nous jouions peu. C'était dangereux et surtout sale. L'été le goudron fondait. Mou d'abord, il devenait liquide et couleur de réglisse. Il était sali par les pètes des chevaux qui passaient souvent sur le chemin des vignes.

Tout le monde se disputait le crottin pour les jardins. D'aussi loin que mon père entendait le bruit d'une charrette, il m'appelait, me mettait en embuscade derrière la grille avec un seau et une pelle et si Alice me devançait ou un voisin, il me disait : « Tu n'es pas dégourdie » d'un air déçu – l'usage était de laisser ramasser le premier arrivé – et marmonnait longtemps contre ceux qui n'avaient rien à faire qu'à attendre derrière leur fenêtre. Un autre crottin présent sur la chaussée et âprement convoité était celui de l'âne du marchand d'huile. Il arrêtait la charrette. Les femmes qui avaient besoin de quelque chose se manifestaient par la fenêtre en criant « j'arrive », sinon il partait plus loin. Il était bien rare que le temps des achats l'âne ne « fasse » pas. En l'absence de mon père, ma mère gardait l'oreille vigilante.

Puisque nous utilisions rarement le macadam irrégulier et sale, c'est le ciment qui était notre sol avec quelques espaces de terre piétinée, tannée de pas, où s'élevaient des roseaux, des acacias et des ronces.

Dans ce quartier périphérique vers lequel la ville gagnait peu à peu, du côté opposé au trottoir continu, les propriétaires des maisons, pour qu'elles soient plus soignées, avaient fait cimenter à leurs frais, devant leur porte, juste la portion de trottoir nécessaire à leur confort. Mais peu à peu la voirie municipale comblait les vides entre les portions cimentées.

Alice, la plus ancienne de toutes dans le quartier, était péremptoire sur toutes les transformations. Elle était née là et sa mémoire nous paraissait très ancienne. Elle avait connu le temps où *le* trottoir continu était, lui aussi, comme celui que nous connaissions, cimenté seulement par places, où devant chez elle, chez Évelyne, chez Portal, Puech, Andrès circulait un fossé porteur d'eaux d'éviers, de terre, encombré de menthes, de liserons, de mourons. Cela nous faisait tout drôle d'imaginer que ce beau ciment ininterrompu eût pu dans le passé être lui aussi un fossé malodorant mais riche de possibilités, franchi de place en place par de grandes passerelles de ciment, des sortes de ponts sur des buses qui menaient au seuil des habitations, se transformant en torrent aux orages d'équinoxe et sortant de la crue nettoyé et encore enrichi.

Comme il s'agissait de notre aire de jeu, nous étions très attentives aux travaux de cimentage. Nous venions voir les ouvriers occupés au coffrage, au lissage de la surface. Nous les regardions avec leurs rouleaux imprimer les petits points en creux si utiles pour nous empêcher de glisser, tirer les traits dans le ciment avec des pointes de fer, en se servant, comme règles, de grands morceaux de bois rectilignes. Nous supputions la couleur future du ciment : « Il sera beige pâle », « il sera gris ». Suivant la forme des traits nous nous disions : « Ça ira bien pour le palais à six », « ça sera une belle maison ». Nous aimions voir fabriquer ces marelles à demi tracées.

Au début, bien sûr, le ciment ne serait pas assez lisse pour qu'y glisse le palet, mais les pluies, les pas et les nettoyages le patineraient jusqu'à faire briller sa surface au soleil.

Aux heures de pause des ouvriers et avant que le ciment ne fût sec, certaines d'entre nous avaient pu marquer une initiale sur un coin de trottoir. Une, pas deux pour ne pas se trahir. Quelle chance pour celle qui possédait cette marque indélébile, cette signature ! Nous l'enviions follement. Montrant un carré marqué d'un L, Lili pouvait revendiquer : « Je suis chez moi. »

Alice, la plus présente dans la rue, avait posé son A, une première fois dans un rectangle, comme tout le monde, une deuxième fois au tournant de la rue du Figuier où les traits dans le ciment avaient la forme d'un grand éventail déployé qui en épousait le contour. Au sommet de l'éventail, comme à la pointe d'un morceau de tarte, il y avait ce A, royal comme elle. Que rétorquer lorsqu'elle déclarait : « Je me mets là d'abord parce que c'est chez moi. » sinon : « Le nom des fous est écrit partout ! »

Mais Alice haussait les épaules, sachant bien que les jalouses auraient bien voulu avoir aussi leur initiale pour toujours inscrite.

Si les ouvriers s'apercevaient de nos inscriptions, tant que l'état du ciment le permettait, ils effaçaient la lettre du plat de leur lissoir de bois et on voyait bien, après, que quelque chose avait été écrit là, mais sans qu'on pût dire quoi.

Quelqu'un que nous ne connaissions pas avait même dessiné un cœur où était gravé un prénom illisible qui nous paraissait commencer par un F ou un P. Francette, Françoise, Fernand ? Cela nous intriguait fort, par périodes, et des hypothèses étaient lancées. « C'est Francette Rognonne », « c'est Pierre Maurel ».

Pour toutes ces raisons, les cimentages étaient des opérations importantes et nous nous demandions quelle surface utile pour nous deviendrait demain cette masse presque liquide que les ouvriers maniaient comme une sauce gigantesque.

Aussi, l'information circulait-elle parfois même avant le début des travaux :

« On va refaire le trottoir de Dumas,

– On cimente devant chez Bès,

– Il n'y aura plus de fossé après Bellevue, on le recouvre. »

Avant que le trottoir du côté des escaliers ne fût entièrement terminé, nous utilisions les ponts de ciment. Nous passions dans la buse, sous la dalle – et c'était un exploit gagné sur la saleté, les insectes, le noir gluant, l'eau sale, la boue et la peur. En revanche, il était possible de s'y cacher lors des parties d'amaguette [5] et on y trouvait des « choses » arrêtées par les branches et les aspérités de la buse. Des animaux, des oisillons dont certains agonisaient encore en ouvrant le bec. Si leur petit œil noir n'était pas encore voilé de bleu de cendre, nous tentions de les sauver d'un peu d'eau sucrée. Une fois nous trouvâmes un petit chien de quelques jours mal tué, que vous voulûmes élever dans une boîte près de nos poupées et qui, bien sûr, mourut. Un squelette d'oiseau. Une grenouille. Un chiffon délavé. Un morceau méconnaissable de vêtement. Une fiole. Une baguette de bois lissée par l'eau. Un morceau de faïence décoré.

« Où tu as trouvé ça ?

– Sous le pontil d'Anna. »

Parfois allongées à plat ventre sur la dalle nous scrutions l'ombre, avant de nous lancer dans la récupération de quelque chose de brillant que nous avions entrevu. Il nous arrivait d'essayer de l'atteindre avec un bâton, car on se salissait toujours dans ce boyau étroit ; on sortait avec des toiles d'araignée sur les cheveux. On avait peur de ce noir, surtout là où il était impossible de sortir de l'autre côté, quand l'autre bouche de la buse se perdait, loin, vers la place de la Font-Neuve, dans le noir absolu des égouts.

Mais les objets usuels, transformés par le séjour dans l'humidité et l'ombre, nous revenaient méconnaissables, délavés, enrichis d'une pâleur mortelle. Même ordinaires, ils acquéraient par là du prix. Caoutchouc, cellulo, fer, métal apparaissaient autres à la lumière, précieux de rouille accumulée au point de les rendre friables, vêtus de bleus et de roses évanescents, presque irréels. Flacons, boutons, ossements de quelque rongeur, ou de chat, nets et blancs, conservables, nous enchantaient. Une balle, un jour, revint ainsi des enfers, totalement décolorée sur un seul hémisphère. Son caoutchouc devenu spongieux la rendait inutile, mais elle nous plaisait par son histoire : Alice racontait que la fille Lacour l'avait perdue il y avait au moins trois ans. Tout ce temps et ses couleurs éteintes la rendaient magique. Nous la regardions, nous nous passions de main en main cette revenante d'un autre monde.

Lorsqu'une nouvelle portion de trottoir était aménagée, nous perdions ce pont où jouer, mais nous savions que nous allions gagner une nouvelle surface de ciment – imprévisible malgré nos évaluations – où, par goût de la nouveauté, nous nous établirions quelque temps, l'évaluant, la testant et lui attribuant, enfin, un usage.

Juste en face de la porte d'Alice du côté opposé *au* trottoir, il y avait *l'escalier*. Une douzaine de marches larges de trois mètres faisaient communiquer la rue Niepce dont le niveau était plus élevé et *la* rue. Il nous ravissait. Il nous dérobait à beaucoup de regards et pourtant nous y étions au centre même de notre espace. Il était à l'abri, il offrait étagères, étages et était suffisamment grand pour loger plusieurs appartements. Nous disions entre nous que c'étaient les « habitations bon marché [6] » et on jouait : « J'habite au premier, au troisième. » Nous pouvions y étaler nos affaires sans déranger personne. Un adulte, parfois, montait ou descendait les escaliers en s'excusant, ou un homme à vélo, qui prenait sa machine sur l'épaule et posait ses pieds soigneusement entre nos jouets. Seuls les garçons le dévalaient en trombe. Comme il n'était à personne, personne ne réclamait sa propreté. C'est nous qui, au besoin, donnions un coup de balai pour qu'il fût impeccable et fournît de beaux appartements. Le jeudi ou pendant les vacances, nous laissions là toutes nos affaires installées, le temps d'un repas. Souvent, assises les unes contre les autres, nous bavardions en secret sur ce banc naturel, ou ramassées dans la frange d'ombre ou de soleil nous cousions, nous lisions, nous faisions des poupées de coquelicot, nous attendions le glacier.

L'escalier se terminait sur la rue par une de ces grandes zones de ciment qui enjambaient le fossé – et sous lequel passait la mystérieuse buse pleine d'ombre et d'objets. C'était un perron, une scène où nous jouions aux métiers, aux pièces, où nous faisions des démonstrations de gymnastique : panier, grand écart, roue, « pied dans la main ». Les spectatrices s'asseyaient sur les marches : l'amphithéâtre était parfait.

Nous y jouions à sauter à tour de rôle, une, deux, trois marches. Et plus. Le nombre des participantes diminuait avec la hauteur. La dernière qui restait devait sauter de six à sept marches. Cela nous semblait vertigineux et nous la regardions se préparer à s'élancer. C'était un moment d'enthousiasme, de crainte, d'envie aussi fort qu'au cirque. L'escalier était précieux aussi pour « cligner » quand nous jouions à cache-cache. A genoux au bas des marches, celle qui clignait ne pouvait tricher [7].

La rue que terminait cet escalier, la rue Niepce où j'habitais, était courte. Toutefois nous ne l'utilisions pas sur toute sa longueur. Nous nous arrêtions à mi-parcours où débouchait l'impasse Vallérugo. On lui donnait le nom de l'artisan qui en occupait le fond : un mosaïste. Elle était large, déserte, fermée au fond par la palissade de planches de l'entreprise où il était commode de jeter la balle ou d'écrire comme sur un tableau noir. Au milieu des plantes sauvages, sans le moindre vis-à-vis, nous y étions dans l'impunité totale. Comme elle était bordée de jardins, des rosiers, des treilles, des arbres fruitiers dépassaient des murs et nous cherchions dans l'herbe les fleurs et les fruits tombés. Nous étions sûres de n'y voir des gens qu'à midi et six heures : des ouvriers blancs de plâtre qui d'ailleurs ne nous regardaient pas.

Juste en face de l'impasse débouchait la rue Morse. Nous avions investi le coin de Roques où le trottoir était large, mais la rue Morse n'était pas nôtre. Il venait de là une fillette, Simone, qui jouait régulièrement avec nous. Nous avions l'habitude de la raccompagner, de faire « le tour » par là, mais nous n'y jouions pas. Personne n'y jouait d'ailleurs. C'était une rue qui nous paraissait bourgeoise, les maisons y étaient plus belles, fermées, habitées par des retraités que l'on voyait passer dans leurs vêtements élégants.

Après l'impasse Vallérugo et le coin de Roques, la rue Niepce continuait jusqu'à un terrain vague d'où dépassait un très gros roncier. En face habitait un couple d'instituteurs dont la fillette ne sortait jamais. Le bruit courait dans le quartier que ses parents la faisaient tellement travailler « qu'elle avait eu une méningite ». Cette intellectuelle en danger passait près de nous l'air pincé, dédaigneuse de nos jeux.

La rue Niepce, non goudronnée, nous fournissait en fleurettes et herbes multiples, mais ordinaires : menthe, folle avoine, liserons, pissenlits et vignes sauvages. Des figuiers nains et stériles poussaient au pied des murs. Parfois quelqu'un s'avisait de désherber son devant de porte et nous étions alors privées de fromageons, de mauve, de luzerne.

Je répétais volontiers, à propos de la rue où j'habitais, que Niepce avait « inventé la photographie ». Ma mère avait trouvé ce savoir dans le *Petit Larousse illustré* qu'elle tenait dans l'armoire, jauni et corné de vieillesse mais respectueusement recouvert d'une cretonne, ce qui le mettait très au-dessus des livres de classe, à la hauteur du catéchisme lui aussi recouvert de tissu. Nous le considérions tous comme une référence infaillible, un bastion du savoir contenant toutes les connaissances du certificat d'études et un peu plus.

La photo inventée par Niepce tenait une place importante dans notre vie. Elle était relativement rare et donc toujours précieuse. Un des jeux fréquents et aimés auxquels nous nous livrions était le photographe. Dans une boîte de pâtes Rivoire et Carret le plus souvent – elle avait la taille adéquate – ou à défaut dans une grosse boîte d'allumettes, nous fabriquions un appareil en ouvrant des trous et en complétant par des coloriages. Nous exécutions le dessin de Lili « en grand écart », d'Évelyne avec son chat, de la pie d'Alice, nous cachions le petit papier dans la boîte. Puis nous faisions poser la copine, faisions gestes et bruits et sortions la photographie de l'appareil.

Habiter dans la rue d'un inventeur aussi prestigieux était un honneur. Honneur d'autant plus grand que c'était la seule voie de notre espace à posséder le nom d'une célébrité. L'ancienne route de Bédarieux, la place de la Font-Neuve, la rue de la Treille, la route de Corneilhan renvoyaient à des directions géographiques ou à des banalités. Seule la mienne évoquait un grand homme.

On le voit, l'espace qui était nôtre, investi dans sa totalité par nos jeux, était étroit. Je voudrais insister sur le fait qu'il n'avait rien de pittoresque. Aujourd'hui, encore inchangé, il est in-photographiable. Son intérêt, les charmes, les avantages que nous lui reconnaissions ne venaient que de nous. Nous nous étions adaptées à sa géographie, comme n'importe quel peuple enraciné dans un territoire ne songe pas à le trouver incommode, malsain ou pauvre, l'ayant apprivoisé jusque dans ses incommodités.

Les temps du ciel le nuançaient, ainsi que notre fantaisie.

Passer sur un trottoir ou sur un autre pour aller à la boulangerie n'était pas indifférent. Jouer à la dame sur l'escalier de Portal ou devant la porte peut bien sembler la même chose. Pas du tout. Il est aussi impossible de confondre ces choses que la sauce de daube avec celle du civet.

Sur les trottoirs, dès les beaux jours, apparaissaient aux portes d'entrée et même aux fenêtres des rideaux qui volaient au vent.

De toile ou de résille, ils préservaient de trop de soleil, des mouches et laissaient passer l'air. Vers le soir, pour plus de fraîcheur encore, pour laisser entrer la dernière lumière, on les ceinturait d'un cordon qu'on accrochait au chambranle de la porte ou alors on faisait avec le rideau un nœud énorme.

C'étaient des époques à mouches et moustiques, surtout dans les quartiers périphériques ayant les jardins, où l'eau croupissait dans un vieux chaudron ou un bidon de fer cédé par un garagiste, réserve d'eau de pluie pour les arrosages, à laquelle les femmes économes ajoutaient l'eau de rinçage de la salade, la dernière eau de rinçage des lessives. Il y avait aussi des baignoires à pieds d'animaux, échouées là on ne savait trop comment. Les mouches, elles, étaient attirées non seulement par les jardins, mais aussi par les garages où certains avaient des chiens de chasse, des poules, quelques lapins. Quand on passait au soleil, à la canicule, sur le trottoir, il venait des portails une odeur fraîche, humide, moisie, ou de fortes odeurs animales et des gémissements de chiens prisonniers. Le soir, lorsqu'on voulait manger dehors, on devait, pour ne pas être dévoré par les moustiques, s'enduire de « Nopic » et la nuit sentait le citron.

Tout l'été, c'est donc la mince barrière des rideaux qui séparait le trottoir où nous jouions des cuisines où se tenaient, et où parlaient les femmes. Leurs propos, leurs occupations se mêlaient intimement à nos activités comme les odeurs venues des fourneaux. La plupart des rideaux étaient faits de toiles usagées. Quelques-uns, jugés luxueux, achetés tout prêts, étaient en résille de coton ou en toile bayadère. On les gardait d'une année sur l'autre – on les rangeait en septembre – et tous prenaient des teintes douces : des bleus délavés de ciel caniculaire, des jaunes plus près du blanc cassé que du jaune, des roses ternis. Puis vint la mode des rideaux de capsules. On fixait sur des cordelettes pendues à un linteau des capsules de bouteilles qu'on pliait en deux avec une pince et qui mordaient la ficelle, comme une mâchoire, de leurs bords dentelés. C'étaient des rideaux bon marché et facilement réparables. Si une capsule tombait, on la remplaçait. Si une hauteur se cassait, on en mettait une autre. Au vent ou au passage des gens, le fer faisait un bruit de clochettes. L'été alors, ce son s'ajouta à la chaleur et aux buissons ardents des lauriers-roses.

Ceux qui n'en avaient pas disaient que ça faisaient du « boucan », les propriétaires au contraire louaient leurs avantages, affirmant que l'air passait entre les ficelles, que le mouvement empêchait mouches et moustiques de rentrer et que le bruit avertissait « comme une sonnette » si quelqu'un entrait dans la maison.

Ceux qui avaient un cafetier dans leurs relations se faisaient mettre de côté les capsules. Comme il fallait être client, on ne manquait pas de dire devant certains rideaux : « Pas étonnant avec ce qu'il boit », ou : « C'est pas un qu'il pourrait en faire, mais trois. »

Souvent nous, les enfants, étions chargés du ramassage.

Chez moi, nous avions été les premiers à posséder un rideau de fer et nous avions le privilège de l'ancienneté. Mais mon père avait accroché les capsules comme elles venaient, sans ordre de couleurs et nous fûmes très vite dépassés quand chacun se mit à en fabriquer en faisant assaut d'invention. Il y eut bientôt des rideaux aux bandes de couleurs verticales ou horizontales, aux dessins ronds ou en étoile. M. Puech avait même figuré un paon comme ceux que l'on voyait sur les rideaux de coton. Peu à peu, à l'endroit du frottement des mains et du passage des corps, les capsules perdaient leurs couleurs et le rideau devenait gris, comme argenté, sauf si le propriétaire, un peu maniaque, possédait une réserve et remplaçait au fur et à mesure les bouchons décolorés.

Les rideaux de toutes sortes avec leur envol silencieux au vent, leur tintement menu, ne marquaient que de fausses limites. Ils n'arrêtaient rien. A peine le regard et pas du tout la voix. Entre intérieur et extérieur, l'été supprimait les barrières. Certaines maisons où je ne connaissais personne ne se révélaient qu'au moment des rideaux d'été, découvrant couloirs et cuisines dans une lumière tamisée.

De notre trottoir on voyait la fontaine publique.

Elle est un élément capital de toute l'enfance. Il n'y a pas un lieu, pas un itinéraire sans fontaine. Certaines ressemblaient à des bornes surmontées d'un bouton qu'il fallait presser pour obtenir l'eau. Nous sautions et coincions le bouton sous notre estomac, ou nous nous y asseyions carrément dessus. D'autres, comme la fontaine du quartier, étaient cylindriques, couronnées d'une roue horizontale que l'on tournait à toute vitesse. Nous la connaissions bien pour y aller chercher l'eau des dînettes, pour y boire souvent. Au cours des jeux, quand nous avions soif, nous courions à deux vers la fontaine : une actionnait la roue, l'autre buvait. Celle qui tournait, au lieu de produire un débit régulier, actionnait la roue à toute vitesse pour éclabousser l'autre.

Parfois, surtout en été, nous trouvions la fontaine occupée par les femmes. Elles utilisaient beaucoup cette eau gratuite, elles venaient rincer leur linge, rafraîchir leurs légumes, nettoyer les poissons, remplir un broc pour arroser leur trottoir. A cause de cette utilisation domestique, la fontaine avait la réputation d'être sale. Nous évitions de toucher le fer du conduit. Nous commencions par le rincer, après quoi nous posions habilement le majeur sous le jet et l'eau s'accumulait dans le creux de la main : nous l'aspirions à la base du pouce. Lorsque nous arrivions après un nettoyage intempestif de poisson, et que nous trouvions des chats ou des chiens en train de manger les entrailles, lorsque des femmes réputées malpropres y lavaient le linge, cela nous dissuadait de boire, mais seulement le temps d'un après-midi. De toute manière, boire à la fontaine était mal jugé aussi bien par nos mères que par nos institutrices. Les premières pour l'hygiène et par souci des vêtements – tripoter l'eau ne les arrangeait pas et abîmait les souliers –, les autres pour la tenue. Sauter ainsi à califourchon sur les bornes, montrer les cuisses, s'éclabousser ou adopter des positions acrobatiques pour éviter d'être mouillée était jugé vulgaire et indécent. Le plaisir de boire était augmenté de toutes nos ruses pour n'être pas vues, de cachotteries, de parlottes à ce propos qui nous occupaient de longs moments.

*L'*escalier, *la* fontaine, *le* trottoir, *le* poteau, *le* figuier, *le* mûrier, *le* coin de Roques, Valléguro, *le* fossé, *les* buses, *les* grattoirs à pieds, *le* faux bois, ce morceau de quartier investi régulièrement par nous était bien vite parcouru. Il nous paraissait grand toutefois, au point d'y délimiter des portions, d'y tailler, artificiellement encore, avec des traits, un espace très réduit où s'enfermait le jeu.

Quand fut introduite la mode des patins à roulettes, notre espace et la perception que nous en avions furent modifiés, du moins dans le temps où nous les avions aux pieds. Plus question avec eux de cerner des surfaces étroites : avec les patins on va vite et il faut la distance. Nous jouions sur tout le trottoir, jusqu'au poteau où nous tournions, nous accrochant à lui, comptant sur lui pour arrêter l'élan de la course. Avec les patins, aller boire à la fontaine devint encore plus rapide. Avoir soif était même un bon prétexte pour se les faire prêter, en prétendant revenir plus rapidement au jeu. Nous partions comme des flèches, traversions la rue du Figuier en deux enjambées, comme des bolides, et étions revenues parfois même avant notre tour. Avec les patins il nous arriva d'utiliser le macadam, d'aller sur « l'avenue », en tout cas d'en avoir envie, à cause de la pente rapide et de l'espace. Nos relations avec Jacky-du-café et sa bande en furent légèrement modifiées. Sur la place Neuve habitait M. Axel qui prêtait une paire de patins à vis – je dirai à quel prix. Sa maison fut un pôle d'attraction et un peu plus souvent nous fûmes attirées vers la fontaine et la place.

Sur la place Neuve, carrefour moderne goudronné et dangereux, se trouvaient l'épicerie, la boulangerie, le café de Jacky. Comme on nous chargeait de multiples commissions, gens et lieux nous étaient connus. La place était jouxtée d'une autre place qui lui était tangente, toute différente : la place Vieille, où se trouvait l'étable à vaches. Nous y allions chaque soir chercher le lait. Toute petite, cernée de maisons, le sol en terre battue, fermée à toute circulation, la place Vieille possédait la fameuse Fontaine Neuve qui avait donné autrefois son nom à l'ensemble du quartier. Ce n'était pas d'ailleurs une fontaine, mais un puits, qui nous paraissait le contraire de neuf, un puits désaffecté déjà dans mon enfance et recouvert pour la sécurité d'une grille de fer. A travers elle on voyait luire l'eau, et reflétés dans le ciel de l'eau on voyait très loin les visages de celles qui étaient penchées sur la margelle. En revenant du lait, nous jetions de petits cailloux à travers la grille et nous les entendions faire « plouf » au bout d'un temps très long dont nous déduisions avec considération la profondeur du puits.

Cette place Vieille était entièrement cernée de maisons, il n'y aboutissait aucune rue et il régnait là, toujours, une animation d'enfants, de femmes en train de bavarder, tout en plumant une volaille, en travaillant à leur tricot, à leur couture, à des épluchages – elles égrenaient les haricots dans un plat d'émail serré entre leurs genoux. C'était un lieu très doux, très habitable, ancien et silencieux, une sorte de province du quartier, un village proche de la place Neuve bruyante et agitée. Par vent du nord y s'élevaient de grands tourbillons de poussière de terre fine.

Tout de suite après le quartier venait l'école, les écoles plutôt, puisque nous ne fréquentions pas les mêmes.

Je fréquentais l'école libre – « l'école des curés », disait Alice, qui allait à la laïque – tout auréolée de la proximité de l'église, baignée de plaisirs mystiques. L'ordre des dames de Saint-Maur était partout spécialisé dans l'éducation des « demoiselles » de bonne famille et le Cours

Fénelon qu'elles tenaient était fréquenté par les jeunes filles de la meilleure bourgeoisie biterroise.

Mais les « demoiselles » entretenaient à leurs frais une « œuvre d'éducation populaire », l'école du Saint-Enfant-Jésus, où j'étais inscrite. On y admettait des fillettes de milieu modeste, en petit nombre, triées sur le volet. On se souciait d'y recevoir des pauvres méritants, bien tenus et bons catholiques.

Une dame de Saint-Maur s'occupait de nous, vêtue de l'habit de l'ordre, noir, aussi beau qu'un costume, finement froncé à la taille, accompagné d'un voile en ogive autour du visage. Elle était aidée de mademoiselle Judette, une demoiselle de bonne famille qui se consacrait à l'éducation des pauvres. Elle boitait beaucoup, mais elle était jolie comme un cœur : son visage triangulaire était couronné de deux mètres de cheveux tressés. C'était une institutrice remarquable.

Les locaux de cette « petite école » étaient serrés contre les très beaux bâtiments du Cours, contre la lourde porte vernie où brillait un judas de cuivre.

Mais on ne nous mélangeait pas aux demoiselles.

Le matin, lorsque nous entrions par notre petite porte, nous croisions les jeunes filles en bleu marine, coiffées d'un catogan, leur robe sombre ornée de grands cols blancs, gantées, portant ces chaussettes blanches, strictement, pour nous, réservées au dimanche.

Nous avions notre cour de récréation, étroit espace entre les bâtiments, sans arbres, où tombait verticalement le soleil. Nous ne pénétrions pas, ou très exceptionnellement, dans les locaux des riches. Ni leur parc, ni leur chapelle privée ne nous étaient ouverts, sauf pour l'adoration perpétuelle, ou pour prendre une unique photo, le jour de la communion solennelle, contre une grotte de Lourdes en rocaille.

Pour si modeste que fût cette cour – je ne puis la voir aujourd'hui quand le portail est ouvert sans un serrement de cœur – nous nous étions arrangées pour l'utiliser au mieux. Dans un coin, trois marches bordées de fer étaient commodes pour s'asseoir et organiser les mêmes jeux que dans le quartier – auxquels toutefois on jouait autrement. Elles menaient, ces marches, vers les bâtiments luxueux où nous savions qu'il y avait des grands pins et des hortensias et d'où venait quelque senteur d'un autre monde. Il y avait une porte par laquelle nous entrions dans la chapelle, sur la pointe des pieds, pour l'adoration du Saint Sacrement, conscientes du rare privilège de pénétrer dans les lieux inaccessibles. Tout, dès que le seuil était franchi, nous paraissait merveilleusement beau, ciré, luisant. Il arrivait d'une salle de classe des arpèges de piano. Nous ne rencontrions jamais personne sur le trajet. Nous accomplissions les dévotions dans cette chapelle très lumineuse et retrouvions la grisaille de notre cour.

Le long de l'un des murs, un étroit trottoir courait et, assises en amazone nous jouions là aux osselets, ou nous lisions suivant le trajet du soleil.

Au fond de la cour, un escalier plus large, semblable par sa première marche incurvée à un perron, nous servait de scène à cause de sa position haute. La porte sur laquelle il donnait s'ouvrait elle aussi sur les lieux sacrés par l'argent et la religion. Bien qu'aucune de ces deux portes ne fût fermée à clef, elles étaient infranchissables.

C'était tout. C'était peu, mais notre contentement venait d'une foule de détails minuscules : une plaque d'égout lisse celle-là, différente de celles que nous connaissions, très agréable pour tourner sur un pied ; une descente d'eau sonore comme du bronze mais désaffectée et où il poussait une herbe fine ; un marquage du ciment autre que celui du quartier ; le porche d'entrée où l'on pouvait se mettre à l'abri de la pluie ; le carré de ciel bleu au-dessus de nos têtes.

A l'école, notre bureau était une chose unique, un pays à lui tout seul dont on ne se séparait pas sans regrets. Nous nous étions accoutumées au cours de l'année à ses fentes, à ses trous, à sa couleur particulière, aux rainures qui l'ornaient. On aurait dit une maison dont le toit pointu se serait soulevé. Était-ce tellement différent du moment où nous soulevions la façade des maisons de papier ?

Nous rangions bien soigneusement nos livres, dégagions un espace pour dresser un autel en miniature. Il était fait de deux ou trois boîtes d'allumettes de tailles différentes recouvertes d'un mouchoir brodé. Une image pieuse y était honorée de bouquets minuscules dans des fioles ou de petits verres. Nous choisissions les fleurs les plus petites que nous puissions connaître : la rouquette, le mouron, l'ombelle de la carotte sauvage. Au mois de juillet, après la floraison des coquelicots, nous ramassions le fruit, en ayant soin de garder un bout de pédoncule. Il allait nous servir d'encensoir. Nous agitions cette capsule au-dessus de notre autel comme nous l'avions vu faire au prêtre. Près de l'oreille, le fruit du coquelicot faisait entendre un bruit menu de sable. Une poussière de graines noires tombait sur la pochette. Posé au pied de l'autel, l'encensoir devenait clochette. Parfois, nous soulevions le dessus du bureau et sous cet abri nous parlions un moment avec la voisine. Bien qu'il ne fermât pas à clef, le bureau était nôtre. J'en avais un soin extraordinaire. Après l'avoir bien frotté avec un morceau de bougie, je le faisais luire follement en le frottant à l'aide d'un chiffon de laine. J'obtenais ainsi un brillant comme vitrifié.

Pour que l'encrier fût net, j'enlevais les gouttes d'encre tombées, avec l'éponge à ardoise ou un morceau de buvard. Pour ce même encrier, je fabriquais une collerette ronde de papier découpé ou de papier d'argent. Nous faisions toutes pareil et quand on entrait dans la classe, on ne voyait que luisances de bois et fleurs multicolores de papier.

Une année, il m'échut un bureau qui avait un trou. Un nœud du bois avait sauté, formant un petit cratère légèrement conique. Mon crayon, mon porte-plume tenaient là, droits, tout seuls, à la portée de ma main. On me jalousait cette commodité et je tirai fierté tout un an de ce trou élégant que j'agrémentais lui aussi d'une rondelle de papier cranté.

Nous fréquentions la paroisse Saint-Aphrodise pour nos diverses dévotions et, finalement, nous ne regrettions pas trop la chapelle des « demoiselles », trouvant une diversion à traverser la place, à pénétrer dans l'ombre de la basilique. Le patronage et la colonie de vacances organisés par le curé et tenus par trois sœurs riches et dévouées constituaient une part importante de notre vie. Denise, Laure et Rose vivaient de leurs rentes et étaient tout occupées par les activités paroissiales. Laure dirigeait tout. Denise accompagnait au piano les diverses prestations théâtrales. Rose, la seule qui eût été mariée, nous faisait chanter.

Le soir, dès les beaux jours, il nous arrivait à la sortie de « faire un palais » sur la place de l'Église, sous les platanes, et quand nous avions un peu de temps nous poussions jusqu'à la rue des Têtes où s'exerçait une magnifique magie.

De la porte de l'établissement de bains publics, jusqu'à la rue Sainte-Claire, juste à l'endroit où, le long de l'établissement, la rue s'évasait comme un ventre d'écluse, il y avait un écho profond. On aurait cru marcher dans un espace immense et sonore, alors que la rue restait étroite, entre des murs hauts et aveugles. Nous cherchions l'endroit exact où commençait le phénomène en frappant le sol du talon, et nous jouions là, l'espace de quelques mètres, avec l'écho. C'était un phénomène que nous rencontrions rarement. En colonie, quand nous trouvions quelque coin de la montagne qui fît écho, nous restions des heures à jeter nos cris, à les écouter revenir, transformés après leur voyage dans des grottes cachées sous la terre, fantomatiques. Là, dans la rue des Têtes, nous frappions dans les mains, nous heurtions le sol d'un caillou, de notre palet, de l'extrémité d'une règle et c'était effrayant. Cette portion de rue, si près des lieux familiers, de l'école et de l'église, en était peureuse [8]. Par où était passé le bruit quand nous l'entendions à nouveau ? Par les caves pleines d'ombres et de choses humides ? par le ventre inconnu de l'établissement de bains dont on voyait sortir les gens un paquet de linge sous le bras, et le cheveu humide ? Ma mère disait : « Aller prendre un bain là ? avec tous les gens de rien qui viennent s'y tremper ? C'est bon pour choper des maladies », et nous imaginions des eaux noires et sales. L'obligatoire nudité, elle aussi, nous inquiétait. Parfois la porte était ouverte, nous risquions une tête, un pas, en nous bousculant, et vite nous partions en courant, déclenchant alors le tumulte mystérieux et multiplié de l'écho.

Dans la ville, selon les relations de nos parents, nous connaissions d'autres espaces de jeu. Les promenades du jeudi, avec le patronage, nous amenaient à la Plantade, à Fonserane, aux Neuf Écluses, au Plateau, mais je ne dirai pas que c'étaient là des lieux vraiment investis, comme le ciment du quartier ou de l'école, par les activités ludiques. La promenade était déambulation vers un endroit où l'on faisait une brève visite, elle était plaisir à elle seule. On ne disait pas : « On va jouer à Fonserane », mais « on va à Fonserane ».

La maison de ma grand-mère, où je retrouvais mes cousines, et deux espaces que je fréquentais périodiquement étaient par contre pour moi de véritables lieux de jeux. L'un me donnait d'étranges ravissements et l'autre la plus vive angoisse.

Ma sœur était amie avec la fille de la concierge du lycée et je pouvais – rarement mais assez pour en être émerveillée – parfois, en été, jouer dans le bâtiment. Impossible d'entrer dans les salles de réception fermées à clef : le parloir et la bibliothèque, mais le hall d'honneur, les galeries intérieures miroitaient au soleil de mosaïques cirées. C'était un lieu somptueux et désert. Nous contemplions les portes closes et leurs belles boiseries. Nous courions dans ce couloir et, au bout nous pénétrions dans la fraîcheur des galeries ouvertes, toujours ventées, qui surplombaient l'Orb. Nous traversions rapidement le jardin d'honneur ombragé, orné d'une statue, et d'un banc vert sur un sol de gravillons blancs. Il me semblait plus beau qu'un jardin public avec sa balustrade à colonnettes. Nous ne nous attardions pas car la concierge n'aimait pas que sa fille amenât là des copines. Nous allions plus loin, vers les classes. C'était étrange ces salles vides où il était possible de crier, d'écrire au tableau, de s'asseoir à la chaise du maître. Il y faisait une chaleur de serre, à cause d'immenses fenêtres sans volets et parce qu'on n'aérait pas. Une impression d'étouffement nous saisissait, augmentée par la poussière de craie. Alors, par des escaliers hauts et sonores, nous descendions dans la cour des élèves ombragée de platanes. Près d'une fontaine flanquée d'un figuier, en mangeant des figues et en buvant, nous regardions la rivière et la plaine à vignes, verte et surchauffée.

Le lieu que je détestais particulièrement était la maison de Solange-la-boiteuse où ma mère m'envoyait jouer de force, car elle était amie avec ses parents. A partir du genou droit de Solange pendait une jambe molle, violacée, sans mollet, comme ces boudins cylindriques de chiffon qu'on mettait en hiver au bas des portes. Elle lançait ce pied mort, cette jambe morte, à chaque pas, d'un mouvement violent qui partait de la hanche. Elle habitait une maison raide et sévère, en face d'un jardin fleuri, avec un bassin aux poissons rouges. Une maison grise, triste, aux volets du rez-de-chaussée toujours fermés. J'évitais même de passer sur le trottoir devant cette porte où je ne sonnais que contrainte et forcée. Je devais attendre que sa mère descendît. La porte s'ouvrait sur un couloir nu, vertigineux, sur un escaier où, dans la mosaïque, brillaient des bouts de nacre. Tout était décoré de peintures miroitantes et glacées. Quand j'avais commencé à grimper l'escalier en haut duquel ils habitaient, je sentais un piège se refermer sur moi.

Avec la petite infirme il ne fallait pas tricher. Si elle s'en apercevait, elle disait en pleurant que je le faisais exprès parce qu'elle était boiteuse. Anna aussi était boiteuse et ne faisait pas tant d'histoires : elle courait comme elle pouvait quand nous jouions à pattes, sautillait, le pied posé sur la pointe. Mais quand Solange pleurnichait, sa mère accourait et d'un air triste me disait que je ne devais pas lui faire de misères.

Dans un placard de sa chambre, Solange me montrait un tas de souliers neufs, du pied droit, qui augmentait d'année en année. On avait gardé tous les souliers droits inutilisables depuis qu'elle était née. Il y avait de petits souliers de bébé, des sandalettes de cuir de diverses couleurs, trouées, à lanières, un escarpin de peau blanche, mate, veloutée – « c'est le soulier de ma petite communion », disait-elle – et un autre, presque le même, plus grand, à bout arrondi – « c'est de ma grande communion » – des espadrilles, des souliers montants d'hiver, des souliers à languette. Tous ces pieds droits étaient dans un placard, et je devais jouer près de ce cauchemar.

Bien que Solange fût gâtée, pourvue de beaux jouets, d'une épicerie de bois avec des tiroirs, d'une balance et de ses poids, de magazines, le temps me paraissait interminable. J'aurais bien voulu lire, mais elle me disait : « Ne lis pas, jouons », et pour que j'y revienne, elle refusait de me prêter ses livres, en argumentant : « Maman me le défend. »

Quand c'était l'heure, sa mère venait me prévenir. Je fuyais à toute vitesse dans l'escalier. Solange me criait : « Tu reviendras », et sa mère : « Tire bien la porte derrière toi. » Je courais à en perdre le souffle jusqu'au trottoir, jusqu'aux cris de mes copines. J'avais « la rate », mais j'étais délivrée.

Les maisons que nous habitions, dépourvues de salle de bains – on se lavait devant l'évier de la cuisine – l'étaient aussi de cabinets intérieurs. Le plus souvent, les « lieux » étaient des cabinets à la turque, soit collectifs, servant à deux ou trois locataires, soit individuels dans le terrain des villas, donnant sur des fosses septiques. Ils n'avaient pas de chasse et il fallait se munir d'un broc d'eau. J'en connaissais deux avec cuvette, encore étaient-ils sommaires. Le vidage s'effectuait avec une manette qui évacuait les déchets dans l'ombre de la fosse.

Froids en hiver, sombres, nauséabonds, les « cabinches » étaient effrayants. Ils tenaient peut-être pour cela une place importante dans notre vie. Dans tous nos espaces de jeu et plus particulièrement dans le quartier et à l'école, nous situions bien les cabinches dont nous connaissions toutes les particularités, la situation – au fond d'un couloir, d'un garage –, le matériau – en planches et pavés ou cimentés –, la luminosité – une échancrure dans le bois –, un soupirail, un fenestrou.

« Aller aux cabinches » était toute une affaire. En général on avait recours à l'aide d'une copine fidèle. On appelait cela « tenir la porte ». L'opération consistait à surveiller le couloir, pour voir si personne n'arrivait. La copine avertissait, elle aurait empêché quelqu'un de mal intentionné d'ouvrir brusquement le battant et de nous découvrir accroupies, la culotte aux genoux, en train de « faire ».

Il y avait bien des verrous, le plus souvent de petits crochets qui auraient assuré l'isolement mais les cabinets étaient noirs et mal tenus. On risquait de marcher dans des « saletés ». Alors nous préférions la porte entrebâillée : elle permettait de voir où l'on mettait les pieds et de bavarder avec la copine, pour vaincre la peur et le dégoût. Si le temps normal de l'opération paraissait dépassé, l'autre nous rappelait à l'ordre :

– Dis donc, tu fais des cordes pour la marine ?

– Dépêche-toi que ça sent la rose.

Celle qui tenait la porte pouvait bien entendu trahir. Par exemple, en partant à la course dans le couloir en poussant un cri de terreur, après avoir fermé la porte. Angoissée, on se levait brusquement, on « s'en mettait partout ». La trahison pouvait être aussi d'ouvrir la porte toute grande et de rendre publique cette opération secrète. Cela était vrai surtout à l'école où les fillettes faisaient la queue en attendant leur tour. Il était donc important de se faire « tenir la porte » par quelqu'un de fiable.

Dans le noir des cabinets montaient des odeurs d'excréments mêlées à celles de l'eau de Javel et du Grésyl dont on nettoyait les lieux. Il pendait dans un coin, à un crochet de fil de fer, des journaux découpés en carré. Ma tante m'avait expliqué qu'il fallait longuement froisser le journal entre les mains avant de l'utiliser, pour qu'il devienne souple comme du chiffon et essuie mieux. « Ça le mouille », disait-elle et je le mouillais. Ceux qui achetaient *La Croix de l'Hérault* découpaient la croix dessinée sur le journal et la brûlaient pour ne pas commettre de sacrilège.

Parfois, prises de court par l'absence de ces papiers, il n'y avait que la solution de salir sa culotte ou de faire une « virgule » sur le mur. On ne connaissait jamais les auteurs des virgules. Devant les colères des mères ou les remontrances dégoûtées des maîtresses de l'école, tout le monde niait. Nous trouvions cela tellement sale qu'un aveu nous eût humiliées. Ce n'était jamais personne et pourtant il y en avait partout, en forme de vraies virgules de dictée, et rien n'y manquait, même pas les pleins et déliés puisqu'on faisait glisser le doigt sur le mur jusqu'à ce qu'il fût débarrassé de toute matière. Nettoyées régulièrement, les virgules revenaient tout aussi régulièrement et restaient à hauteur des yeux, dans tous les cabinches de mon enfance.

Lorsque le besoin nous prenait en classe, nous demandions d'aller « au petit coin ». « Vous auriez dû prendre vos précautions. Retenez-vous », disait la maîtresse. Nous le faisions si c'était possible. On en voyait se tortiller sur leur banc et parfois implorer que « ça leur pressait, qu'elles ne pouvaient plus se tenir ». Sur l'accord toujours désapprobateur de sœur Sainte-Anna, elles partaient en courant se soulager. Certaines croyaient bon d'expliquer « Madame, c'est la grosse... ». Car il y avait la « grosse commission » et la « petite commission », et sœur Sainte-Anna demandait elle-même parfois : « C'est la grosse ou la petite ? »

Quand nous jouions dans le quartier et que l'une annonçait : « J'ai besoin de faire une commission », on la priait aussi d'attendre. Si c'était « la petite », on pouvait se dispenser de rentrer chez soi, aller dans l'impasse Vallérugo. « Cache-moi », demandait-on alors. Une copine se posait devant nous, écartait au maximum ses vêtements, les mains tenant en l'air les pans du manteau ou de la jupe, écartait les jambes et nous parait des regards indiscrets. En promenade, c'était pareil, on faisait « la petite » derrière un vêtement tendu, un mur ou un buisson. Pour la « grosse », on se retenait, et quand ce n'était plus possible on se faisait accompagner aux cabinets. Pourtant dans le quartier même, dans l'impasse Vallérugo, ou au buisson, et dans le terrain vague près de l'escalier, on trouvait quelquefois ce que nous appelions des « sentinelles ». Nous nous bouchions le nez, quand nous tombions sur ces tas surmontés d'un papier sali. Nous désertions le lieu jusqu'à leur disparition. C'était la même chose dans nos promenades : tel talus agréable, telle murette sur le chemin de la Capelière devenaient pour un temps inutilisables.

Nous manifestions pour les sentinelles une répugnance extrême, comme pour les virgules, bien que pressées par le besoin il nous fût arrivé d'en poser ici et là, mais toujours dans la honte et le secret. Lorsqu'il s'en trouvait une dans notre aire de jeu il était facile d'accuser l'une ou l'autre à qui on en voulait, pour peu que les circonstances s'y prêtassent. Et la fille en pleurait.

Chez ma grand-mère, au lieu de cabinets, il y avait encore la « tinette ». C'était un gros bidon, genre bidon de lait, qui se glissait sous un bâti en bois et que venait chercher périodiquement un vidangeur. Il prenait le bidon plein, dégoulinant, véritablement immonde, et donnait un bidon vide. On disait qu'il vendait la fumure humaine – elle porte le joli nom de poudrette – aux jardiniers du bords de l'Orb. L'espèce de réduit où était la tinette fut le plus sombre, le plus effrayant, le plus nauséabond des cabinets de mon enfance. Il recevait jour et air d'un minuscule trou d'aération fermé d'un fin grillage au ras du trottoir. Comme ce réduit était tout près de la porte d'entrée il était impossible – c'eût été indécent – de laisser ouverte la porte de ce cagibi. J'avais plus que jamais besoin de la présence de quelqu'un et je n'y allais pas sans ma cousine. Encore lui arrivait-il de fermer brutalement la porte sur la rue et de me laisser en proie à une peur terrible en présence de l'horrible bidon.

Je ne sais comment il lui était venu à l'esprit la certitude que des « mains » habitaient le bidon, vivantes, qui attendaient que les gens « fassent ». De petites mains noiraudes, sans corps, dont nous craignions les griffures et dont la présence augmentait notre angoisse. Nous nous interrogions longuement sur leur destin après le passage du vidangeur. Allaient-elles mourir ? Ce dont nous étions sûres c'est qu'il y en avait toujours, même dans la tinette propre.

A l'intérieur des maisons, pour les besoins de la nuit, pour les jours où nous étions malades, il existait le pot de chambre et le seau. Le pot de chambre de faïence rapprochait la tête des fesses et il était impossible d'échapper à ses propres odeurs. Mais du moins était-on, si l'on peut dire, en face de soi-même, dans la discrétion et l'isolement de la maison, sans éprouver de peur, tandis que dans le seau on mêlait ses propres productions tièdes aux productions froides qui y stationnaient déjà.

Le pot prenait au fil des mois une teinte jaunâtre jusqu'au niveau du remplissage. Objet très familier, il était aussi un objet de répulsion. Il revenait dans nos conversations, comme une des choses les plus sales. Quand au jeu du facteur ou aux métiers muets, on mettait quelqu'un au pot – dans un cas il s'accroupissait au milieu du cercle, dans l'autre il perdait le bénéfice de sa trouvaille –, on avait le sentiment de le mettre dans une position infamante ou carrément au milieu du pot dans son contenu dégoûtant.

Si j'insiste sur une réalité aussi triviale, c'est qu'elle fut au centre de la vie pendant toutes les années d'enfance. Les manipulations, l'odeur à laquelle il était impossible d'échapper, l'incommodité des lieux, rendaient l'opération plus importante qu'aujourd'hui où les égouts, les eaux courantes, les papiers fins et parfumés nient les déjections. A une époque sans escamotage, il fallait vivre avec les excréments et à l'intérieur même des maisons. Pas étonnant que nous fissions toute une affaire de la grosse et de la petite.

Il existait pourtant dans ma vie des cabinets que je trouvais véritablement luxueux. C'étaient ceux de la « colo ». Au retour, j'en décrivais avec fierté l'émail blanc et la chasse tonitruante. Comme ils étaient exceptionnellement confortables, éclairés, agrémentés d'un petit lavabo, nous y allions par plaisir. A l'heure de la sieste, c'était un défilé et même la nuit nous aimions nous y rendre. Il me tardait chaque année de les retrouver.

Tout d'ailleurs m'enchantait à la colonie. Dans le dortoir – nous disions « doctoir » – orné des astucieuses chaises-placards, se déroulait un phénomène que je ne comprends toujours pas. Il resta plusieurs années un secret que je partageais avec ma voisine. Nos lits étaient situés près de la fenêtre et pendant la sieste on fermait les volets « à la clé ». Un jour je remarquai que ce qui se passait sur le seuil situé sous la fenêtre se reproduisait sur le plafond, et en couleurs. Pâli certes, rapetissé, mais reconnaissable. Évidemment il ne se passait pas grand-chose : un livreur arrivait, portant le pain ou les légumes. On assistait au déchargement. On voyait la religieuse parler un moment. Un visiteur sonnait, entrait et sortait. Des paysans, des charrettes passaient devant le couvent, sur le chemin des champs. Avec Suzette nous appelions cela « le cinéma ». Nous en fîmes longtemps mystère et devenue adulte je me souviens d'avoir interrogé des spécialistes sur ce que je croyais une sorte de miracle impossible.

Au réfectoire, nous trouvions tout unanimement délicieux. Les repas étaient plus copieux que dans nos foyers où souvent les mères pratiquaient le plat unique. Pendant les repas, Laure ou Denise nous faisaient la lecture de vies de saints, car nous continuions en colonie notre vie religieuse, différente seulement, agrémentée de plaisirs originaux.

Pour les offices quotidiens, une chapelle était intégrée dans les bâtiments mêmes. C'était une ancienne serre aménagée, où il régnait une lumière de neige. Nous n'étions pas obligées d'aller à la messe du matin à six heures et demie, mais j'aimais avec passion y aller.

Il fallait demander à Laure d'être réveillée avant les autres pour assister à cette messe intime et insolite au milieu des religieuses murmurantes, dans une pièce à peine plus grande qu'une chambre.

Le dimanche tout le monde grimpait jusqu'à la Rotonde, une chapelle en haut d'une colline à laquelle on accédait par un chemin bordé de buis, en plein bois. Le soir on disait la prière dehors, en cercle autour d'une statuette de la Vierge près du verger, à la nuit tombante, et après, c'était la montée, en silence, jusqu'au dortoir.

Une ou deux fois durant le séjour, les religieuses du couvent faisaient les hosties pour les prêtres des alentours et c'était alors une vraie fête.

En dehors de ces plaisirs mystiques, il y avait des joies

vertes. Pour la seule fois de l'année, nous avions à volonté et à portée de main feuillages et fruits sauvages. Tout naturellement nous cherchions à retrouver ce que nous connaissions pour en faire le même usage. Au lieu de marronniers, nous avions des châtaigniers et comme le nombre des feuilles ne nous était plus limité, nous nous fabriquions des vêtements entiers en cousant les feuilles les unes aux autres avec des branchettes. Ce n'étaient plus seulement des couronnes, un bracelet, une ceinture, mais des jupes et jusqu'à des souliers, des grands chapeaux et des traînes.

Mais ce qui nous attirait le plus c'était l'eau vive des ruisseaux et de la rivière. L'Orb n'était pas limpide. Il était dangereux. Il n'y avait pas d'endroit où barboter, mais dans les ruisseaux, où seulement quelques centimètres d'eau coulaient sur les cailloux, et dans la rivière avec ses plages de galets, nous ne nous lassions pas de toucher une eau fraîche et bleue. Nous cherchions sous les pierres des porte-bois, nous tentions d'attraper les araignées d'eau posées à fleur de surface et les libellules bleues dont nous garderions les ailes. Dans les ruisseaux nous trouvions des feuilles de chêne dont l'eau avait mangé le limbe et dont il ne restait que la dentelle de nervures. Nous en cherchions qui fussent entières pour les ramener chez nous.

Dans un bras de la rivière qui l'été, en basses eaux, croupissait un peu, poussaient des mousses vertes. Nous nous déchaussions derrière le rideau d'arbres, en cachette, nous entrions dans l'eau tiède où montaient des bulles, en retroussant le tablier. Nous ramassions de pleines poignées de mousse que nous façonnions en boule entre nos paumes. Nous disions que c'étaient des « balles en mousse ». Nous les mettions à sécher au soleil sur des cailloux et au bout de quelques jours leur légèreté aidait encore à la confusion. Après, nous les lancions contre le mur, nous nous obstinions à tenter de les faire rebondir, mais cela ne marchait jamais. La mousse sèche fondait en poussière entre nos mains. Parfois, j'en ramenais une dans le quartier, verdâtre. Elle gardait dans sa rondeur toute l'odeur qui montait le soir de la rivière. Mais elle s'effritait inexorablement.

Toute l'année, je ne cessais de revoir le paysage vert, feuillu, écrasé par le soleil, illuminé des céréales non moissonnées, puis des chaumes. Je ne pensais pas qu'il pût être immobilisé par le gel et dépouillé ou couvert de neige. Il se composait de champs de blé et d'orge, d'ombrages frais, d'odeurs de fenaison. Je ne pensais même pas que l'hiver le couvent recevait des pensionnaires. Pour nous, le lieu surgissait du néant un matin de juillet, prêt à servir avec l'armée des religieuses occupées à la cuisine ou au potager et s'y enfonçait à nouveau un matin d'août.

De la même manière, il était impossible d'imaginer la foire autrement que traversée de bise glaciale, au moment du froid le plus vif et le plus clair. Baraques et manèges s'installaient dans le bas des Allées [9] et sur la place de la Citadelle. Mais la foire n'était en aucun cas ces espaces que nous connaissions bien. Lorsqu'elle partait, elle emportait ailleurs toute sa surface de magies multiples.

On n'avait pas toujours des sous, mais on aimait y aller parce que, même sans argent, on prenait beaucoup de plaisirs gratuits à y déambuler, surtout dans une allée réservée aux « phénomènes ». Les baraques y faisaient d'intéressantes parades et on pouvait passer des heures à écouter vanter « la bombe atomique », une femme obèse, les nains et les géants. Pour allécher le public, le bonimenteur faisait voir le soulier minuscule d'une naine ou annonçait le poids de « la bombe ». Devant le rideau bariolé et les montants de bois où des représentations picturales naïves montraient la femme la plus grosse du monde et annonçaient ses surprenantes mensurations, venaient parfois des femmes au visage masqué, vêtues de grandes capes qu'elles ouvraient brièvement, le temps de laisser entrevoir de minuscules maillots pailletés.

Deux médecins en blouse blanche, le stéthoscope au cou, présentaient la « femme sans tête », l'air compétent, brandissant les bocaux de perfusion rouges et bleus, avec lesquels on la nourrissait, affirmaient-ils. Le rideau s'écartait à peine et l'extrémité d'une table roulante de chirurgie apparaissait; on nous montrait les pieds de la femme sans tête. Un des médecins pinçait la cheville et sa main se levait, ses doigts s'agitaient.

On faisait venir la femme panthère sous une couverture, elle montrait le temps d'un éclair un pied nu et une cheville velue, tachetée de brun.

Devant le rideau de « la sirène des mers », devant celui

des « sœurs siamoises », on parlait de prodige et de légendes, on nous commentait les images des montants de bois, montrant la sirène, jolie comme un cœur, dont l'immense chevelure blonde cachait à peine les seins, les sœurs collées par le dos, mangeant chacune à leur table. C'était un monde prodigieux. Par moments, quand la salle était pleine d'heureux qui allaient se repaître les yeux du spectacle des puces savantes, la parade cessait, on n'entendait que la rumeur des spectateurs qui riaient, poussaient des cris. La cohue nous amenait plus loin, près de la femme qui avait « un trou au milieu du corps », ou de celle qu'on coupait en deux.

Mon père me disait que toutes ces baraques c'était des « blagues », des jeux de glace, d'habiles supercheries. Quand il était jeune il avait été trompé par « le grand hiver de Russie ». Il était entré et avait pu voir un I de bois, peint en vert. « Et en plus, disait mon père, on ne pouvait rien dire, c'était bien « le grand I, vert ». Il avait vu aussi, disait-il « le plus petit géant de France » et « le plus grand nain du monde »...

Suivant les dimanches, j'avais à ma disposition ou non une pièce et je faisais un tour de manège ou j'achetais une gaufre ou un paquet de frites. Les seuls tours de manèges qu'on pouvait partager, c'était les autos-scooters, puisqu'il y avait deux places dans la petite voiture. Une s'installait à celle du conducteur et à peu près au milieu du temps on changeait. Il y avait des polémiques, la conductrice ne voulait pas céder, craignant que ce fût trop tôt, et c'était parfois trop tard.

Quand on avait dépensé la pièce ou qu'on n'avait rien, on s'accoudait à la balustrade des autos-scooters et on attendait qu'une copine, par hasard seule, nous fît signe de monter.

Il y avait celle que tout le monde invitait et celle que personne ne faisait monter, souvent parce que, désargentée, on savait bien qu'elle ne pourrait jamais rien « rendre ».

On regardait, on tournait dans la foire où tout nous surprenait, où nous étourdissaient les haut-parleurs, les éclairages en guirlande du Magic-City, ce globe incrusté de minuscules bouts de miroirs qui reflétait les lampes et en tournant sur lui-même projetait sur nous des gouttes fuyantes de clarté, les projecteurs verts et bleus d'un manège, ceux d'une loterie.

Nous passions d'une musique à une autre, des bruits de foule à la voix sonore des crieurs de parade.

Le froid de janvier descendait brutal, après le coucher du soleil, et venait l'ombre glacée du crépuscule. Il allait falloir s'enfoncer dans la nuit tombante, creusées de faim par les odeurs de la Foire. A deux, à trois, jamais seules, nous quittions le lieu de la fête et nous nous acheminions vers le quartier. Nous relevions le col du manteau, nous nouions le cache-nez, remettions les gants de laine, remontions les chaussettes roulées sur la cheville. Nous affrontions avec le froid des rues silencieuses, des zones sombres où nous jouions à nous faire peur, vers le Marché-aux-bois, vers Blanc, dans l'Avenue. Nous courions à toute vitesse vers les réverbères. Nous laissions Lili à sa porte, les sœurs Pech au bas de leur rue. Nous attendions qu'elles eussent grimpé en courant la rue pavée de galets et que depuis le portillon de leur jardin elles nous eussent fait un signe de la main.

Je laissais Évelyne et Alice sur le trottoir. Il ne me restait qu'à traverser la chaussée, à monter les escaliers deux à deux, à pousser la grille. Le dernier lampadaire était près de la porte d'Alice. C'est à toute vitesse dans l'obscurité que je franchissais l'espace habiuel de nos jeux, soutenue par la grande bande de lumière venue de la porte ouverte d'Alice à laquelle sa mère criait qu'elle ne « voulait pas chauffer la rue ».

J'étais la dernière à être chez elle, à pénétrer enfin dans une chaleur qui allait bientôt mettre le feu à ce qui avait le plus souffert du froid : les genoux, les joues, les cuisses, à attendre dans l'odeur alléchante du repas du soir qu'il fût l'heure de manger.

3

LES PROMENADES

« Laissez-les passer, les olivettes
Laissez-les passer qu'elles vont souper.
Trois fois passera... »

Comptine

Je donne la main. On me tient : c'est ma mère, c'est quelqu'un d'autre.

Je vais où on me mène. On me mène où on veut : commissions, visites, messe, promenade.

Être petite c'est d'abord ça : être prise en charge à chaque déplacement.

J'ai beau, quand on va chez ma grand-mère dans une rue parallèle à la nôtre, quand on va à la messe à la cathédrale à deux pas de la maison, quand on va chez les sœurs de Notre-Dame-Auxiliatrice, au coin de la rue des Jardins, j'ai beau n'avoir que quatre pas à faire guidée par ma mère, ma sœur, ma grand-mère ou ma grand-tante et me sentir bien protégée, il me semble, dès qu'on quitte la maison, que je change de monde. Pourtant, on ne sort pas de la vieille ville où tout se touche : Halles, poste, mairie et cathédrale, au-dessus des remparts vertigineux sur l'Orb.

Pourquoi faut-il qu'une gomme achetée dans une papeterie derrière la poste, à cette époque-là, ait pour moi un tel parfum d'exotisme ? Pourquoi cette impression de dépaysement, de lointain et d'aventure à la moindre sortie ? Pourquoi, surtout, ce sentiment que tout est un ailleurs, que ma géographie n'est qu'un amas de lieux disparates que ne relie aucun chemin ?

En tout cas, voici qu'un jour on me lâche la main, qu'il n'y a plus personne près de moi tandis que je marche dans la ville.

Des chemins vont se mettre à exister. Les miens. Cheminements et allées et venues. Balisés et riches de plaisirs quotidiens. Trajectoires, tours, détours, accompagnements et raccompagnements, marches, déambulations, flâneries. D'un point à l'autre, je me mets à aller, multipliant les menues variations, niant la monotonie des heures et des lieux, en goûtant au contraire les saveurs variables. J'ai cessé d'être bébé, petite. Le temps des itinéraires commence.

Les plus fréquents nous menaient aux commissions dans le quartier lui-même.

A l'épicerie – on la voyait depuis le trottoir – nous n'exécutions que de menues courses – un paquet de nouilles, du râpé, une boîte de Vache qui rit – car pour ce qui exigeait un choix judicieux, nos mères montaient aux Halles centrales. Au boulanger – comme nous disions – c'est les enfants qui le plus souvent s'y rendaient, heureux sur le trajet de grignoter du pain. Au lait, nous y allions chaque soir, à partir de six heures. A la quantité de jour ou de nuit qui éclairait ce déplacement, nous mesurions les saisons. En hiver il faisait nuit noire et je sortais emmitouflée, je dévalais l'escalier et frappais chez Alice, Évelyne ou chez les deux et nous y allions ensemble. Dès que les jours avaient allongé, aller au lait terminait les jeux du soir ou les interrompait et nous nous faisions tirer l'oreille. Nos mères devaient nous appeler plusieurs fois en criant que « ça serait fermé ». Elles s'énervaient parfois : « Tu vas voir si j'y vais, au lait », criait l'une ou l'autre par la fenêtre. Nous partions alors avec la pièce et la bouteille.

L'étable où nous allions chercher le lait – elle n'était pas la seule de Béziers, il y avait d'autres laiteries au centre ville même – s'ouvrait sur la place Vieille, mais il y avait une entrée annexe peu après le figuier et c'était un des charmes du lait que d'entrer d'un côté et de sortir de l'autre en un tour de passe-passe. Le trajet à travers l'étable, comme un sas, séparait deux espaces très différents : le trottoir de la fontaine, bruyant et animé, et la place Vieille avec ses treilles, son sol de terre, ses jardins. Alors que le trottoir était déjà dans l'ombre, la vieille place jouissait encore du soleil couchant. Après avoir acheté le lait, après le dépaysement d'odeurs et de tiédeurs de l'étable, nous débarquions sur la place Vieille. Ou bien, pour changer, par fantaisie, sans besoin précis – et c'est là qu'interviennent ces petites variations festives dans les itinéraires – nous entrions par l'ouverture de la place Vieille et ressortions, comme par magie tout près de chez nous. Oui par magie, puisque c'était seulement au moment précis de la vente du lait que l'on pouvait, par le portail du laitier, s'échapper du cercle de maisons de la place. C'était un beau portail languedocien au linteau arrondi orné de longues ferrures qui suivaient la rondeur de l'arche. Le bois avait été anciennement passé au bleu de méthylène et il gardait dans ses fibres un peu de ce bleu unique. Un portail jumeau ouvrait du côté du trottoir de la fontaine du même bleu ancien, ineffable, que nous aimions toucher du doigt. Nous venions parfois dans la journée mettre la tête à l'ouverture, respirer cet air insolite de campagne. Dans la pénombre, les vaches à peine visibles s'agitaient, piétinaient et ce volume était, en plein quartier, un autre monde. Que l'on entrât par l'un ou par l'autre des portails, on échappait aux bruits citadins, on était submergé par l'odeur du fumier, on entendait la rumination des vaches, la paille piétinée. On touchait les doux naseaux, on se mirait dans les vastes yeux bombés. Puis on sortait. Du côté de la fontaine, c'était chez nous; du côté de la place Vieille, on tombait sur des visages connus mais plus inhabituels, sur d'autres groupes d'enfants qui avaient leurs chefs et leurs habitudes.

Aller au lait pouvait être très court, si un jeu était en train, et alors nous entrions et sortions par le portail de la fontaine. C'était le cas l'hiver, où rien ne nous incitait à flâner. Mais à d'autres moments – quand par exemple on décidait d'arrêter la partie – faire « le tour » ou « le grand tour » devenait une distraction.

Le retour lent, interminable, était une flânerie dans les odeurs, l'animation de la rue, la fraîcheur des jardins arrosés, les bruits des conversations, la présence des hommes, rentrés du travail, en train de bavarder sur le trottoir, le cheveu tout humide en été de s'être aspergés.

Nous avancions pas à pas, en parlant nous aussi, traînant un peu les pieds, lasses et suantes en mai, juin, juillet, portant un simple tablier sur notre combinaison, légères dans nos espadrilles.

Pour le plaisir d'un certain dépaysement qui n'en était pas vraiment un – puisque nous savions ce que nous allions trouver – nous faisions le tour par la rue Morse. Souvent, il s'agissait de raccompagner Simone qui habitait là. La rue était déserte, un peu solennelle, presque « peureuse » avec ses terrains vagues. Plus tard un fleuriste fit construire là et nous venions regarder ses semis, ses pépinières, ce jardin étonnant de perfection professionnelle, de cloches de verre, de châssis vitrés, de serres, consacré uniquement à des fleurs – alors que nos jardins, s'ils possédaient quelques fleurs, étaient surtout utilitaires. Dans cette rue, on ne voyait personne sur les seuils, les grilles étaient fermées à clef, et sur les portes luisaient quelques plaques de cuivre.

Quand nous ne passions pas rue Morse, nous nous contentions de remonter l'Avenue. Nous passions devant des maisons. Des fenêtres éclairées ou non, suivant la saison, nous découvraient des cuisines et exceptionnellement une salle à manger luxueuse, remplie qu'elle était d'objets qui ne se trouvaient pas dans nos cuisines : un lustre, une cheminée de marbre, des buffets non pas surchargés comme les nôtres mais ornés de napperons, de photos encadrées; au milieu de la table, un vase ou un compotier. La table de bois semblait luisante. Les chaises au dessus parfois matelassé étaient rangées autour. Dans un coin, on voyait un fauteuil dont le dossier portait des dentelles au crochet. La pièce paraissait élégamment vide, puisqu'il y manquait l'évier, la cuisinière, l'inévitable encombrement des pièces uniques. On découvrait une femme en train de coudre ou recevant des visites, bavardant autour de verres de « cristal ».

Le plus souvent, nous regardions des cuisines à peu de chose près semblables aux nôtres. C'était pourtant très étonnant de voir, au centre de la lumière, derrière les vitres, les gens qu'à d'autres moments on croisait dans la rue ou à l'épicerie, des enfants que nous connaissions dans leurs jeux. Ils étaient immobilisés au-dessus d'un cahier ou d'un livre de classe, ils avaient l'air studieux, sages, ailleurs. Les femmes, souvent, nous tournaient le dos, occupées à la cuisine – c'était l'heure au moment du lait. Certaines, face à la vitre et au jour, cousaient, tricotaient, repassaient. Le plus souvent debout, près de l'évier et du fourneau, elles se mouvaient autour des enfants inclinés et silencieux.

Je n'aurais pas osé m'arrêter, nous n'aurions pas osé, et j'avais beau passer lentement, à très petits pas – nous disions à « pas de fourmis » – mon lait tiède entre les bras, les visions ne duraient que l'espace de quelques secondes, et composaient un tableau, toujours le même, avec de menues variantes, et qui, pour être bref, peut-être, paraissait inépuisable, inexplorable et condamné à rester inexploré.

Lorsque le retour de la laiterie se faisait tard, à la nuit en hiver, et aux saisons intermédiaires, souvent les gens, déjà, étaient à table. Verres, assiettes, plats, tout paraissait plus beau, clinquant, derrière les vitres. Les autres et leur monde étaient à la fois livrés et préservés, présents d'une présence inapprochable. Sous l'ampoule électrique mes petites camarades, leur mère, leur père, cette espèce d'étranger, leur sœur aînée, le bébé dont elles s'enorgueillissaient, m'étaient donnés, se donnaient sans le savoir, et ne savaient pas combien ils devenaient inaccessibles, chargés d'un mystère que déferaient demain, le trottoir, la rue, la lumière du jour.

Sur le trajet que je connaissais le mieux, de la maison des Maurel venait une lumière rougeoyante ou bleutée. On disait que le fils aîné, lors de la fête du quartier, avait récupéré tout un carton d'ampoules tricolores, qu'il en avait enlevé la peinture et puisait dans cette provision. Toutefois, si bien qu'il eût gratté la couleur, la lumière restait un peu rouge ou un peu bleue et mes copines Lucienne et Marcelle paraissaient comme diaboliques dans cette lumière. Elles l'étaient déjà théoriquement – car chez elles toute la famille mécréante « mangeait du curé » – et la lumière rouge ou d'un bleu blême semblait le confirmer.

Après leur maison il n'y avait plus d'intérieur à regarder jusqu'à la maison d'Alice. Si j'étais seule, je prenais la course.

En revenant de l'épicerie – où nous allions plus tôt qu'au lait – en revenant du bazar d'Honorat, situé dans le quartier adjacent des Abattoirs, lorsqu'on y allait, avec la permission, chercher une petite fourniture scolaire – gomme, crayon-mine pour l'ardoise, cahier de brouillon, porte-mine, éponge – on passait quelquefois par la rue Branly, une rue très citadine, rassurante, bordée de villas, que nous admirions sans réserve. « Les sophoras », « Les tilleuls », nous paraissaient des châteaux. La plupart étaient situées en contrebas de la rue et le regard plongeait dans leurs jardins, parfois dans leur intérieur.

Une avait un potager et un grand bassin, couvert de lentilles d'eau, comme réserve d'arrosage. Un figuier dépassait du grillage à notre hauteur et nous pouvions cueillir une figue en passant notre main petite et notre bras mince à travers les mailles. Les autres étaient des fouillis de fleurs, de parterres, de tonnelles où grimpaient des glycines, de vignes, de rosiers pompons. De minuscules sentes pavées allaient entre les verdures. L'une des maisons était ornée d'un bassin avec un jet d'eau. De la murette où nous nous accoudions un moment, nous voyions passer les poissons rouges dans le bassin troublé de frémissements. Nous jetions des miettes et attendions que la tache rouge s'approchât pour happer le pain.

Toujours quelques fleurs étaient tombées sur le trottoir. Nous les ramassions et les pétales aussi. Dans ces jardins les femmes, comme nos mères, épluchaient les légumes, tricotaient ou bavardaient en cousant. C'était pourtant un autre monde, étranger par l'abondance des fleurs et la vue plongeante. Dans la maison « Ma chaumière », il s'était joué un drame de l'adultère : la femme était partie et, dans le jardin à dessins de buissons de buis, nous guettions le mari qui passait au bras de sa mère et marchait à petits pas hésitants, comme un enfant. Nous passions devant « El Biar », dont nous ne comprenions pas le nom, sauf que ça venait des « colonies »; devant « Les violettes », « L'églantine », toute douce avec ses arcades de rosiers rouges et jaunes, dont la profusion dépassait du grillage, avec sa fontaine dont nous parvenait le bruit fin.

Je prenais parfois ce chemin seule pour aller à l'atelier de mon père lui faire une commission de la part de ma mère, pour aller jouer chez Solange-la-boiteuse. Plus tard la rue Branly fut, pendant les dernières années de l'enfance, l'itinéraire le plus fréquent pour aller au lycée. La fascination de ces jardins que surplombait la rue continua. Je ramassais toujours la rose tombée, je la mettais dans un flacon pour orner une des marches de l'escalier ou mon autel à la Vierge en miniature.

Outre ces déplacements on peut dire officiels – même si faire le « grand tour » dépassait un peu les libertés permises – il s'ajoutait, périlleuses et délicieuses, les incursions clandestines vers des lieux, peu éloignés en fait de notre espace, mais où il était entendu que nous ne devions pas aller « rôder ».

Le seul moment où on tolérait de nous voir disparaître

de ce champ où nous étions maintenues était la fête du quartier. Le bal se tenait sur la place Neuve, avec l'estrade de l'orchestre. Sur la place Vieille s'installaient quelques baraques foraines. Des fanions, des guirlandes de lumières, des tables et des chaises rendaient les lieux méconnaissables. Méconnaissables aussi devenaient les gens bien habillés et affairés, le visage marqué par le contentement. Nous assistions à l'élection du maire, nous allions écouter son discours délirant.

Pour la durée de la fête, le comité des jeunes élisait un maire et ses adjoints. Il apparaissait aux divers moments des réjouissances en grande tenue, ceint de l'écharpe tricolore, et faisait des discours. Il promettait toujours d'extraordinaires réalisations : « Habitants de la Font-Neuve, nous habitons un quartier magnifique. Il ne nous manque qu'une chose : la mer. Nous avons décidé de la faire venir jusqu'ici. La place Vieille sera une plage de sable fin... » D'autres fois il déplorait l'absence de montagnes et parlait de rapprocher « la femme allongée [1] ». D'autres fois il parlait de pourvoir la fontaine publique d'une arrivée de vin près de l'arrivée d'eau, ou bien trouvant le centre ville trop éloigné, de construire un escalier mécanique jusqu'aux allées Paul-Riquet. Nous nous tordions de rire et toute l'année nous évoquerions les promesses faites... Le soir, au bal, nous venions voir danser la « bikinine ». Dans la liesse générale nous chantions sur fond d'orchestre : « Ca-ca-ra Boum ! Ça y est ! La bombe a explosé, la ville a sauté... » A « Boum ! » l'homme soulevait sa partenaire de terre et nous faisions nos commérages sur les cuisses ainsi révélées.

En temps ordinaire, par contre, nous écarter du territoire était senti comme répréhensible – nous étions sûres de l'engueulade si on l'apprenait. Courir jusqu'à la fontaine pour y boire à satiété constituait la plus courte de ces aventures. Il s'ajoutait à l'interdiction de la boisson le fait que la fontaine était « loin » – un loin très relatif mais perçu comme tel.

Lorsque nous jouions tout un après-midi sur le trottoir, nous avions toujours une ou plusieurs occasions de nous éclipser vers les lieux interdits. Toujours en vitesse et de courts moments car nos mères eussent été alertées par un trop long silence. Parfois, il s'agissait d'aller dépenser chez Honorat une pièce dérobée dans le porte-monnaie maternel ou prélevée dans notre tirelire, clandestinement, sans l'accord de personne. D'autres fois, nous partions en expédition « après le passage à niveau ». Ce n'était pourtant pas l'inconnu. Cette ancienne route de Bédarieux que les orages de mai ou de septembre transformaient en véritable rivière et qui, après, restait longtemps couverte de terre venue des chemins de vignes, nous la connaissions bien pour la prendre tous les jours pendant les vendanges. Nous connaissions aussi les gens qui habitaient cette zone rurale : ils passaient devant chez nous, avaient des visages et des histoires. C'étaient les « Parisiennes de Tournissac » ou la vieille Delpech qui venait vendre, dans une voiture d'enfant désaffectée, quelques volailles, des œufs, parfois un chevreau plié dans un linge sanglant.

Mais le chemin des vendanges était autre chose que ces raids rapides et secrets où nous allions chercher ce que ne contenait pas notre espace et que nous exploiterions chez nous, tranquillement. De grandes brassées de coquelicots dont pendant plusieurs heures nous tirerions des poupées, des rois, des enfants de chœur ; les fruits verts encore de l'abricotier, du pêcher, des amandiers, que nous croquions entiers – noyau compris – malgré leur âpreté. Ces arbres étaient moins surveillés que ceux du quartier. Nous malmenions les branches, les cassions, achevions d'effondrer les grillages des clôtures, en grimpant par les mailles. Dans cette campagne de vignes et de chemins nous allions surtout chercher des fruits sauvages : mûres, bouteillous [2], gratte-cul [3] au goût farineux de banane qu'il fallait débarrasser du poil à gratter avant de consommer une minuscule quantité de pulpe, figues du début et de la fin de l'été. On en mangeait des « ventrées ». On y attrapait des irritations de la langue et des lèvres, d'étranges couleurs malsaines, violacées de la bouche et des doigts, des amertumes de la muqueuse, des écœurements, des coliques, mais rien ne nous empêchait de les manger en prenant des précautions presque magiques qui devaient assurer leur inocuité : cracher les pépins des mûres, peler les figues et se garder de peler les pêches – car « la pêche est un poison, sa peau un contrepoison ».

Nous trouvions là des feuilles larges – vigne, consoude, mûrier – pour les ceintures, l'herbe-qui-accroche [4], pour les galons au bas des jupes, un bijou de revers, les décorations sur le tricot, du lierre, des liserons pour les couronnes et les traînes, des volubilis pour coiffer les doigts. Nous trouvions parfois cette gomme transparente et ambrée des arbres fruitiers que nous sucions mais gardions aussi, car avant d'avoir pris la poussière au fond de nos poches, nous en admirions le brillant, si joli dans la lumière, semblable à celui du verre poli et coloré. Là, seules, malgré les maisons qui ponctuaient de loin en loin le paysage de vignes, malgré la connaissance des lieux, nous étions en pleine aventure. Au retour, si on s'était aperçu de notre absence, nous serions accueillies par un « rôdeuse » assorti d'une gifle « où tu étais que je t'appelle depuis une heure ? Je vais t'apprendre à... ». Mais nous ne pouvions nous empêcher de tenter ces expéditions imprudentes et même provocatrices. Nous savions que des garçons fréquentaient ces bords de chemin, qu'on pouvait être poursuivies, recevoir des cailloux de leur fronde, ou se faire crier des choses. Dès qu'on en voyait une bande, connus ou non, on fuyait, même s'ils brandissaient de loin, en offrande, des oiseaux morts, même si au printemps ils nous proposaient des pies.

C'est seulement dans ces endroits un peu campagnards, après le passage à niveau, que nous trouvions à ras du sol la fleur violette aux clochettes bien serrées de la muscari. Nous affirmions qu'il était possible d'en fabriquer de l'encre. Nous disions qu'elle était du poison. Nous n'en aurions pas mis dans un bouquet destiné à la Sainte Vierge. Nous lui réservions les fleurs blanches de la rouquette, les ombelles des carottes, les fleurs du mouron. Mais jamais de muscari, que d'autres fois nous appelions « le curé ». Nous approchions la grappe de l'oreille, nous la roulions légèrement entre nos doigts et elle parlait latin.

Ces lieux étaient peuplés de petits animaux. On appelait « angrole » ou « clavette » les lézards gris dont la gorge était blanche. Vifs comme le mercure, lorsqu'ils avaient passé un moment dans la chaleur de la paume, ils étaient saisis d'une sorte de catalepsie et devenaient maniables. Mon père m'avait montré cela avec un gros lézard vert qu'il caressait longuement, puis logeait contre sa peau, dans sa chemise et qu'il tournait après dans tous les sens, le posant sur le dos sans qu'il bougeât. J'en avais fait profit et c'était une de mes gloires d'attraper ces angroles dont mes copines avaient peur, affrontant les morsures – elles n'étaient en fait qu'un pincement menu. J'étais devenue habile à les saisir entières sur les murs où elles couraient. J'affirmais que j'avais « un don dans les mains ». Les autres n'avaient, le plus souvent, attrapé qu'un bout de queue qui frétillait longtemps.

Nous trouvions de petites rainettes vertes, brillantes, comme vernies, fraîches et vivantes dans la paume, aux yeux dorés, jolies comme des bijoux, que nous gardions dans un bocal. Des têtards aussi : nous leur organisions un bassin dans un ustensile rempli d'eau et garni de cailloux et ils nous occupaient par leurs transformations jusqu'à ce qu'un beau matin ils eussent disparu ou qu'on les retrouvât crevés avec encore un bout de queue et déjà deux ou quatre pattes. Beaucoup de ces bêtes que nous capturions mouraient, à l'exception des pies. Nous étions trois ou quatre à posséder des pies, apprivoisées comme des chats, qui nous suivaient dans nos jeux sur le trottoir ou l'escalier, si familières que nous devions les enfermer pour jouer tranquillement à la marelle. Il fallait régulièrement tailler leurs rémiges sinon elles s'échappaient. On les appelait alors en pleurant et il n'y avait que les copines pour vous plaindre.

On trouvait des papillons, des libellules, dont les ailes sécheraient dans les livres, plus belles que des pétales, des cigales qui chantaient longuement dans la maison avant de mourir dans la boîte où on les avait mises, et dont les ailes aussi seraient conservées.

Le vignoble commençait là et sur les souches on ramassait des nids de guêpes vides, des escargots sur lesquels on crachait pour les faire sortir, en leur chantant « cagarol, morgueta [5] ». Lorsqu'ils avançaient, pointant leurs cornes translucides, nous ne nous lassions pas de poser le doigt dessus pour le plaisir de les voir se replier comme une canne gigogne, puis se déplier : on voyait monter dans la transparence le point noir de leur œil minuscule.

Sur la route, comme sur les chemins qui y débouchaient, nous nous tenions proches les unes des autres. A la moindre alerte, nous redescendions la route à toute vitesse, arrivions dans l'abri de l'escalier, les poches pleines d'abricots, de gafarots [6], lumières [7], espangassats, coquelicots à la main, indifférentes aux retardataires dont les supplications n'arrêtaient pas notre course. Enfin sauvées.

Au bout de la rue Niepce, après le buisson, on pouvait tourner vers le « Pont » pour aller au « Pré d'or » – nous l'appelions ainsi parce qu'il était un tapis de pissenlits. Après une série de villas silencieuses, fermées du côté de la rue, dont les jardins s'étendaient à l'arrière, la rue s'encaissait entre deux talus broussailleux où des sentiers permettaient d'atteindre, plus haut, des vignes et des champs. Elle passait ensuite sous le pont du chemin de fer sombre et sonore. C'était là, disait-on, que dans le noir des garçons attaquaient les filles, les maintenaient et leur faisaient « ça et ça ». On disait que certaines y allaient exprès. Quand j'eus un vélo, je passais dessous, jamais seule d'ailleurs, portant quelqu'un sur le porte-bagages, préservée par la rapidité de l'engin.

J'y venais parfois à pied avec ma mère et ma sœur pour aller cueillir des mûres pour la confiture ou ramasser plus loin saladettes et herbettes dans les vignes claires, taillées et glacées de janvier. Bien que je ne fusse plus seule, je restais craintive, même si au retour je pouvais profiter de l'écho sous le pont, jeter un coup d'œil dans les fossés bâtis des côtés où, dans la pénombre, on entendait fuir des bêtes. Quand, avec mes copines, nous venions par là, nous n'osions jamais, même en courant, nous aventurer sous le pont. Nous ramassions ce dont nous avions besoin, nous nous avancions de quelques mètres dans le noir, criions et partions à toute vitesse. Chez nous, notre cœur s'apaisait, le sang fuyait lentement nos joues et nous étions heureuses si les mères ne s'étaient pas aperçues de l'escapade.

Le pont, c'était autre chose qu'« après le passage à niveau », c'était plus impressionnant, plus chargé de mystère, bien plus dangereux. Il constituait une véritable barrière, un bloc d'ombre parfois surmonté du bruit tonitruant du train. Paulette habitait là et il nous arrivait de l'accompagner, conscientes du danger que représentait le trajet. D'autres escapades nous menaient du côté du centre ville, dans l'Avenue. Il fallait en principe demander l'autorisation d'aller « patiner dans l'avenue », mais nos mères en faisaient toute une histoire. « On risquait de se faire écraser. » On devait s'y prendre longtemps à l'avance, promettre la prudence, et rentrer exactement à l'heure. Alors nous préférions le faire en cachette.

Là tout d'un coup sur la vaste pente, le patinage se

libérait. Les gestes de l'élan, du tournant, s'épanouissaient, plus que sur le trottoir, où ils étaient toujours légèrement compassés, tenus dans les limites d'une surface étroite et horizontale. L'Avenue était une véritable aire de démonstrations. Là nous étions regardées par les garçons, par les hommes aussi, installés à la terrasse du café. Celles qui possédaient des patins s'en donnaient à cœur joie, celles qui n'en avaient pas attendaient qu'on voulût bien leur en prêter une paire ou bien sonnaient chez M. Axel.

Ce vieil homme habitait sur la place une maison bourgeoise avec une véranda. Il possédait une paire de patins à vis et les prêtait aux fillettes. On appuyait sur la sonnette :

« Qu'est-ce que c'est ? demandait-il d'en haut de l'escalier.

– Vous pouvez me prêter les patins, s'il vous plaît ?

– Monte, disait-il, je vais te les fixer. »

On montait et tandis qu'il serrait la vis avec la clef, une de ses mains montait le long de la cuisse jusqu'à l'échancrure de la culotte. Une main tremblante et timide, car sa femme était là. On pouvait alors rejoindre les patineuses qui descendaient fièrement l'Avenue sur un pied, l'autre jambe tendue en arrière, les bras en avion, ou alors accroupies, et prenaient large le tournant final, penchées comme des nacelles, ou arrêtaient leur course brusquement, en une double pirouette. « Rappelle-toi ! celle-là, elle va bien », disaient les spectateurs. Jacky, qui était dans son domaine et avait tout son temps pour s'entraîner, était la plus forte. Lorsqu'elle était là, elle captait l'admiration des hommes.

Nous rentrions vite, anxieuses de savoir si on s'était aperçu de notre absence. Souvent on avait choisi pour aller « patiner dans l'Avenue » un jour où notre mère était en ville. Il suffisait alors de ne pas trop s'attarder.

A partir de la rue du Figuier, nous retrouvions notre espace. En dépit des adultes, des gens malfaisants, des cachotteries nécessaires face aux interdictions, il nous donnait la force et la sécurité.

Les itinéraires permis, les itinéraires clandestins ne nous menaient jamais qu'à de faibles distances de la maison.

Le seul trajet un peu long que j'effectuais seule et régulièrement était celui de l'école et celui de l'église, toutes proches l'une de l'autre. J'ai parlé du plaisir de ces matins de messe basse, de l'obscurité, de Bernadette que je prenais au passage, de tout l'insolite charmant qu'ils me donnaient, surtout en semaine où pour ajouter à l'étrangeté j'emportais le casse-croûte du déjeuner. J'ai parlé du mois de Marie, dans l'adorable douceur de mai et de la nuit en train de tomber. Le trajet quotidien vers l'école, lui, avait une particularité : je l'effectuais à l'aller à toute vitesse, car sauf exception, j'étais toujours pressée – je ne m'arrachais au trottoir qu'à la dernière minute. Mais au retour, je flânais un peu, dans des limites aussi étroites dans le temps que « les aventures » l'étaient dans l'espace, dix minutes à un quart d'heure peut-être, mais assez pour que ces minuscules entorses à l'horaire devinssent des plaisirs.

Je ramassais des micocoules, des fleurs de marronnier ou des marrons, une branche d'acacia. Je faisais une marelle sur la place Saint-Aphrodise – ou du moins une amorce – quand les journées étaient vraiment belles et longues. Il m'arrivait de rentrer par un chemin particulier où je suivais le mur du cimetière vieux. Cela « me rallongeait » mais j'atteignais la maison par une tout autre voie. Sans avoir à longer l'Avenue, sans avoir à traverser la place Neuve, j'aboutissais au figuier.

Un long moment il fallait suivre un mur gris au-dessus duquel on apercevait les croix et au pied duquel un fossé charrieur d'eaux sales constituait une sorte de frontière, un peu infernale, entre la ville et le monde des morts. Je le connaissais bien ce cimetière pour y faire les visites de Toussaint, pour y aller prier Notre-Dame du Moucadou. Il était quadrillé de cyprès plantés serrés, touffu comme un jardin public, et se terminait par un à-pic qui dominait le Four-à-chaux, le Pech des Moulins, celui des Vendanges, un à-pic au pied duquel un ruisseau croupissant rejoignait l'Orb.

En longeant ce mur toutefois je n'étais pas effrayée. C'était un itinéraire agreste, non goudronné, bordé de talus sauvages. Ils étaient pleins de cornichons, de rais [8] et de petits merisiers dont personne, par superstition, ne cueillait les fruits. Sauf nous. Nous ramassions et mangions les « cerises des morts », si aigrelettes qu'elles donnaient le frisson. Elles n'étaient pas une friandise. Elles participaient plutôt de ces fruits que nous avions coutume de manger qui avaient le privilège d'une certaine rareté et l'avantage de ne jamais paraître sur les tables familiales.

Après le point le plus bas de ce chemin, tout à fait au pied de la falaise du cimetière où je sentais suinter les âmes, je remontais vers « les Vendanges » et débouchais sur mon propre trottoir, au figuier.

Le mercredi soir, en rentrant de classe, j'achetais *Lisette* au bureau de tabac. A peine jetais-je un coup d'œil sur l'illustration de la couverture. Je savais que je tenais avec les pages du magazine de longues heures de bonheur. Car je ne le lisais pas qu'une fois. Dans les longues journées d'intempéries ou de froid, dans les soirées interminables du dimanche d'hiver, je savais que je puiserais dans ma collection – elle était une de mes « choses » les plus précieuses – et que je relirais un récit court, ou tout un roman à suivre étalé sur plusieurs saisons, ou la bande dessinée de *Poinderi et Poindechaînette* et de la mère *Tricota*. Cela me prendrait longtemps de le connaître à fond. Les douze ou seize pages du magazine étaient riches de deux romans à suivre, d'une histoire en images, de plusieurs nouvelles, d'ouvrages et de recettes, d'un reportage, de blagues, de devinettes, de charades, parfois d'un découpage que je ne faisais pas car je ne voulais pas abîmer mon journal – mais qu'un jour particulièrement vide, il était possible que je décalquasse, si les figurines qu'une languette repliée maintenait debout me plaisaient.

Je savais qu'il viendrait un moment où la totalité du magazine serait exploitée : d'abord j'irais au plus séduisant, puis, à mesure que s'écoulerait la semaine, je lirais jusqu'aux plus petites rubriques, jusqu'au courrier des lectrices où je me régalais des pseudonymes choisis par les fillettes et des conseils donnés par « Marraine » – conseils moraux et religieux qui ne me changeaient guère de ceux de sœur Sainte-Anna.

Le chemin du mercredi soir était enchanté de ces quelques pages que je tenais contre moi, en résistant à l'envie d'y jeter un coup d'œil, sachant réserver mon plaisir pour tout à l'heure quand, l'hiver les pieds dans le four de la cuisinière, à la belle saison sur une marche de l'escalier, je m'installerais pour lire, avec une tartine supplémentaire – ma mère consentait ces jours-là un re-goûter fait d'une tartine fine, presque transparente, à laquelle elle ajoutait un carré, juste un carré, de chocolat.

Les autres itinéraires me menaient aux abords de la ville, vers l'Orb, vers le Canal du Midi, vers les chemins du Pech de Galinière et de Gargailhan, éblouissants dès février d'amandiers en fleurs. J'y allais, nous y allions en groupe, menées par le patronage essentiellement, le jeudi après-midi.

Le dimanche, nous restions souvent confinées dans l'espace étroit de l'école, car nous portions les beaux habits et les beaux souliers. Nous lisions, nous bavardions en attendant l'heure. Ou bien, nous faisions un petit tour en ville, en rang près de la religieuse inquiète pour nous des pièges du monde et en particulier de la Foire, vulgaire et pleine de spectacles où l'on pouvait pécher. Nous allions jusqu'au plan Saint-Nazaire ou à Saint-Jacques, ou au plan Saint-Louis. Au pied des remparts la ville avait été bombardée. Entre les murs, les gens étaient venus bêcher et avaient planté des jardins. Les anciennes fondations des maisons retenaient commodément la terre. Ainsi des pans de mur, encore ornés de tapisseries, de tuyaux arrachés, entouraient les plantations : des tomates, des salades. Il y avait au moins cinquante jardins où l'on s'activait. Des femmes arrosaient. Nous regardions le paysage et c'était bientôt l'heure. Il y avait peu de temps à tuer. Nous allions d'autres fois au Plateau regarder les cygnes, les vieilles carpes énormes des bassins – elles venaient volontiers si l'une de nous portait des croûtons – la cage des perruches.

Nous demandions un dimanche à aller voir Jaquette dans sa châsse de verre. Nous connaissions bien la vie « pénitente et séraphique » de cette sainte biterroise dont le squelette était gardé dans un cercueil de « cristal ». La robe de bure cachait une partie du squelette, un mouchoir brodé était posé sur la face mais ce qui dépassait révélait les fils d'argent dont on avait relié les os les uns aux autres. Nous nous contorsionnions pour apercevoir les vertèbres et la base du crâne, sortions de là impressionnées, silencieuses et rentrions vers Saint-Aphrodise pour assister aux vêpres. Parfois nous les manquions, pour revenir plus vite au trottoir – si quelque chose d'intéressant était en cours – pour aller à la Foire. Je mentais comme les autres :

« Ma mère m'a dit de rentrer que je dois l'aider...

– Il me faut aller voir ma grand-mère.
– Ma mère m'attend chez son amie. »

Il n'y avait pas une grande assiduité le dimanche après-midi. Le groupe était restreint. Et quand rien d'autre ne m'attirait, je goûtais les charmes de la promenade compassée du dimanche, l'or des vêpres, la nécessité d'être sage, l'intimité d'une poignée de fillettes où je découvrais les mérites d'une fille jusque-là méconnue. Je m'enthousiasmais d'une nouvelle amitié et dès le lendemain les autres diraient : « Maintenant Marie *se fait* avec Suzanne. » Les religieuses, les monitrices étaient moins sévères, moins difficiles sur la tenue. Sœur Cécile, sœur Berthe, une religieuse inconnue, venaient nous surveiller pour un après-midi et on s'extasiait sur leur gentillesse. Il planait une sorte d'ennui, un peu triste mais très doux, une « vacance » des habitudes que je préférais parfois à l'agitation du quartier, surtout dans ces périodes de mysticisme où je me sentais autre dans mes beaux habits, obligée de transformer mes gestes pour ne pas râper mes souliers, ne pas tacher mes chaussettes blanches, ne pas déranger le nœud de ruban de mes cheveux.

Le jeudi était tout différent. Nous étions toutes là et, sauf s'il pleuvait à torrents, nous faisions une promenade un peu longue : les fines bruines, le Marin si épais qu'il mouillait cheveux et vêtements, ne nous arrêtaient pas.

La plupart du temps, la promenade était sans but. Elle dessinait une longue boucle. On partait par la Plantade et on rentrait par le Four-à-chaux. On partait par l'ouest de Gargailhan et on revenait par l'est. A un moment il y avait un arrêt pour goûter et jouer un peu, mais le plaisir était essentiellement déambulatoire et comme on marchait doucement on avait le temps de ramasser des choses, cailloux, branchettes, plantes surtout, vieilles amandes – elles coexistaient avec les fleurs sur les branches ou bien on les cherchait dans l'herbe –, pignes amandières ou, à défaut, pignons sous les aiguilles de pins. Au fur et à mesure on fourrait tout ça dans le sac. Cela c'était l'ordinaire, mais un ordinaire finalement assez varié – il y avait six ou sept promenades possibles – où nous retrouvions avec joie les géographies particulières aux divers chemins. Ils ne se ressemblaient que grossièrement – même végétation, mêmes sinuosités – et leurs multiples différences qui nous semblaient radicales n'échappaient pas – de même que les nuances du ciment, les originalités des trottoirs – à notre perspicacité. Les brebis ne se ressemblent que pour les étrangers au troupeau.

Une fois, deux fois l'an au plus, la promenade nous menait – et c'était alors une vraie fête – vers Fonserane et le Canal du Midi. On en parlait à l'avance et nous tremblions qu'un orage ne nous obligeât à la remettre d'une semaine, ce qui nous paraissait une éternité.

A Fonserane, les Frères avaient une crèche animée, actionnée par un système de pendule et tout un bric-à-brac de roues de vélo, de ressorts, clochettes, chaînes, palettes, sonnettes, élastiques, courroies, soufflets, dissimulés derrière la toile de fond, et que nous allions voir, étonnées que tant de choses rouillées pussent s'emboîter les unes dans les autres et créer la merveilleuse magie de la crèche. D'année en année il s'ajoutait un plan supplémentaire qui, à sa création, paraissait trop neuf, trop brillant au milieu des vieux décors et des vieilles figurines empoussiérées, et après s'y fondait. Pour varier l'animation, les mouvements nouveaux se croisaient avec ceux des années anciennes. Autour d'une rosace dont un système de kaléidoscope transformait en permanence le dessin, volaient des anges qui se balançaient de droite à gauche, comme de petits bateaux sur les deux ailes de moineaux attachées à la base de leur cou. La sœur nous disait que c'étaient des chérubins. Ils étaient blonds, bouclés serré, et semblaient des bébés aux joues roses. Un seul des anges de ce ciel de toile bleue était entier; il tendait le doigt vers la banderole où était écrit *Gloria in excelsis Deo*. Une longue robe couvrait ses pieds. Celui-là avait des ailes pointues d'hirondelle.

Des lumières invisibles créaient, alternativement et lentement – comme dans la réalité et nous nous en émerveillions – le jour, puis la nuit. Le jour, un âne tournait autour du puits, frappé à chaque passage par un bâton que brandissait un paysan, les santons sortaient des maisons sur des tapis roulants et avançaient – glissaient plutôt – sur les chemins d'une colline de papier-rocher, rentraient à nouveau chez eux, ressortaient. Un train s'arrêtait en gare avec un cri bref, les poules picoraient le grain qu'une fermière leur lançait régulièrement, les canards nageaient en rond sur une mare qui était un miroir. Un pêcheur jetait sa ligne dans l'eau, d'un geste saccadé, et sortait un poisson en papier-argent, toujours le même, qu'il ne détachait jamais. Un forgeron actionnait son soufflet, le chat et le chien dans un coin de l'atelier jouaient perpétuellement, l'un à fuir, l'autre à se dresser sur ses pattes pour l'attraper; des bateaux oscillaient sur la rivière, du même mouvement que les anges sans corps du Zénith. Puis le jour devenait gris. Puis d'un bleu profond. Des étoiles s'allumaient au ciel, ainsi que la lune. Tous les mouvements du jour s'arrêtaient, sauf le train. Un vagabond frappait à une porte, la lumière s'éclairait, une femme apparaissait à la fenêtre, et il entrait. Dans la crèche aussi bien éclairée le jour que la nuit, Marie se penchait sur l'Enfant Jésus immobile et se relevait sans cesse, écartait ses bras en un geste d'adoration. Nuit. Jour. Nuit. Jour. Devant l'ensemble, un ange de plâtre, un genou à terre, vêtu d'une longue robe ceinturée d'or, les ailes pliées sur le dos, tenait une caissette fendue. Si on y glissait une pièce, il inclinait la tête pour dire merci et une musique toute grêle sortait de la statue, petite et métallique : *Il est né le divin enfant*. Il fallait littéralement nous arracher de là et seule la perspective d'aller jusqu'aux écluses pouvait nous sortir de la contemplation. C'est silencieuses que nous longions l'ombre froide du jardin potager des frères, bien aligné, avec ses semis où tournaient des épouvantails, et qui ressemblait par son ordre à la crèche.

Au bord du Canal, dans la splendeur du jour d'hiver, les silhouettes se mouvaient horizontalement, comme celles des santons, comme si, au lieu de marcher, elles circulaient elles aussi sur des tapis roulants au bord des Neuf Écluses, immenses escaliers, et au bord du Canal bordé de cyprès. Là, sur les quais, dans l'immobilité de la lumière, les quelques promeneurs avançaient, se croisaient, bougeaient, à petits gestes éternels, morts et animés, dans la musique du vent aussi désuète que celle qui accompagnait le salut de l'ange.

Une sorte de torpeur nous saisissait devant l'eau étale, sans courant, ou si peu, tout juste perceptible à qui regardait bien, devant les écluses, moules de ciment en forme de poisson ou de nacelle, devant les cyprès dont les saisons ne changeaient pas la couleur, devant ce paysage qui ressemblait si fort à ce que nous laissions dans notre dos : la crèche immémoriale, le couvent massif et carré des frères, le jardin autour de la fontaine « sereine [9] » symétrique, imparablement symétrique, dirigé comme la ligne du Canal, sur un sol balayé comme un parquet.

Parfois, nous avions la chance de voir une péniche monter. S'ouvraient alors les fascinantes portes de l'eau. En permanence, elles laissaient sourdre quelques filets étrangement cristallins pour qui avait l'habitude de regarder l'eau du Canal, glauque, verte mêlée de marron, impossible à percer du regard : on y voyait le rond des poissons venus moucher, mais jamais les poissons. Lorsqu'on commençait à ouvrir la porte, la violence de l'eau étonnait, comme une force cachée impossible à prévoir dans l'horizontalité, l'immobilité de la masse. Les péniches semblaient y avancer par leur force personnelle, déployée contre la paresse et l'épaisseur d'une eau à nulle autre semblable. Puis tout d'un coup, lorsque la porte commençait à s'ouvrir, l'eau jaillissait, bouillonnante, violente, blanche d'écume, en gerbe de plus d'un mètre, comme une cascade, comme un torrent : elle ne s'apaisait que lorsque le niveau était atteint, lorsque la péniche était montée à notre hauteur. Ce phénomène que nous comprenions mal en dépit des explications de notre maîtresse, en dépit des vases communicants, nous y assistions, immobilisées sur le bord, par la peur de l'eau et la lenteur de la magie. Il s'y ajoutait les gens des péniches, leur vie qui nous paraissait exaltante, le linge qui séchait sur le pont et parfois des fillettes comme nous qui jouaient et ne nous jetaient pas un coup d'œil.

Lorsqu'on nous parlait, en classe, de la ligne de partage des eaux, c'était une écluse de Fonserane que je voyais, cette gigantesque porte qui retenait derrière elle le courant impétueux et mystérieux du canal.

Quand nous avions le temps, nous allions jusqu'au Pont-Canal, l'aqueduc qui fait franchir le canal à l'Orb. Cette idée qu'un pont puisse faire traverser l'eau à l'eau enchanta mon enfance. Quand du milieu du Pont-Canal, nous regardions l'eau de l'Orb passer dessous, avec son courant perpendiculaire à celui du canal glissant dans l'espace au-dessus des arches, nous étions sûres d'assister à des prodiges.

D'autres fois, la promenade du jeu nous menait à La Plantade, où nous échappions aux regards des surveillantes pour nous glisser derrière la haie vive et nous approcher en grande crainte de l'Orb profond. Nous ramassions des saponaires et c'était tout un plaisir de nous laver les mains à la fontaine, de redécouvrir que ça moussait réellement. D'autres fois, nous allions jusqu'au Plateau des poètes, mais rien n'était aussi beau que Fonserane et les Écluses.

Restait l'itinéraire qui consistait à aller en ville depuis le quartier. En général j'étais avec ma mère. Ce chemin vers le centre ville, bien sûr nous le faisions à pied. Il paraissait si long et éreintant – sauf à nous, enfants, alléchées par les plaisirs des courses au centre ville – que nos mères parlaient de « monter en ville », comme d'une obligation à laquelle elles se résignaient par la force des choses.

« Il faut penser à la rentrée.

– Il faudrait bien aller voir Jeanne.

– Je dois aller finir le dos chez grand-mère », ou « la manche » puisqu'il s'agissait de tricot.

Je criais « Ah ! », ravie, et ma mère concluait que j'avais « toujours un pied en l'air ». Je crois aujourd'hui qu'il n'était pas de bon ton pour les femmes d'aimer sortir de chez elles, c'était une qualité d'aimer son intérieur et il fallait donc présenter toute sortie comme une corvée ou un devoir. Car à voir le temps que ma mère perdait en ville, à voir que, toujours, les femmes du quartier qui montaient rentraient en retard – on n'avait pas besoin de craindre leur retour intempestif, on pouvait salir leur trottoir ou leur seuil – je me doute qu'elles aimaient ça.

Après avoir dit qu'elle devait monter, ma mère ajoutait tout le temps quelques phrases restrictives – dans le genre « si on peut », « si il ne fait pas trop froid » ou « trop chaud » – sauf s'il s'agissait de la visite des églises le Jeudi saint ou d'une cérémonie religieuse. On s'organisait pour ne pas rentrer trop tard, on calculait aussi, le plus souvent large, le temps nécessaire pour monter.

L'occasion en était un office à l'horaire impératif, un défilé sur les Allées, l'arrivée des cars ou, véritable expédition, l'arrivée d'un train en gare pour aller cueillir quelque cousin venu du Tarn, de l'Aveyron, ou – ô merveille ! – de Paris. On calculait l'heure de départ suivant l'état du ciel : « Par cette chaleur, on mettra bien une demi-heure », « avec ce vent du nord on passera par Tourventouse, il faut compter vingt minutes », « avec l'orage qui menace... avec ce marin »... « cette pouranque »[10]...

Un mouvement fréquent – presque quotidien – faisait sortir les femmes – et nous parfois – du quartier, mais n'était pas toutefois monter en ville. Il s'agissait des commissions aux Halles centrales.

Dans ce quartier de la Font-Neuve, presque toutes les ménagères fréquentaient les halles couvertes et La Madeleine, tout à côté, marché de plein air. Elles savaient y trouver, outre le vaste choix, des « occasions » et des produits que n'offrait pas le quartier. Attentives, elles avaient bien noté « à combien » étaient les denrées à l'épicerie du coin, et sûres d'économiser, ne serait-ce que quelques francs, elles ne lésinaient pas sur leur peine, la longueur du trajet, les cabas pesants, débordants de ces bonnes affaires faites vers midi, quand les jardinières pliaient l'éventaire ou, au contraire, très tôt quand il y avait eu à Valras une abondante pêche de crevettes grises ou de sardines, que les poissonniers voulaient écouler à toute vitesse, faisant bon prix, bon poids.

Pour aller aux Halles, les ménagères ne s'habillaient pas. Elles se contentaient d'enlever le tablier, d'enfiler sur leur tenue de tous les jours le manteau « pour tout aller » le plus ordinaire, de protéger leur tête d'un fichu noué sous le menton. L'été, elles partaient « en taille », sans veste ni gilet, sans chapeau. En dépit du lieu où elles se rendaient, cela n'était pas vraiment « monter en ville ». Peut-être était-ce parce que ces commissions se faisaient le matin, ce qui n'était pas l'heure des achats dans les magasins, peut-être parce que ces femmes chargées d'un ou deux cabas, le porte-monnaie serré dans la main, attestaient par ces détails qu' « elles ne faisaient qu'aller au marché ».

Sur le chemin du retour, les femmes se croisaient, se hélaient, se rattrapaient, elles soupiraient entre elles de la corvée, se racontaient les affaires faites, les prix, mentaient pour se montrer plus malignes ou plus chanceuses, n'avouaient jamais s'être fait « avoir ». Je voyais bien que ma mère ne disait pas la vérité mais je ne l'aurais pas trahie. Elles s'excusaient entre elles, mutuellement, de leur tenue. Au retour, toujours pressées par l'heure, on les voyait – quand on jouait sur le trottoir ou l'escalier – rentrer courbées, chargées comme des ânesses, penchées du côté du cabas, ou bien en portant deux, « pour équilibrer » disaient-elles. C'est qu'elles ramenaient les choses qui s'achètent en quantité : les pommes de terre, les tomates pour le tomata, les bonbonnes de vin, une énorme courge sur laquelle elles « tireraient ».

J'aimais accompagner ma mère. En hiver, les jardiniers se réchauffaient à des braseros, surtout à La Madeleine, près de leurs étals en plein air. Les éventaires se touchaient et la concurrence jouait à plein. C'est là surtout que ma mère déambulait. Les jardinières interpellaient les passantes pour les attirer et parfois, brusquement, pour précipiter la vente, elles effaçaient le prix sur l'étiquette – en crachant et en passant rapidement le gras de la main – et écrivaient à la craie un prix plus bas, provoquant, ainsi, un attroupement. Les femmes allaient, venaient, regardaient tout de leur œil redoutable, tâtaient du pouce et de l'index – je m'émerveillais grandement de ce savoir, ignorant à quels détails on voyait « que ce n'était pas frais » ou « que ça serait dur ». Elles comparaient les prix, revenaient sur leurs pas. « Tenez, ma belle » disait la marchande, « prenez tout ce qui reste dans le cageot, je vous arrangerai ». « Allez, si vous m'étrennez, je vous donnerai un artichaut de plus », « je vous ferai bon poids ». Si on n'avait pas gagné sur le prix, on avait alors, au moins, gagné sur la quantité. C'est pourquoi nos mères rentraient pliées, suantes, mais souvent satisfaites, le long du chemin qui redescendait des Halles au quartier. Seules quelques femmes ne s'y rendaient jamais, se contentaient de l'épicerie où l'épicier, tout le monde était d'accord, « quichait sur les prix ». Les ménagères courageuses disaient de ces femmes qu'elles avaient « la cagne [11] » et que l'argent « leur filait par les doigts ». Seul l'épicier les flattait.

Monter en ville vraiment, ce qui s'appelle monter en ville, c'était affaire d'après-midi. Bien entendu il fallait une raison mais les raisons ne manquaient pas.

On montait pour passer l'après-midi chez quelqu'un – pour nous c'était chez ma grand-mère. Pour le marché aux fleurs du vendredi sur les Allées : on y trouvait les chrysanthèmes de Toussaint et des plançons pour le jardin. Pour les offices religieux à la paroisse ou à la cathédrale : fête de Saint-Aphrodise, processions, messes solennelles, neuvaines, missions. Pour la visite des reposoirs du Jeudi saint. Pour la parade militaire, le défilé des chars, l'exhibition des sociétés de gymnastique, le bal, le feu d'artifice, car tout cela se passait sur les Allées. Pour la foire en hiver. Pour aller au Plateau. Pour aller bader les noces des riches « en long et avec des demoiselles d'honneur » à la mairie ou à La Madeleine.

Pour faire des courses, surtout.

On « montait » certes, réellement, topographiquement, nous, ceux de la Font-Neuve, jusqu'à la Miroiterie, ceux du Faubourg par Canterelle – une rue vertigineusement pentue –, ceux de la place Émile-Zola par l'avenue Saint-Saëns, mais surtout on s'élevait, vers plus beau, plus chic, vers ce qui était la vraie ville : le centre.

Le premier signe de cette ascension était la tenue vestimentaire. On ne s'habillait pas véritablement « du dimanche », sauf exception, mais plus propre qu'à l'ordinaire. On ne mettait ni le mauvais manteau, ni les souliers d' « usage ». Lorsque dans le quartier, on voyait sortir de chez elle une femme soigneusement peignée, souvent coiffée d'un chapeau, accompagnée d'une fillette qui « faisait sa fière » dans des habits plus beaux qu'à l'ordinaire, portant des chaussettes fines ou des socquettes blanches, des sandalettes fraîchement blanchies, peignée la raie bien droite, avec un beau nœud de ruban sur la tête – quatre boucles par exemple – quelqu'un toujours demandait : « Vous montez en ville ? »

Une femme, alors, n'aurait pas porté un cabas, même si elle allait faire des courses abondantes. Elle portait le sac à main, à l'intérieur duquel elle tenait en réserve un filet pour le chargement du retour. Elle n'aurait pas mis, non plus, un fichu sur la tête et même s'il avait fait très chaud, elle ne serait pas partie « en taille ». Elle aurait pris au moins un gilet sur le bras. Lorsque ma grand-mère et ma grand-tante « descendaient » nous voir, lorsque nous, nous « descendions » chez Léontine, l'amie de ma mère, tout au bord de l'Orb, ou chez tante Rosalie, au Faubourg, ayant le sentiment d'aller un peu à la campagne, tout le monde emportait de quoi se mettre à l'aise une fois rendu : pantoufles, tablier et en été chapeau de paille. Mais comme par quelque itinéraire que l'on passât on avait toujours un morceau du centre ville à traverser, on ne portait pas ces vêtements négligés sur soi, au cas où l'on aurait rencontré une personne de connaissance qui n'aurait pas manqué de colporter que nous étions « en groules » et « habillées comme des caraques en *plein* centre ville ».

On s'élevait dans la hiérarchie sociale, on allait vers l'abondance, la beauté des maisons et des monuments. Comme on quittait la pénurie provinciale du quartier, on quittait aussi le vêtement qui en était le signe. « Tu ne vas pas monter comme ça ? » disait ma mère, horrifiée, à mon père. « Comme ça », c'était dans sa tenue de mécanicien, avec des souliers tachés de graisse d'auto, avec un pantalon où le pli n'était pas marqué – et encore était-ce sa tenue du trajet et non sa tenue d'atelier. Il fallait qu'il s'habillât par décence, par respect pour la cité elle-même, pour ne pas y faire mauvaise figure sous le regard d'autrui.

Si le passage par le centre était sur une trajectoire nous menant vers des cérémonies religieuses, vers la promenade au Plateau, vers les reposoirs du Jeudi saint, on s'habillait, parfois même on se mettait « sur son trente et un ».

La cathédrale occupait la cime de Béziers. Une zone grise et sévère l'entourait, sans aucun magasin. C'était pourtant le centre des centres, à cause du prestige de l'archiprêtre de Saint-Nazaire, du tribunal, des prisons, des multiples et luxueuses maisons bourgeoises. Nous l'éprouvions comme le centre spirituel de la ville, alors qu'un peu plus loin, autour de la mairie, les rues commerçantes en étaient le centre temporel : clinquant et agitation. Le Plateau, lui – qui n'était pas plat du tout mais plein de vallonnements – était la verdure et l'eau domestiquées, la manifestation la plus contraire et la plus significative du centre.

Dans ces deux cas – la religion et la promenade au Plateau – on s'habillait. Les photos le prouvent. Que ce soit au bord du bassin ou sous le porche de Saint-Nazaire, je porte chaussettes blanches et petit chapeau, Léontine son voile de deuil des grands jours et ma mère tient un sac à main dans ses mains gantées.

Quand on montait faire des courses, l'itinéraire était d'une immuable rigueur.

Après la place de la Font-Neuve, « l'avenue », celle du café et des patins, menait vers le centre ville. L'espace du quartier, avec ses commerces, sa vie propre, ses histoires, était en quelque sorte isolé. L'Avenue s'arrêtait de grimper à la miroiterie Louis-Blanc, un magasin d'où sortaient lentement des camions chargés de vitres gigantesques ou d'immenses pans de miroirs inclinés qui, tout d'un coup, reflétaient le ciel et, méconnaissable, la perspective des rues. C'était « le haut de l'avenue », c'était « Blanc ». Mais on était loin encore d'être en ville. On devait longer une autre avenue, – on l'appelait Foch – sans intérêt puisqu'elle n'était pas véritablement commerçante, mais où déjà se sentait la présence de la ville. En effet, depuis Blanc, on pouvait lire l'heure au cadran de la basilique; à partir de Blanc il n'y avait plus de jardins, les portes d'entrée et les portails se succédaient, seulement interrompus par une centrale laitière, une épicerie, un bureau de tabac : nous y achetions quelquefois le quotidien, *Modes et Travaux, Le Petit Écho de la Mode* et le fameux *Lisette*. A cause de lui, je jetais toujours un regard de tendresse au bureau de tabac. Après Foch, espace intermédiaire, plat et toujours éprouvé comme interminable, on arrivait au Marché-aux-Bois. Là, nous pensions, enfin, être au début du centre ville. Cette placette avec ses bancs sous les marronniers où l'été il faisait bon s'asseoir, sans être le vrai centre, en était en quelque sorte la porte.

Il n'était pas rare qu'on entendît sonner les cloches de Saint-Aphrodise, annonçant un office, ou simplement et puissamment, l'heure.

A partir de là, que l'on prenne sur la droite la rue Casimir-Péret, ou à gauche l'avenue de Lavigne, on allait, directement, dans un cas à la mairie et à la cathédrale, dans l'autre à la place des Carmes et sur les Allées. Au cœur donc de la cité. On disait « l'avenue de Lavigne », bien qu'elle fût une partie de l'avenue Foch, pour la différencier du tronçon Miroiterie-Marché-aux-bois et parce qu'un garage, sur toute une immense surface de mur aveugle, exhibait une peinture murale, fanée déjà lorsque j'étais enfant, représentant un motocycliste casqué, en lunettes, debout sur les étriers de la moto, comme un gros coléoptère et se lâchant des deux mains. Au-dessus on lisait, en grandes lettres lie-de-vin « Lavigne sur Terrot ».

A partir de la placette du Marché-aux-bois, les commerces commençaient : pâtisseries, marchands de tissu, chausseurs, marchands de laine, merceries, drogueries. Et sauf à la droguerie où les vendeurs – des hommes – portaient des blouses grises, les autres commerces étaient tenus par des femmes élégantes et soigneusement coiffées. On ne voyait guère de différence entre la patronne et l'employée. Serveuses des pâtisseries en tablier blanc de soubrette sur leur robe noire, femmes strictement vêtues des merceries, ciseaux d'argent sur la robe sombre, marchandes des magasins de laine, avaient une élégance très supérieure à celle de nos mères, même les jours de grande toilette. Cette élégance ne faisait que croître jusqu'au vrai centre, avec les demoiselles des « Magasins modernes » aux jolis cols blancs, celles des parfumeries maquillées de rose à joues, celles de « La Frileuse », un prêt-à-porter de grand luxe.

En ville on était sûr d'avoir le choix. On allait regarder tous les magasins pour trouver le meilleur article et admirer les vitrines de ceux, trop élégants, où l'on n'achèterait pas. Mais, comme on disait : « Le regard ne vole rien. » En général, l'achat ne se faisait qu'au second passage. D'abord par un premier tour des boutiques on allait voir, on se « faisait une idée », on « jetait un coup d'œil ». On en avertissait d'ailleurs la marchande ou la vendeuse, on la prévenait qu'on reviendrait peut-être tout à l'heure. On tournait. On zigzaguait plusieurs fois d'une rue commerçante à une autre, on brouillait ses propres pistes, on revenait sur ses pas pour revoir une vitrine. On avançait dans un grand désordre. Puis quand on était sûre de ne pas avoir de regrets, on se décidait. Pour certains achats on allait tout droit chez des commerçants de confiance dont nous répugnions à changer : à la mercerie Roques par exemple.

« Aux parfums d'Orient », rue de la Citadelle, les marchandes – deux sœurs – étaient des poèmes de boucles, de rose à joues, de rouge à lèvres, et leur boutique un autre poème d'odeurs ravissantes.

Nous y achetions, parcimonieusement, la poudre de riz et l'eau de Cologne en gros. Nous portions un bouteillou et l'une ou l'autre des deux sœurs, à gestes délicats – on eût dit des fées ayant consenti à devenir commerçantes – le remplissait d'un « sent-bon » ocre, foncé ou pâle, qu'elle tirait de tonnelets de verre.

Avant le départ elle vaporisait notre manteau et nos cheveux, après nous avoir donné de petites images parfumées – Cuir de Russie, L.T. Pivert – que ma mère glisserait dans l'armoire, entre les piles de linge, ou qu'elle accepterait de me donner et que je mettrais dans un livre, m'enchantant de l'odeur que le carton léger gardait avec une incroyable ténacité.

« A l'Aide au Foyer », place de la République – que ma grand-mère à la mode de 1900 appelait encore place des Carmes – nous étions allées choisir la couronne de ma petite communion. C'étaient des marguerites ou de petites roses sur un fil de métal habillé de soie. Par la suite on y acheta d'autres couronnes de procession et surtout les gants blancs, le bonnet, la pochette, l'aumonière, le merveilleux voile de la communion solennelle. On y revint encore pour quelques bavoirs bleus ou roses brodés d'oiseaux et bordés de dentelle.

« Au Bon Pasteur », rue Casimir-Péret, les missels, les catéchismes, les livres pieux, les chapelets, statuettes et crucifix à offrir aux communiants, les santons, emplissaient la boutique.

En déambulant pour d'autres courses d'un magasin à l'autre, il était bien rare de ne pas rencontrer des personnes « montées » comme nous ou qui demeuraient au centre. On bavardait sur le trottoir. On faisait un bout de chemin ensemble. On avait toujours quelque nouvelle à glaner de gens que nous connaissions ou de personnalités de la ville, des événements du centre, des réjouissances futures, des aménagements. Le retour à la maison se faisait toujours plus tard que prévu.

Lorsque nous redescendions, nous échappions, progressivement, à la vraie ville. Nous rentrions dans la province du quartier.

En hiver, il faisait nuit noire. En été la chaleur était tombée, on tournait le dos au couchant, on revenait vers la campagne, toujours plus vite à cause du retard.

Dès la miroiterie Louis-Blanc l'atmosphère changeait. Les arbres de l'Avenue sentaient la feuille. Il en venait des bruits d'oiseaux couchés – ailes et pépiements. En hiver, il semblait qu'il faisait plus froid. A partir de la place de la Font-Neuve, cela sentait le jardin arrosé et la cuisine du soir.

On rentrait contentes de tous les objets neufs que l'on ramenait. On en était fières. Il nous tardait de les déballer dans la lumière de la cuisine, de les faire voir à ceux qui n'étaient pas montés pour en jouir encore. Bien que j'aimasse « monter en ville », il m'arrivait d'avoir préféré jouer dans le quartier. Alors, je me précipitais vers le sac de ma mère où j'allais trouver des trésors : un paquet d'épingles à nourrice, du ruban de satin, de l'extrafort, une paire de lacets, un jeu d'aiguilles à tricoter, un magazine, un patron dans son sachet, le nouveau gilet terminé chez grand-mère.

Lorsque je rentrais avec ma mère et ma sœur, je posais la pelote de laine neuve contre ma joue pour voir si ça faisait bien « ressortir le teint », ou les yeux. Je dépliais les souliers de leur papier fin et les essayais brillants de cuir neuf.

J'avais trouvé – quand ce n'était pas le cœur de l'hiver – mes copines en train de jouer sur le trottoir, mais je ne m'étais pas arrêtée parce que j'étais propre. J'étais passée devant elles, en montrant orgueilleusement la boîte de chaussures ou le volumineux paquet contenant les pelotes de laine.

Nous revenions – comme lorsque nous filions après le passage à niveau, ou au Pré d'or – plus pourvues, ornées de choses précieuses que ne contenait pas le quartier, enrichies des nouvelles récoltées, de ceci ou cela qui « se disait en ville ». Souvent mon père était déjà rentré du travail. Ma mère expliquait alors qu'elle n'avait « rencontré que des charrettes » pour justifier son retard, et le repas du soir était un peu improvisé et succulent de l'être.

Si on rentrait plus riches on rentrait aussi fatiguées, on avait mal aux pieds. On se plaignait, on dénigrait un peu le centre. Ces soirs-là on le disait malcommode, poussiéreux, bruyant, insalubre, dangereux par l'intensité de la circulation. On le disait. Il était de bon ton de le dire pour masquer peut-être l'intense plaisir qu'on avait eu à venir s'y tremper. On savait qu'on viendrait y puiser, périodiquement, tout ce dont on avait besoin : le mirage du luxe, l'abondance, les rencontres, la sécurité des choses importantes, bien assises dans leur puissance et leur éclat. On irait y chercher le brillant du neuf, la bénédiction des choses sacrées, la gloire des défilés dont on était un peu paré rien qu'à les avoir regardés.

Notre présence au centre de temps en temps nous donnait la certitude de dépendre de la ville, d'être de Béziers, et nous montions vers elle, car d'une certaine manière nous lui appartenions autant qu'elle nous appartenait.

Lorsque nous quittions notre espace, c'était pour y revenir, fortes de choses qu'il ne contenait pas et les exploiter là où tout était à nous.

Les comparaisons qui s'imposaient n'étaient guère, en

général, à l'avantage des zones éloignées. Le quartier, la maison et ses abords immédiats y gagnaient en aura. La place Vieille était jugée sale parce que non goudronnée; il n'y avait pas de trottoir, ni pour patiner, ni pour dessiner maisons et marelles; elle n'offrait pas non plus de recoins. L'Avenue était encombrée par la circulation. Les Abattoirs étaient jugés mal famés. Ce n'est pas parce qu'on décidait tel jour d'aller jouer devant chez Monique, avec son accord, et même si nous nous y trouvions bien, aptes à goûter la nouveauté d'une disposition de trottoir et de seuil, ce n'est pas parce qu'on partait jouer à pattes à la place Vieille qu'on songeait pour autant à trouver ces lieux préférables à ceux de chaque jour. Cela nous donnait l'occasion seulement de parler, de comparer des règles et des façons de se comporter, de critiquer des caractères.

De toute façon, nous ne jouions ailleurs que si on nous invitait et nous n'avons jamais trouvé, occupés par d'autres, ni les marches d'Evelyne, ni l'escalier, ni le faux bois d'André ni le beau trottoir d'Alice.

Il nous arrivait, bien sûr, de traverser un lieu qui n'était pas à nous, comme d'autres traversaient les nôtres sur le chemin de quelque expédition vers le coucou des arbres et l'asparagus. Mais, des fois, elles faisaient leurs importantes et leurs mystérieuses, sans nous inviter. D'autres fois, c'était nous qui, traversant la place avec notre lait, saluions à peine la bande à Bonnafous.

A la limite, pour faire bisquer les copines, on s'extasiait sur les endroits qu'elles ne connaissaient pas : les bords de la rivière en colonie, le village de la grand-mère, moi-même j'en rajoutais sur la chambre et les jouets de Solange-la-boiteuse, sur Ouillas. C'était uniquement pour provoquer l'envie que ces ailleurs étaient évoqués. Le dépaysement qu'apportaient les mots ne durait guère. Mais il aidait à trouver plus lisse le ciment des trottoirs, les ombres de l'acacia et du tilleul plus légères, l'escalier vraiment commode, et le trou cubique du mur indispensable.

Je pourrais matérialiser en une multitude de lignes les cheminements qui nous menaient vers tous les lieux qui constituaient notre monde. Ce seraient des lignes de couleurs et d'épaisseurs diverses qui diraient les fréquences et les époques et par là même les goûts exacts, les audaces et les secrets.

Qu'un monde aussi étroit ait pu devenir aussi riche, aussi divers, aussi vaste en surprises provoquées par des changements aussi menus que le fait de suivre un trottoir ou un autre, seule ou accompagnée, me surprend encore maintenant. Mais la variété est intérieure. Elle était dans notre monde mental. Les habitudes, les obligations, les interdictions venues de la famille, de l'école, de la religion, jetaient sur tout des éclairages nuancés, divisaient l'espace comme le temps – et tout cela se superposait – de façon stricte et minutieuse, guidait nos pas, et jamais sans but.

Nous ressemblions à ces petits ânes bâtés que l'on peut laisser aller sans ânier et sans bride parce qu'on sait qu'ils iront où il faut. S'ils s'écartent un peu, très peu – et peut-être en sont-ils tout bouleversés eux-mêmes – il suffit d'un rien pour qu'ils reviennent casanièrement au chemin dont ils connaissent toutes les aspérités et toutes les friandises. Et ils le suivent. Même sans maître.

4

NOUS LES FILLES

« Chapeau de paille, tant amoureux,
Marie est belle, je sais qui la veut,
Sans plus attendre, Pierrot la demande :
Sans plus tarder, ils vont se marier. »

Chanson de corde

Je dis *je*.

Je dis *nous*.

Je est terriblement faible. Il se réduit à quelques qualités physiques, agilité ou beauté, à quelques possessions : Lili est souple ; Évelyne a des boucles ; Alice perd rarement à la marelle ou aux osselets ; Josée possède une balance ; Je suis abonnée à *Lisette* ; Nicole est blonde.

Pour gonfler ce *je* et lui donner plus de poids, c'est souvent que nous nous ornons de particularités qui nous appartiennent pas mais concernent notre famille : les parents italiens d'Évelyne ; ma cousine de Paris ; le métier du père de Marie-Ange : il est gendarme ; le café des parents de Jacky.

C'est très souvent surtout que nous mettons en avant l'appartenance à un groupe. Il nous fait fortes. Nous nous sentons alors soutenues par une autorité extérieure.

Je dis : « Nous, à l'École libre... »

Alice dit : « Nous, à La Vigilante... »

Jacky dit : « Nous, sur la place... »

« Nous, à la Font-Neuve... »

« Nous, en colonie à Ouillas... »

« Nous, à Strasbourg... »

Une fois c'est pour prouver quelle est la bonne règle de patte-malade [1]. Une autre fois pour affirmer que « Poing, féminin, godin [2] » ne se chante pas « Caracas et mulot » mais « Caracas, séboulot ». Une autre fois pour allécher les autres de paysages, d'activités, de fréquentations différentes.

Nous, c'est une référence, une caution, une autorité, un orgueil.

Ma grande sœur a vécu dans le *je*. C'était une enfant solitaire. Moi je suis de la rue, de la paroisse, d'Ouillas. J'ai besoin de ces groupes.

Mais sans arrêt aussi je reviens à ce qui fait que je suis une personne donnée et je ne manque pas une occasion de me singulariser.

Un va-et-vient permanent s'installe du groupe qui rend plus fort, mais nie les personnes, aux personnes individualisées mais faibles de n'être qu'elles-mêmes.

Nous, plus largement, dépassant tous les groupes, désigne les filles, exclusivement – excepté les très petits garçons qui sont confiés à leur sœur, mais qui auront leurs jeux, leurs jouets, dès qu'ils pourront aller seuls à l'école, sortir sur le trottoir sans qu'on les surveille et désormais habiteront un univers tangent au nôtre.

Le monde des garçons est, non pas séparé, mais vraiment tangent. Par brèves interférences, leurs itinéraires vont croiser les nôtres, les côtoyer un moment. En permanence nous allons avoir un regard sur eux, observer, commenter leur existence et leurs actes, mais ni nos vies ni nos activités ne seront mêlées. Ils nous intéressent et passionnément, mais nous les sentons autres. Jamais, ni sur l'escalier, ni sur le trottoir, ils ne sont mêlés à nos jeux. Les garçons sont – et seront – d'abord ceux qui passent. Nous les éprouvons rôdeurs, nomades presque. Il n'y a pas un après-midi, pas une soirée où ancrées, nous les filles, au trottoir, en tel coin, nous ne les voyons pas aller puis revenir.

Quand nos dînettes, nos étals de marchandes sont installées, quand le palais ou la maison sont dessinés et que le jeu est bien en train, quand la corde est nouée au tuyau de descente des eaux, voilà que leur groupe arrive à l'horizon : à la fontaine, sur la place. Ils ont une carriole, un « roulement à billes [3] » qu'ils traînent derrière eux. Ils vont jouer après le passage à niveau : ils cherchent un endroit tranquille et pentu. Ils ont d'autres fois des vélos souvent rouillés, dont ils ont garni les roues de vieux tuyaux d'arrosage ou qui roulent sur la jante. Ils sont entourés d'un bruit de ferraille. Ils font les clowns. S'ils n'ont ni carriole ni vélo, ils portent au moins des frondes et on sait qu'ils vont sur quelque chemin tuer des oiseaux. La campagne proche est leur domaine et comme ils ne sont pas fixés en un lieu, le monde au-delà d'une certaine limite est marqué par leur présence possible : il devient alors attractif et dangereux.

Nous savons que lorsqu'ils vont passer, « rien que pour nous embêter », ils feront exprès de tirer leur carriole ou leur vélo ridicule sur le trottoir où nous sommes, ou de descendre en courant les escaliers. Aussi, dès qu'ils apparaissent, nous rangeons tout – souvent on les voit arriver de loin. Nous rentrons la corde à sauter, nous emportons nos « affaires » et courons en haut de l'escalier, dans le garage d'Alice ou dans le couloir d'Évelyne. Là, par la porte entrebâillée, près de ces seuils qui nous protègent, nous les regardons. Ce qu'ils disent, ce qu'ils portent nous renseigne sur ce qu'ils vont faire et nous en déduisons l'heure à laquelle ils repasseront, porteurs de pies dénichées, de roseaux en forme de lance, de bêtes de vignes – crapaud ou criquet – ou d'oiseaux morts.

Nous les regardons par la fente de la boîte aux lettres. Ce que nous n'avons pas pu garer, nous voyons qu'ils font exprès de le piétiner, effaçant les traits soigneux dont sont délimités nos étalages, marchant dans nos herbes. S'ils sont moins nombreux, il leur arrive de se contenter de passer, mais alors nous restons sur le qui-vive, car ils sont imprévisibles et peuvent tout d'un coup faire mine de s'élancer sur nous. Nous nous dispersons alors en criant vers les lieux de sauvegarde. Il leur arrive de ne pas seulement nous regarder. Il leur arrive de s'arrêter un instant, de dire un mot à l'une de nous. Si on les laisse approcher ils peuvent tirer brusquement la laine d'un tricot, nous faire perdre des mailles, gâter une broderie.

Nous les trouvons brutaux, cruels. Quand ils passent avec des pies dénichées qu'ils veulent vendre, pour nous inciter à l'achat en éveillant notre pitié, ils en tuent quelques-unes en arrachant la peau du ventre, comme on pèle un fruit. Nous les trouvons grossiers : toujours des bousculades à notre égard – comme lorsqu'ils nous attaquent le jour de saint Aphrodise – toujours du désordre, des gestes violents. Quand ils jouent au ballon, ce n'est pas comme nous, c'est toujours à coups de pied et le ballon atterrit sur nos têtes, sur nos jouets, au beau milieu de nos affaires. Ils ont des mains sales, pleines du cambouis de leurs carrioles.

Nous ne leur envions pas leurs jouets, ni leurs frondes – il court de terribles histoires d'œil crevé –, ni leurs fusils de bois découpé. Le petit-fils de la voisine qui vient pour les vacances en avait oublié un sur le trottoir. Il était passé de main en main et nous avions regardé sur la crosse l'inscription : « Robert Queral, caserne des douanes, Cerbère ». Cela nous impressionnait – Cerbère, c'était l'Espagne, et douanier, une mirobolante situation – mais nous n'avions aucun désir de jouer à la guerre ou au soldat. Nous aimerions certes posséder un vélo, mais pas un comme les leurs et surtout pas pour en jouer comme eux au tour de France. Rien de ce qu'ils font ne nous paraît intéressant. Nous ne comprenons pas qu'ils s'amusent à se tirer, à se faire tomber, à s'envoyer de grands coups de tête dans ces espèces de mêlées qu'ils appellent « cèbe [4] ».

Même aux osselets, les garçons ne jouent pas comme nous. Ce jeu paisible où dans les jours de canicule on n'entend que le bruit des os les uns contre les autres, ils sont arrivés, en le déformant, à en faire un jeu brutal. Il ne s'agit plus de l'extrême habileté des mains mais, encore une fois, de violence. Devant le cercle des joueurs, l'un d'eux jette les osselets en annonçant « trou » ou « bosse » [5]. Si « la mère [6] » tombe comme il l'a prévu, il a gagné et prend la place du maître, sinon le meneur de jeu lui fait donner par un acolyte des coups de ceinture sur sa main tendue en précisant « fort », « moyen », « faible », ainsi que le nombre de coups. La décision est modulée en fonction des sympathies ou des antipathies. A quel point ce jeu ressemble à « Mère que veux-tu ? » me semble évident aujourd'hui – et même moins hypocrite puisque personne n'y feint de ne rien voir – et c'est en tout cas moins cruel que « cuillère et fourchette ». Cette similitude, alors, nous échappait et cette manière des garçons de jouer aux osselets, nous la trouvions à la fois brutale et risible.

Lorsqu'en revenant des chemins de vigne ils laissent par terre un roseau, nous le ramassons, mais alors nous le débitons autrement, nous en faisons un autre usage. S'il nous arrive de trouver une de ces billes de verre où un tourbillon de couleurs est prisonnier, nous la gardons comme un ornement, nous la posons contre l'œil et regardons le monde au travers. Elle glisse entre les doigts, elle est lisse et jolie. Mais nous ne jouons pas aux billes.

Non seulement ils abîment, ils bousculent, mais ils se moquent de nous. Ils nous imitent, pincent les lèvres, marchent sur la pointe des pieds et parlent en contrefaisant notre voix. Ça les fait rire. Même si nous fuyons, même si nous ne faisons semblant de rien, même si tout ce qu'ils font nous est étranger, la présence toujours marginale des garçons nous excite et nous charme. Nous les épions. Nous commentons tous les renseignements qui nous arrivent sur eux. Lorsque nous allons au lait, aux commissions, c'est à cause d'eux que nous partons à plusieurs. Les croiser, les voir, même de loin, est plus facile en groupe et déjà à deux.

Il arrive parfois de rencontrer un garçon seul. Je vais chez la voisine, la grand-mère de Robert et Georges, et j'y trouve l'un ou l'autre. Il peut s'échanger quelques répliques sous-tendues de rires contenus, ou ne rien se dire du tout. Robert continue à lire sans se préoccuper de moi, Georges joue aux soldats dans un coin. Je m'approche, je dis une phrase et ils ne m'adressent pas la parole, font les indifférents. Chez le boulanger, je croise Michel. Nous échangeons quelques mots. C'est tout. Ils sont alors timides et doux. Nos phrases sont banales et contraintes. Il nous arrive de parler un peu lors de la vente des pies. J'acquis la mienne – elle me coûta d'un coup toutes mes économies – un jour où le beau Michel amena toute une nichée de jeunes encore nus, au ventre énorme, au bec insatiable. Pour avoir l'occasion de l'approcher, je donnai tout mon argent contre cette bête dont l'existence n'était même pas assurée et dont je me demandais comment j'allais la faire accepter à ma mère. Mais j'avais un sujet de conversation quand je le rencontrais au lait ou aux commissions.

Pour le peu de rapports véritables que nous aurons avec les garçons, pour le peu de phrases que nous échangeons, pour les relations très discontinues que nous entretenons avec eux, leur importance dans notre vie est démesurée. Réduits à des sortes d'abstractions qui suffisent pourtant à entretenir l'idée de l'amour, les garçons sont une occasion de rêver, sont au centre des conversations, de nombreux jeux, sont occasions de disputes, de fâcheries graves. Nous avions toutes un « fiancé », un « bon ami » ou du moins une préférence. Lorsque en été nous capturions un « ange », c'est à notre chéri que nous l'envoyions porter notre pensée, par les invisibles chemins de l'air. Et nous nous désolions s'il refusait de s'envoler.

Un prénom entre tous était vénéré, écrit à la craie sur le trottoir, au crayon sur un portail, ou un montant de porte. Quand nous sautions à la corde :

« Chapeau de paille, tant amoureux
Marie est belle, je sais qui la veut
Sans plus attendre, Pierrot la demande
Sans plus tarder ils vont se marier 1, 2, 3.
Au mois de décembre, un belle chambre
Au mois de janvier un tout petit bébé. »

nous étions si heureuses de nous savoir séduisantes, demandées en mariage, que parfois sous le coup de l'émotion le pied se prenait dans la corde – notre nom était associé au sien, avec chambre et bébé, cela suffisait à nous troubler – sauf si les copines avaient nommé un indésirable, au lieu du Pierrot attendu.

Une initiale entre toutes nous était précieuse. Nous l'inscrivions au creux de notre main, l'effaçant d'un coup de langue avant de rentrer dans la maison. C'est elle, P ou M, que nous nous plaisions à lire dans les brisures du limbe de la feuille de lierre, portée tout un jour et toute une nuit entre la peau et la chemise. Nous prêtions à la feuille ce pouvoir de divination et comme elle sortait de ce séjour sur notre cœur flétrie et cassée, il était facile de la faire parler. C'est cette initiale que nous désirions lire dans la pelure de l'orange quand, séparée du fruit en un seul ruban et jetée en l'air, elle retombait sur le sol en une volute à déchiffrer, et il fallait que ce fût bien loin du dessin pour que nous n'affirmions pas : c'est un P, c'est un J. C'est au M ou au L que nous voulions arriver quand, trouvant un fil sur nos vêtements, nous l'enroulions autour du doigt en récitant l'alphabet : a, b, c, d... – une lettre à chaque tour. Nous étions de très mauvaise foi, qu'il s'agît de la feuille de lierre, de la peau d'orange ou du fil. Nous pouvions par exemple, suivant la longueur du fil et la lettre à laquelle nous voulions arriver, l'entourer autour du pouce ou du petit doigt, et même parfois à sa pointe extrême.

C'est cette initiale, toujours, que nous voulions atteindre en jetant sur le tricot tous les fruits d'un épi de folle avoine. Nous les enlevions un à un en récitant l'alphabet. Et Paulette ou Josée se secouait pour en faire tomber ou au contraire bombait le torse pour qu'il ne s'en échappe aucun. Mais il n'était pas toujours possible de tricher. Pour cette seule lettre, le feu nous montait aux joues. Elle était toutefois moins révélatrice, moins compromettante que le prénom tout entier dont l'énoncé seul nous paraissait une indécence, une caresse, une révélation des plus indiscrètes.

Car nous faisions mystère de l'être aimé, auprès de tous les adultes, auprès aussi de celles qui n'étaient pas nos amies « à la vie, à la mort ». Nous aurions été traitées de « garçonnières ». Les quelques phrases échangées en se croisant sur le chemin de l'école ou chez le laitier nous mettaient en péril d'être insultées de ce mot. C'était une invective, assez grave pour qu'on en modère l'emploi, de crier « garçonnière » à une fille, assortie de « on t'a vue avec Jacquot, tu as beau le cacher, nous on le sait » et parfois accompagnée de la menace « je le dirai à ta mère ». La garçonnière est une dévergondée qui s'affiche avec les garçons, traîne avec eux sur le trottoir, dans les chemins. Être rencontrée seule avec un garçon perd véritablement la réputation.

En l'absence de relations nombreuses avec les garçons, il était relativement facile de se targuer d'être la bonne amie de quelqu'un, ou de s'en défendre, selon que ça nous arrangeait ou pas. Toutefois, il ne fallait pas s'enorgueillir des manifestations d'un intérêt, d'un sentiment, si on devait s'attirer les moqueries des autres :

« Pierrot de la place ? Il s'en fout pas mal de toi. »

Si on était en groupe en train de jouer et qu' « il » passât et dît quelques mots, il était toujours possible de se croire préférée, mais si on se trouvait seule sur l'escalier et qu'il ne s'arrêtât pas, ne dît rien, c'était bien mauvais signe et il valait mieux alors taire l'amour déçu et ne pas présenter ce garçon comme notre bon ami.

Par contre, si un garçon passait et repassait ostensiblement devant notre groupe occupé, semblait-il, à jouer, ou si un groupe de garçons bruyants, riant haut, se bousculant, passait devant nous pour aller vers les vignes, et repassait une heure après avec des pies dénichées ou des oiseaux morts, et si l'un d'eux donnait une belle plume – celle de la mésange d'un azur pastel inoubliable – ou une aile tout entière à l'une de nous, nous jouions à l'ouvrir fièrement, comme un éventail, nous la maniions, nous en caressions la joue, nous étions désignées par ce don comme l'aimée, la choisie. Cet oiseau tiède encore, dans le creux de notre tablier, était un signe qui ne permettait plus aucun doute : celui qui vous l'avait donné était bien votre bon ami. Bien que des jalouses toujours pussent minimiser la chose en précisant que ça ne voulait rien dire, que les pies une fois dénichées ils ne savaient qu'en faire et étaient bien contents de s'en débarrasser.

Passer, s'adresser à l'une de nous en négligeant les autres, donner, étaient des signes qui parlaient, moins net toutefois que de recevoir un billet. Un garçon, en passant en vélo, jetait négligemment sur les genoux d'une fillette un papier plié en quatre, ou bien il le lui glissait en la rencontrant au lait, dans la douce chaleur et la lumière imparfaite de l'étable. Ces mots ne dépassaient pas, dépliés, la taille de la paume de la main. Ce n'étaient pas des lettres. Il y avait parfois deux prénoms dans un cœur, parfois une question : « Veux-tu être ma fiancée ? », « Je te rêve la nuit » ou « A.M.A. » : Alice, Michel, Amour. C'était un mot de passe établi entre les amants. Les autres, dans l'ensemble, n'étaient pas admises à lire ces messages. Nous nous plaisions à dire qu'ils étaient secrets :

« Fais-le-moi lire, suppliais-je auprès d'Alice.

– C'est personnel », disait-elle, et le mot était savoureux au point de paraître sucré. Il m'arrivait, pour jouir du même prestige, de faire semblant de recevoir un billet. J'avais griffonné sur un papier n'importe quoi et je faisais comme si je le relisais. Je levais les yeux au ciel, j'avançais même : « C'est un billet de Pierrot », m'exposant à un démenti public et à un « rapportage » possible. Je sortais le billet de la poche, je disais moi aussi : « c'est personnel », j'y posais un baiser, je l'appuyais sur mon cœur. D'autres sûrement faisaient comme moi. Il devait se montrer plus de billets fabriqués que de vrais billets envoyés par les garçons. Toutefois, j'avais bien vu Michel passer en vélo et jeter un mot aux pieds d'Alice.

Le grand problème, avec ces billets, vrais ou faux, était de les cacher dans nos maisons minuscules où aucune de nous n'avait de chambre à elle, où nous ne manquions pas de nous faire interpeller – « qu'est-ce que tu fabriques ? » – quand nous ouvrions l'armoire. Ils étaient une telle source d'angoisse et de souci qu'il nous arrivait de les détruire, de les réduire en morceaux minuscules, impossibles à réassembler, même par les meilleures faiseuses de puzzle qui auraient été capables, par curiosité, de faire ce travail de fourmi. Alice gardait les siens dans une grosse boîte d'allumettes, anonyme au milieu d'autres boîtes dans le carton où elle rangeait ses jouets.

On pouvait en glisser un – pas plusieurs, cela aurait fait un volume visible de l'extérieur – entre le papier bleu et la couverture d'un livre de classe. Mais risquait de montrer le bout du nez, en haut de la tranche, et quelle engueulade si ma mère avait trouvé ce morceau d'enveloppe à l'intérieur doublé de papier fin bleu où Jeannot avait écrit qu'il aimait Marie, ou si elle avait trouvé ce prénom amoureusement calligraphié, avec une application que je refusais aux titres de mes cahiers, orné d'une majuscule pour une fois réussie ! Le livre qui se prêtait le mieux aux cachettes – aux « amaguettes » – était celui recouvert de toile, à travers laquelle il était impossible de sentir du bout des doigts l'épaisseur d'un billet : le catéchisme. Mais c'était presque un sacrilège.

Le bureau de l'école n'était pas non plus une très bonne cachette, car sœur Sainte-Anna ne manquait pas de le fouiller, attentive à ce qu'il ne circulât entre nous aucune « saleté ». Une fois j'avais dissimulé sous mon petit autel un morceau de réglisse acheté avec une pièce volée qui me parut énorme, interminable, et au bout d'un temps, même plus du tout bon. La sœur le trouva et me demanda des explications. Non, le bureau n'était pas un endroit idéal pour mettre les billets doux ni aucun autre secret.

Parfois alors je les brûlais dans la cuisinière en l'absence de ma mère. Je le faisais par remords, en revenant d'une confession, par expiation de ce péché ou pour me débarrasser de cette chose compromettante. Ou alors, si la cuisinière était éteinte, je les jetais dans une bouche d'égout. Lorsqu'ils avaient disparu, mangés par le feu ou emportés dans l'eau noire, j'étais infiniment soulagée et triste.

Ces « saletés » traquées par notre maîtresse étaient des choses défendues et concernant le plus souvent les garçons, mais de manière indirecte. C'était tout le mystère du sexe qui s'exprimait en elles. Nous ne connaissions que le petit sexe mou et glabre des bébés. Nous ne connaissions que ce geste de l'index pénétrant dans l'autre main fermée et faisant le mouvement d'aller et venir. Nous nous chantions en secret, ou l'écrivions sur un papier : « ça entre, ça sort, ça fait du ressort, la femme s'endort et le pèque sort », qui réunissait en un raccourci l'acte et la procréation. C'est peut-être à cause de ce refrain que nous appelions l'acte sexuel « faire ça et ça » et aussi pour éviter de prononcer le mortel « s'enculer », que nous connaissions, qu'il nous arrivait d'oser mettre dans notre bouche et qui désignait, non pas la sodomie, mais l'acte sexuel normal entre homme et femme. Tout cela écrit ou dit, et qui planait autour des garçons, était présent dans le contexte moral de nos relations avec eux, nous paraissait quasiment diabolique, capable de nous mériter l'enfer. Nous nous en confessions sous le titre « j'ai dit de mauvaises choses » ou « j'ai scandalisé quelqu'un de plus petit ». Dans le catéchisme au chapitre « Tu ne tueras point », on expliquait qu'« exposer son prochain à commettre un péché, en l'entraînant par des paroles ou des écrits » était un grand péché comparable à l'assassinat puisqu'il faisait perdre à autrui la vie surnaturelle : c'était cela scandaliser.

Les religieuses appelaient les initiatrices des « brebis galeuses » et les écartaient de l'école, les renvoyant impitoyablement après une période de surveillance policière où elles s'assuraient de leur ignominie.

Des filles racontaient – à leurs amies exclusivement – qu'en leur touchant la main, un garçon leur avait gratté la paume de l'index. Nous savions la signification de ce geste accompli dans le secret des mains rapprochées : il voulait dire que le garçon voulait coucher avec la fille.

Sur certaines – peu nombreuses il est vrai – courait le bruit qu'elles avaient « fait ça et ça » avec les garçons. C'était le cas des sœurs Maurel. On en précisait les circonstances : « Elles ont fait ça et ça dans leurs cabinets ». Nous les connaissions, leurs cabinches, bâtis en planches contre la palissade de leur maison, peints en vert, avec une ouverture en forme de cœur découpée dans le bois. Ces filles-là étaient plus que des garçonnières, de véritables salopes pour lesquelles nous avions toutefois une certaine considération. On les savait initiées à un mystère horrible et fascinant, à un délice interdit qui gonflait le ventre des femmes. Avoir fait « ça et ça », c'était bien plus grave que sonner chez M. Axel et payer les patins à roulettes d'une caresse tremblante et avortée qui nous importait beaucoup moins que le patinage. Lorsqu'on parlait des bandes de garçons qui auraient pu nous poursuivre dans les lieux déserts – sous le pont par exemple – on disait qu'ils attaquaient les filles et leur faisaient « ça et ça ».

Certaines, sans être allées jusque-là – mais c'étaient

quand même des salopes – avaient reçu un baiser ou avaient été tenues par les épaules en revenant de la foire. C'était un des lieux de rencontre, surtout les autos-scooters où l'on pouvait se faire inviter dans une voiturette. Les allées bordées de baraques où nous déambulions, la foule, permettaient des échanges, des arrêts moins visibles que dans le quartier où tout était remarqué. C'est peut-être pour cela que les religieuses détestaient la foire. Il y avait des manèges qui, par la présence d'un tunnel, permettaient des baisers, des rapprochements : lorsque les voitures sortaient du tunnel, des filles dépeignées et rouges s'écartaient brusquement des garçons. Les casseroles, petits sièges individuels suspendus à des chaînes et que la force giratoire du manège épanouissait autour de lui comme une grande roue, semblaient faites pour qu'en plein élan, dans la vitesse de la rotation, les garçons tirent vers le leur les sièges des filles et les tiennent serrées « de par-derrière », comme si elles étaient assises sur leurs genoux. On ne voyait pas grand-chose, ça tournait à toute vitesse, mais on entendait des cris de filles – de ces cris qui n'en étaient pas et ne laissaient pas de doute sur leur plaisir – et des rires aigus. Lieu de perdition morale, les casseroles avaient la réputation d'être mortelles. On racontait que des chaînes « s'étaient eu brisées [7] » et que les sièges précipités au loin étaient venus s'écraser sur la foule. Quant au Magic-City où l'on pouvait louer des patins et patiner sur une piste de bois, lisse à souhait, non seulement c'était cher, mais ça comportait de mystérieux passages sur des tapis roulants ou à travers des tonneaux qui précipitaient les filles à terre et faisaient voir leurs cuisses et leurs culottes. Il valait mieux, pour notre réputation, que personne ne nous vît entrer là-dedans.

Au retour de la foire, en rentrant à la maison, dans un coin un peu sombre, vers Blanc, on disait que telle ou telle avait embrassé son bon ami. Le plus souvent, celles qui avaient reçu un baiser, sur la bouche et dans le cou – j'en avais des frissons rien que d'en parler – celles qui étaient passées des idées, des bavardages aux actes, étaient proches de cette limite où elles nous quitteraient pour entrer dans la jeunesse.

« Un baiser sur la bouche », l'expression seule était inconvenante. Léontine, l'amie de ma mère, chantait d'un joli brin de voix une chanson qui disait : « En montant l'escalier, il lui prit un baiser, un baiser sur la bouche. » Cela paraissait si osé que, dans les repas où l'on demandait à Léontine de chanter, elle modifiait le passage en « un baiser tilalère ». Comme tout le monde savait les paroles, le refrain restait tout aussi obscène et ma grand-mère prenait l'air désapprobateur.

Secrets, mystères délicieux, tout ce qui concernait les garçons était interdit. Nos parents eux-mêmes traitaient certaines filles de garçonnières et nous interdisaient leur fréquentation. « Ne va pas te faire avec Michèle », menaçaient-ils, « sinon tu auras de mes nouvelles », « Dis-moi qui tu hantes, je te dirai qui tu es », ajoutaient-ils. Ce « tu hantes » était effrayant, lourd de conséquences pour notre salut ou notre réputation. Et comme notre réputation ne pouvait être perdue qu'à cause des garçons, « tu hantes » évoquait des fantômes lubriques.

Si dangereux, si peccamineux que ce fût, nous parlions pourtant en permanence de notre bon ami, nous écrivions partout son initiale.

A « il ou elle », aux métiers muets, à Marchipotel, même lorsque nous divisions avec les « olivettes [8] », les noms de garçons revenaient, changeant, bien sûr, avec nos préférences du moment.

Il existait un « il ou elle » permis et même conseillé par tous les adultes. Il s'agissait de poser des questions et de deviner habilement un personnage caché. Lorsqu'on choisissait une figure historique, cela permettait presque des révisions. C'était comme un test de nos connaissances scolaires qui pouvait même nous attirer des réflexions désobligeantes sur notre ignorance. Et c'était un comble qu'en jouant, on fût sanctionné comme à l'école! Nous n'aimions pas ce « il ou elle » là.

Dans le nôtre, il n'y avait aucun savoir scolaire à déployer. On faisait sortir l'une du groupe et on lui choisissait quelqu'un à deviner. Ce n'était jamais Jeanne d'Arc mais une personne aimée ou détestée. Parmi les personnes aimées il y avait l'amie de cœur ou un garçon.

Nous avions dans le quartier deux innocents : Marcel, un mongolien qui tricotait, jouait à la poupée et recherchait toujours notre compagnie. Nous le chassions dès qu'il s'approchait de nos dînettes. Nous ne voulions pas qu'il touchât nos affaires parce qu'il bavait et laissait couler sa morve. Il nous dégoûtait horriblement. Quand il approchait, nous partions nous cacher et nous le regardions nous chercher des yeux d'un air hébété, son tricot aux doigts. L'autre était moins répugnant, mais il était violent. Il s'appelait Antoine. Pour déclencher sa colère il suffisait de chanter : « Antoine-Pivoine [9] » en agitant le pied d'une certaine manière. Il devenait furieux et nous poursuivait.

Il s'asseyait sur le seuil de sa maison avec quelques disques 78 tours et essayait d'en faire sortir le son à l'aide d'une épingle de nourrice. Il collait son oreille sur l'ébonite et disait qu'il entendait la musique. Quand nous l'excitions d'un « Antoine-Pivoine » sa mère sortait avec un balai et nous invectivait en le brandissant. Comme êtres effrayants et *a priori* détestés, nous avions encore « la mère Puig » qui sentait si mauvais, ainsi que quelques clochards connus dans toute la ville : Villeneuve et sa compagne Odette. Ils étaient sales et ivrognes. Nous avions aussi Jésus, baptisé ainsi parce qu'il s'adressait sans cesse au Seigneur comme s'il avait été près de lui. Il lui confiait sa musette et son litre : « Jésus, je vais pisser, garde-moi mes affaires ! » Les femmes ne l'aimaient pas, parce que quand il était trop saoul il ne reboutonnait pas sa braguette et montrait toute « sa marchandise ». Mais je ne me souviens pas d'avoir jamais vu cette mystérieuse marchandise. A ces êtres affreux, nous ajoutions parfois la mère Andrès, si sévère pour son devant de porte, et M. Axel.

Quand on avait choisi, on faisait rentrer celle qui était sortie.

« Il ou elle ? » demandait-elle.

C'était la seule question qu'elle posait. Et à partir de là, c'est nous qui posions les questions.

« Mangerais-tu dans son assiette ? »

Pour répondre, elle n'avait que la mince indication du départ : il ou elle. Elle devait épier les visages, les mimiques, les coups d'œil et répondre en conséquence. Les autres, bien entendu, ne cherchaient qu'à la tromper, les commentaires voulaient entraîner la joueuse dans des réponses contraires à ses désirs : en gros lui faire dire qu'elle mangerait dans des assiettes répugnantes et dédaignerait celle de son chéri.

« Boirais-tu dans son verre ? »

– Oui. »

Quand on avait pris le bon ami de celle qui était sortie, pour l'induire en erreur on faisait des grimaces de dégoût, on pinçait les lèvres et elle devait observer, voir si on en faisait trop, tenir compte de cette partie-là et de la précédente car, en général, on variait, on ne prenait ni deux fois de suite la même personne, ni deux fois de suite un repoussoir ou un être cher – à moins que, justement, sachant que la joueuse savait, qu'en gros, ne revenait pas le même nom d'une partie à l'autre, on prît le même pour contrer ses prévisions. Elle calculait dans sa tête : bon, elles viennent de mettre Marcel, je suis tranquille pour cette fois, ou bien, il y a longtemps qu'on n'a pas mis mon chéri, c'est pour ce coup maintenant. Et elle se lançait. A la question :

« Coucherais-tu avec lui ? » Elle répondait « Oui ».

Si elle tombait bien, on faisait semblant de se boucher le nez. On affirmait :

« Eh bé, t'es pas dégoûtée. »

On aurait tant aimé qu'elle rectifiât le tir aux réponses suivantes et se trompât, et plongeât tête baissée dans les pièges !

« Irais-tu aux cabinets avec lui ? »

La question était moins grivoise qu'il n'y paraît. Il ne s'agissait pas, comme ces salopes de Maurel, de faire « ça et ça » dans l'obscurité malodorante, mais de l'opération de confiance qui consistait à tenir la porte.

A cette question on ne répondait oui que si l'on était sûr de soi, si du moins on croyait avoir deviné les intentions des autres.

« Couronne d'or, d'argent, de laurier ou d'épines ? »

On répondait d'épines si on pensait à Villeneuve ou à la mère Puig, d'or si on croyait parler de l'aimé, d'argent si on était un peu moins sûr et de laurier si on ne savait pas trop – les timorées disaient toujours de laurier – heureusement qu'il y avait les autres questions qui avec oui ou non obligeaient à boire dans des verres pleins de bave ou à refuser de coucher avec notre amour. Ce n'était que des mots et pourtant nous ne voulions pas, en répondant non à tout, courir le risque d'avoir dit que nous refusions « d'aller aux cabinets » avec notre meilleure amie ou notre amour.

« S'il mourait, combien de mouchoirs mouillerais-tu de pleurs à son enterrement ?

– Zéro ou une douzaine.

– Combien de draps de lits ?

– Aucun. Deux. Trois, suivant ce que l'on croyait.

– Tombeau de pierre, de terre ou de marbre ? »

La terre, c'était l'horreur. Le marbre, le glorieux tombeau d'amour.

C'était la dernière question. Pour le plaisir – puisque maintenant c'était inutile et que ça n'influerait plus sur ses réponses – on commentait encore suivant les cas : « C'est trop beau pour lui » ou « tu l'aimes pas beaucoup ».

Puis venait le moment de la révélation. On faisait encore un peu durer l'attente, en ne donnant que deux lettres :

« Ses initiales sont L.C. »

Elle comprenait en général tout de suite. C'était alors pour elle la confusion ou le triomphe. Quand on n'avait pas réussi à la tromper, elle « s'en croyait tant et plus », parlait de son habileté à nous percer à jour. Quand c'était le contraire, il arrivait qu'on en parlât toute une soirée :

« Ton bon ami, tu tiens pas à lui, tu as pas seulement mouillé un mouchoir.

– Tu as pas envie de vomir, que tu as bu dans le verre de Marcel ? »

On s'écartait d'elle, on se bouchait le nez :

« Tu as couché avec la mère Puig. Tu sens la rose !

– Tu es allée aux cabinets avec M. Axel, ça ne nous étonne pas. Tu es une salope. »

C'était merveilleux. L'autre, confuse, ne pouvait rien dire. Si elle protestait, les autres étaient catégoriques :

« Tu l'as dit. »

Dans ce cas on ne pouvait guère que se fâcher, ou alors sagement se taire et attendre d'en faire bisquer une autre, un autre jour, aussi cruellement qu'on le faisait pour nous.

C'était un jeu sentimental – nous étions si heureuses d'avoir mangé dans l'assiette de notre bien-aimé ! – tendu, tout en finesse et jubilations ou déceptions intérieures qu'il fallait soigneusement masquer. Quand on demandait : « Coucherais-tu avec lui ? » et qu'il s'agissait de Villeneuve, et que l'autre répondait « oui », on retenait mal le cri de joie, le rire anticipé sur l'instant de sa confusion : il fallait être maîtresse de soi.

Quelque chose d'un peu semblable mais de moins théâtral – moins mis en scène avec tables garnies, enterrements, couronnes et pleureuses – se jouait dans les métiers [10] muets, au moment où une des spectatrices avait deviné le métier et où les deux mimes s'avançaient vers elle en demandant :

« Dans quoi tu veux ? »

Ce moment n'était pas le moindre. Si un adulte traînait par là, nous répondions : noms de fruits, de villes, de fleurs. Mais quel intérêt ? Il arrivait qu'une fillette particulièrement prude, particulièrement pieuse, même en l'absence de témoins, répondît : noms d'arbres.

Mais la plupart du temps, à cette question : « Dans quoi tu veux ? », nous aimions répondre : « Noms de garçons. »

L'enjeu à partir de là était double : suivant notre réponse, nous sortirions pour préparer un métier avec l'une ou l'autre des deux fillettes qui avaient, dans le secret, choisi chacune un nom : Michel ou Jeannot. Et en plus du plaisir de s'isoler dans un coin avec notre préférée, de chercher un métier difficile ou agréable à mimer, il y avait le prénom aimé, la joie de le prononcer. De leur côté, celles qui proposaient les prénoms voulaient qu'on choisît le leur pour continuer à mimer, ce qui était la position la plus enviable. Celle dont on n'avait pas élu le prénom, dépitée, revenait s'asseoir.

Il est à peu près sûr que si dans le choix proposé se trouvait le prénom du bon ami, c'était ce dernier qui serait choisi. Alors c'était toute une guerre pour savoir qui le prendrait. A peine la gagnante avait-elle dit « noms de garçons » que, parties dans un coin en se tenant par les épaules, une disait : « Moi, je prends Michel. » Mais si une commandante était là, en dépit de la priorité, c'est elle qui décidait : « Non, moi je prends Michel, toi tu prends Yvan ». Toutefois les choses étaient plus complexes.

Il arrivait que celle qui avait deviné fût complice d'une des deux actrices et qu'elles aient décidé, avant et ailleurs, que le premier prénom annoncé serait le bon et qu'elles pourraient sortir ensemble. Là il était possible de faire la généreuse, de laisser à l'autre le nom du bon ami, puisque comme prévu l'amie prendrait le premier, fût-il un nom farfelu ne correspondant à aucun garçon de l'entourage. En voyant que, sans hésitation, le choix dédaignait le prénom aimé, qu'il était différent de la logique, les autres se doutaient de la supercherie et accusaient :

« Vous étiez de mèche,

– Non, non et non », affirmait la menteuse et il n'y avait pas de preuves. Lorsqu'on voulait jouer un tour à celle qui avait trouvé le métier, on proposait deux prénoms de garçons antipathiques. Comme le chéri n'apparaissait pas, la gagnante, désemparée, ne savait que choisir. Il ne lui restait qu'à essayer de deviner avec qui elle allait sortir.

Il pouvait se trouver, parmi les deux filles s'isolant en conciliabules et rires, une de ces filles recherchées de toutes, avec qui tout le monde était honoré de parler, parce qu'elle était belle – des cheveux blonds ou longs, des yeux bleus – ou importante : elle avait l'accent pointu et alors récitait toujours les compliments aux maîtresses, accaparait dans les pièces les rôles de fée. Mais elle n'aimait pas forcément celle qui avait deviné, et elle disait : « Tiens, prends Jeannot, toi, parce que c'est ce qu'elle va prendre, et moi je ne veux pas sortir avec elle. Elle veut toujours être mon amie. » Celle qui choisissait tombait dans le piège et répondait « Jeannot ! » et on la voyait partir à regrets avec celle qu'elle n'aimait pas. Mais, aussi, elle pouvait être habile, connaître son discrédit, tromper toutes les prévisions en répondant le contraire de ce qu'on attendait d'elle. Au lieu de « Jeannot », elle disait « Robert » et partait triomphalement avec celle de son choix. Mais comme elle avait renié le prénom adoré, on pouvait le lui reprocher et menacer : « On le lui dira que tu l'aimes pas beaucoup. On le lui dira que tu aimes mieux Robert. »

A d'autres moments, nous préférions, pour parler de ces garçons presque abstraits et mythiques, jouer à Marchipotel. Ou plutôt, on n'y jouait pas, on se « faisait faire Marchipotel ». Chacune des lettres de ce nom barbare désignait une phase heureuse ou triste de la vie amoureuse : Mariage, Amitié, Regrets, Caresses, Haine, Illusion, Passion, Oubli, Tiédeur, Émoi, Lettre. Chaque mot évoquait une réalité vague, mais chargée de force.

« Fais-moi Marchipotel », demandions-nous à quelqu'un parfois en présence d'un groupe. Après, d'autres y passeraient et nous suivrions leurs déceptions et leurs joies. Celle qui le « faisait » commençait par écrire Marchipotel en gros sur un bout de feuille, puis une liste de onze noms de garçons. Il s'agissait de répartir : Amitié, Caresses, Haine etc. entre les onze noms et cela à travers un nombre clef proposé par la demandeuse et tout un jeu de comptage, où au fur et à mesure des attributions on barrait le M, puis le A, puis le R... et les noms des garçons. Celle qui faisait Marchipotel établissait derrière l'abri de sa main ou de son coude la fameuse liste des onze noms dont l'ordre ne devait pas être connu pour que le seul hasard attribuât les haines et les lettres. Il était presque impossible de tricher sauf peut-être, et pas toujours, pour Mariage : un coup d'œil était vite jeté et on voyait facilement en quelle position était inscrit le bon ami.

Onze, c'était beaucoup pour l'ensemble des gens que nous connaissions et nous mettions sur la liste un ou deux hommes répugnants, les mêmes qu'à « il ou elle », Antoine ou Jésus, et battions à cette occasion le rappel de garçons plus lointains – le cousin de Paulette – moins connus – les petits-enfants de Mme Toustou qui habitaient l'un à Carcassonne, l'autre à Cerbère – ou plus âgés – nous glissions Momo l'unijambiste, un des frères Matéo – le frère aîné des Maurel. Le hasard faisait parfois tomber sur eux Mariage ou Lettre et nous rêvions de ce Robert de Cerbère, fils de douanier; de Georges qui passait pour riche. Momo, comme les frères Matéo, c'était l'âge adulte, les vrais hommes, plus inaccessibles encore que les garçons.

C'était bon ces frissons qui nous venaient d'horreur, de peur, de chagrin par rapport à un avenir hypothétique. Nous n'aimions pas Oubli, Tiédeur et Regrets. C'était sans incidence sur les allées et venues des garçons, les oiseaux au creux de nos tabliers, les billets pliés en quatre, et pourtant cela pouvait nous donner de l'amertume ou du contentement. Nous allions recevoir des caresses de quelqu'un que nous n'aimions pas et n'avoir qu'oubli du garçon aimé. Nous étions excitées tout le jour par la pensée de recevoir une lettre. Quand Marchipotel disait que Lili épouserait Michel, le fiancé d'Alice, nous gloussions de plaisir contenu. Alice d'ailleurs trouvait toujours une parade :

« Il sera devenu tellement bête que c'est moi que je le voudrai plus.

– J'aurai épousé un prince et de désespoir il épousera Lili. »

Celle qui tenait les comptes et le secret de la liste, nous la soupçonnions de tricher sur les chiffres dans l'impunité du coude plié et de nous attribuer ce qu'elle voulait. Ne le faisions-nous pas ? D'autres fois, cela tombait trop bien et notre amie de cœur avait là aussi donné un coup de pouce au destin.

Quand il s'agissait des folioles d'acacia ou des marguerites avec : « je l'aime un peu, beaucoup », ou « il m'aime, un peu, beaucoup », il était trop facile de tricher, même en faisant la part du diable, si facile que ce n'était même plus amusant, même plus une preuve de « il ne t'aime pas du tout » ou « tu l'aimes ». Souvent je le faisais pour moi toute seule quand un garçon m'occupait, et là aussi je trichais pour n'être pas contredite, fût-ce en face de moi-même.

Ces adorables secrets de nos cœurs, nous en étions jalouses, ils avaient un goût de péché et de faute.

Ces garçons qui nous occupaient tant et qui répondaient si souvent par l'agressivité, est-ce que nous les intéressions autant qu'ils nous intéressaient ? Même s'ils méprisaient nos occupations – comme nous faisions des leurs – parlaient-ils de nous, nous élisaient-ils dans un choix secret, comme leur « chérie » ? Osaient-ils toujours parler quand ils nous rencontraient seules, nous faire passer un de ces fameux billets parlant d'amour ? Des tendresses, des émois sont peut-être passés près de nous sans que nous nous en doutions, plus soucieuses d'alimenter nos bavardages que des réalités objectives. Peut-être après tout auraient-ils été étonnés de nous entendre parler d'eux, d'écouter nos commentaires sur leurs particularités, l'interprétation que nous pouvions faire de leurs allées et venues, de leurs paroles. A la limite, c'était sans importance. Ce qui comptait, c'était qu'ils alimentent nos rêves. Quand mon père parlait de la voiture du père de Michel – qui était briquée et brillait de tous ses chromes – je baissais la tête pour me régaler, mine de rien et je rougissais parce que je l'aurais bien voulu comme bon ami.

Quand nous entendîmes, un jour, dire à l'épicerie par la mère d'Yvan qu'il désirait une chemise verte, nous commentâmes longuement ce renseignement. Comme le jour où Robert se cassa la jambe.

Et ainsi de tous les menus détails qui nous arrivaient d'une existence d'autant plus mystérieuse que nous ne la partagions pas et que nous restions sur ses franges, à la fois interdites et sans désir d'y pénétrer, mais fascinées par ce qui nous en parvenait.

Différents étaient les vrais jeunes gens entrés dans le monde du travail. Le grand frère d'Alice celui des sœurs

Maurel, les frères Matéo, les Suau. Ils s'occupaient de la fête du quartier. Ils n'hésitaient pas à s'arrêter quand nous jouions sur le trottoir. D'eux, nous n'avions pas peur. Nous les trouvions « gentils », et surtout beaux. Ils disaient des plaisanteries, demandaient qui de nous était en train de gagner, faisaient un compliment à une habile qui avait bien sauté ses « coups doubles [11] » ou réussi la partie de « palais » sans bouger [12].

Nous éclations d'orgueil et ces jugements répétés par nous avaient une importance dans notre échelle des valeurs. Sous ces regards, nous nous épanouissions, heureuses que dans la rue ils nous lancent un joyeux « bonjour », parfois assorti d'un diminutif « Marinou », « Gaminette », d'une courte phrase : « T'as bien patiné ? » « Tu vas à la foire ? » Ils nous plaisaient beaucoup, mais, sauf exceptionnellement, à Marchipotel par exemple, et en sachant très bien que c'était « pour de rire », nous ne disions pas qu'ils étaient nos fiancés.

Quant aux hommes vraiment adultes, nos pères d'abord, nous n'avions que peu de rapport avec eux. Ils arrivaient au moment des repas, fatigués, grondaient parfois. Certains pères de mes copines ne m'ont jamais adressé la parole.

C'est près des mères que nous vivions, les nôtres et aussi nos grands-mères, ainsi que des autres femmes, les mères et mamés de nos copines. Nous étions au courant des repas, des lessives, des repassages, de tous les problèmes domestiques, des cancanages aussi. Nous étions en perpétuelles relations avec l'univers de la maison, certaines qu'il serait nôtre un jour. Nous étions préparées à devenir des femmes, et cela nous convenait. Leur monde nous baignait.

Certaines de nos occupations, distrayantes il est vrai, étaient à peine des jeux. A l'école et en colonie, on nous confiait à chacune une « petite ». On nous disait d'ailleurs que c'était notre fille. Il fallait lui faire manger son goûter, la raccompagner chez elle le soir en hiver, l'habiller avant de sortir pour les récréations. Pendant le temps de la colonie les services à rendre étaient plus nombreux : toilette du matin, repas, courrier. On se disputait certaines fillettes, plus jolies que d'autres, ou plus riches. Je me souviens de Colette qui avait une quantité d'habits gracieux, à peine plus grands que ceux d'une poupée, avec un luxe de robes, de tabliers à volants, de gilets de laines vives, plusieurs paires de souliers, des sandalettes, des pantoufles toutes petites. Nous étions émerveillées et tâchions qu'elle soit confiée à nos soins. Pour cela, je n'hésitais pas à me faire bien voir de la religieuse. Je voulais qu'on me désignât. Je lui aurais mis le soir sa chemise fleurie, je l'aurais aidée à s'habiller, je lui aurais coupé sa viande. Elle aurait été plus sage et mieux tenue que celle des autres. Mais une seule chaque année était la « mère » de Colette. A défaut d'elle, je m'appliquais à soigner celle qu'on me confiait. Je lui donnais des images. Je lui gardais le biscuit du dessert.

En général, ces petites étaient dociles et nous faisions pour elles des gestes qui nous paraissaient merveilleux et qu'avaient l'habitude d'exécuter les femmes : peigner, ôter les souliers, les chaussettes – sous prétexte d'un caillou ou de terre – enlever et remettre le gilet, le porter. Nous rendions même des services inutiles. Comme les mères, nous ordonnions, nous élevions la voix, demandions l'obéissance. Et c'était « pour de vrai », ce n'était plus pour faire semblant.

Par ailleurs, je n'ai guère passé de jour sans coudre ou repriser. La plupart du temps nous rechignions lorsqu'il fallait recoudre un bouton ou faire une reprise, mais ce savoir que nous tenions de nos mères et que nous perfectionnions entre nous, nous avions demandé à y être initiées parce qu'il était source d'innombrables menus plaisirs.

J'entreprenais un napperon pour la fête des mères ou un mouchoir sur lequel je brodais une fleur après l'avoir dessinée au crayon le plus légèrement possible. Je cousais des affaires de poupée, des draps pour les « rintintins » ou pour les poupées dont le lit était une boîte de chaussures – après il aurait fallu trop de toile. Je faisais des jours. Je tirais des fils de la trame, et dans la chaîne révélée j'exécutais des échelles, des zigzags. En broderie, je connaissais le point de tige, le point de chaînette, le point du diable, le point d'épine et d'épine double, le point de chausson, de bourdon. Je savais faire un feston et connaissais l'art de la lettre « rembourrée », le fin du fin. Je savais broder une lettre au point de croix. Je cousais les ourlets de points minuscules, presque invisibles, en me servant d'aiguilles incroyablement fines.

Et je n'étais pas la seule. Nos mains de fillettes étaient presque aussi habiles que des mains de femmes, plus menues et servies d'yeux tout neufs. Nous étions capables de prendre un fil et pas deux sur la pointe de l'aiguille et l'ourlet semblait tenir par magie.

Nos mères nous félicitaient pour ces ouvrages de poupées et même faisaient admirer nos œuvres à d'autres femmes, fières de notre savoir-faire, sûres qu'il nous servirait plus tard.

Entre nous aussi, d'ailleurs, il n'y avait que mépris pour celles qui cousaient à gros points, celles qui n'utilisaient pas le dé, celles qui bâclaient leurs ouvrages, qui coupaient de trop longues aiguillées de fil. Nous aimions à répéter « petite aiguillée, bonne (*sic*) ouvrier, longue aiguillée, mauvaise (*sic*) ouvrier ». Nous disions bonne et mauvaise ne pouvant imaginer que l'expression fût au masculin. L'accord de bonne avec ouvrier ne nous gênait pas : nous étions habituées aux insondables mystères de la langue française.

J'avais une boîte à couture : une boîte de métal qui avait contenu des biscuits. J'y tenais mon dé, en métal argenté et, sur un petit livre aux pages en tissu que j'avais cousu et brodé, quelques aiguilles de la plus grosse à la plus fine. J'y gardais des rubans, des bouts de dentelles, quelques jolis tissus précieux, un peu de fil blanc roulé sur du carton, une bobine de fil rose presque finie, que ma mère avait consenti à me donner, des pelotons de laine et du coton à broder. J'y gardais une ou deux épingles à nourrice. C'était le genre de choses qui fuyaient avec l'eau de lessive par le trou de l'évier et que nous trouvions dans le ruisseau, brillantes d'avoir été décapées. J'avais une affection particulière pour les épingles de nourrice.

On achetait la série enfilée sur la plus grosse. La dernière, la plus petite, était jolie, comme destinée par sa taille à servir pour les poupées. Aux Magasins Modernes, où nous nous enchantions au rayon mercerie, j'en voyais de dorées et plus petites encore, qui auraient tout juste été maniables avec nos doigts d'enfant. J'en ai beaucoup rêvé, sans jamais en posséder. Ma mère n'en avait pas l'usage. Les autres, les ordinaires, elle ne s'en servait pas beaucoup mais pour de petits travaux nécessaires : pour enfiler les élastiques des chaussettes et des culottes, pour réserver des mailles dans un tricot et surtout dans le tricotage des chaussettes à talons, pour fermer la bande d'un pansement. Il m'arrivait d'en dérober une et celles que je possédais, je les gardais précieusement parce qu'il n'était pas facile d'en obtenir.

Certaines filles avaient des trousses à couture ou des mallettes de carton bouilli, sur le couvercle desquelles étaient fixées par un élastique des bobines, des choses inutiles comme un passe-lacet et des choses très utiles : un étui plein d'aiguilles de toutes tailles, un paquet d'épingles à nourrice – tout un paquet! – des ciseaux à broder, une pelote gonflée de sciure où étaient piquées des épingles à tête de nacre ou de verre de couleur. Nous trouvions ces mallettes magnifiques, ainsi que les « travailleuses », ces pliants de toile aux montants de bois qui se portaient comme un sac à main, dans la poche desquelles on pouvait même porter le tricot, et qui posées à terre tenaient debout sur leurs croisillons, comme des sièges.

Car, plus encore que la couture, nous pratiquions et aimions le tricot. J'y fus initiée avant l'âge de six ans, à grands coups de taloche. Je dois dire que j'avais demandé d'apprendre avec cette obstination qu'ont parfois les enfants pour obtenir ce qu'ils désirent. Ma mère, excédée, me dit : « Ah! tu veux apprendre à tricoter, je vais t'apprendre, moi! » C'est dans les larmes que j'entrai dans le mystère et la magie des aiguilles et de la laine. A sept ans toutes les fillettes savaient tricoter. C'était aussi indispensable – et inévitable – que la marelle.

Assise sur l'escalier, dans le coin de Vallérugo, dans une encoignure de mur ou de remise suivant l'époque, pour nous garer du chaud ou du froid, dans la cour de l'école, au bord d'un pré en colonie ou sur le lit dans le dortoir à l'heure de la sieste, nous discutions âprement de nos méthodes. N'ayant pas appris à la même école – qui de sa grand-mère, qui de sa mère, qui d'une autre fille – nous avions des techniques différentes pour tenir les aiguilles, tenir la laine dans la main et en doser le déroulement, passer la laine sur le bout pointu. Il y avait celles qui tenaient l'ouvrage par-dessus, tous les doigts posés sur les aiguilles et au-dessus du tricot déjà fait, celles qui, comme moi, tricotaient les mains comme enfouies dans le tricot exécuté. Certaines faisaient passer le fil venu de la pelote entre l'annulaire et l'auriculaire, d'autres lui faisaient faire un tour complet autour de l'auriculaire. Certaines, à chaque point, dégageaient complètement la main droite, lui faisaient quitter l'ouvrage pour passer la laine sur l'aiguille, d'autres se contentaient pour cela d'un geste de l'index, les autres doigts ne quittant pas le tricot, mais bougeant toutefois imperceptiblement. Toute la difficulté de l'apprentissage du tricot tenait d'ailleurs à tous ces mouvements invisibles et efficaces des articulations des doigts : phalange, phalangine et phalangette nous avait-on appris et nous n'avions pas oublié cette si jolie série de noms. Nous débattions de nos méthodes au nom de la logique et de la commodité.

En fait, il y avait deux critères : la rapidité et la perfection de l'ouvrage terminé. Certaines tricotaient si vite qu'il était impossible de décomposer leurs gestes, et il sortait de leurs doigts un travail souple et régulier. D'autres faisaient un beau travail mais interminable. D'autres allaient vite, mais le tricot était lâche, il y avait des manques. On incriminait alors la méthode : « Tu vois bien que comme elle fait, ça ne va pas, elle a des manques, elle tricote par-dessus. » Quelqu'un pouvait toujours répondre : « Oui, mais Colette aussi, elle tricote par-dessus et son tricotage est joli. » En fait, les discussions n'en finissaient pas.

Nous nous refusions les secrets de certains points, la technique pour faire un trou-trou, pour les diminutions, les augmentations, moins jalousement toutefois que d'autres secrets, puisque quelqu'un de la famille ou du quartier pouvait toujours renseigner la copine.

En fait, nous ne faisions pas autrement que les femmes jalouses aussi de leurs secrets, et parlant interminablement pendant les séances de tricot. Souvent, il m'arrivait d'être assise toute seule près de ma mère, ma grand-mère, ma tante et d'écouter leurs débats, leurs explications, totalement hermétiques, pour qui ne connaît rien aux rangs, aux dessins, au montage des mailles, à l'endroit, à l'envers, au comptage des tours. Comme elles, nous critiquions, nous jugions sévèrement le résultat obtenu, nous nous moquions de certains ouvrages.

Ma grand-mère m'avait appris une manière merveilleuse de dérouler la pelote neuve, d'autant plus merveilleuse qu'encore aujourd'hui je n'en vois pas l'utilité véritable sinon celle de l'astuce, de l'originalité. Au lieu de commencer la pelote en prenant l'extrémité du fil glissée sous la bande de papier, elle allait chercher au milieu du huit – la pelote de laine ressemble au chiffre huit – l'autre bout de la laine et la déroulait « de l'intérieur ». Elle plongeait l'index et le majeur dans la masse moelleuse et ramenait ce bout caché comme un prestidigitateur. A mesure que son tricot avançait, la pelote maigrissait, la ceinture de papier peu à peu devenait lâche et vers la fin, la pelote transparente montrait l'agencement mécanique de la laine, magnifique de complexité. Malheureusement, je ne pouvais guère utiliser ce savoir avec mes copines parce qu'on ne nous donnait jamais la miraculeuse pelote neuve. Elle était réservée aux adultes sauf exception extraordinaire. Et de plus, même pour elles, nos mères achetaient des écheveaux, plus économiques, que nous tenions entre nos mains écartées tandis qu'elles faisaient des pelotes.

A peine avions-nous le droit de toucher la laine neuve. Nous nous contentions de la regarder et de nous émerveiller.

Pour nos ouvrages de poupée, pour le tricotin, pour un cache-nez même, nous n'avions droit qu'à la pelote ronde ou ovale, fabriquée à la maison d'une laine plusieurs fois détricotée et retricotée, teinte quelquefois – dans une grande bassine de zinc – une laine qui n'arrivait entre nos mains qu'au bout d'un long périple d'utilisations multiples dont le fil sortait tout frisotté et dont nous devions nous contenter.

Il nous restait le prestige de savoir tourner un peloton régulier et dur comme du bois à partir de l'écheveau. Tout le monde n'en était pas capable et celles qui pouvaient fabriquer un bel œuf oblong ou une sphère bien ronde et solide en étaient tout orgueilleuses.

Mis à part ces deux apprentissages, couture et tricot, directement utilisables plus tard pour peu que nous les appliquassions à des buts utiles et qui nous permettaient de faire nôtres, en attendant, une part des pouvoirs féminins, les autres activités de femmes étaient mimées. Nous nous efforcions d'exécuter des gestes les plus proches possible de la réalité. Nous « faisions semblant » et reconstituions l'univers féminin de traits et d'objets symboliques. Avant de jouer à la poupée, à la dame, à la maman, nous commencions toujours par installer une maison. Avec un morceau de craie nous en dessinions une. Nous délimitions les pièces dans un espace taillé dans l'espace, utilisant le plus souvent un coin : celui d'un portillon, la marche en faux bois du château, le tournant de Roques, un coin de l'impasse Vallérugo – là, ne pouvant sur la terre utiliser des craies, nous posions des cailloux ou tracions des traits avec un bâton – l'endroit du trottoir où il y avait le grattoir à pieds.

A partir de ce coin, nous complétions.

Nous tracions couloirs, portes, fenêtres, marquions les escaliers. Parfois c'était à la taille des poupées, parfois à la nôtre, mais toujours très petit, beaucoup plus petit qu'un espace réel. Par exemple nous pouvions tout juste nous accroupir pour manger dans la cuisine.

De notre hauteur, dominant l'ensemble du regard, nous faisions avancer les poupées d'une pièce à l'autre, nous avancions nous-mêmes à petits pas, nous faisions asseoir les poupées à table près de nous, les couchions et nous couchions aussi, dans un temps ludique réduit lui aussi et qui faisait tenir toute une suite de jours en une séance de jeu. Avec la bouche, en même temps nous mimions les bruits. Bruits de la porte d'entrée où frappait quelqu'un, des pas montant les escaliers. Bruits de vaisselle, de cuisine. Bruits de repas. Dialogues aussi. Nous étions actrices et animions nos poupées, les faisions parler en changeant de voix. Dans les pièces des maisons nous dessinions aussi tables, buffets et armoires – d'un rond et d'un rectangle – comme s'ils étaient vus par-dessus.

Toujours à l'étroit dans nos maisons – mais nous l'avions choisi – nous faisions bien attention de nous y mouvoir sans effacer les traits. Nous entrions dans les pièces par l'espace des portes. Nous devions plier les jambes, nous recroqueviller, économiser tous nos gestes, faire des pas minuscules, ne pas bousculer le buffet où certaines choses étaient installées – comme ces papiers matelassés trouvés dans les boîtes de cachets –, ne pas déranger la table qui, débarrassée après le repas, était ornée d'un bouquet ou d'une frise de fleurs tombées.

Ces maisons étaient très encombrées parce que dans les pièces et sur les meubles dessinés nous installions ce que nous appelions « nos affaires ». Dans les chambres, les lits des poupées étaient disposés : le plus souvent une boîte à chaussures. Près de ce lit, une autre boîte avec leurs affaires – robes, tricots, chaussons – était l'armoire.

Nous posions les fioles, les boîtes diverses, les quelques

pièces de dînette que nous possédions, les chiffons que nous avions mis de côté. Parfois il ne s'agissait que d'un petit triangle soyeux qui n'était pas utilisable pour coudre et que, justement, nous avions mis de côté pour l'ornement.

Pour obtenir ces chiffons, je fouillais dans le sac où ma mère gardait tous les restes rendus par la couturière en vue d'éventuels raccommodages ou agrandissements. Quand le vêtement avait disparu, je quémandais :

« Je peux prendre ça ? et ça ? »

« Ça », c'était un morceau de satin, de broderie anglaise, de tulle ou de mousseline. Quand on le possédait, on le montrait pour le faire admirer. Puis on le posait sur l'oreiller de la poupée, sur le dessus du lit comme un couvre-pied, sur la table dessinée, sur le buffet. A la fin du jeu on le rangeait, ou bien on l'avait échangé contre un autre jugé plus beau. On sortait aussi comme décoration de petites pelotes de laines rares où il y avait si peu de laine qu'on ne pouvait rien tricoter avec. Je me souviens de quelques mètres d'angora vert vif, de bleus « layette », de laines « perlées », de cotons brillants. Je sortais de ma réserve de petits bouts de buis sculpté, ramenés de colonie, un bâton de noisetier venu aussi d'Ouillas, dont j'avais découpé l'écorce de figures géométriques et de serpents, un beau bâton sans utilité, que je posais au bord de la marche d'escalier, ou que je plantais en terre pour signifier la limite du mur. Un de ces cartons tout plissés qui gardait raides les bobines de coton, servait de bibelot ou, coupé en deux, de boîte, de plat, ou de vase.

D'autres fois, suivant notre humeur, nous nous installions sur les marches du grand escalier. Les marches devenaient des étages. Nous en occupions chacune trois ou quatre installant la cuisine sur l'un, les chambres plus haut, la chambre des enfants à part. Là, quand c'était le moment de dormir, nous pouvions nous allonger carrément sur la marche. Quand la maison était installée, commençait le jeu.

Il faut distinguer à la poupée, à la dame, à la maman.

« A la poupée » chacune avait sa fille ou son fils, l'habillait, le déshabillait, le couvrait suivant le temps, le faisait manger, lui donnait la fessée, travaillait pour lui, couture ou tricot. Entre nous, nous échangions alors des propos de mères parlant de leur bébé, le vantant, forçant l'admiration des autres en racontant ce qu'il disait ou faisait. Comme nos poupons et poupées avaient un âge donné, nous étions assez sévères sur la vraisemblance des dires. Chacun avait un nom, toujours le même depuis que nous l'avions eu, nous le lui avions donné pensant qu'il était beau et élégant et il arrivait qu'au bout d'un certain temps il fût démodé, mais nous le lui conservions, même avec des regrets. Si le bébé avait six mois et que sa mère racontât ce qu'il disait, quelqu'une toujours la rappelait à l'ordre. Elle rompait le jeu, reprenait soudain son accent de tous les jours pour dire : « Dis donc, tu quiches [13]. » L'autre alors, si elle voulait éviter la dispute, de sa voix de dame, affirmait : « Oh! je m'étais trompée, pardon. »

« A la maman » nous mimions avec d'autres fillettes les personnages de la famille : la mère, le bébé, la grande sœur, le père, parfois la grand-mère, assez souvent la bonne, quand il se présentait une fillette assez faible pour accepter ce rôle subalterne. Il arrive d'ailleurs qu'une « bonne », pas très contente de son rôle, fasse la bécassine, tombe les choses, n'exécute pas les ordres, exprès. Certaines sont toutes désignées pour être les bébés, soit parce qu'elles sont effectivement plus jeunes, soit parce qu'elles sont menues, petites pour leur âge et mignonnes d'une manière qui nous paraît enfantine. Celle qui est la mère range, cuisine, promène ses enfants, les amène à l'école, gronde, punit, va aux provisions. Celle qui joue la petite prend une voix minuscule, se rapetisse encore en marchant jambes pliées, fait comme si elle savait à peine marcher et parler, se laisse peigner, parfois fait des caprices, ce qui fait s'exclamer la mère : « Qu'est-ce que j'ai fait au bon Dieu pour avoir une enfant comme ça ? » Le père part au travail, rentre. La mère se plaint de la peine que lui ont donnée les enfants. On se couche. Le rythme des jours est très rapide. La mère amène les enfants à l'école : l'escalier de Sauvagnac, elle les laisse là. Ils font semblant quelques instants d'être en classe et en récréation, puis ils imitent la cloche de la sortie et rentrent vers l'escalier en se tenant par la main, la grande guidant les pas hésitants de la plus petite. Comme le rôle du père est peu important – il se contente d'arriver au moment des repas et il part seul dans son coin – la plupart du temps nous l'imaginons, sauf si l'une d'entre nous, possédant un vélo, dit : « Moi je serai le père », et en fait s'amuse à autre chose, se contentant de brèves apparitions.

Nous disions entre nous : « On fera semblant que le père est là. » On s'adressait à lui, on mettait son couvert, mais personne ne voulait jouer ce rôle sans intérêt. La répartition des rôles était d'ailleurs l'occasion de violents conflits. Les préférés étaient : la maman – elle commandait – et le bébé – elle était choyée. Les autres rôles : grande sœur, mamé, tata, étaient moins bien vus.

Celle qui commandait – de façon permanente ou momentanée – décidait des attributions, des destins et même des caractères :

« Toi tu serais la fille et tu ferais que des sottises.

– Toi tu serais la tante qui habite Paris et tu viendrais nous voir.

– Toi tu serais la grande sœur et tu serais en apprentissage. »

La famille que nous formions était très semblable aux nôtres, à la bonne près, dont la présence ne changeait guère la situation sociale. Par exemple, il y avait la bonne et un père mécanicien ou un grand frère ouvrier plâtrier.

« A la dame », c'était des visites qu'on se rendait les unes aux autres, en sortant l'ouvrage et en racontant notre vie.

« Moi, mon mari qu'il est général... qu'il est ingénieur... qu'il est artiste de cinéma. »

On buvait le café, on découpait en parts triangulaires une tarte de papier. Sur le trajet, en partant en visite, nous portions le sac et marchions sur la pointe des pieds pour faire semblant d'avoir des talons hauts. Ou bien alors, pour avoir cette démarche compassée des femmes, ou des jeunes filles, comme en équilibre sur les chaussures à talons, nous glissions du papier sous le talon du pied, à l'intérieur du soulier. Plus c'était haut, plus cela nous empêchait de marcher avec agilité, et plus c'était beau et proche, nous semblait-il, de l'allure des dames. De plus, suivant la saison, nous avions les joues maquillées de jaune par la poudre des boules de platane ou l'étamine des lys, les ongles et les lèvres couverts de pétales de géranium ou de rose collés avec de la salive. Nous nous ornions le poignet de la ceinture des pelotes de laine, les doigts des bagues dorées des cotons à broder et nous partions en visite, en courses, ou nous emmenions les enfants en promenade.

Nous racontions notre vie en restant toujours dans certaines limites qui ne permettaient pas de trop grossiers mensonges. La famille, les enfants, leur nombre et leurs noms, nos achats, nos toilettes, nos bijoux défilaient dans notre conversation. Nous avions relevé nos cheveux, mis des écharpes et nous échangions d'une voix truquée nos recettes de cuisine, nos points de tricot, en même temps que nous médisions amplement des voisins. Quand c'était la saison, nous avions piqué sur le bas de la manche du tricot un érodion [14], ce fruit en spirale de fouet, dont on disait qu'il tournait et donnait l'heure. Nous regardions notre poignet et nous nous exclamions : « Déjà deux heures que je suis chez vous. » Nous avions constaté qu'effectivement ce fruit mystérieux s'enfonçait en tournant dans la laine, et que la fine pointe terminale se déplaçait comptant l'heure fictive du jeu. Le temps du jeu, obligatoirement raccourci, permettait de faire tenir tout un déroulement – croissance des enfants, ménage, temps scolaire, nuits – en peu d'heures. Paulette, quand elle était là, nous le mesurait d'un étrange réveil. C'était un vrai réveil auquel il ne manquait que le verre et la petite aiguille. Il marchait encore, son tic-tac sonore ne le laissait pas oublier et la grande aiguille dévidait le jour à toute allure. Il convenait magnifiquement aux journées réduites. Au 8 tout le monde se levait, déjeunait et à un peu moins du 9 il fallait que les enfants fussent partis à l'école. De 9 à 12 c'était bien vite passé et ainsi de suite... Toute la semaine pouvait se dérouler jusqu'au dimanche avec la messe, en l'espace d'une ou deux heures.

Le réveil de Paulette avait une autre particularité : il était détraqué, sonnait de façon imprévisible et nous inventions toujours quelque raison à cet avertissement sonore. Quand ça tombait bien c'était la cloche de l'école ou celle de l'église, sinon c'était le feu, ou une alerte – la guerre n'était pas loin – ou alors c'était quelqu'un qui sonnait à la porte, à la sonnerie électrique, d'un chic extraordinaire.

Par moments, une voix normale interrompait les mondanités d'un « c'est pas du jeu » et, suivant les jours, tout rentrait dans le doux ordre bourgeois que nous imitions ou alors le jeu se désorganisait et nous passions à autre chose.

Jouer à la marchande ou à la dînette était réservé surtout aux moments où, dans l'abondance naturelle, nous trouvions de quoi alimenter notre étalage ou notre table. Pour jouer à la marchande, il arrivait que l'une de nous possédât cette chose étonnante et merveilleuse : une balance de ferraille et sa série de poids. En général, ces balances étaient si peu sensibles que le fléau, vite rouillé et bloqué, ne jouait pas. Il fallait faire semblant de peser et mettre une quantité de légumes qui n'épuisât pas notre stock. En l'absence de ces merveilles, nous fabriquions la balance avec une planchette ou une règle plate posée sur une arête de pierre. Les poids étaient des cailloux. Chez Paulette, dont les parents vendaient les fruits et les légumes de leur « campagnette », il y avait une Roberval et des poids de fer octogonaux munis d'un anneau. Ce n'était pas les jolis poids cylindriques de cuivre du boulanger, et, de plus, malheureusement, il ne restait plus chez Paulette que les gros. Ils ne pouvaient nous servir car nous n'avions jamais ni un kilo ni une livre, ni même une demi-livre de cosses de genêts ou d'épis de graminées sauvages. Mais leur présence au pied de la balance faisait joli et on les soulevait quand même, on les posait dans la balance avant de mesurer notre « kilo ».

Dans des boîtes nous installions les denrées à vendre, cueillies dans les fossés, dans les vignes après le passage à niveau – fruits de la rouquette, balsamine, véritables haricots verts en miniature; bouteillous appelés d'ailleurs pommettes, semblables à s'y méprendre à des pommes rouges; figues de barbarie; oignons à la base de toutes les liliacées; bourse à Pasteur, fruit du volubilis égrené, amourette, comme lentilles; cœurs des pâquerettes et des camomilles, fleurs du pissenlit, vendues comme plaques de beurre; sedum des murailles devenu riz; abricots verts; grappes de raisin sorties du sorbier ou du troène; fromageons de la mauve que nous présentions sur des feuilles de figuier ou de platane; gratte-cul, comme poivrons ou carottes; salades de toutes sortes de feuilles; artichauts de joubarbe; kaki ou gros fruits du rosier domestique transformés en potiron et fruit de l'iris en courge longue; feuilles de l'iris ou du roseau en paquets de poireaux; silique du caroubier dont on vendait la confiture dans de minuscules papiers d'argent; mentastres des fossés façonnés en bottes et qui sentaient bon; agret sauvage devenu blettes domestiques comme les feuilles de coucou; graminées mises en bottes d'asperges : orge, fléole, vulpin, herbe à cinq coutures; farines impalpables sorties de la vesse de loup, de la capsule du coquelicot; écailles des mélèzes ou des pommes de pin, vendues comme amandes en coque; pignes, boules de cyprès devenues choux « pommés »; pompons naissants du platane en cerises et rouges comme des cerises; boules vieilles : pommes ou noix; farine encore que cette terre plus fine que du sable, presque blanche que les eaux du fossé déposaient après les orages. A tout cela, nous ajoutions des bonbons : des cailloux entourés de papier d'argent, des pommes de terre pas plus grosses que des noisettes, les tranches en surnombre des oranges que nous appelions Petits Jésus et qui devenaient des oranges entières. Nous inventions notre étalage avec les saisons.

Une idée jaillie, une utilisation inconnue apportée par des fillettes de l'extérieur, étaient utilisées si elles paraissaient astucieuses, étaient adoptées et s'ajoutaient à tout ce qu'un bouche à oreille et une utilisation « ancestrale » avaient transmis.

Devant l'étal, l'acheteuse sortait le porte-monnaie qu'elle avait fabriqué dans un couvercle de boîte de sucre. Sans presque avoir besoin de le bricoler, en aplatissant juste les bords vers l'intérieur, en le pliant en deux, on obtenait un porte-monnaie remarquable auquel il ne manquait même pas les soufflets et qui laissait au bout des doigts, toujours, quelque douceur que l'on pouvait lécher. C'était parfait et nous ne jouions ni à la marchande, ni à la dame sans cet objet. Il était le signe même que nous étions des ménagères comme nos mères. Nous le remplissions de pièces de monnaie découpées dans du carton où nous inscrivions : 1 F, 2 F, 3 F, et de billets de banque. Pour les fabriquer, nous utilisions la marge blanche des journaux. Du porte-monnaie nous sortions nos billets. La marchande nous rendait la monnaie et comme on le faisait à l'épicerie du quartier, elle nous donnait la note et le détail de nos achats.

Nous emportions les denrées dans un de ces sacs de toile taillés par nos mères et que nous avions brodés, ou bien faits d'un boyau de laine sorti du tricotin, roulé en forme d'escargot. Après nous rendions les articles à l'épicière et elle les replaçait dans leurs boîtes.

A tour de rôle, nous étions la marchande – c'était le beau rôle. Il y avait toujours des discussions parfois terminées en disputes sur les temps impartis aux unes et aux autres, aux favorisées, aux lésées.

« La marchande », entre la préparation de l'étalage et le tour de rôle du jeu, nous tenait souvent un après-midi entier. Et comme nous avions réuni une grande quantité d'herbes, le jeu s'achevait en dînette. Nous partagions les provisions de l'étalage et, installée chacune dans notre cuisine, nous nous invitions à manger. La maison à dînette se réduisait à la cuisine, plus grande que d'habitude, pourvue d'une vaste table autour de laquelle plusieurs convives pouvaient prendre place. Nous dessinions de même une large cuisinière et un fourneau à gaz que nous allumions avec les allumettes brûlées gardées en réserve. Chacune cuisinait avec la vaisselle qu'elle possédait – quelque casserole, un faitout de métal, des assiettes de terre ou de fer ; il s'y ajoutait des tessons divers, des fioles – et gardait jalousement ses trésors pour s'en servir quand les invités viendraient chez elle : un beau tissu faisant nappe, une cafetière où elle passerait le café de vieux marc et d'eau et dont le petit tamis garderait le marc, comme pour de vrai, des fourchettes de métal, des gobelets de bois – on en trouvait dans des filets dorés, réduits à des dimensions lilliputiennes.

Pour figurer la viande on prenait souvent les fruits les plus volumineux ou bien on façonnait un rôti dans de la terre mouillée. On façonnait de même un gâteau côtelé ou une purée. Nous faisions tous les gestes du service et de la nourriture et nous accompagnions tout cela de bruits de bouche. Nous ornions notre dînette d'un fond sonore de liquides en train de bouillir, de robinets coulant, de friture, de mastication, de reniflements pour dire que cela sentait bon. Mêlés à ces semblants de nourritures de patates crues et de baies suspectes que nous nous gardions bien de manger, très méfiantes que nous étions sur les poisons de la nature, il y avait ce que nous savions pouvoir avaler sans danger : les mûres de buisson, la « confiture » de caroubier, l'eau où était hachée la menthe sauvage, les ingrédients de notre goûter, débités en morceaux minuscules et offerts sous forme de pièce montée ou de frites. Mais le plus souvent nous ne mangions pas vraiment et la cuisine des dînettes se réduisait à une apparence de cailloux, de gâteaux de terre ornés de pétales, d'herbes. Il arrivait même que les éléments des ménages servissent complètement vides. On faisait semblant de tout : même d'avoir quelque chose dans l'assiette.

Dînettes, marchandes, jeux divers de poupées nous ramenaient à ce centre : la maison.

Il y avait la vraie où nous vivions et celles des autres

filles, toutes réelles, ne différant de la nôtre que par des nuances. Il y avait quelques maisons luxueuses dont nous parlions. Quelle qu'elle soit, modeste et vraie ou plus riche et rêvée, la maison était le lieu où se réunissait la famille, le lieu du refuge, de l'élaboration culinaire, du repos, de la chaleur.

Depuis que nous étions petites nous savions que ce lieu nous appartiendrait par une sorte de droit naturel, que nous devrions nous en occuper.

Nous étions sans impatience dans l'attente d'un temps dont nous nous promettions d'infinis plaisirs. Un jour nous tiendrions la table, l'enfant, le fourneau. Ce dont nous avions joué, dont nous avions joui, serait à nous. Rien ne serait rompu : des enfants-poupées nous passerions aux vrais bébés. Nous bouclerions le cercle qui de la mère à l'enfant passe obligatoirement par la maison.

Alors, quand la pluie nous tenait dedans, quand le froid nous obligeait à jouer dans l'espace chauffé, quand je m'ennuyais chez ma grand-mère, chaque fois qu'il fallait jouer tranquillement, c'est à une maison que je revenais : j'en dessinais une. Je commençais par arracher une page double au milieu de mon cahier et j'en taillais le haut en biais pour figurer le toit, j'ouvrais des portes, des fenêtres et sur la double feuille que découvraient les ouvertures, je dessinais l'intérieur. C'était un dessin minutieux, un fin travail de découpage, un jeu de peu de gestes et de peu de désordre, qui ne nécessitait pas un espace plus grand que le coin de table où je posais mon papier.

Comment dire toute la magie de ces maisons et combien je les aimais ? En ouvrant la porte, en ouvrant la fenêtre, je ne découvrais que ce que j'avais dessiné mais c'était pourtant comme une surprise très douce de voir la table au-dessus de laquelle pendait une lampe, dont j'avais figuré le rayonnement au crayon jaune, de voir les chaises installées autour, le bouquet que j'avais mis au centre, la table mise parfois, avec des verres, des assiettes, la casserole ou le plat fumant en une volute de crayon. J'étais heureuse et rassurée. Je refermais doucement cette minuscule fenêtre du bout du pouce et de l'index sur un monde paisible et un ordre imperturbable, sur la table mise, prête pour le repas et la lampe immuable. Je l'avais garnie de rideaux « bonne-femme », à pois, à fleurs ou à carreaux, et comme j'avais évidé les vitres, je continuais à entrevoir la table garnie et la soupe fumante. J'ouvrais la porte d'entrée, celle du garage, puis celle d'une chambre ou du grenier et je savais que sur cette surface plane j'allais rentrer dans l'épaisseur moelleuse, infinie de la maison, dans un monde en trois dimensions avec sa chaleur, ses meubles, ses armoires pleines, sa cuisine équipée. Parfois, je dessinais seulement l'espace réduit que les ouvertures permettaient d'apercevoir, mais le plus souvent, comme la feuille double était rare, je remplissais tout l'intérieur et lorsque je soulevais la façade, je voyais tout : les lits, les jouets, la cheminée, la batterie de cuisine pendue. Tout le volume était là, sous mon regard dans l'étroite pellicule. Tout le volume aimé, tous les détails de la maison vraie et de celle que j'aurais plus tard.

Je ne me souviens pas d'avoir jamais dessiné un château ou des fenêtres ouvrant sur des salons. Je restais – nous restions, je n'étais pas la seule, un dimanche après vêpres, à dessiner ainsi une maison pour attendre sans languir le repas du soir – dans les limites de notre classe sociale, avec de petites améliorations : une salle à manger, plusieurs chambres – avoir une chambre à soi était un rêve – un escalier montant à l'étage – alors que nous connaissions surtout des maisons de plain-pied –, une maison individuelle – pour celles qui habitaient en appartement –, des pots de fleurs le long des murs. Rien de radicalement différent de ce qui nous était habituel.

C'était un jeu paisible, sans désordre, un jeu solitaire dans les odeurs de soupe et de fricot qui remplissaient la cuisine. C'était une maison dans la maison, une maison rêvée dans la maison vraie, emboîtée dans la vraie et profitant de sa chaleur – et pourquoi un enfant dans le papier n'aurait-il pas lui aussi dessiné une maison dans laquelle il y aurait eu un enfant dessinant une maison... et ainsi de suite jusqu'au vertige ? Nous tenions la maison dans nos mains, tandis que la grande maison nous contenait. De même que nous aimions tracer une maison sur un morceau de trottoir, pour qu'elle ne soit pas démesurée et que nous puissions la dominer, de même que nous refaisions un espace à la mesure de notre corps dans la marelle – un espace qu'il était possible d'arpenter en quelques sauts – de la même façon la maison dessinée dans du papier, totalement entre nos mains, totalement sous notre regard, nous donnait une impression d'extraordinaire et totale possession.

Un autre jeu nous offrait des impressions semblables – c'était celui des « rintintins ». Il réunissait les plaisirs de la poupée, de la couture, du bricolage, et occupait à lui seul plusieurs heures, parfois tout un jour.

Sur la largeur de la main, on enroulait un écheveau de laine d'une vingtaine de fils. Un premier étranglement des brins et on avait une tête ronde. De chaque côté on laissait partir plusieurs fils et le poignet était formé d'une laine nouée. Un autre étranglement : c'était la taille. Pareil pour les chevilles. Le rintintin était bientôt fini et tenait dans la main, une fois vert, une fois brun suivant le hasard des tombées de laine. Il était mou et souple. Certaines raffinaient, cousaient d'un point des tresses sur la tête, figuraient les yeux d'un fil sombre.

Ce qui était plus long et plus intéressant était de les habiller et de leur créer toute une maison, à leur taille, sur un couvercle de boîte à chaussures ou dans le coin d'une marche d'escalier. On tirait les habits d'un très petit bout de tissu plié en deux, troué pour laisser passer la tête et ceinturé d'un fil. C'était le plus ordinaire. Mais il y avait aussi des jupes froncées, des tabliers pas plus gros qu'un timbre-poste, et même des bonnets.

Nous fabriquions la literie très vite. Un drap, même à jours, pour garnir une boîte d'allumettes, une couverture tricotée étaient faits en moins d'une demi-heure. En mai, nous garnissions le fond de la boîte des fruits du peuplier blanc, exactement semblables à de la laine. Cette rapidité était séduisante. Nous nous montrions à mesure nos ouvrages. Car après avoir vêtu les poupées, nous bricolions les meubles avec des boîtes d'allumettes vides et des boîtes de pâtes. Le fond de la boîte d'allumettes avait été le lit, le couvercle posé de chant et découpé devenait l'armoire. Une trompette de Jéricho fendue et renversée figurait les rideaux ou les voiles d'un berceau en écorce de platane ; un papier cranté était la descente de lit, un carton plié en trois, une table sur laquelle on posait une fleurette de lilas. C'était un petit monde sans durée. Nous nous exclamions aux trouvailles des copines, à l'utilisation décorative de feuillages et de tissus. C'était le moment de façonner l'écorce de pin ramenée de promenade ou de colonie en un fauteuil, une nacelle. Puis, quand le monde des rintintins était en place, nous jouions à les animer, à les lever, à les faire sortir, les maniant entre le pouce et l'index. Les objets fabriqués ne duraient guère plus que le jeu : sauf peut-être l'armoire ? ou le fauteuil d'écorce ? ceux qui avaient demandé un usinage un peu élaboré ?

Il n'était pas commode, pour tous nos ouvrages et bricolages, de nous procurer des outils. Deux nous faisaient gravement défaut : le couteau et surtout les ciseaux. Quand ma mère s'absentait, je prenais un couteau de cuisine pour appointer un crayon, pour tailler du carton épais et même, plusieurs fois je m'étais servie en cachette du rasoir de mon père si tranchant que la lame avançait sans effort dans n'importe quelle matière dure.

Des couteaux à nous il en circulait bien quelques-uns : de mauvais canifs branlants le plus souvent ramenés de colonie. On nous donnait un peu d'argent de poche et au bazar nous faisions l'acquisition d'un canif. Il nous était très commode pour découper les ingrédients des dînettes, pour bricoler les roseaux. Mais nous devions les cacher puisqu'ils étaient, malgré leur peu d'efficacité, considérés comme dangereux.

Ce qui nous manquait le plus c'était les ciseaux. Ceux de la couture appartenaient à nos mères. Elles les confiaient périodiquement à des aiguiseurs qui passaient dans le quartier.

Lorsque arrivait la carriole, elles descendaient et restaient là, pendant l'opération qui rendait les instruments à nouveau pointus et tranchants. En effet, elles étaient remplies de méfiance à l'égard des aiguiseurs, ces voleurs, ces caraques qui priaient sainte Rita. Nous nous approchions aussi pour assister à l'aiguisage, en nous bouchant les oreilles, car le bruit de la meule faisait « grincer les dents ». Quand c'était fini, les beaux ciseaux étaient tout chauds.

Pour couper du tissu, pour tailler un vêtement de poupée, ma mère acceptait de me les prêter, mais je devais m'en servir devant elle et il était exclu de les prendre dans la rue. Quant à faire du découpage et surtout dans du carton, l'interdiction était formelle. Et pourtant, pour ouvrir les fenêtres d'une maison, pour cerner avec minutie le contour d'une figurine ou d'une fleur, pour bricoler le carton des boîtes de sucre ou le bois léger des boîtes d'allumettes, j'aurais eu besoin de ces pointes fines, de ces lames affilées. Alors, bien sûr, je me servais comme les autres des ciseaux maternels. Je les prenais en cachette dans ma poche, mais je ne leur laissais franchir le seuil qu'avec beaucoup de crainte. Je refusais en général de les prêter sauf dans un échange particulièrement avantageux : « Prête-moi les ciseaux de ta mère, je te prêterai mes patins », « prête-moi-les et tu auras la moitié de mon chingom ». De toute façon, si ma mère s'apercevait de ma désobéissance, si elle trouvait ses ciseaux émoussés, je savais que la rouste serait le prix du plaisir.

Comme nous n'avions pas toujours le courage d'affronter la colère de nos mères, il nous restait ces petits ciseaux de métal médiocre qu'on appelait « ciseaux à broder » et que certaines avaient trouvés dans une trousse ou une mallette. Ils avaient vite du jeu, ils perdaient rapidement pointu et tranchant, et se prêtaient mal aux découpages minutieux. Certains représentaient une cigogne. Les deux lames étaient le long bec, la tête se profilait sur l'entablure où la vis d'articulation figurait l'œil. Chaque patte s'appuyait sur un anneau et les deux ailes repliées étaient posées près de l'une des pattes, rendant ainsi les ciseaux dissymétriques. Les plumes, grandes et petites, la corne des pattes annelées étaient dessinées en relief dans la masse argentée du métal. Nous trouvions ravissantes ces cigognes et nous nous émerveillions de leur ingéniosité, du bec qui s'ouvrait et se fermait avec le mouvement des doigts, de l'utilisation imagée des éléments habituels : branches, lames, anneaux. Mais ils ne permettaient guère de faire autre chose que de couper du fil – encore préférions-nous nos dents. Pour découper, fabriquer un tapis, tailler le tissu, la lame n'était pas assez longue, le bout trop rond et le tranchant plutôt nul, sinon les premiers jours.

Aussi, quand il nous était impossible d'emprunter, même pour un moment, les beaux ciseaux brillants des boîtes à couture, nous avions recours à des astuces. C'est du bout des doigts qu'on travaillait les écailles subéreuses du platane, c'est en frottant l'écorce de pin contre un mur rêche qu'on lui donnait la forme d'un bateau, c'est avec une aiguille à coudre ou une épingle que nous découpions. Nous faisions le long des lignes des petits trous très rapprochés – au point de se chevaucher – et il ne restait plus qu'à détacher les morceaux suivant le pointillé. Cette méthode avait l'inconvénient de donner une bordure toute crénelée au lieu du bord net produit par les lames, mais elle avait un avantage : elle permettait d'une fine pointe d'évider des endroits minuscules, le coin d'un carreau de quelques millimètres à la lucarne d'un toit, le rond d'une arrivée d'eau, le contour d'une feuille, le détail d'une dentelle si délicat fût-il, travaux minutieux qu'il était impossible d'exécuter, même avec les beaux ciseaux maternels, trop lourds, que nous arrivions mal à manipuler, qui nous donnaient des crampes dans les mains. De plus, le découpage à l'épingle faisait penser à ces planches prédécoupées – elles représentaient une poupée et sa garde-robe, ou une ferme – qui, pour éviter justement la manipulation de ciseaux, proposaient un pointillé. C'est sûrement là d'ailleurs que nous en avions pris l'idée.

Lorsque ainsi nous découpions à l'épingle, nous tenions le papier à hauteur de poitrine et nous étions presque immobiles tant les gestes étaient menus.

Tout autant que cette agilité du bout des doigts, que cette aptitude à se plier à de multiples gestes complexes, que cette facilité à tirer parti de tout et de rien, ce qui annonçait en nous la femme que nous serions, c'était notre attitude mentale face aux événements du quartier. Près des femmes et à leur façon, nous en connaissions la chronique.

A la boulangerie, à l'épicerie, chez le laitier, les femmes parlaient entre elles, devant nous, et nous les écoutions. Jouant sur le trottoir ou allant aux commissions, nous prêtions l'oreille aux potins qu'elles colportaient. Il y avait des « bouillaques », des femmes bavardes et au courant de tout, porteuses d'une masse d'informations vraies ou fausses dont elles n'étaient pas avares. Elles parlaient longuement sur le seuil de l'épicerie, dans la rue, le balai à la main, à l'occasion du nettoyage du trottoir, ou de fenêtre à fenêtre. Tout en méprisant les bouillaques et les bouillaquages, les autres femmes les écoutaient, curieuses de leurs commentaires, des nouvelles qui arrivaient par elles, essayant de cacher leurs propres affaires à ces fouineuses qui les dénichaient toujours.

A nous on ne disait rien, mais nous étions au centre de ces flots multiples de paroles où défilait la chronique des vies. Nous en retenions des bribes, ou des pans entiers. Et nous ne nous faisions pas faute de nous tenir mutuellement au courant à travers des silences et des secrets, suivant l'intimité des rapports. Certaines d'entre nous étaient aussi qualifiées de bouillaques, et en savaient plus que les autres sur la Pibre, la mère Puig ou Andrès ou sur ce qu'avait fait le fils de telle famille, sur le passé des gens, ou sur qui serait « maire » à la prochaine fête de quartier.

Elles étaient dangereuses, ces bouillaques fillettes, elles révélaient que Micheline s'était lavé les mains à la fontaine avant d'entrer à l'école, que telle autre faisait « tout » tenir avec des épingles, que sa « combine [15] » était déchirée, que sa mère allait à crédit. Mais nous aimions les commérages divers et, longuement, tout en cousant, nous répétions entre nous ce que nous savions des personnes et des événements, ou du moins cette part des choses qui nous intéressait. Victimes nous-mêmes des commérages de la vieille Puig, c'est avec délectation que nous parlions de son odeur abominable, de sa méchanceté. C'était un sujet véritablement inépuisable et cela démarrait chaque fois qu'elle nous lançait depuis son balcon – un balcon tribune, chaire, mirador – une remarque désobligeante sur notre façon de nous tenir. Nous lui jetions des regards de haine et nous nous répétions à l'oreille le linge qui chez elle pourrissait dans les bassines, l'évier plein de vaisselle sale, le mari battu et invectivé. A d'autres moments nous évoquions la « folie » de la mère Pelaprat, la perruque que paraît-il elle portait, son ivrognerie. Quand Mme Puech nous empêchait de jouer sur son trottoir luisant comme ciré, nous répétions ce que nous avions entendu dire d'elle par nos mères, avec une admiration mêlée de jalousie : « Celle-là ! elle laverait l'eau ! »

Nous parlions de la réputation épouvantable des « parisiennes de Tournissac », des jeunes filles pincées qui parlaient pointu, passaient sur leur vélo sans nous dire bonjour au retour de rendez-vous que nous nous plaisions à croire suspects et mystérieux. Nous parlions de l'épicier du quartier qui était un voleur, de la mère Cabannes, une goullamasse, de Mme Denis panier percé qui avait la « cagne » d'aller au marché et faisait toutes ses courses à l'épicerie, de « la Pibre » qui « se maquillait sans s'être lavée ».

Quant au hasard de leurs déambulations dans le quartier ou des nôtres, ou de nos jeux, ces adultes objets des commérages nous croisaient, nous avions l'occasion de dire ce que nous savions. Et c'était important et agréable au point que nous n'aimions pas jouer dans les jardins « de derrière », comme celui d'Évelyne ou d'Alice. Outre le fait que chez Évelyne il fallait traverser la cuisine et que nous étions sans arrêt réprimandées sur la terre que nous portions sous nos semelles, sur les portes claquées ou laissées ouvertes, produisant le terrible courant d'air ou laissant entrer le froid, ces jardins, isolés, ne nous permettaient pas de voir le mouvement de la rue et d'alimenter nos propres commérages. C'est pourquoi nous préférions, après la rue elle-même, les lieux qui avaient libre accès à elle. Notre surveillance s'exerçait et elle était déjà aussi aiguë et malveillante que celle des femmes : capable d'éplucher l'infime quotidien.

En même temps, comme nous voulions parfois nous protéger du regard des adultes, nous choisissions les endroits où nous pouvions voir les allées et venues et être nous-mêmes les moins exposées. Du coin Vallérugo, du tournant de Roques, nous pouvions toujours nous assurer que personne n'arrivait, lorsque par exemple nous faisions l'homme droit contre le mur, ce qui exposait nos culottes aux regards.

Épouvantails ou individus admirables, les grandes personnes composaient le décor mobile et imprévisible de notre vie. Peu nous importait d'être justes ou injustes, d'avoir des nouvelles de deuxième et troisième main – « mon père a dit que le boucher lui avait dit que... » – étayées de preuves médiocres – « et d'abord tu demanderas à Paulette si c'est pas vrai » – il nous suffisait de parler.

Mme Henry habitait au bout de la rue Branly, même pas dans notre quartier, mais son faste arrivait jusqu'à la Font-Neuve par les on-dit de nos parents et, finalement, jusqu'à nous. Il s'agissait d'une richesse à la mesure des pauvres gens que nous étions, éblouis de peu, à base de langouste, de maison de dix pièces, de tables décorées « par un fleuriste », d'aquarium plein de poissons exotiques, de souliers portés une seule fois, de sac à main s'ouvrant sur des billets entassés en vrac « comme des papiers dans une poubelle ». Les histoires légendaires étaient très vite colportées. On racontait qu'un jour Mme Henry était arrivée à l'épicerie au moment où l'épicier recevait le colis du parfumeur Berdoues – de Toulouse – et où, avant que la marchandise soit seulement en rayons – des emballages décorés de violettes – Mme Henry avait acheté le colis *tout entier*. Comme nous aimions cela et comme nous eussions été désolées que ce ne fût pas vrai ! Lorsqu'en allant chez Honorat nous rencontrions ce personnage fabuleux, nous n'en finissions pas de préciser les circonstances de ce bienheureux hasard : comment elle était habillée, ce qu'elle avait fait ou dit, ou si par bonheur elle s'était adressée à nous.

Denise, un jour, réussit à nous éblouir : un mouchoir s'était envolé de l'étendoir de Mme Henry :

« Je l'ai ramassé et je lui ai fait passer à travers la grille. Et vous savez ce qu'elle m'a donné ? Cinquante francs. Vous vous rendez compte ? »

Il y avait, comme preuve, ces bonbons qu'elle nous distribuait... Denise n'était plus tout à fait la pâle Denise-vient-ici-que-je-te-bise. On lui disait :

« Denise... Toi qui connais Mme Henry... »

Ayant aujourd'hui confronté mes souvenirs avec ceux de ma mère et de ma sœur aînée, je puis affirmer que notre discours sur les êtres et les incidents était parallèle à celui des femmes, mais différent.

Nous avons vécu la mort de la belle-fille Pibre – morte à la suite d'un avortement – d'une manière obscure et tronquée, mais avec le sentiment que cette mort était liée au sexe. Nous avions entendu dire que sa belle-mère était coupable. Nous ne savions pas comment. Cette grande femme dédaigneuse, d'une laideur altière – son nez busqué rejoignait son menton – nous ne la vîmes plus sans un frisson et baignée du sang d'une hémorragie.

Les histoires d'adultère, de « cocus » et « cocues » nous échappaient partiellement, tout en nous passionnant. De la Pibre, dont on disait qu'elle faisait ou avait fait la vie, j'ai surtout retenu qu'elle se maquillait sans s'être lavée.

Il nous arrivait de donner un renseignement à nos mères, de dire ce que nous avions remarqué, ce que nous avions entendu, ce dont nous avions été témoins en entrant dans une maison. Quel usage faisaient-elles de nos informations ? En tout cas elles n'y étaient pas insensibles et parfois même nous interrogeaient. D'une certaine manière et partiellement, nous étions partie prenante des commérages.

Nous vivions dans cet univers de femmes, élevées par elles, dans la perspective de prendre un jour le relais. Mais c'était seulement pour demain.

C'était une attente, c'était un espoir lointain dont nous incarnions le visage dans le jeu, avec le gauchissement du jeu et en le mêlant à d'autres activités qui n'avaient rien à voir avec ce futur, que nos mères trouvaient d'ailleurs stupides, alors qu'elles s'extasiaient volontiers sur un tricot de poupée ou une broderie habile.

Je me rends compte aujourd'hui que nous avions peu d'occupations vraiment utiles. Quelques petits à garder, mais jamais en permanence. Un bouton, un ourlet à recoudre, mais si c'était trop délicat une femme s'en chargeait. Des épluchages à faire, mais seulement de manière exceptionnelle, un repas à préparer. Un peu de ménage, sous contrôle maternel : frotter les meubles, balayer, essuyer la vaisselle. Ranger, mais essentiellement nos affaires. Aider à plier les draps secs après la lessive.

Si nos occupations de femmes avaient été réduites à ces brèves interventions, si tout le reste du temps avait été occupé à des jeux différents, nous n'eussions guère été différentes des garçons. Mais toute notre mentalité était habitée d'enfants, d'ouvrages, de maison et nos jeux en étaient imprégnés. Nous menions, sans sérieux, en simulacres, en semblants, une activité de femelles. Maquillées – de pollen et de pétales – haussées sur des talons, ou assises en train de coudre des vêtements en miniature, on disait de nous que nous étions des « femnettes [16] ». Ce n'est pas nous-mêmes qui nous donnions ce nom et nous ne l'utilisions pas pour nous qualifier les unes les autres. Ce *femnettes*, « petites femmes », nous venait des adultes, lorsque dans le geste ou l'attitude, l'habilité, les goûts, ils trouvaient en nous et sous la forme de ces signes, la manifestation de notre féminité en puissance.

Nous vivions dans un monde de femmes, mais immatures, occupées aux activités traditionnelles de notre sexe, mais tenues encore dehors, admises seulement à voir, à imiter. Malheur si on nous avait prises à mettre du rouge à lèvres pour la fête du quartier ou à traîner avec les garçons !... Nous eussions été traitées de dévergondées et ramenées à nos imitations à grands « carpans ».

Nous avions intégré, en l'adaptant et en le gauchissant, le monde des femmes au nôtre, il était là tordu mais reconnaissable. Nous avions sélectionné ce qui nous intéressait, nous donnait du plaisir. En ces quelques années –

jusqu'à treize ou quatorze ans – où nous n'avions pas de charges, nous jouions à la femme. Il suffisait pour le voir clairement de regarder notre dînette installée, la maison d'un rintintin, ou de soulever la façade d'une maison de papier.

5

LE COCO BOER ET LE PAIN D'HOSTIE

« Anna ! C'est Celina !
– Que fais-tu là ?
– Du chocolat.
– Pour qui ?
– Pour moi... »

Chanson de balle au mur

Ce n'est pas par hasard si, pour imiter les femmes, nous jouions à la marchande et à la dînette. Nous étions témoins, en permanence, des propos de nos mères et la nourriture était le fond de la conversation. Les recettes, les problèmes, les conseils circulaient partout, chez les commerçants, à la sortie de la messe, d'une fenêtre à l'autre :

« Moi, mon mari, il n'aime pas...

– La petite a mal au foie. Ça supprime les œufs qu'on a si commodes...

– Moi, je m'arrange... »

S'arranger veut toujours dire cuisiner à peu de frais : en battant deux œufs sur un reste de nouilles, en faisant des beignets d'un cœur de chou-fleur, en mettant du pain perdu en guise de dessert. Au boucher lui-même on réclame : « Arrangez-moi. »

La nécessité d'économiser, le souci qui en résulte et les astuces que l'on trouve, on n'en fait pas mystère. Il y a comme une fierté dans le ton.

On montrait du doigt les femmes paresseuses, dépensières, qui ne se levaient pas assez tôt pour monter aux Halles et restaient en chemise de nuit et savates jusqu'à midi. Mais elles étaient l'exception. Partout la cuisine fonctionnait comme chez moi, avec les nuances apportées par les cuisinières, qui suffisaient à rendre surprenantes les nourritures des autres maisons.

Je fus nourrie, et je dois dire délicieusement, de ces nourritures modestes et inventives préparées par des ménagères qui devaient sans cesse compter sou après sou et pour lesquelles il n'y avait pas de petites économies.

Nos mères savaient tirer parti de tout, des légumes de saisons, de quelques cueillettes sauvages – salades et fruits – des légumes que donnaient nos petits jardins, de leurs fruits, des bas morceaux de boucherie.

J'ai mangé de la moelle épinière roulée en spirale dans la poêle, aussi bonne que la cervelle, et qui donnait en cuisant cette mousse d'un blanc un peu doré où j'aimais tremper du pain. On appelait cela « les amourettes ». Les testicules de veau vendus sous le nom pudique de « rognons blancs », ou le nom pompeux de « ris ». Les poitrines de mouton où il y a beaucoup d'os à ronger et peu de viande. Des ragoûts de toutes sortes à base de pommes de terre, pour lesquels ma mère préparait l'annuel tomata dont casseroles et passoire sortaient brillants comme de l'argent. Et périodiquement elle profitait les vieux croûtons avec l'inimitable pain perdu. J'ai mangé toutes sortes de confitures de fruits sauvages, qui ne coûtent que le prix du sucre et le minutieux ramassage. Les mûres de buisson. Les azeroles dont la gelée acidulée est couleur d'ambre rouge. Les arbouses à la chair farineuse, granuleuse, dont on fait une pâte semblable à la pâte de coings – ces arbouses répandues à profusion sur les chemins de la garrigue. Le raisiné à base de raisins de grappillage.

L'ingéniosité, le temps des ménagères ne coûtaient rien et elles s'occupaient longuement à fricasser.

Sans que nous soyons vraiment autorisées à faire la cuisine – nous n'avions droit qu'aux à-côtés, aux épluchages fastidieux, aux aides subalternes – nous étions là, intéressées par sa magie, attentives, par gourmandise certes, mais aussi parce qu'il nous appartiendrait demain, par droit naturel, de cuisiner.

Après, en jouant, je me penchais sur le gaz fictif comme ma mère et en réglais la flamme, je soulevais les couvercles et faisais tomber, comme elle, la vapeur d'eau sur le contenu de la casserole, je goûtais de la pointe de la langue une sauce avant de rectifier l'assaisonnement, je faisais « prendre des bouls », je hachais l'oignon et versais l'huile toujours parcimonieusement.

Je pensais, comme mes copines, à ce que j'allais manger à midi, à souper :

« Moi, ce soir, j'ai de la soupe aux choux.

– Moi, un touril. »

On en parlait d'un air gourmand ou dégoûté suivant les goûts :

« Ma mère a fait la friture de jols.

– La mienne a farci les poufres. »

On s'enviait ou on se plaignait mutuellement. La soupe de courge, les navets étaient unanimement détestés, les carottes souvent dénigrées.

S'il se préparait quelque délice il nous arrivait d'en parler plusieurs jours à l'avance :

« On mange le "bras de Vénus" dimanche.

– Ma mère prépare les gras-doubles. »

Le vrai manger de l'enfance, toutefois, c'est le goûter. Tout le monde déjeune, dîne et soupe. Seuls les enfants goûtent.

Je ne puis voir le dessin d'une marelle comme une ombre portée d'oiseau au sol, entendre une balle rebondir, une fillette fredonner une chanson de corde, sans que monte dans ma bouche le goût du pain de quatre heures. Il ne ressemblait à aucun autre. Il avait une saveur de dehors et de jeu, de récréation, de plaisir qu'on fait durer, de faim violente enfin rassasiée. Le goûter s'insérait dans nos jeux sans les interrompre. La partie de balle, d'osselets ou de palais continuait, alors que l'une puis l'autre allait chercher sa tartine à la maison.

J'avais déjà commencé d'y mordre quand arrivait mon tour, si bien qu'au moment où j'avais la balle en main ou les petits os soyeux entre mes paumes – elles arrivaient tout juste à contenir les cinq – j'avais en bouche le parfum du pain mêlé à ce qui l'accompagnait. J'avais posé ma tartine sur un rebord de fenêtre, sur la barre transversale du poteau, sur une murette, en tout cas sur un endroit bien propre dont j'avais balayé la poussière de la main. S'il n'y avait rien de disponible, je la confiais à une copine, le temps d'un tour de jeu. C'était parfois une tartine de confiture, parfois une tartine de beurre ou de margarine où ma mère avait râpé du chocolat. Ce n'était pas commode à manger. Chaque fois qu'on mordait dans le pain on risquait, bien qu'ils fussent retenus par le beurre, de faire tomber les précieux vermicelles marron qui avaient l'avantage de nous enchanter et d'économiser le chocolat. Certaines les cueillaient un par un sur la matière grasse et les mangeaient parcelle après parcelle. Nous leur trouvions un goût différent de celui du chocolat des billes. Les tartines de confiture nous obligeaient à des précautions pour ne salir ni les doigts ni les vêtements. Souvent on mettait l'autre main sous le pain au cas où quelque chose serait tombé. Puis on se léchait les doigts. Nous détestions les choses poisseuses et courions nous laver les mains si nous risquions de mettre du gras ou du sucré sur la corde à sauter, la balle ou les osselets. On refusait même de tenir une tartine si elle pouvait couler et on envoyait la fille à la fontaine : « Tu pègues! va te laver les mains », « tu vas mettre de la confiture sur la corde ».

Chacune avait son ou ses goûters préférés dont nous nous régalions avant l'heure, en en parlant. Pour moi, qui aimais le salé, je demandais à ma mère d'arroser le pain d'huile et de le saupoudrer de sel. A la saison, je mangeais cela avec une grappe de chasselas. D'autres mettaient du sucre sur leurs tartines de beurre ou mangeaient leur pain avec un ou deux morceaux.

Je mâchais longuement chaque bouchée et c'est pour cela peut-être que ce goût est perdu ou alors parce que le chocolat aujourd'hui est plus raffiné, moins rustique que le chocolat ordinaire que nous mangions. Ou encore parce que la faim des enfants est plus violente que celle des adultes. Mon père disait toujours que nous devions « faire notre squelette » et nous réservait à table les meilleurs morceaux : « Donne-le aux petites, disait-il, moi j'ai fait mon squelette » et, avec ma mère, ils nous laissaient le milieu du bifteck et gardaient pour eux les bordures.

C'était tout un calcul de gourmandise de faire durer le goûter, d'arriver en même temps au bout du pain et de la bille et même de garder pour le sucer – et il fondait alors entre les doigts – un morceau de chocolat tout seul. Ma cousine avait trouvé pour cela une astuce merveilleuse : elle coupait la croûte, la mangeait avec la mie et après nous faisait bisquer en léchant longuement son chocolat à la manière d'un sucre d'orge.

Quelques-unes arrivaient avec une rondelle de boudin – une seule, de même que nous n'avions qu'une bille de chocolat – et raclaient la peau du bout des dents pour en arracher toute la substance. A la fin, elles mâchaient même la peau avant de la cracher.

En mai, on avait souvent un bouquet de cerises noué d'un fil, en été une grappe de raisins. Nous allions laver les fruits à la fontaine et nous revenions au jeu avec des fruits dégoulinant d'eau, dont nous laissions tomber les gouttes sur nos visages.

Les jeux de la récréation de quatre heures étaient traversés et modifiés par le goûter. Nous en avions joui en l'emportant à une heure et demie dans un sachet de papier marron, souvent décoré de fruits – qui était soigneusement mis de côté lors des achats, en prévision justement du goûter et d'autres moments où l'on aurait besoin d'un sac. Parfois, par impatience, je l'avais dévoré avant quatre heures, soit en chemin, soit en classe même, surtout s'il contenait une chose un peu spéciale et appétissante comme une bouchée pliée dans du papier argent, un morceau de gâteau, des biscuits, une rondelle de saucisson, un quart de grenade, des abricots, une pêche fragile, dont je prenais prétexte qu'elle souffrait du transport et de la chaleur pour la manger avant l'heure.

En colonie, juste après la sieste, une religieuse sortait dans la cour avec deux corbeilles. L'une recouverte d'un linge blanc où était le pain coupé, l'autre plus petite contenant l'accompagnement. De la pâte de coings, de la confiture – un linge était posé sur le pot à cause des mouches et des abeilles – ou des Vaches qui rit. Nous garderions le papier argent et la vignette ornée de l'incroyable vache en train de rire : elle portait comme pendants ces boîtes rondes où étaient rangés les petits fromages triangulaires, sur lesquels on voyait des vaches ... à l'infini. A cause de ce menu vertige nous aimions nous coller la vignette entre les sourcils.

Parfois il y avait du chocolat à manger avec le pain, un chocolat différent de celui des maisons, granuleux dans la bouche. Suivant la taille de la corbeille, en voyant avancer les religieuses, nous induisions ce qu'il y aurait à manger avec le pain. On reconnaissait à sa forme cachée sous le torchon le pot de confiture; le chocolat arrivait dans une toute petite corbeille, mais la corbeille du fromage et celle de la pâte de coings étaient à peu près équivalentes. Nous nous bousculions autour des corbeilles pour choisir un quignon avec beaucoup de croûte mais parfois il fallait se contenter des morceaux du centre de la miche avec « rien que de la mie ».

Aux heures autres que le goûter, quand nous jouions dehors sur le trottoir, par les portes et les fenêtres ouvertes sur la rue venaient, avec des bruits de radio et des conversations, des odeurs de repas qui baignaient nos jeux. La rue était un fleuve d'odeurs diverses, alléchantes, surtout quand la faim se réveillait, et dont on déduisait ce qui se préparait dans les cuisines.

On entendait aussi les bruits : les chocs de vaisselle, les grésillements de fritures, les bouls des soupes, les robinets ouverts et fermés, et par les chenaux arrivaient jusqu'aux ruisseaux les eaux de cuisson fumantes. Gargouillis, glouglous, frissons du millas en train de frire, violentes explosions qui s'apaisaient par degrés du poisson posé dans l'huile bouillante : c'était la musique des repas et nous y étions attentives, ainsi qu'aux forts effluves de l'air.

Les odeurs étaient une géographie. Nous passions en courant de l'une à l'autre – de l'oignon, de l'ail à l'odeur du « touril [1] ».

Le vendredi, dominait l'odeur du poisson – tout le monde, en effet, faisait maigre, même ceux que « la religion n'empêchait pas de dormir ». La veille passait dans les rues la « jumelle » de Valras [2] avec sa carriole, criant :

– A la traîne! A la traîne [3]!

Nous sentions surtout l'odeur puissante des poissons pauvres : sardines, maquereaux, gascon [4], petite friture. Et l'odeur des courts-bouillons répandait, à cause du laurier, une senteur comme sacrée de jardin de presbytère.

Mon père pêchait en rivière. L'odeur du poisson traînait autour de chez nous un jour inhabituel : le lundi. Il chassait aussi. En hiver, il venait de la maison l'odeur des petits oiseaux frits dans la cocotte, tout entourés de lard. L'odeur du lapin de campagne, celle des oiseaux, sont liées aux jeux de l'hiver. Je sentais ces délices depuis la rue.

En septembre et octobre, en arrivant au figuier, nous étions submergées de l'odeur forte et sucrée de l'arbre couvert de fruits. L'été, sur les trottoirs, comme dans les maisons, dominait le parfum des compotes de fruits, des confitures, l'odeur des pêches et le soir, celle de la tomate, montée des jardins. C'est à abricot, à tilleul, à melon, que sent le jeu d'osselets dans les franges d'ombre de l'été, à odeur fraîche et moisie aussi qui venait des garages.

A l'intérieur des maisons, les odeurs variaient avec l'heure mais c'est presque toujours à la cuisine qu'elles renvoyaient. Seule l'odeur puissante de la lessive l'effaçait.

Le matin, je m'éveillais dans l'odeur du lait. La veille au soir, dès que j'étais revenue de l'étable, ma mère l'avait fait bouillir. Elle avait posé au fond de la casserole un ustensile de verre transparent, rond comme une soucoupe, marqué d'une cannelure spéciale. Il avait un nom merveilleux : l'antimonte-lait. Théoriquement, il devait empêcher le lait de déborder. Pourtant, je revois ma mère plantée devant le gaz en train de le surveiller. Ça montait à toute vitesse dans la casserole. Il fallait être à la fois vigilant et rapide pour arrêter le débordement. A un moment ma mère saisissait la casserole, l'éloignait de la flamme, mais ce n'était pas suffisant, parfois, pour stopper la montée du lait. Alors elle soufflait dessus pour faire un trou dans la pellicule fine qui se gonflait comme une baudruche. Quand on me confiait l'opération, je laissais souvent le lait « se sauver ». Ça sentait plutôt bon le lait cuit qui dorait sur les ronds du gaz, mais ça salissait la casserole et on avait du mal à la « ravoir [5] ».

Le lait devait bouillir longtemps. Il le fallait à cause des microbes et des maladies, mais aussi, disait ma mère, à cause des vaches qui pissaient dans le seau et du laitier qui avait les mains sales. Alors, quand le boul était pris, ma mère baissait la flamme et laissait le lait prendre longuement son rythme d'ébullition. De moment en moment, l'antimonte-lait, invisible dans la blancheur, avait un soubresaut et un tourbillon d'air crevait la pellicule de peau. On entendait le double bruit : celui de l'antimonte-lait retombant au fond de la casserole et celui, comme un ronronnement, du lait en train de bouillir. C'était un des bruits du soir. Il scandait le silence tandis que dominait l'odeur du lait.

Le matin, le premier geste de ma mère était de faire chauffer le lait avant même de nous réveiller, ma sœur et moi. L'odeur nous arrivait ; elle était la première sensation du jour. Puis, à nouveau, nous parvenait le bruit de l'antimonte-lait : la journée nouvelle était ainsi de façon olfactive et sonore liée à la veille.

Ce lait bouilli et rebouilli, ma mère le versait dans des bols où elle avait mis du phoscao, une poudre presque aussi prisée que le coco qui, comme lui, fonçait jusqu'au noir quand elle était mouillée. Quand ma mère était absente, j'en profitais pour lui en dérober une cuillerée. Je la mettais dans le creux de ma main et je revenais sur l'escalier. Je répartissais inéquitablement suivant les hiérarchies la poudre dans les paumes tendues et nous nous régalions de ce délice clandestin.

Le matin, quand ma mère versait le lait sur la poudre et le sucre, l'odeur du chocolat emplissait la cuisine. Elle avait coupé de petits morceaux de croûte de pain dans le bol et nous les pêchions avec la cuillère. Tout en mangeant le pain imbibé de chocolat, je me réjouissais à l'avance du chocolat du fond du bol, car si je ne remuais pas trop, j'allais trouver un peu de phoscao presque pur que je mangerais le plus lentement possible. Je préférais avoir un lait un peu moins cacaoté et me réserver ce luxe final. Je disais à ma mère : « Au moins ne me remue pas mon phoscao ! » et je partais à l'école la bouche embaumée.

Les matins de jeûne eucharistique, partir sans déjeuner était une privation. Elle serait compensée par un insolite déjeuner sans boisson chaude, que nous mangerions sur les escaliers de la cour où nous nous plairions à bavarder en comblant une faim aiguisée par l'attente.

Le matin, quand j'allais chercher chez elle une copine, partout je trouvais ce pain coupé dans le lait matinal. Manger un croissant, une brioche, était une chose si rare que, pour ma « petite communion » où l'on nous avait préparé un déjeuner dans l'école elle-même, entre messe et grand-messe, et où nous eûmes deux brioches chacune, ce fut ce qui me frappa le plus de toute la cérémonie et je m'en souvenais encore, des années après.

La brioche, c'était mieux encore que le croissant dont je gardais les cornes pour la fin et que je mangeais sans en perdre une miette, avec vénération.

Lorsque le temps nous contraignait à jouer dedans, c'est dans les odeurs et les bruits de nourriture que se déroulaient les jeux, puisque tout le monde était réuni dans la cuisine. Je savais à l'avance quel plat apaiserait ma faim, un plat plus ou moins aimé, qui parfois me faisait saliver de convoitise. Quand je pénétrais chez une copine, les odeurs avaient des particularités inconnues ou mal connues.

Elles disaient des repas que nous ne mangerions pas, des recettes qui n'étaient pas tout à fait celles de la maison.

Le dimanche soir, en hiver, était chez moi un peu particulier. Une soirée longue commençait, car mon père rentrait tard de la chasse. Tout en guettant le bruit du grelot au cou des chiens – dès qu'ils étaient à Vallérugo on pouvait les entendre – en général je lisais. Et le catalogue de la Manufacture des Armes et Cycles de Saint-Étienne ou *Lisette* sont liés à la faim qui se faisait pressante – les nourritures de la foire, juste assez abondantes pour ouvrir l'appétit sans le satisfaire, me faisaient rentrer affamée –, à tout ce qui, tout à l'heure, pénétrerait dans la maison avec mon père. Quand il entrait dans la cuisine étroite dont on tenait la porte soigneusement fermée, il en transformait tout le volume d'odeurs. C'était, à la fois, frais et fort, un mélange qui était la chasse : les lapins raides déjà, leur ventre blanc taché de la dernière urine, les oiseaux dont le cou aux os menus s'abandonnait – une fois un grand renard roux qui tenait toute la table. La même odeur des lapins et des oiseaux, je la trouvais sur les joues glacées de mon père, sur ses doigts gelés, sa veste et son carnier. Il était rare qu'il eût mangé toute sa « saquette [6] » et au repas du soir tardif s'ajoutait un reste : morceau d'omelette, saucisse froide, inconnues d'avoir passé le jour dans la serviette nouée, dans le froid, contre des poignées d'amandes, des salades sauvages, des champignons, des pignes poisseuses de résine qu'il ramenait pour ses filles.

Les distractions du dimanche soir sont marquées par l'odeur comestible de la chasse, par la rupture soudaine du silence, une sorte de soulagement, les œufs battus joyeusement – ma mère les tenait prêts, salés et poivrés, il ne restait plus qu'à les battre et à les verser sur l'omelette du dimanche soir – la table mise à grands bruits d'assiettes et de couverts, l'air de la pièce transformé par la présence du plus volumineux de nous quatre : mon père qui de sa grosse voix racontait la journée de chasse.

L'été, lui, amenait les nourritures de la colonie. La cuisine du couvent était si vaste que le rayonnement des odeurs nous arrivait dans le dortoir et jusqu'à la Rotonde. Parfois on nous servait des frites, cuites dans d'énormes friteuses. Nous ne connaissions que les frites à la poêle. Aussi mangions-nous un à un ces longs rectangles croustillants.

Nous en étions si friandes que nous cherchions au réfectoire à les échanger en proposant diverses transactions :

« Si tu me donnes des frites, je t'enseigne le coupe-cou [7].
– Si tu me donnes des frites, je te donne des pignons.
– Si tu me donnes des frites, je te donne une feuille en dentelle. »

Mais cela ne marchait pas toujours et souvent nous devions nous contenter de la portion servie par la monitrice dont nous allions jusqu'à compter les unités.

Rien de ce que nous mangions au couvent ne ressemblait à la cuisine de la maison. Cela tenait, je crois, au côté gigantesque des casseroles et des marmites, au décor et aux assiettes de fer. Tout avait une vague odeur de métal et de vieilles boiseries, tant le couvent était ancien.

Un dessert revenait quelquefois : du riz au chocolat. Ce n'était qu'un riz au lait. Nous connaissions bien le riz d'une part et de l'autre le chocolat au lait du matin, et pourtant leur alliance devenait étrange et souvent au patronage nous évoquions « le riz au chocolat d'Ouillas », ou alors « la confiture de rhubarbe », si acide qu'elle décapait nos écuelles. Le dimanche, comme hors-d'œuvre, on nous servait une tranche fine de mortadelle blanche et rose. Le nom nous plaisait autant que la charcuterie.

Dans tous les couloirs sombres, lambrissés de noyer et de châtaignier, multiples au point de s'y perdre, circulaient les effluves de pain frais, de lait, de salaisons, de soupe, mêlés à des parfums domestiques de Javel, de linge fraîchement repassé, de cire, sur fond d'encens diffusé par la chapelle.

Dès les beaux jours, dans le quartier, on n'allumait plus les cuisinières. Elles consommaient des « boulets » et il était souvent question dans l'année de cette extraordinaire dépense. Aussi, dès qu'une journée était belle, dès le mois de mai parfois, on en profitait pour n'allumer la cuisinière que le soir. Au cœur de l'été, le four servait de placard et le dessus brillant d'être briqué devenait un ornement de la cuisine. Il fallait alors cuisiner au gaz. Lui aussi était cher.

C'est ainsi qu'on supprimait pour quelque temps les plats à longue préparation : le parfum des daubes, des cassoulets, des pot-au-feu, des sauces longtemps mijotées au coin du feu, des soupes qui devaient longuement se défaire, comme celle de choux, reviendrait avec l'hiver.

Pour les tomates et les aubergines farcies, pour les gratins, en été, nous portions les plats chez le boulanger.

La boulangerie du quartier, où je me rendais tous les jours, était un des pôles alléchant de l'espace. J'y allais toujours avec plaisir. Au retour, je mangeais en marchant sur le trottoir la tranche que, pour faire le juste poids, la boulangère rajoutait et posait en équilibre sur les sillons qui décoraient le pain. Quand j'arrivais, ma mère me demandait :

« Elle t'a rendu du pain au moins ?

– Oui, je l'ai mangé. »

Cela j'en avais le droit, mais je n'avais pas celui de couper le quignon ou d'écorner les crêtes dorées de la flûte. Parfois, malgré tout, je ne pouvais résister, je prenais une engueulade et je payais d'une gifle la déprédation du pain.

Pour une petite pièce, le boulanger enfournait le plat que nous avions préparé, un de ces plats ovales en terre brune vernie et se chargeait de le surveiller. Quand il était cuit, il le sortait et le laissait près de la porte du four dans la douce chaleur. On m'envoyait le porter. Ma mère me l'installait au fond d'un cabas et posait dessus un torchon pour que les voisines, toujours à l'œil, ne sachent pas ce qu'il contenait. En chemin, je soulevais un coin du torchon pour montrer le contenu à mes copines, la chapelure et les lichettes de beurre du dessus, espérant éveiller leur envie : un plat gratiné était toujours une petite fête. Les macaronis croustillants du dessus, je me les disputais avec ma sœur.

Il m'arrivait d'en dérober un, le soir, pendant le trajet, quand j'allais reprendre le plat. J'y revenais avec le même cabas, le même torchon protecteur. Le plat était bouillant. Parfois, je l'entendais encore grésiller. La chaleur montait le long de mon bras, je la sentais contre ma jambe. Je marchais lentement – c'était lourd et il ne fallait rien renverser – dans cette bonne odeur chaude.

Beaucoup de gens du quartier procédaient ainsi et il ne se passait guère un soir d'été sans que Lili, Alice, Josée ou moi ne portent et n'aillent chercher un plat chez le boulanger.

Le « doré » du boulanger était plus beau que celui de la maison et jugé très supérieur. Les macaronis du dessus craquaient sous la dent, les tomates farcies étaient rétrécies et presques confites, les aubergines, sous la béchamel recouverte d'une pellicule de cuir brun, avaient une exceptionnelle couleur fauve. Ma mère s'extasiait sur l'égalité de chaleur répandue dans ce four, alors que la cuisinière avait un côté beaucoup plus chaud que l'autre – celui du foyer – et qu'il était nécessaire de tourner le plat au moment voulu, d'entrouvrir la porte, de la fermer judicieusement. Encore avait-on un résultat approximatif. Aller chercher un plat chez le boulanger faisait toujours prévoir un repas raffiné, comme ces feuilles de blettes farcies devenues brunes et craquantes sous la chapelure imbibée de jus et dorée uniformément.

L'autre lieu du quartier où il nous plaisait d'aller en toutes saisons était l'épicerie. Elle ressemblait à ces jouets de bois que possédaient quelques privilégiées. Il y avait les mêmes étagères peintes en gris clair et vert pâle, les mêmes tiroirs pour haricots, pois chiches et lentilles et la même pelle de fer pour y puiser. Sur le comptoir était posée la balance blanche, semi-automatique, à cadran triangulaire et près des légumes l'épicier avait installé la vieille Roberval et sa série de poids.

J'adorais voir peser les légumes secs et le riz. La Roberval ne s'était pas encore penchée du côté du sac, la marchande alors du bout du doigt faisait tomber quelques pois chiches de plus de la pelle au sachet, et lentement, le plateau commençait à descendre, envoyant son reflet doré jusqu'au plafond. L'épicière s'arrangeait pour qu'avec un ou deux haricots de plus, une pincée de lentilles, le plateau s'enfonçât complètement, ce qui lui permettait de dire : « Bon poids! »

Les légumes secs glissaient : ils s'échappaient parfois de la pelle, comme de l'eau, on entendait un bruit de pluie fine ou grosse. Les haricots étaient lisses et frais : j'aimais plonger ma main dans le tiroir.

On pesait presque tout : gros sel et beurre étaient vendus au poids, les manipulations étaient nombreuses. L'épicière, dans son grand tablier blanc, l'épicier dans son grand tablier bleu, versaient le lait du bidon dans le pot ou la bouteille, servaient le vin au tonneau, l'huile au litre, les olives à la louche trouée, les cornichons à la pince. On attendait. On entendait les nouvelles du quartier, les conversations anodines sur le temps ou la santé.

L'huile était pompée dans le bidon par une pompe de

verre où l'on voyait monter les bulles dans la transparence jaune. La coulée lente, épaisse, me donnait l'impression d'un temps immobilisé. Il y avait toujours alors une attente, une attention statique, une fascination pour les bulles montant doucement dans l'épaisseur du liquide qui arrêtait les gestes et les conversations. Si j'avais dû parler de l'éternité, j'aurais proposé l'atmosphère d'une épicerie, au moment où l'épicier attend que l'huile ait bien voulu remplir le litre. Au contraire, le lait et le vin moussaient, pétillaient, filaient hors des goulots avec un bruit aigu, s'échappaient et le magasin sentait toujours un peu le vin aigre et le lait sur.

Plus puissantes étaient cependant les senteurs de la morue sèche ou en train de tremper dans un baquet, des sardines au baril – les « alencades » – des olives, du café, du bocal d'anchois, des fromages, du savon de Marseille aux pierres posées en pyramide. Il s'y ajoutait, plus subtils et doux suivant les saisons, le parfum des pommes, la grande odeur fraîche de la courge coupée au couteau, celle, jardinière, qui montait des salades mouillées au pied terreux, des « navets de Pardailhan [8] », tout crottés, des salsifis dont l'épluchage jaunirait les doigts de ma mère, celle, délicate, des paniers de fraises : on approchait le nez du panier et reculaient les odeurs de saumure, de fromage et de vin.

Pour préserver des mouches les denrées fragiles, une mousseline était déployée sur elles : sur les fromages, le beurre, et le précieux jambon d'York. Le geste seul de l'épicier soulevant le voile avant de servir du jambon ou du beurre, disait la rareté de ces nourritures.

Le jambon n'était acheté que pour les malades et les enfants malingres, et encore en tranches fines comme de la peau d'oignon. La machine pour le couper s'actionnait à la main. Il fallait appuyer fortement sur le jambon et dans le même mouvement tourner la manivelle avec vigueur. Il y avait comme une contradiction entre la force de ces deux gestes et le côté immatériel de la tranche de jambon. C'est à cause de lui et du jus d'orange que je garde un si bon souvenir des maladies de l'enfance.

Sur le comptoir de l'épicier, un tas de bandelettes de papier récupérées sur des tombées était préparé pour l'addition. L'indispensable addition que l'épicière exécutait avec de grands chiffres élégants. Chaque cliente réclamait son compte et s'arrêtait un moment pour vérifier et recompter. Le marchand, souvent, avait fait constater le poids sur la balance, avait effectué la multiplication sur le brouillon et recopié le résultat. Nous aussi demandions l'addition, très soucieuses du porte-monnaie maternel et exigeant, comme notre mère l'avait demandé, « le détail ».

Alice m'appelait :

« Tu viens à l'épicerie; je vais acheter du fromage. »

Des fois nous rencontrions Lili qui en revenait, ou Suzanne. Elles nous attendaient pour faire le chemin. Un moment après c'était moi que ma mère envoyait chercher du sel, un paquet de pâtes, des herbes pour le bouillon. J'y revenais avec Alice et Evelyne. Plusieurs fois dans la soirée nous pouvions faire l'aller et retour. En revenant, le long du trottoir, il m'arrivait de ne pas résister au fromage râpé et d'en dérober une ou deux pincées, de picorer dans un kilo de cerises, de manger une olive. Je grignotais ce vol par morceaux minuscules, si bien qu'une cerise me faisait tout le chemin. Des fois je mentais à l'épicière :

« Ma mère a demandé si vous n'aviez pas une croûte de gruyère ou de cantal pour le chat »... « Si vous n'aviez pas une couenne pour la soupe », si on m'en donnait une, je la mangeais en marchant et si c'était une couenne, j'arrachais de petits bouts de lard avec les dents.

Toutes ces commissions du soir qui s'achèveraient par le lait, interrompaient, surtout pendant les jours longs, les balle-au-mur, les métiers. Elles pouvaient même s'effectuer en patins. Comme les autres, j'étais devenue habile à grimper les escaliers sans les ôter et même à marcher chaussée de patins dans le gravier du jardin. Ainsi je revenais plus vite au jeu.

Les friandises étaient rares.

Une grand-mère, une marraine, une tante en visite, des amis ou des parents pour la bonne année, mon père avant de partir à la chasse – il la posait sur la table de nuit – donnaient une pièce.

Ou bien, je l'avais dérobée dans le porte-monnaie de ma mère, ou resquillée sur une commission. Ce n'était jamais une grosse somme. Mais je filais chez Honorat. C'était un bazar un peu en dehors de notre quartier. Outre de petits jouets et du matériel scolaire, Honorat vendait des bonbons.

C'était pour nous un palais des délices. Nous y faisions une référence constante. Il y avait ce que nous avions vu chez Honorat, ce que nous y achèterions quand nous aurions des sous, ce qu'une fois nous y avions eu acheté. Nous ne perdions pas une occasion d'y pénétrer. Si une de nous annonçait : « Je vais chez Honorat », tout le monde voulait l'accompagner, au point qu'elle décidait : « non, je prends qu'Évelyne et Marie », et elle laissait les autres sur le trottoir, malades de jalousie. Le magasin, assez sombre, tout en profondeur, embaumait la vanille, le chocolat, la réglisse. On y trouvait la réglisse de bois – c'était un des articles les moins chers – la réglisse en rouleaux autour d'un bonbon central bleu ou rouge, des bouts de réglisse ronds représentant une tête de nègre, des bonbons de toutes les couleurs qu'on pouvait acheter à la pièce, des boîtes de car-domino, des réglisses molles, tordues, que nous appelions des « hercules », des boîtes de cachous Lajaunie qu'on n'ouvrait jamais, dont on tournait seulement le couvercle pour libérer le trou par lequel on faisait tomber les bonbons, et surtout l'inimitable coco Boer. Il était vendu dans de petites boîtes rondes métalliques, de tailles diverses. Les plus petites n'avaient guère plus de deux centimètres de diamètre, les plus grosses cinq ou six. Elles étaient ornées d'étoiles et parfois le couvercle était teint de rouge, de bleu ou de vert. Ces boîtes avaient un charme irremplaçable. Elles étaient malcommodes pourtant, se coinçaient, se rouillaient facilement. Il fallait toujours forcer pour les ouvrir et souvent nous tombions un peu de la précieuse poudre – mais alors on la léchait partout où elle était tombée : sur le bureau, sur la page du livre, sur le tablier. Les boîtes se rouillaient d'autant plus que nous prenions la poudre de la pointe de la langue ou que nous laissions tomber une goutte de salive dans la boîte : du bout du porte-plume, nous mêlions le coco à la salive pour le plaisir de le voir changer de couleur, devenir vert foncé, presque noir. Il nous semblait qu'en changeant de consistance il changeait de goût. Il était rare que nous en fissions l'usage préconisé par le présentoir des boîtes : « Une pincée dans un verre d'eau. » Nous préférions puiser directement dans la poudre du bout de la langue ou en verser une petite quantité dans le creux de la main et lécher longuement dans tous les plis de la paume et le creux des doigts jusqu'à disparition complète du goût. C'est dans la main que nous en recevions une pincée d'une copine, en général après avoir longuement quémandé. Parfois, pour se défaire d'une quémandeuse – nous disions « une mendiante » ou « une demandeuse » – nous donnions comme excuse que notre coco « était tout mouillé de salive ». Mais l'envie était souvent plus forte que le dégoût :

« Ça fait rien, disait l'autre, donnez moi-z-en », et de la pointe de la mine on lui donnait une petite parcelle de pâte mouillée non sans ajouter quelque réflexion :

« T'es pas dégoûtée. »

« Alors, tu aimes la bave ? »

« T'as pas peur de la contagion... »

Lorsqu'une boîte se coinçait, nous la percions de deux trous et récupérions la poudre en essayant d'y introduire de l'eau sous le jet du robinet, ou au besoin avec la bouche, et nous plaisions à aspirer un liquide anisé que nous trouvions délicieux. Quand il s'agissait des toutes petites boîtes, nous les gardions contre le palais et les sucions longuement jusqu'à en avoir la bouche et la langue meurtries.

S'il arrivait qu'une boîte fut vidée et continue quand même à s'ouvrir, nous la gardions pour y mettre quelque chose : des perles par exemple ou quelques jolies plumes d'oiseau. Ou bien nous nous en servions comme assiette ou comme plat quand nous jouions à la dînette. La couleur verte, rouge ou bleue disparaissait progressivement mais pas tout à fait : il en restait un reflet dans la brillance du métal.

Rien n'égalait le coco Boer sinon le « chingom ». Il était d'autant plus aimé que les adultes le détestaient unanimement. C'était toujours en cachette que nous l'achetions, le mâchions, l'étirions, faisions des bulles. Nos mères étaient arrivées à nous faire croire que si nous l'avalions nos tripes seraient collées entre elles et à la clandestinité, le chingom ajoutait le prestige du danger. Elles disaient aussi qu'il « enlevait l'appétit », « fatiguait l'estomac ». Les religieuses le trouvaient « vulgaire ». Tout le monde, donc, l'interdisait.

Avant de rentrer dans la maison, avant de rentrer en classe, je mouillais un coin du mouchoir de salive et je le pliais dedans ou bien je le collais dans un coin de mon bureau. Mais des fois c'était plus fort que moi, je le gardais dans la bouche et le mâchais quand la religieuse avait le dos tourné.

Si elle en surprenait quelqu'une à ce petit jeu, la punition était dure : « Ah! vous aimez le chingom, disait-elle, vous allez voir », et elle nous en barbouillait le visage. La pâte – dont nous demandions ce que c'était, du caoutchouc ou toute autre matière mystérieuse – se collait aux sourcils, aux doux cheveux des tempes. On s'en débarrassait difficilement et le soir je dus parfois avouer à ma mère la punition de sœur Sainte-Anna.

Il en était du chingom comme des autres friandises : on en mendiait un morceau à la privilégiée qui en possédait un, on le passait vaguement sous l'eau et on le mastiquait, passant par-dessus le dégoût, tant il était rare. Le soir, je l'enrobais de sucre et je le cachais dans un coin du buffet. J'espérais ainsi lui redonner un peu de goût. Car nous le gardions jusqu'au bout et n'hésitions pas à mâchonner un chingom noir de vieillesse et devenu insipide.

Quelques petits bazars sur nos chemins de l'école, de l'église, vendaient comme Honorat des friandises à petit prix. A l'occasion nous y achetions biberine, tête de nègre, réglisses. On en trouvait aussi dans les boutiques roulantes installées sur les allées Paul-Riquet, ornées de moulinets de couleurs vives qui tournaient au vent. L'été on y vendait des glaces en cornet et toute l'année une ou deux de ces boutiques fabriquaient « la saucisse de Jésus ». Nous nous approchions pour assister à sa fabrication. La formidable odeur de friture était inséparable du bruit produit par la pâte – ce boudin blanchâtre cannelé et mou – qui d'un entonnoir de toile se dévidait dans l'huile bouillante. Une fumée nous sautait aux narines, aux yeux aussi, nous aveuglait, tandis qu'un fort gargouillement croissant et décroissant accompagnait la montée de la fumée. Lorsque le bruit s'apaisait, la fumée se dissipait et on voyait à nouveau la saucisse de Jésus, enroulée en spirale, déjà toute gonflée et bientôt dorée. La marchande la sortait avec une écumoire géante et la débitait en morceaux avec de grands ciseaux. Ils tombaient dans un bac rempli de sucre cristallisé où elle les pêchait avec des bouts de papier avant de les tendre aux acheteurs. Malgré la dextérité de la marchande, ce découpage à la main donnait des morceaux légèrement inégaux. Lorsqu'on en achetait un, on tremblait toujours un peu à cause du hasard qui allait nous attribuer le gros ou le petit morceau, ou celui de l'extrémité légèrement renflé et plus doré. Impossible de tricher. Le pur hasard jouait, sur lequel nous étions véritablement sans pouvoir. Cela nous emplissait de crainte. Quelque hardie, parfois, osait désigner du doigt un morceau, mais la marchande n'écoutait pas toujours et même nous remettait sévèrement à notre place en disant qu'elle distribuait « comme ça vient ! ». La saucisse de Jésus, avec son nom que refusaient catégoriquement les religieuses – comme blasphématoire – on la trouvait en toutes saisons sur les Allées, mais seule la foire amenait les chiques et les frites.

L'odeur des chiques enivrait et leur fabrication était fascinante. A l'aide d'un crochet de fer fixé dans la paroi de la roulotte, les hommes pétrissaient une masse plastique un peu semblable à un écheveau de laine blanche où l'on aurait mêlé des fils d'une autre couleur – verte pour le parfum à l'anis, rouge pour la saveur acidulée – une sorte d'énorme caramel mou mais pâle, aux étranges luisances. Le crochet retenait la pâte, mais elle tombait lentement. Le confiseur la rejetait sur le crochet tout en la tordant, à grand effort. L'écroulement recommençait au ralenti. Il faisait froid. C'était après Vêpres. Un crépuscule vert d'eau emplissait le ciel et nous trépignions, les pieds gelés, arrêtées devant la baraque, silencieuses, l'œil fixe, étonnées de voir la sueur perler au front du confiseur. Enfin, l'homme saisissait son sécateur géant et débitait le sucre malléable encore. Le cliquetis du sécateur taillant la pâte en train de durcir faisait partie du plaisir de la chique. Le bonbon prenait, très vite, la dureté du caillou. Il mettrait des heures à fondre dans la bouche, pourrait même blesser les gencives de ses aspérités s'il se brisait brusquement sous la dent.

Quant aux frites de la foire, elles ne ressemblaient en rien ni à celles de la maison, ni à celles de la colonie. A peine cette chose légère méritait-elle le nom de frite. On n'en était jamais rassasiées.

Les paquets de papier translucide où elles étaient vendues ne pesaient presque rien dans le creux de la main.

On s'était mises à deux ou trois pour en acheter un. On faisait : « une à toi, une à moi, » en distinguant bien les grosses des petites, en faisant durer le plaisir, en marchant, en parlant dans les allées de la foire.

J'aimais, pour elles aussi, en observer la fabrication. Elle ne durait que le temps d'un éclair. La pomme de terre était débitée en rondelles d'une extrême finesse avant d'être mise dans l'égouttoir qu'on plongeait dans l'huile bouillante. On le sortait moins d'une minute après, avant même que la fumée ne fût dissipée. La pomme de terre molle, farineuse, onctueuse – même dans les frites à la poêle, il y avait ce corps moelleux auprès des parties gratinées – devenait tout d'un coup « rien que du craquant », mince comme un papier, à peine reconnaissable. On ne l'aurait pas vu, on aurait douté que les frites de la foire vinssent de la patate. On recueillait entre pouce et index les moindres miettes de ces frites mirobolantes tombées sur le manteau ou le cachez-nez – on léchait le petit sachet de papier jusque dans les recoins.

Ma mère disait que ça avait goût à vieille huile de friture. Elle ajoutait même que je n'étais pas raffinée et que de toute façon « les gosses, pauvres! ça n'aime que les cochonneries, que c'est presque une pitié de leur faire de la bonne cuisine ». Cela me paraissait un de ces incompréhensibles jugements d'adulte.

Bien qu'on trouvât à la foire des gaufres et du croquant aux amandes, cassé comme du verre, en gros morceaux irréguliers, nous préférions, lorsque nous avions un peu d'argent, acheter un paquet de frites. De toute façon le choix était difficile et pour goûter plusieurs choses au lieu d'une seule, nous nous mettions à plusieurs pour un paquet de chiques, une gaufre – avec les petits carrés de sa surface, elle était facile à partager – ou les frites merveilleuses. Si on compte que nous n'allions à la foire que le dimanche, que nous n'avions pas toujours des sous, qu'une autre fois nous préférions le manège, et une autre fois les puces savantes, nous ne goûtions aux frites qu'à une ou deux occasions. Elles restaient une des ces friandises rarissimes, dont nous rêvions toute l'année. Et dès qu'en décembre il commençait à se dire : la foire arrive, c'est des frites que nous parlions.

La visite d'un parent éloigné – chez moi, c'était l'arrivée des Parisiens, chez Évelyne celle de ses cousines italiennes – mettait sur nos tables un gâteau de pâtissier, en général un mille-feuilles ou un moka, provoquant un événement.

Le gâteau des jours exceptionnels avait un tout autre prestige que les tartes fabriquées par ma mère, ou que cette religieuse, cet éclair, ce chou à la crème ou cette glace dans son cornet de biscuit qu'on achetait, la plupart du temps clandestinement au retour de l'école.

Quant à la merveille des merveilles, la pièce montée et la bombe glacée, elles étaient de l'ordre de la mythologie : mariage ou communion solennelle.

Il y en eut une chez moi pour cette cérémonie. Aussi gardai-je longtemps, jusqu'à l'âge adulte, la communiante de cellulo qui la surmontait.

Chez nous, une nourriture un peu merveilleuse revenait dans les repas de famille : « les œufs au chinois » de la tante Rosalie dont on se faisait une fête. Les matins de festin, Rosalie arrivait dès neuf heures, prête, ayant été à la messe première. Elle mettait un grand tablier sur sa robe du dimanche et entreprenait la confection du plat. A chaque œuf dur, elle coupait une rondelle de blanc, à la base, ce qui permettait de le faire se tenir debout. Cette rondelle était posée sur la pointe dressée : c'était le chapeau chinois. Pour figurer la natte, un anchois pendait le long de l'œuf. Quelques jaunes étaient passés à la moulinette et ces débris en flocons, comme du mimosa, formaient une sorte de tapis sur lequel on rangeait l'armée de Chinois autour d'un plat de mayonnaise. Lorsque la réunion de famille se faisait à l'occasion d'une « petite communion » ou d'une communion solennelle, tante Rosalie s'arrangeait pour venir au moins à la grand-messe. Est-ce l'astuce qui nous plaisait, de celui qui le premier avait inventé de transformer l'œuf en un bonhomme replet ? Est-ce l'exotisme familier à cette époque-là – nous sautions à la corde, aux coups doubles : « J'ai vu la Chine, je vous assure, elle est couverte de Chinois, les femmes portent des chaussures en forme de coque de noix » – où très souvent, entre chapeau chinois et missions, on nous parlait de ce pays ?

Appellerai-je nourritures ces autres choses que nous mangions ?

On ne leur accordait aucune valeur nutritive, même pas celle d'un coupe-faim. Elles étaient plutôt participation au tournoiement du ciel, communion avec la saison, introduction en nous des rythmes solaires ou végétaux. A travers elles, nous pliions le monde à notre usage. Aucun adulte ne nous en avait montré ou conseillé l'utilisation.

Nous faisions provision de fleurs d'acacia que nous disputions aux abeilles qui envahissaient les arbres et les faisaient bruire. Il fallait écarter les pétales, dégager d'un geste délicat le pistil de dessous le capuchon qui le recouvrait. On posait le pistil sur la langue. Il était sucré. On trouvait ça exquis. Après un de ces orages de mai qui amoncelaient dans le ciel des nuages gris de fer, crevaient en quelques minutes et nous restituaient un monde clair et frais, les pistils perdaient leur sucre. Nous savions qu'il faudrait quelques jours avant qu'ils ne retrouvent leur saveur. Cela ne nous empêchait pas de continuer à les manger, mais c'était moins magique que ce sucre invisible et comme céleste.

Nous sucions le coucou des arbres fruitiers en prétendant qu'il avait le même goût que les boules de gomme. Nous mangions la pâte où étaient noyées les graines dans la silique du caroubier, marmelade un peu amère mais très ressemblante par sa couleur et sa consistance à la vraie confiture. Nous consommions jujubes et micocoules où il n'y a presque rien à manger entre la peau épaisse et le noyau énorme, et qui sont goûts à l'état pur tant la chair est peu abondante et embaume la bouche. Nous trouvions au fruit de la mauve appelé « fromageon » un goût si fort de fromage qu'il nous arrivait de le manger avec du pain lors des promenades du jeudi.

Dans les murs ombragés et humides – surtout en colonie – nous récoltions une fougère [9] que nous avions nommée réglisse. Nous mâchions, après avoir gratté sa peau un peu pelucheuse, la racine à fort goût d'anis.

Nous mangions des amandons, des abricots verts et les kakis que nous vendait Lili. Au bout d'une perche, sa mère avait fixé une boîte de conserve pour pouvoir les cueillir sur les branches les plus hautes de l'arbre. Elle entourait le kaki de la boîte, secouait un peu et s'il était bien mûr il restait dedans. La chair aqueuse, un peu farineuse, d'un bel orange, n'avait d'amertume que si la maturité était incomplète. Le jus dégoulinait partout, car le kaki mûr est aussi fragile qu'une tomate. Les kakis tombés s'écrasaient au sol. Ceux-là, éclatés, à la chair à demi échappée, Lili parfois nous en faisait cadeau.

Nous vénérions la grenade. Tout nous plaisait en elle, de l'arbre qui la portait aux grains comme des perles roses. Là encore, il y avait bien peu à consommer. Le grain éclatait en sucre et parfum sur la langue et il fallait jeter le pépin amer. Presque rien, mais qu'importe. Il ne s'agissait pas de manger, seulement d'affirmer notre appartenance au monde. Nous participions encore à ce mouvement premier de l'enfant qui porte les choses à sa bouche pour les connaître, mais déjà ce geste était sélectif et ne s'exerçait plus sur tout.

La plupart de ces consommations se faisaient à l'insu des parents, non pas en cachette vraiment, mais avec de leur part une tolérance amusée. Si mon père ramenait de ses chasses une pigne amandière ou une poignée de jujubes, il me la concédait. Il savait bien que c'était un jeu et non un aliment.

Quand j'accompagnais ma mère au marché en automne, il arrivait qu'une jardinière proposât « une grenade pour la petite », ou seulement une moitié.

Nous grignotions les vrilles de la vigne, acidulées comme du citron. Nous nous repaissions des « cerises des morts ».

De toutes ces choses prises à la nature, celle qui illustre le mieux le fait qu'il n'y avait pratiquement rien à manger – ce qui montre bien que l'opération est un rite et non un nourrissage – est la « main de Jésus ». Sous chaque écaille de la pigne – fermée comme une tirelire et qui s'ouvrait lentement dans la chaleur du four – on trouvait deux pignons, l'un plus petit que l'autre, enrobés d'une farine noire, dans le creux lisse et rougeâtre des écailles. Cette poudre légère et fine salissait les doigts comme de la cendre. Il m'arrivait de sucer le pignon pour l'en débarrasser, pour ne pas salir l'amande blanche au moment où se fendait la coque. J'en avais la bouche toute grisâtre. Il fallait tout d'abord sortir l'amande de sa coque de bois sans l'écraser du tout, ce qui est très difficile tant cette coque est bien close, en bois dur, un peu à la manière de la noisette. Le coup de caillou destiné à la fendre devait être mesuré. Si on le manquait, si on écrasait le fruit, on le mangeait – il était délicieux – et on recommençait tant qu'on avait des pignons et tant qu'on n'avait pas obtenu la main. Comme, à part les pignes entières que me portait mon père, nous ramassions les fruits un à un sur le sol au milieu des aiguilles, nous n'en avions qu'un nombre limité : rien n'assurait que j'allais réussir. Parfois on avait la chance de trouver une coque déjà fendue. Il suffisait d'introduire l'ongle dans la fente et la coque s'ouvrait comme une minuscule boîte. Lorsqu'enfin on possédait une amande intacte, l'ouvrir à son tour pour arriver au cœur du pignon, au germe encore tout plié, long de trois ou quatre millimètres, demandait toute l'agilité de nos doigts, car il était ton sur ton, ivoirin sur ivoirine, à peine visible. Et les difficultés n'étaient pas terminées. Il restait, à l'aide d'une aiguille, à séparer les doigts rayonnants de cette main.

Cette minuscule roue dont les doigts fragiles se brisaient trop aisément était « la main de Jésus ». Il arrivait que je puisse enfin la poser au creux de ma paume. J'étais fière alors. Je la montrais. Les autres admiraient.

On ne jouait pas avec la main de Jésus. On la contemplait, puis on la mangeait en affirmant que c'était meilleur que le pignon, peut-être parce qu'il y avait une contradiction entre sa fabrication difficile et sa disparition instantanée sur la langue.

Si précieuse à avaler que fût la main de Jésus, elle ne valait pas toutefois l'hostie. C'est de son côté mystique qu'elle tenait son prestige.

Nous en trouvions bien de petites parcelles losangées sur les bordures des nougats, mais cela ne valait pas les débris que nous donnaient les sœurs quand, une ou deux fois dans le courant de la colonie, elles confectionnaient des hosties pour les prêtres des environs, dans des sortes de moule à gaufres très plats. Le moule des grandes et des petites hosties était rectangulaire et il y avait beaucoup de tombées. Autour des cercles, les surplus de pâte cuite étaient mis de côté, ainsi que les hosties brisées au cours de l'opération. Les religieuses nous donnaient tous ces restes dans une ancienne boîte à biscuits en métal et nous nous les partagions, si toutefois on peut appeler partage une guerre âpre, injuste, où tout était bon pour obtenir les plus beaux morceaux. Quel plaisir une fois la distribution finie de pouvoir manipuler avec les doigts cette hostie d'habitude intouchable! Même non consacrée nous la sentions destinée à autre chose qu'au corps. D'un blanc immatériel, légère, délicieuse, l'hostie cassée entrait dans nos jeux.

Enfin, nous pouvions mâcher « le pain des anges », une essence de pain, une idée de pain. C'était le seul moment où je voyais de très près les grandes hosties du prêtre décorées d'une croix ou d'un chrisme en relief. Parfois elles étaient à peine écornées et quelquefois entières, mais avaient trop cuit, à la limite du brûlé. Cela leur donnait un petit goût étonnant de pâtisserie grillée. La pâte ayant dégouliné à l'extérieur du moule était, elle aussi, brune, elle avait le goût du biscuit. On nous donnait ces bavures, moins intéressantes toutefois que les hosties elles-mêmes ou l'étrange hostie en négatif : ce trou à l'emporte-pièce dans la pâte blanche.

Nous ne jouions pas à la messe, elle était l'affaire des prêtres, des hommes. Nous nous contentions de poser ces morceaux sur le petit autel de nos bureaux, ou de les garder dans une boîte en attendant de les manger, progressivement, par bouts minuscules pendant la sieste, partagées entre le double désir de les consommer et de les conserver car la distribution ne se renouvellerait qu'à la prochaine colonie. Il nous arrivait de garder le dernier morceau, précieusement, dans une minuscule boîte.

« Regarde, disais-je à Évelyne.

– C'est de l'hostie de nougat ?

– Que non, c'est de l'hostie de messe.

– De la vraie ?

– De la vraie.

– C'est vrai ?

– Je te le jure sur cette hostie. »

Sœur Sainte-Anna n'aimait guère cette dévotion aux hosties non consacrées; elle nous tenait d'incompréhensibles raisonnements sur la superstition et nous pressait de les manger. Elle n'aurait pas osé nous les faire jeter.

Toutes ces nourritures, mythologiques ou rituelles, faisaient partie des multiples joies du monde, des nombreux plaisirs que, gratuitement, nous prenions à ce qui nous entourait, des moyens sans nombre que nous avions de nous distraire, en puisant dans la palette offerte de cette part d'univers que le hasard de notre naissance nous avait donnée.

Cette aptitude à consommer la création trouvait son apogée dans la communion où nous avalions carrément le Dieu créateur du ciel et de la terre. Elle s'incarnait à d'autres moments dans un personnage qui venait régulièrement sur les allées Paul-Riquet.

Il installait son tapis sur le goudron, à l'ombre des platanes de l'esplanade, se mettait torse nu et débutait son numéro par l'enchaînement. Il choisissait dans le public deux jeunes gens forts : s'il y avait des militaires c'est eux qu'il désignait. Il se faisait ligoter tout le torse, du cou à la taille, les bras dedans, emmaillotés, avec de grosses chaînes de fer. Il trouvait que ce n'était jamais assez serré. Il criait aux jeunes d'une voix rauque « encore », « encore ». Son visage grimaçait de douleur, une face large, brunie et rouge à la fois, au-dessus d'un cou de taureau dont on voyait saillir les tendons. A un moment du serrage – les jeunes gens tiraient de toute la force de leur corps penché en arrière – l'homme pouvait à peine respirer. A la fin, juste avant de fixer le cadenas, il ne parlait plus du tout, s'exprimait par signes. On avait peur. On croyait qu'il allait s'étouffer, tomber mort. Les veines sortaient sur son front, le long de son cou. Il fermait les yeux. Puis il commençait un lent mouvement de reptation dans le silence et peu à peu se dégageait. Le public applaudissait et jetait des pièces sur son tapis, tandis qu'il faisait constater l'intégrité de la chaîne : « Elle n'est pas truquée », « aucun anneau ne peut s'ouvrir ». A peine remis, il prenait dans son bagage – une sorte de malle – une assiette creuse qu'il remplissait de verre pilé. Il venait vers les spectateurs, leur demandait de toucher, montrait qu'il s'agissait de vrai verre et ceux qui avaient touché faisaient signe que oui, avec considération. Des sceptiques tendaient la main. Il remuait longuement les débris avec une cuillère, ironisait sur la « bonne soupe » qu'il allait ingurgiter et faisait couler ce verre de la cuillère à l'assiette. Le bruit seul nous effrayait. Au moment d'enfourner la cuillère pleine dans sa bouche ouverte, il se ravisait, demandait que tombent encore des pièces, disait que ce n'était pas encore assez d'argent pour que le public voie ce numéro, « unique en Europe et même en France », où il risquait de tomber mort. Il avait une voix rauque qui ne nous étonnait pas, à cause de son gosier limé par le verre. Quelques pièces venaient se joindre aux autres, il remplissait à nouveau sa cuillère, ouvrait la bouche, interrompait encore son geste pour conseiller de s'éloigner aux personnes sensibles. Enfin, au bout d'un temps qui nous paraissait interminable, il commençait à avaler, avec de grandes grimaces de douleur, disant que c'était peut-être la dernière fois qu'il risquait sa vie. Entre chaque bouchée il buvait, l'eau dégoulinait sur sa poitrine. On entendait le verre crisser entre ses dents. Des femmes portaient la main à la bouche, d'autres quittaient le cercle. Moi, avec Lili et Alice, je restais, j'attendais l'avalage des grenouilles qui étaient là, près de la malle, dans un bocal, avec une armée de litres d'eau. Je ne sais ce qui nous impressionnait le plus : le dégoût, la peur de voir mourir les bêtes ou la magie de la régurgitation qui, dans une sorte de vomissement, rendait les grenouilles les unes après les autres. L'homme les présentait au public sur le plat de la main. Les prenant par une patte de derrière, il les faisait l'une après l'autre, disparaître dans son gosier. Puis il les régurgitait un peu abasourdies mais vivantes.

Parfois, sur les Allées, nous trouvions l'homme en train de manger sur un banc où il avait posé sa malle. Ça nous faisait tout drôle de lui voir avaler des bouchées de pain. Il gardait son visage de douleur. Nous entendions dire de lui que, si les chaînes c'était du « chiqué », il avait la bouche, la gorge et l'estomac épaissis de cals « autant que le dessous des pieds » et que pour ce qui était des grenouilles il avait un estomac à deux poches. Nous répétions cela et pensions que le pain devait lui paraître doux comme du velours.

6

MILLE CHOSES DANS DES BOÎTES

« Je joue à la balle, contre la muraille
Un peu plus haut, je casse un carreau,
la balle roule, dans un fossé,
un homme passe, me la ramasse,
la met dans sa poche et puis s'en va. »

Chanson de balle au mur

Certaines de nos « choses » ne quittaient jamais la maison. Les mères ne l'auraient pas permis et ces objets appartenaient plus à la famille qu'à nous-mêmes.

C'était pourtant des jeux, mais des jeux auxquels on ne jouait que dedans, les soirs gris et pluvieux, de grand froid, ou pour se distraire d'une grippe. Ces soirs-là ma sœur consentait à faire avec moi une partie de bataille, de mistigri, de menteur ou de nain jaune. Une copine venait chez moi ou ma mère me donnait la permission de traverser la rue et d'aller tenir compagnie à Évelyne. Je courais sous la pluie battante, je grimpais l'escalier.

« A quoi on joue ? »

Ou bien c'était elle qui montait pendant ma convalescence :

« Et si on jouait aux chevaux ? »

Qui avait pourvu la famille de petits chevaux dans leur boîte ?

Elle était en bois, munie de fragiles charnières de métal et fermée de crochets de cuivre. Pas plus que les autres boîtes de bois enfermant le loto, les dominos ou les dames, celle des petits chevaux n'aurait jamais traversé la rue ou passé l'après-midi sur le trottoir : les cartes, les pions, les dés, les cornets de bois, les cartons et le sac à numéros du loto, l'hippodrome étaient strictement surveillés par nos mères qui les avaient rangés dans le bas du buffet et l'armoire. A ces jeux-là – et à ces jeux seuls – les adultes prenaient quelquefois part. Je me souviens de mémorables parties de petits chevaux auxquelles mon père se mêlait et d'autres de loto où il n'y avait rien à gagner que la gloire d'être la première à crier : « Quine ! »

Ces boîtes à jeux n'étaient pas les seules choses qu'on n'aurait jamais osé sortir de la maison.

Il y avait dans certaines salles à manger des poupées assises sur une chaise, dans certaines chambres des poupées accotées sur l'oreiller, si belles, si magnifiquement vêtues qu'elles ne pouvaient servir que d'ornement. On n'y touchait pas. On ne les utilisait pas plus librement que ces services de porcelaine qu'il ne s'agissait pas de casser.

C'étaient soit des services de table, soit des services à café plus étonnants encore parce qu'ils comportaient des éléments comme un sucrier à couvercle, un pot à lait. C'était une grande joie que d'être invitée chez Josée pour « sortir le service » ou d'être autorisée moi-même à utiliser celui que ma mère gardait dans l'armoire et qui était à ma sœur. Le carton où ils étaient rangés avait jauni. C'était le carton d'origine, à double fond, où des encoches permettaient de loger, de chant, assiettes, tasses, sous-tasses, couvercles. L'intérieur était garni de papier à fleurettes au bord festonné et bordé d'une dentelle un peu déchirée et salie par le temps. Sur le couvercle, des élastiques maintenaient cuillères, fourchettes, ainsi que de petites serviettes plissées – en papier ou en tissu fin – qu'on n'avait pas utilisées pour les garder intactes, avec leurs plis en éventail. Parfois, une série de menus, roses ou bleus, était aussi fixée au couvercle. Si on y écrivait, on le faisait au crayon pour pouvoir gommer et réutiliser ce carton qui gardait, de la mine, un halo gris. Un menu, c'était un luxe. Je n'en vis que pour ma communion solennelle, encore étaient-ils calligraphiés.

Ces services étaient l'objet de soins délicats. Quand les boîtes se fendaient, on les réparait avec du papier collant ou avec une aiguille et du coton à broder. On réparait aussi les anses délicates ou les boutons des couvercles si par malheur ils se brisaient. Il fallait qu'une pièce fût vraiment en morceaux pour qu'on ne tentât pas de la recoller et si le malheur était sans remède, quand on soulevait le couvercle, il y avait cette cruelle case vide, qui tranchait de son trou noir dans les couleurs pâlies.

Quand, sur un coin de la table, je m'installais avec Jo, Monique ou ma cousine, mon bonheur était complet. On me donnait quelques morceaux de sucre que je coupais en quatre et même en huit, un biscuit Brun ou un Petit Lu, le pain et le chocolat de mon goûter que je débitais en morceaux minuscules et plaçais dans les plats. Ce jour-là, nous mangions tout et buvions l'eau sucrée des tasses où nous trempions des bouts de biscuit. Nous n'appelions pas cela une dînette, c'était seulement une manière très rare de goûter où, d'avoir été nommé pompeusement « chou à la crème », le quignon de pain avait un autre goût.

Après, nous faisions la vaisselle, une vraie vaisselle et ma mère me donnait pour l'essuyer son torchon le plus fin. Je m'extasiais, en les mettant face à la lumière, de la transparence des tasses et ne m'étonnais point que leur finesse les rendît si fragiles.

Il fallait une circonstance exceptionnelle pour que nous pussions toucher au service : l'isolement et l'immobilité de la maladie ou l'extrême solitude de la fin de l'été, quand j'attendais le retour de mes copines et que ma mère me voyait m'ennuyer.

Quand j'étais malade, ma mère me portait dans le lit le jeu des petits chevaux et j'en jouais différemment. La boîte que j'avais se pliait en deux. A l'intérieur, aux quatre coins du carré, un rebord de bois délimitait les casiers où chaque joueur jetait ses dés et rangeait les chevaux qui n'étaient pas encore sortis. Chacun avait une des quatre couleurs dominantes. Je les utilisais comme des habitations et les chevaux comme des personnages, des sortes d'originales poupées. Les itinéraires en forme d'empreintes de fer à cheval, les échelles numérotées où on les faisait avancer devenaient les escaliers des maisons, les rues, les couloirs. J'avais quatre familles ou une seule famille nombreuse. J'utilisais les dés. Ils devenaient des sièges ou des meubles et le cornet de bois un monument au croisement des rues. Parfois, je laissais de côté les chevaux et garnissais la boîte et les diverses écuries des boutons de ma mère. Elle me prêtait la boîte où elle les tenait en réserve. C'était là qu'elle puisait quand elle avait besoin d'en remplacer un et il ne fallait pas espérer qu'elle m'en donnât. C'était seulement un prêt concédé à la maladie et ce jeu est lié à la fièvre qui habite puis quitte le corps, à la sollicitude dont j'étais l'objet : une tranche de jambon translucide, un jus d'orange, un jus de viande versé dans un puits creusé dans la purée où je dessinais des labours des pointes de la fourchette et ouvrais des ruisseaux de sang de bœuf.

La boîte à boutons de ma mère était une boîte cylindrique en métal qui avait contenu des berlingots, celle de ma tante une boîte hexagonale plate, à fond noir, ornée de grosses fleurs. L'extérieur était décoré de berlingots verts et roses et il me semblait qu'il flottait encore à l'intérieur une odeur anisée.

Les gros boutons de manteaux, presque plats, devenaient des tables, d'autres des assiettes. Les tout petits des tartelettes sur un plat. Ces boutons en miniature que ma mère avait récupérés sur des vêtements de bébé – et que je mendiais quand je cousais pour mes poupées – étaient blancs, en nacre irrégulière et tout irisés. Certains boutons, au lieu d'être plats, formaient une sorte de cabochon. Posés sur un dé, ils devenaient des lampes, des bibelots, des pièces montées sur une table. J'étais si fascinée par eux que parfois je me contentais de les classer par familles – il y avait souvent deux ou trois tailles de même forme, même matière, même couleur – par grosseur, par couleur. Certains étaient isolés dans leur splendeur : un très gros, en jais taillé, un de verre rose en forme de pâquerette, un d'un gris de pierre précieuse serti d'un métal ouvragé, un en cuivre où courait un lièvre. Je connaissais tous les boutons, mais à chaque fois je les redécouvrais avec un indicible bonheur, car la maladie ou la solitude ne revenaient qu'au bout d'un long temps.

Je les rangeais, je les alignais sans inventer d'histoire. Je me plongeais seulement dans leur beauté, dans leur ordre précaire, puisque tout à l'heure il faudrait à nouveau les remettre en vrac dans la boîte à berlingots. Lorsqu'ils étaient tous posés sur la surface de bois du jeu de chevaux, je contemplais un moment cet ordre magnifique, cosmique, dont j'étais responsable, puis je le balayais du plat de la main. Ou alors, c'est lentement que j'inclinais le plateau. Ils glissaient, un moment encore en ordre, puis retournaient au chaos, au mélange, sur le drap de lit où je prenais garde de ne pas les égarer dans les plis, ou au creux de mon tablier. Puis je les ramassais à petites poignées et les remettais dans la boîte. Ils étaient frais – verre, nacre, cuivre, corozo – ils glissaient soyeusement les uns contre les autres.

Et puis, il y avait nos choses à nous. Des choses moins belles, moins précieuses, qui ne donnaient pas lieu à de grands moments comme le service, les jeux de société qu'on fait en famille, mais sur lesquelles ne s'exerçait aucun contrôle, dont on pouvait se servir sans rien avoir à demander, et prendre dehors librement.

En vérité, nous avions peu de jouets. Une ou deux poupées, à la garde-robe cousue par nous, quelques éléments de dînette. Un Noël ou l'autre avait apporté un faitout d'aluminium, un gaz ou une cuisinière, une balance avec ses poids, un fer à repasser, une panoplie de ménagère avec un balai à notre taille, un plumeau, une pelle. Cela on s'en servait et si on abîmait, si on perdait, on prenait une engueulade parce qu'on était « brise-fer », mais il était entendu que c'était à nous et d'ailleurs, dans la maison, c'était en vrac dans une caisse et non précieusement mis de côté.

Dans une boîte métallique solide ayant contenu des cartouches, j'avais mon « Jeu des sept familles ». Je le connaissais si bien qu'au moindre coup d'œil jeté sur un coin quelconque de chacune des cartes je savais si j'avais à faire à la fille Boudingras ou au grand-père Lebouif. Mes tricheries en étaient facilitées. Nous avions été si sensibles à la hiérarchie sociale de ces familles que ma sœur, par exemple, recherchait les plus distinguées et que nous nous moquions beaucoup de celle qui demandait les Lavinasse.

Les Potard, pharmaciens, étaient les seuls qui fussent jolis, ainsi que les bouchers, « Dubifteck », à un degré moindre, toutefois. C'étaient les deux seules familles où l'on voyait des cheveux bien peignés et quelques bijoux au cou des femmes. Après, venaient les Lebouif, cordonniers modestes mais propres. Chez les Courtepaille, agriculteurs, la grand-mère portait la coiffe folklorique et le fils, avec ses grandes oreilles décollées, semblait demeuré. Avec les Boudingras, charcutiers, commençaient les trognes rouges, les cheveux en broussaille, l'aspect sale, l'air malfaisant, les yeux allumés d'étranges feux. L'apothéose, c'était les Ramona, fumistes, noirs de suie, laids, et surtout les Lavinasse. Ils vendaient du vin. Ivrognes, sournois, lubriques, ils avaient l'air de ce qu'ils étaient : des tenanciers d'assommoir.

Ce n'est que contraintes que nous les rassemblions. Une qui avait perdu, mais réuni les Potard, était en somme une perdante honorable.

Bien rangés au fond de ma caisse et noués d'une ficelle, j'avais mes *Lisette*. Je les prêtais à certaines et pas à d'autres, je les rangeais à leur place. A certains moments, c'était un grand plaisir de les relire. Et comme nous avions toutes en mémoire ce qui avait paru dans les hebdomadaires des copines, nous demandions parfois une série de numéros.

Perdre un illustré, ou le rendre abîmé était une faute impardonnable. On en gardait la mémoire longtemps.

« Ne lui prête rien. Elle m'a perdu un *Lisette*.

– Méfie-toi, elle m'a rendu un *Fillette* avec des pages déchirées.

– Et moi, mes *Ames Vaillantes* toutes cornées. Ça faisait peur. »

Les comptes étaient tenus de façon implacable pour les illustrés comme pour les autres jouets. On savait qui avait perdu les poids de la balance, laissé rouiller la cuisinière, cassé un des pieds du fauteuil de poupée fait de quatre planchettes ripolinées en bleu, détérioré le tiroir de l'épicerie de bois. Et on en tirait les conséquences.

Nous avions soin et souci du peu de choses que nous possédions. Nous savions quand avait eu lieu une détérioration, comment et pourquoi la négligence s'était produite. Et nous ne pardonnions pas.

Il s'ajoutait à nos quelques richesses tant de petites choses de peu de prix, tant d'autres récupérées ou bricolées que nos affaires étaient finalement nombreuses.

Outre les friandises, on trouvait au bazar d'Honorat de petits jouets. De ces poupons en cellulo, de quelques centimètres, rigides, sans articulations et pour cela très difficiles à habiller, moins commodes que des rintintins, mais possédant un vrai visage. Quand ils étaient vendus vêtus, un simple bout de chiffon était collé sur leur corps et après l'avoir arraché, il était dur de les débarrasser des traces d'une épaisse colle. Au bazar, on trouvait des jeux d'osselets plus brillants que les nôtres.

Au moment de Noël, Honorat exposait des poupées vêtues de tarlatane ornée de diamantine, de plumes peintes, mais la plupart du temps il proposait des objets accessibles à qui a reçu une très petite somme : des cigales de métal, des sortes de sous-verre ronds, où il fallait loger des billes de plomb dans les yeux, la bouche, les trous de nez d'une tête de nègre, ou dans des petits trous ponctuant un paysage – et la bouche du nègre, comme le sommet de la montagne, marquaient le maximum de points. On trouvait des paquets de perles multicolores, des coloriages, des boîtes de quatre crayons de couleur, de mauvais crayons à la mine friable dont nous gardions les plus gros morceaux car il était encore possible de colorier en les tenant à la pointe extrême des doigts. On trouvait chez Honorat des planches de découpages et les mystérieuses surprises dont nous supputions le contenu de l'œil tandis qu'il nous pressait de nous décider.

Dans la surprise, il y avait parfois de petits miroirs ronds, au dos fleuri ou orné de dessins. Ils nous servaient pour nous maquiller. Quand on jouait à faire des maisons chacune installait le sien sur l'emplacement qui délimitait la commode. On en faisait aussi bien le bassin d'un jardin dessiné dans l'impasse Vallérugo, ou alors on jouait au « rat ». Une captait le rayon de soleil et en envoyait l'éclat contre le mur. Les autres s'amusaient à l'attraper, à le recevoir sur la main ou sur la poitrine. Il fuyait. Nous courions après lui. La meneuse de jeu – le plus souvent la propriétaire du miroir – nous le projetait dans la figure. Il nous éblouissait. Nous mettions la main devant les yeux pour fuir cette lumière blessante qui, longtemps après avoir été reçue sur la rétine, couvrait le monde de taches rouge-sang. Parfois, c'était un jeu sans règles, d'autres fois il s'organisait de façon stricte. Celle qui tenait le miroir devait maintenir la lueur sur celle qui était poursuivie et l'autre s'esquivait, se baissait, sautait, dans un périmètre donné. Lorsqu'elle arrivait à se défaire du « rat » c'était à son tour de le projeter.

Il nous arrivait de nous en amuser en classe, de le sortir de la poche, de lui faire exécuter sur le plafond ou le mur des itinéraires en arabesque, un cercle autour de la carte de France, d'illuminer « Béziers ». Alors on appelait la voisine, on la poussait du coude pour lui faire voir. On écrivait même des mots. Merde, par exemple, et on se tordait silencieusement. Les plus hardies posaient l'éclat sur l'ourlet de la jupe de sœur Sainte-Anna. Dehors nous le faisions grimper sur les platanes, escalader jusqu'à un nid de pie haut perché dans les branches. Plus il était loin, moins il avait d'éclat et il se perdait dans la lumière du jour.

Sous le papier froissé qui donnait au cornet son volume et avant le très petit bonbon qui en occupait la pointe extrême, il arrivait qu'on trouvât ce que nous appelions un cinéma. Il se présentait comme un livre de la grosseur d'une boîte de cars, aux pages épaisses. On tournait les pages à toute vitesse du gras du pouce et le dessin s'animait. Le ballon rebondissait, la corde à sauter passait sous les pieds de la fillette, puis en arc au-dessus de sa tête, le chien faisait le beau et retombait sur ses quatre pattes. Nous étions émerveillées : l'immobile bougeait.

D'autres fois nous y trouvions une toupie. Lancées par un mouvement pivotant du pouce et de l'index, les toupies ronronnaient sur le ciment du trottoir avec un bruit d'avion lointain. Après avoir oscillé sur leur axe elles trouvaient, avec la plus grande vitesse, un équilibre silencieux où elles paraissaient immobiles. C'est pourtant leur extrême agitation qui réalisait le miracle de leur pirouette de patineur. Les cannelures devenaient lisses, les taches dans le bois s'estompaient. Bientôt, l'aileron aminci qui les entourait cessait d'être tout à fait horizontal. Il se mettait à onduler très légèrement : la fin du manège était proche. La toupie se remettait à faire un bruit, saccadé celui-là, jusqu'au moment où elle tombait sur le flanc. Ainsi chue, elle continuait à pivoter spasmodiquement dans un sens, dans l'autre, puis s'immobilisait.

Nous savions qu'il ne fallait pas toucher la toupie, même du bout du doigt. Quand l'autre l'avait lancée, nous nous amusions à souffler pour intervenir dans son trajet ou la jeter à terre. C'était à celle qui resterait le plus longtemps debout. Nous la contemplions de très près, virevoltante, livrée aux hasards imprévisibles des pentes, des aspérités du sol, des granulations et traits du ciment. Du plat de la main, nous balayions l'espace devant elle pour faciliter sa progression. Nous posions devant son pied fin une feuille de papier et parfois cet escalier minuscule suffisait à la faire trébucher. D'autres fois, elle le franchissait avec aisance et il était même possible d'élever le papier en l'air sans déranger la miraculeuse tourbillonnante.

Certaines toupies étaient mieux équilibrées que d'autres – d'invisibles nœuds de bois modifiaient la nécessaire balance des hanches. Il aurait fallu pouvoir les choisir mais c'est le hasard qui les attribuait.

Les « devinettes », ces feuilles proposant deux ou quatre dessins où il fallait découvrir un personnage ou un objet caché, les pharmaciens les donnaient, ainsi que certains parfumeurs. Les journaux enfantins en proposaient quelquefois et Honorat en vendait.

« Le troupeau rentre à l'étable. Retrouvez le mouton perdu. »

« De ce fermier anglais découvrez l'âne. »

« Voici Robinson Crusoé. Où est son fidèle Vendredi ? »

« Je ne trouve plus mon petit frère et sa nourrice. Où sont-ils ? »

« Si bonne garde qu'ils aient faite les gardiens ont toujours été surpris par le Négus Ménélik. Soyez plus clairvoyants que la sentinelle et vous découvrirez Ménélik. »

Le dessin proposé – un jardin public, un paysage champêtre, une île déserte – ne comptait que par ce qu'il contenait de caché, par le retournement qui allait révéler le caniche perdu, le portier, le gendarme, le soldat.

Les détails : plis, feuillages, lignes d'horizon, herbe, volutes de fumée, maisons, cachaient ce qu'il allait falloir découvrir en renversant le monde. Les dessins donnaient un univers habituel : des nervures de feuilles, des ramages, des zones d'ombre, suspects pourtant parce que soudain, à la faveur d'un angle de vue différent, ils devenaient visage, silhouette, objet. D'abord on ne voyait rien. On ne pensait pas qu'il fût possible de trouver une nurse dans le parc désert, que des voleurs fussent cachés dans les broussailles, ni un chat sur les toits – le personnage renversait la tête vers des gouttières vides – et puis on faisait faire la pirouette au dessin, on faisait passer le ciel à la place de la terre et on les voyait, énormes, tellement visibles qu'on s'étonnait d'avoir été si aveugles, qu'on comprenait tout d'un coup l'abondance des hachures d'ombre, des aspérités du roc. On se disait alors qu'on aurait bien dû s'en douter. Et puis après, on ne pouvait plus regarder l'image, même à l'endroit, sans voir le facteur à la fourche de l'arbre, la tête de nègre lippu dans les rochers couverts d'algues et de lichens, le sapeur allongé sur la haie, le caniche debout sur sa tête dans les nuages.

Nous aimions retrouver ces menus mystères. Nous les sortions périodiquement de nos réserves pour les regarder une fois de plus, nous les faisions voir à une nouvelle, nous demandions aux autres de nous montrer les leurs. Si nous ne les avions pas vus de longtemps, il fallait à nouveau chercher avant que la lumière se fît, brutalement, en un déclic.

Dans quelque autre bazar en colonie, nous avions, à l'occasion, acheté des canifs vite émoussés, vite rouillés, des rubans mesureurs qui s'enroulaient dans des cylindres de bois par un système de manivelle, des tonnelets dont le couvercle se dévissait et qui contenaient un chapelet, un porte-plume à vues.

Le petit matériel scolaire que vendait Honorat se situait à la limite incertaine de l'utile et du ludique. Des règles de bois aux quatre pans de couleurs différentes, des gommes tout crayon ou bicolores, encre et crayon, des éponges dans des boîtes transparentes où elles se gardaient humides, des éponges en mousse de caoutchouc dont le contour dessinait la forme d'un animal : lapin, chat, ours. Elles étaient collées sur le carton présentoir et quand nous en voulions une, Honorat l'arrachait d'un geste vif. On trouvait chez lui les mines pour les ardoises : grises ou blanches, qui se cassaient comme du verre quand on les tombait, ainsi que les porte-mine de fer gris à bague dorée. La possession d'un objet scolaire neuf plaisait autant qu'un jouet. Écrire sur le cahier immaculé était une fête, passer le gras du doigt sur le lisse de la règle neuve, renifler l'odeur de l'éponge de caoutchouc, se caresser du rose de la gomme était un plaisir renouvelé dix fois par jour jusqu'à ce que la nouveauté fût épuisée.

La folie, c'était les buvards. Ils ont gardé pour moi, aujourd'hui encore où l'on s'en sert si peu, toute la magie d'une époque où l'on écrivait à la plume avec une encre qui mettait longtemps à sécher, où le crayon à bille n'existait pas, où l'achat d'un stylo-plume était un événement. Ce rectangle d'un rose suave – plus rarement d'une autre couleur – cette matière pelucheuse, veloutée, à la fois tissu et papier, paraissait au début si admirable que je n'osais pas en éponger l'encre et préférais souffler sur ma page de cahier. D'une plume légère, j'inscrivais mon nom dans un coin, et je le mettais sagement sous ma main. J'ouvrais souvent le cahier pour le caresser, l'admirer. Puis il fallait bien se résigner à buvarder. Quelque temps encore, on s'émerveillait de voir les mots écrits à l'envers devenus étranges comme des écritures inconnues. A force, toutes les lignes se brouillaient, il n'y avait plus d'écriture cabalistique, seulement des taches mêlées. Un jour on faisait un pâté et le papier mouillé cédait, laissant au milieu de la feuille un trou à crénelure bleue. A partir de là, c'en était fini du buvard neuf, une autre étape commençait. On regardait à travers le trou, au besoin on l'agrandissait, on y enfonçait un crayon et on faisait tourner le buvard autour. On en donnait la moitié à une copine, on en mâchonnait le bord. Quand l'encrier était sale, quand la distributrice d'encre avait mal visé, on en arrachait un coin et on nettoyait la porcelaine. On absorbait une tache d'encre sur le bureau, l'encre montait dans le buvard et les lois de la physique étaient déjouées à nos yeux : au lieu de tomber, de descendre, voici que le liquide montait ! Peu à peu écorné, déchiré, en haillons, le buvard ne servait plus qu'à nettoyer un doigt, un dessus de soulier, n'importe quoi. Il fallait en acheter un autre ou tâcher de s'en faire donner un par le droguiste ou l'épicière. Les biscottes Reinette et les flans Ruban Bleu en distribuaient de superbes, consacrés à des événements historiques, comme le couronnement de Napoléon ou à des monuments comme les châteaux de la Loire.

Le cycle de l'admiration, du soin et de la progressive dégradation allait recommencer.

Ce qu'il fallait acheter dans les boutiques était peu de chose à côté des objets que nous récupérions dans les rebuts abandonnés par les adultes et que nous utilisions tels quels ou que nous bricolions.

Je recueillais toutes les bobines de fil vide, les grosses du fil blanc et du fil noir, et les petites des soies de couleur. Avec quatre clous, il était très facile d'en faire un tricotin.

Il sortait du tricotin un cylindre au point jersey qui serait enroulé en colimaçon, cousu, et deviendrait un napperon, un sac, des cache-nez ou des chaussettes pour poupées. Des tricotins, on en voyait en vente dans les vitrines des merceries, certaines en avaient trouvé dans leur mallette à couture. Ils avaient en général la forme d'un bonhomme sans bras, dont les quatre clous couronnaient la tête. Mais ceux que nous fabriquions avec la bobine vide rendaient exactement les mêmes services et ne coûtaient rien. Certaines agrémentaient le bois en le coloriant.

Je demandais à ma mère tous les cartons cylindriques des « fusettes », le carton tout plissé qui donnait du volume aux pelotes de coton à repriser. Je lui demandais la roue dentée où était enroulé, suivant un agencement artistique, un cordonnet fin destiné aux gros boutons, toutefois moins raide que le dur fil au chinois. Je gardais toutes les bagues de coton à broder et celles des pelotes de laine. Elles devenaient anneaux et bracelets, car souvent elles étaient ornées de motifs de couleur, parfois même dorées.

Et puis, surtout, passionnément, je récupérais toutes sortes de boîtes. Je pourrais dire qu'elle étaient utiles, ce serait mensonge. Les boîtes m'intéressaient en elles-mêmes et même si je leur trouvais une utilisation, je sais que leur charme tenait à la forme du contenant, à la couleur, à la matière, à la fermeture. Quand j'en obtenais une longtemps convoitée, il m'arrivait de l'embrasser ou de la serrer dans ma main tout le jour sans pouvoir m'en séparer.

Dans une boîte de « gonacrine [1] » carrée, s'ouvrant avec une charnière, je gardais les plus petits bouts des craies de couleur récupérés dans la rainure du tableau. Ils serviraient pour dessiner les lettres ornées des marelles et le feston dont je les entourais. Nous ne prenions que les plus petits morceaux, pendant nos heures de service, car les religieuses nous avaient à l'œil. Comme la craie blanche, celle qui servirait aux traits, était moins rare, nous en dérobions des morceaux plus gros pour lesquels je préférais la boîte métallique des pastilles Valda. C'est dans une boîte de ce genre que je gardais mon palet, aux saisons où il ne servait pas. Le plus beau que j'aie possédé était un carrelage trouvé dans les décombres. Il avait l'avantage d'être lisse d'un côté et râpeux de l'autre. Quand je voulais aller loin, ou sur certains ciments rugueux, j'utilisais le côté lisse, mais pour de petits déplacements minutieux sur ciment glissant, le côté granuleux était préférable.

Dans une boîte vide de « Lion Noir », je gardais la ficelle ou les ficelles. Il était difficile de trouver la ficelle idéale. Nos mères nous donnaient une longueur de coton ou de laine, mais l'un était trop maigre et l'autre pas assez glissante. Il aurait fallu une ficelle fine ou un cordonnet. On trouvait son bonheur dans le lien qui entourait un colis, dans une ficelle de cadeau, ou une de celles qui attachaient les boîtes de pâtisseries. C'était rare. Aussi gardions-nous précieusement – dans cette boîte de Lion noir où elle prenait une odeur de térébenthine – une ficelle qui avait fait ses preuves. Dans la plus petite des boîtes de coco, je gardais, fine et grise, la poudre qui recouvrait les ailes de papillons.

La plus jolie des boîtes métalliques était celle ronde en « argent » mat, estampée de feuillages, où était contenue la saccharine. Malheureusement, les diabétiques étaient rares et les boîtes tardaient à se vider de ces si petites et si nombreuses pastilles à l'effet bouillonnant. Une mousse abondante sortait de leur minuscule volume et paraît-il sucrait le liquide.

Ma grand-mère, fort heureusement, usait de saccharine. Elle me promit une de ces boîtes-là. Mais jamais je ne la voyais arriver. J'allais lui rendre visite :

« Grand-mère, montre-moi *ma* boîte. »

Elle allait la prendre dans le tiroir du buffet.

« Je peux l'ouvrir ? »

Elle la posait sur la table.

J'essayais de compter des yeux combien il restait de pastilles. Le nombre me désespérait. Il allait falloir encore attendre. C'était comme une éternité.

Enfin elle fut mienne.

Je passais ma langue dans les recoins des bosselures, elle en ramenait, et pendant longtemps, une douce saveur. Nous adorions ces boîtes gris-argent, fermant bien et qui ne rouillaient pas.

J'y tenais mes perles. Certaines venaient du bazar, d'autres du cimetière. Alice m'avait montré ce coin où l'on jetait les fleurs fanées et les vieux ornements des tombeaux, en particulier les couronnes de perles que le temps effritait en rouillant le fer. Nous allions en arracher de grands morceaux, le cœur battant. Nous les cachions dans nos poches. En rentrant, sur le trottoir, nous nous occupions de casser les montures pour récupérer les perles. Nous trouvions les couleurs plus jolies que celles du bazar – des verts, des bleus pâlis d'avoir été exposés au soleil, des violets adoucis – et les formes plus variées. Il y en avait de cylindriques, de cannelées, des rondes, de très grosses qui tenaient le centre des fleurs et des feuillages. Nous leur prêtions une sorte de magie qui tenait à leur origine, – « ça vient de chez les morts » disions-nous tout bas et cela s'ajoutait à leur beauté et au secret de leur découverte.

Nous allions les laver à la fontaine de la poussière accumulée par le temps et le vent. Les couleurs se révélaient alors dans toutes leurs brillances et toutes leurs transparences. La seule couleur absente était le rouge vif, mais il y avait des violets presque pourpres, des blancs, des perles de verre transparent – du cristal. Nous passions de longues heures à les trier, une par une, comme des lentilles, à les grouper par catégories dans d'autres boîtes plus petites : un tube d'aspirine ou de Lactéol – il avait l'avantage d'être en verre et permettait de voir le contenu –, une boîte de plumes, une de coco, une boîte à éponge, un long tube de verre qui avait contenu la vanille en gousse, exposée aux regards, à la fois protégée et précieuse, ornée de filaments argentés de sucre.

Les bagues ou bracelets que nous fabriquions avec ces perles se rompaient facilement, à l'improviste, et à quatre pattes nous tâchions de récupérer notre trésor, perle après perle, même dans l'eau du ruisseau.

Sur le chemin de l'école, je regardais devant la droguerie-parfumerie pour voir si dans sa poubelle le droguiste n'avait pas jeté une boîte intéressante. Il m'arrivait même d'entrer pour demander. Je n'osais pas toujours, mais parfois j'obtenais des boîtes solides et jolies, quelquefois parfumées d'avoir contenu des savonnettes et des eaux de Cologne. A la maison, je les convoitais toutes. Boîtes de sucre en morceaux avec leur couvercle. Boîtes de pâtes, de vermicelles, boîtes d'allumettes, grosses et petites. Boîtes ayant contenu des ampoules et certains cachets ronds, enveloppés d'hostie et posés chacun dans leur échancrure. Ces boîtes avaient tout pour nous séduire : le curieux découpage du fond, le prestige de l'hostie, le tapis de papier molletonné qui couvrait les cachets. Nous le gardions, ce tapis, avec d'autres papiers. Ceux où étaient pliées les oranges, les papiers fins où étaient emballés les souliers – parfois, merveille, il y en avait un de rose –, le papier cristal glissé dans les blocs de papier à lettres, où nous découpions des poissons qui se tortillaient dans la paume de la main, préalablement chauffée de notre souffle, l'intérieur fin d'une enveloppe doublée, gris ou bleuté, ceux plissés comme des collerettes qui entouraient certains gâteaux. Nous les gardions après les avoir nettoyés avec la langue pour qu'ils ne soient pas poisseux. Parfois on avait pu récupérer le grand napperon en dentelle à l'emporte-pièce sur lequel était posé un mille-feuilles de pâtissier. J'obtenais de ma mère qu'elle passât son fer sur mes papiers pour les lisser, ce qu'elle faisait seulement après s'être assurée qu'ils étaient bien propres.

Quelque part, dans une boîte, il y avait des papiers

d'argent. Ils venaient en général du chocolat ou d'une bouchée. J'aurais aimé que ma mère me donnât le papier intact au moment où elle entamait la plaque. Mais elle refusait et repliait le papier autour du chocolat pour le protéger « de la chaleur et de l'humidité ».

« Maman, lui disais-je, fais attention de ne pas le froisser. »

Et je devais attendre environ une semaine.

Quand le papier m'arrivait, je le dépliais en essayant de ne pas le rompre et lui redonnais le lisse du gras des doigts, sans m'énerver, à tout petits gestes. Il était rare d'en avoir un très grand morceau et extrêmement rare d'en avoir un entier. Les plus petits serviraient un jour ou l'autre : à faire des tapis pour les rintintins; à envelopper un caillou pour le transformer en bonbon; à fabriquer des perles en les roulant entre les paumes; à découper un nœud pour nos cheveux ou les cheveux d'une poupée, une étoile pour un déguisement, pour l'autel du bureau, pour la crèche de Noël.

Il courait des légendes sur le papier d'argent dont nous ne doutions pas qu'il fût de l'argent, matière noble qui venait juste après l'or. On disait que si on arrivait à en avoir un kilo, on posséderait une fortune. Certaines commençaient, mais sa légèreté nous décourageait. Quand le morceau était assez gros, nous pouvions en recouvrir un bocal vide qui devenait un vase ou le faire servir comme tant d'autres papiers récupérés à de savants travaux de découpage. Nous tracions des festons, ouvrions des découpes en losange, ou trilobées ou rondes, taillions de simples fentes, crantions la bordure, ornions le centre d'une étoile, d'une rosace. Le principe était de plier le morceau en deux d'abord, de le découper avec de grands ciseaux tranchants, puis de le plier encore, d'ajouter des découpures, de le plier jusqu'à ce que le papier, par ses multiples épaisseurs, devînt impliable. Là, après un dernier découpage, on commençait à le déployer. Pour le papier d'argent c'était plus délicat et difficile que pour le papier ordinaire, car les minces épaisseurs avaient tendance sous la pression des tranchants à s'accrocher l'une à l'autre et le tapis se déchirait quand on le dépliait. Une fois déployée la surface brillante et argentée se présentait, plus ou moins joliment évidée de rythmes abstraits, de lignes et de courbes. Ces tapis de papier d'argent restaient dans un livre de messe ou un livre de classe.

Lorsqu'on ouvrait les pages où ils étaient, on entendait un petit bruit métallique. Ils étaient si légers que la moiteur et la chaleur de nos mains – nous disions l'électricité – les accrochaient à nos paumes sans qu'on eût besoin de les attraper avec les doigts. Lorsqu'un morceau était assez grand, on pouvait en faire une collerette pour l'encrier, précieuse mais terriblement exposée aux maladresses, aux méchancetés des autres, au frottement des vêtements, des cahiers et des livres, aux taches d'encre, aux « pâtés » tombés des plumes trop chargées. Aussi, préférions-nous pour l'encrier la collerette en papier découpé rehaussée de couleurs.

Nous gardions les tissus. D'une part, dans une boîte à chaussures, ceux qui serviraient à faire des vêtements pour les poupées; d'autre part, dans une boîte d'Algocratine ou d'ampoules de « sang de bœuf », les tissus précieux dont nous avions parfois un morceau minuscule. Du velours doux aux lèvres, du satin, de la « broderie anglaise ». Tout tissu soyeux, brodé ou orné de dentelle. Et les plus beaux : le tulle et la mousseline, transparents, qui évoquaient les deux choses les plus fabuleuses : le voile de la communiante et celui de la mariée. Certaines avaient un morceau de « toile d'avion » légèrement écrue, à la fois fine et rigide, à la surface glacée.

Une place spéciale était réservée à un tapis de bourres de laine. Sa réalisation était une sorte d'exploit. Entre le pouce et l'index nous arrachions sur le tricot et les chaussettes des duvets de laine. Cette pincée pelucheuse, nous la posions dans un livre et recommencions avec nos divers vêtements, en organisant les couleurs, jusqu'à avoir des tapis de la taille d'une main. Par simple pression, les pincées s'accrochaient les unes aux autres et les tapis pouvaient être maniés, avec précaution toutefois. S'ils venaient à se trouer, il suffisait de rapprocher les bords et d'appuyer. La difficulté la plus grande était de varier les couleurs et de ne pas se faire attraper par les mères au moment où on plumait les tricots. Dans les rangs, d'un mouvement imperceptible, on arrachait une pincée au gilet ou au cache-nez d'une fille, quand elle portait un vêtement d'une belle couleur qui nous manquait : vert vif ou rouge. Sans lui demander son avis. Deux amies, en revanche, se picoraient mutuellement gants, bonnets et cache-nez.

Pour ces tapis nous trouvions une boîte un peu plate.

Nous les sortions pour nos maisons, pour regarder les trottoirs et l'escalier à travers leur flou coloré.

Une autre boîte était réservée aux fioles : celles d'Optrex, magnifiquement bleues ; celles qui avaient contenu des extraits pour fabriquer des sirops ; celles des gouttes pour le nez avec leur pompe de caoutchouc.

Quelque part, il y avait de ces petits carnets fermés par un élastique, conditionnant le papier à cigarettes JOB, et imprimés en « doré ». Nous les garnissions de feuilles blanches et ils devenaient des blocs de papier à lettres.

Quand nous jouions à la dame, nous disions : « Il faut que j'écrive à ma tante, à ma cousine... » Avec un crayon – nous disions sans rire « un crayon à mine de bois » – nous écrivions des lettres minuscules que nous avions de la peine à relire.

C'est en général dans une grosse boîte d'allumettes que je conservais mon jeu d'osselets. Mon père ayant son garage en face des abattoirs, et fréquentant des chevillards, je me faisais donner, quand je voulais, cinq osselets – cela me mettait dans une intéressante position de pourvoyeuse. Mon père me les portait pleins de tendons, parfois encore pris dans l'articulation. Les dégager, les nettoyer était un travail de patience. Ce n'était pas à proprement parler un bricolage puisque le travail le plus délicat était, on l'a vu, confié aux fourmis.

Pourtant nous bricolions beaucoup et ce mot qu'on croit appartenir à l'univers des garçons est bien une parole de filles :

« Qu'est-ce que tu bricoles encore ? », interrogeait ma mère. J'étais en train de sortir une armoire d'une boîte d'allumettes, de tailler un service de table dans des écorces de platane, de tresser une guirlande de deux bandes de papiers journal, de faire un pompon avec du carton et de la laine.

Dans les tombées de boîtes de sucre, Paulette savait bricoler des cinémas aussi jolis que ceux des surprises.

Toutes les filles cousaient et tricotaient, mais tout le monde n'avait pas le « biais [2] ». Certaines mains faisaient de ravissants tabliers de poupée, des tricots tout petits auxquels il ne manquait pas une diminution, pas une boutonnière. Lucienne avait une poupée en carton et toute sa garde-robe en papier qu'elle faisait tenir aux épaules avec de petites languettes de papier plié. Elle l'avait faite elle-même, à l'imitation de ces planches prédécoupées qu'on vendait chez Honorat.

Les adultes s'extasiaient sur le « biais » et il conférait un important pouvoir.

Le moment de recouvrir les livres, au tout début de l'année, était l'occasion de tester l'habileté des unes et des autres.

Nous utilisions de grandes feuilles bleues et calculions les dimensions pour avoir le moins de perte possible. Pendant deux ou trois soirs, en début d'année scolaire, c'était la grande affaire.

Ce n'est pas sans angoisse que je taillais dans le papier neuf – cette fois avec les ciseaux de ma mère. La languette qu'il fallait découper en bas et en haut au dos des livres posait de délicats problèmes. Si le papier avait glissé, si on avait entaillé trop profondément, les pliages ne correspondaient plus à la taille du livre et le résultat final avait un aspect négligé.

Les plus habiles donnaient à ces languettes la forme d'un trapèze. Elles prétendaient qu'elles étaient ainsi plus solides, que la couverture épousait exactement la forme du livre, permettait une meilleure ouverture. Elles s'attachaient à ce que les rabats fussent de taille égale en haut comme en bas. Leur couverture habillait impeccablement le livre comme un vêtement bien coupé. Les rabats étaient maintenus au papier collant. Il se dévidait sur des armatures de fer et demeurait un objet luxueux, réservé au recouvrage des livres et au raccommodage de documents précieux : livres de prix, catéchisme, livre de messe, livres de bibliothèque. Ma mère gardait le papier collant dans ses affaires à elle. Lorsqu'il s'agissait de recoller des papiers plus ordinaires, elle se servait de la bordure des timbres. Ainsi réparait-elle les marges des livres ou les recettes découpées dans le journal. C'était moins élégant que le papier transparent, cela avait un aspect de rapiéçage, bien que l'on s'efforçât de ne masquer avec ce papier opaque aucune écriture. En revanche il ne coûtait rien.

Le moment le plus fabuleux du recouvrage des livres était celui où j'écrivais l'étiquette : Cahier du soir, Géographie et Marie Rouanet. Je m'appliquais aux majuscules, les essayant plusieurs fois au brouillon avant d'oser les inscrire, les manquant parfois, brouillant d'encre les volutes ou ratant la courbe. Le H d'Histoire surtout me posait des problèmes, et le F. Pour les livres particulièrement précieux et qu'on devrait garder longtemps : *Le petit dictionnaire Larousse* et le catéchisme, ma mère sacrifiait un morceau de toile épaisse que je cousais au lieu de la fixer avec du papier collant. Les rabats étaient renforcés d'un « point » de coton à broder et à l'intérieur, de grands fils allaient de haut en bas, formant à l'intérieur de la couverture une sorte de résille, lieu très commode pour ranger des images. Sur le tissu de la couverture on écrivait directement le nom à l'encre. La toile le buvait, la plume accrochait et on avait ainsi des traits un peu crachés, irréguliers.

De temps en temps, au cours de l'année, il fallait remplacer une couverture déchirée, recouvrir un livre prêté par la religieuse et si on tombait sur un papier fleuri, on en profitait pour recouvrir un des rares livres en notre possession, un qu'on aimait.

Nous sentions comme nôtres ces couvertures de livres, fruits de notre bricolage utile, comme nous sentions nôtres les protège-cahiers-réclame donnés dans les drogueries. Ils vantaient la ménagère fringante devant sa cuisinière où un zèbre géant à la gloire du Zébracier-miracle, transformait la fonte en argent.

Dans la chambre, sous une table de bois blanc, à l'abri d'un rideau à fleurs, se dissimulait la grande caisse de rangement des « choses », remplie tout entière de boîtes dont chacune en contenait d'autres plus petites, et d'autres encore, jusqu'aux minuscules flacons, jusqu'aux tubes de verre. J'y logeais tout ce qui était mien et ce que la nature m'avait offert n'y tenait pas la plus petite place.

J'avais quelque part des ailes de cigales, voire des cigales entières ou une mue pour laquelle il me fallait trouver une boîte à la taille adéquate tant elle était fragile, des ailes de papillons, de libellules ou de sauterelles – rouges et bleues –, des plumes d'oiseau : du geai, de la palombe où se mêlent le rose de l'églantier et le bleu de l'orage, du canard où dans le noir brille un vert métallique ou un or sombre, du perdreau, de la mésange, d'un bleu enfantin. Je gardais un petit lézard sec trouvé écrasé sur la route.

De la colonie, j'avais ramené ces feuilles de chêne dont il ne reste que les nervures et aussi quelques pailles de seigle ou de blé ramassées dans les champs moissonnés et avec lesquelles j'avais bu l'eau du réfectoire. Celles du seigle étaient d'un or presque orange et luisaient comme du verre. J'en rapportais tout un lot et je puisais dans cette provision. L'eau se transformait en passant à travers le cylindre, non pas tellement à cause du goût poussiéreux de la paille – une sorte de vétyver – mais parce qu'elle se transmuait en boisson de luxe.

Tout ce que je gardais de plantes sèches, de feuilles, de pétales, était friable, impossible à conserver longtemps. Cela avait demandé pourtant de minutieux séchages. Il avait fallu s'asseoir sur un livre, risquer de se faire gronder pour l'avoir sali du sang des fleurs, et le résultat était une texture d'une finesse décourageante, une tige menue et cassante comme du verre. Pourtant nous recommencions toujours : les couleurs éteintes et douces de l'évanouissement des végétaux et surtout des fleurs étaient belles. Là où ces précieuses et fragiles beautés étaient le mieux installées, c'était dans un livre, mais aussi dans de petites boîtes d'allumettes. Je conservais une feuille de houx qui, tenue entre pouce et index, tournoie plus ou moins vite quand on souffle et que l'on module le souffle. Je conservais une poupée de coquelicot particulièrement jolie. Je lui avais trouvé un air intéressant, elle m'avait plu par sa couleur rare. Mais elle ne résistait pas en général à quelques manipulations.

Tout ce que nous tirions du roseau était plus durable. Il y avait des roseaux partout : dans les terrains vagues, sur tous les talus, dans le moindre chemin de vigne. On les appelait canisses, ces tubes en bois creux obturés de place en place par des nœuds épais. Mon père en bricolait une portion en boîte à sel pour ses casse-croûte de chasseur, pour nos repas au bord de la mer, pour le repas des vendanges. D'un côté il gardait le nœud du bois comme fond du tube. L'extérieur du roseau est brillant, comme verni, et l'intérieur d'un brillant plus doux, soyeux. L'autre extrêmité ouverte, mon père la fermait d'un bouchon de bouteille taillé minutieusement à la mesure exacte de l'embouchure. Lorsque je voyais couler le sel fin du bord luisant du bois à la paume de la main, j'avais l'impression d'une magie simple, à la portée de mes pouvoirs pour peu que je sois plus grande, que je veuille m'y appliquer et que j'aie les instruments nécessaires, en particulier le couteau adéquat. C'était absolument nécessaire pour le roseau dont le bois est très dur. Nous nous fabriquions des flûtes rustiques en coupant un morceau de cylindre entre deux nœuds. L'intérieur du tube était occupé par endroits d'une pellicule blanche exactement semblable à une toile d'araignée et qui d'ailleurs s'accrochait comme une toile à la branchette que nous passions dans le cylindre pour le dégager. On fermait chaque trou des extrémités avec du papier, le plus fin possible, fixé d'un bout de fil ou de laine – le plus souvent de laine, parce qu'elle était plus facile à prendre aux pelotons inutilisés que le fil dont nous savions qu'il était cher. Le papier le plus prisé était le papier à cigarettes JOB, puis venait le papier fin. Le long du tube nous faisions trois ou quatre trous. Quand on soufflait, le papier vibrait et il sortait du roseau une musique fine. Ces flûtes pouvaient se garder longtemps, le corps du moins, si le papier fin se déchirait.

Nous utilisions le roseau malgré l'interdiction des adultes qui, toujours, à son propos, parlaient d'œil crevé. Le bois en effet, s'il était brisé et non tranché, se hérissait de fibres fines et pointues comme des aiguilles. Si je ne me suis jamais crevé l'œil, par contre j'ai eu sous les ongles de mauvaises « écharpes » – c'est ainsi que nous disions – et des coupures comme faites dans la peau au rasoir.

Qui eût regardé nos dînettes installées sur l'escalier, nos maisons emménagées et prêtes au jeu, nos étalages de marchande, qui eût vu nos affaires déployées un après-midi de couture ou de tricot, n'eût vu que des morceaux, des bouts, des restes, des chiffons, des fioles, des cartons et des boîtes. Dans une boîte de sardines une poignée de pommes de terre à peine plus grosses que des noisettes. Sur nos dessins à la craie des cailloux plats, et ici, là, une petite casserole, une marmite de faïence. Des fils enroulés sur d'anciennes bobines, une pelote de laine toute frisottée d'avoir servi et resservi, des habits de poupée, des cartons à chaussures agencés en lit et surtout, des herbes.

Le soir, lorsque nous avions rentré nos affaires, il restait ce que nous ne pouvions emporter, ce que nous savions par essence fugitif et dont la relative abondance nous donnerait demain, et demain encore, une nouvelle moisson : des colliers d'aiguilles de pins, des liserons déjà fanés, des gousses de fèves dont l'intérieur velouté avait servi d'écrin...

Il y avait là les restes de toutes sortes de choses périssables jaillies des fossés le temps d'un après-midi. Qui se fût penché sur ces verts vestiges eût reconnu les fruits en spirale qui tiennent sur le lobe de l'oreille [3], et la folle avoine lui eût dit que nous avions cherché l'initiale du bien-aimé ou essayé de faire « poule ou coq ». Ce qui restait du dépiautage des fleurs d'acacia lui eût indiqué que nous avions communié au printemps et fait de la musique avec les folioles qui chatouillent les lèvres.

Les tiges cassées des roseaux jonchaient le sol, disant que nous avions fabriqué quelque flûte. Mais qui aurait pris le temps de trouver, entre les débris de feuilles, celle de la cime, longue et roulée sur elle-même, que nous avions déroulée d'entre les autres pour souffler à sa base et la faire chanter fin ?

Dans les trompettes de Jéricho, crevées, nous avions glissé nos doigts. Avec les fleurs de lilas emboîtées les unes dans les autres nous avions composé des bijoux : il n'en restait plus rien.

Les fleurs rouges des arbres de Judée, blanches et roses des marronniers et celles, d'un violet très doux, des glycines, dont nous avions fait provision dans nos tabliers pour les jeter en l'air et les laisser retomber au hasard sur nos cheveux n'étaient plus qu'un tapis sans nom. Nous avions pourtant levé nos visages heureux vers cette pluie, les ramassant et les faisant neiger sur nous jusqu'à ce qu'elles fussent trop flétries. Nous avions pourtant, certains jours, joué au reposoir avec ces mêmes fleurs, puisant dans nos tabliers comme, toutes petites, nous avions puisé dans les corbeilles enrubannées pendues à notre cou pour jeter des poignées de pétales au Saint-Soleil.

Échappé au désastre des piétinements, restait parfois sur le trottoir un tapis fait de fleurs sans tige savamment alignées, qu'au moment de rentrer nous n'avions pas eu le cœur de défaire et que les pieds des passants évitaient, ou bien l'armée des coquelicots qui, rangée au pied d'une marche, attendait que le vent les dispersât.

Pour les coquelicots, il s'agissait bel et bien d'armée de poupées que nous avions abandonnées là, n'emportant chez nous que les plus expressives. C'est par dizaines que nous en avions fabriqué dans les après-midi de mai et de juin. Pour faire les poupées, le bouton était utilisé de préférence à la fleur épanouie. Avec la fleur, on ne faisait guère que ce qu'on appelait des Rois en rabattant les quatre pétales et en piquant au travers un morceau de tige verte. La couleur rouge vif, les bras tendus à l'horizontale et jusqu'à la fraise d'étamines noires contribuaient à donner à la poupée un aspect royal. Mais cette royauté était plus fragile encore que la grâce des poupées exécutées à partir d'un bouton.

On écartait les sépales velus, gonflés des pétales invisibles et froissés. Nous soufflions dans les pétales pour les déplier un peu. Nous avions pris soin de laisser à la base du bouton une tige où nous piquerions la tête : un pistil cueilli sur un coquelicot ouvert. Et c'était beau cette tête comme couronnée d'une couronne ou de tresses. Les sépales, que nous avions pris soin de séparer l'un de l'autre sans les détacher, figuraient merveilleusement les paniers d'une robe ou une cape. Lorsqu'ils tombaient nous avions seulement une robe en soie froissée que nous écartions délicatement avec les doigts pour faire tenir la poupée droite. Si exceptionnellement la fleur était rose, c'était une jeune fille ou une princesse. Nous avions à l'usage compris que la couleur rose correspondait à une imparfaite maturité et nous tâtions le bouton avant de le couper. S'il n'était pas trop gonflé, il y avait une chance pour qu'il fût rose. Parfois c'était un rose pâle de layette, parfois un rose inattendu, saumon ou fuschia. Lorsque le bouton était vraiment minuscule, il était sûr que les pétales seraient blancs, ou à peine teintés et translucides. On disait alors que c'étaient les bébés des poupées rouges. Si on ne trouvait pas de pistil assez petit pour figurer la tête, on laissait le bébé ainsi, avec juste un petit bout de cou et on le posait près de sa mère.

Dès le soir les poupées étaient de petites choses rabougries, un peu mortes. Elles s'affaissaient sur le côté, leurs jupes s'évasaient au sol comme si elles eussent plié les genoux. Les pétales devenaient légers comme de la soie sauvage. Le coquelicot rutilant, en séchant, prenait un rose doux délicieux, mais c'était la fleur la plus difficile à faire sécher et à garder.

Quand nous emportions nos affaires, restaient des pissenlits et des espangassats. Ces derniers racontaient que nous avions joué avec l'épi diabolique. On se faisait des sensations de peur en glissant dans la manche cet orge des rats, appelé aussi « le diable ». On l'introduisait entre le poignet et les manches longues du tablier ou du tricot et il montait inexorablement jusque sous le bras, chatouillant la peau, la piquant. Il était muni de barbules interdisant le retour en arrière. Si on l'arrachait – pressées par un appel maternel ou la fin de la récréation – des barbules restaient dans la laine et nous martyrisaient pendant des heures. Le mieux était d'attendre et de le récupérer sous le bras ou à la base du cou, et pendant son cheminement nous poussions des cris de souris. Comme toute chatouille, cela avait un côté agréable et un côté douloureux. On disait de l'espangassat qu'il pouvait être mortel s'il était introduit dans la gorge ou les oreilles. On le voyait très bien s'infiltrant dans la narine et monter tout droit au cerveau.

Ce que personne n'aurait trouvé au crépuscule des jeudis, c'était les intransportables choses de la nature dont nous avions joui sur place et qu'au hasard des chemins du jeudi nous apportait le fil des jours.

Une au fond du garage, l'autre sous une table, l'autre entre l'armoire et le mur de la chambre, l'autre au fond du placard à balais, nous avions toutes ce carton ou cette caisse qui renfermait nos trésors, toutes paradoxalement riches et dépourvues ou peut-être bien riches parce que dépourvues.

Et sur tous ces biens nous avions pouvoir total, possession pleine. Nous pouvions perdre, casser, utiliser, donner et surtout échanger sans que jamais personne n'intervînt. A un moment donné on pouvait se défaire d'un tapis de bourres, d'une bobine, de papier d'argent. On pouvait même échanger un secret contre un objet.

« Dis-moi ce que tu sais de Marcel et je te donne mon miroir. »

« Donne-moi une hostie, et je t'enseigne le coupe-cou. »

« Apprends-moi comment on entre dans l'eau sans se mouiller et je te donne des devinettes. »

Le tout était qu'on eût, à tort ou à raison, l'impression de ne pas perdre à ces échanges.

La valeur des choses fluctuait avec les modes, les circonstances, la période de l'année, la nouveauté de l'objet ou du savoir-faire. Une des filles arrivait un jour, forte de quelque chose d'inouï. Elle ramenait d'ailleurs – d'un autre quartier, de ses vacances – elle avait appris d'une autre copine, le cirage du bureau à la bougie, le coup des deux assiettes qu'on sort du dévidoir de papier collant, une figure nouvelle aux ficelles, et aussitôt l'intérêt s'enflammait.

« Copieuse », entendait-on dire.

« Tout ce que je fais, mon âne, mon âne,

Tout ce que je fais mon âne le refait », chantait-on. Mais l'objet, le savoir s'imposaient, ils prenaient place dans nos habitudes. On se faisait garder le dévidoir, on apprenait le nouveau tour.

La quotation, si j'ose dire, de toutes ces choses, variait. Sans arrêt. Une paille blonde pour boire pouvait être de valeur médiocre ou au contraire briller en hiver d'un or incomparable. Les besoins du moment intervenaient. En colonie, une bonne ficelle qui allait combler le vide de siestes interminables acquérait un beau prix. Ce qui avait paru hier le plus enviable du monde était échangé pour plus précieux encore.

Les choses servaient aussi à se faire prêter un jouet. Le prêt, toujours nettement limité dans le temps, faisait l'objet de conditions précises. Si Alice partait en démonstration de gymnastique, elle cédait ses patins, pour la journée, au plus offrant... ou pas du tout. Il y avait des hésitations. On se laissait convaincre puis on le regrettait ou alors on jubilait d'avoir réalisé une bonne affaire. Longtemps on allait s'en réjouir.

Un jour, le groupe tout entier fit pression sur moi : « Échange-z-y.

– Ta poupée contre le vase.

– C'est une petite qui n'a plus de maman. »

Ma poupée était de cellulo, grande comme la main, et le vase un pot quelconque, recouvert de mastic incrusté de débris de carrelages. Je me laissai convaincre à cause de cette maman défunte, mais j'en gardai longtemps un regret cuisant et une amertume indigeste.

Multiples, ces choses transitaient, sans contrôle des parents, sans qu'il y eût d'histoires de leur part. Pour eux, tout ça c'était des saletés.

Quand je demandais à ma mère :

« Au moins, garde-moi le dedans de ton coton à repriser.

– Au moins! répondait-elle, pour faire encore plus de désordre »

ou bien « que veux-tu faire de cette cochonnerie ? ». Si je pleurais parce qu'on m'avait cassé ou abîmé ce que je considérais comme précieux, si je me fâchais, me battais même, ma mère me disait : « Pleure, tu pisseras moins. » Elle ajoutait : « Garde tes larmes pour plus tard » et terminait péremptoire : « Elles te serviront. »

Il nous arrivait le jeudi, quand nous rangions à toute vitesse et à la dernière minute, nos affaires éparpillées sur l'escalier, de mettre tout en vrac dans les grandes boîtes, les tissus n'importe comment avec les pièces de dînette, les habits de poupée – gilets, chaussettes, moufles, tabliers – les ouvrages.

Parfois, à des moments de solitude ou quand je récupérais une nouvelle boîte de rangement, je disais : « Je vais ranger mes affaires. » Je vidais mes boîtes sur la table de la cuisine en les retournant sens dessus dessous, et je remettais tout en ordre. C'était un bon moment où je passais en revue mon patrimoine, où je redécouvrais dans un coin une chose vaguement oubliée, où je jetais ce qui était rompu ou abîmé, qu'il s'agît d'ailes de cigales irrémédiablement déchiquetées, d'une libellule ornée d'anneaux turquoise mais émiettée par le temps, ou qu'il s'agît de petits jouets : je me résignais à jeter les débris d'un miroir rond que j'avais gardés, une image irréparable même avec le papier collant. Je mettais de côté, à cette occasion, ce qu'il serait possible d'échanger quand je le possédais en double, mettant à part la bobine la plus vieille pour l'échange, gardant pour moi la neuve. Là je décidais que telle chose, j'en avais « marre »; là il me venait l'idée d'inventions, de bricolages. D'une image pieuse en morceaux, je découpais la colombe, je la collais sur une boîte d'allumettes, je sacrifiais un bout de dentelle et le collais aussi, obtenant un tabernacle pour l'autel de mon bureau. D'autres fois, après avoir posé un fer de fonte sur la cuisinière, j'entreprenais de repasser mes chiffons, fripés par le désordre. C'est ainsi que mon rangement se transformait en jeu. Quand venait l'heure de mettre la table, je n'avais rien avancé du tout. Alors, je fourrais à nouveau l'ensemble dans mes boîtes, remettant à une autre fois la mise en ordre.

Je me faisais « crier », ma mère me menaçait de ranger elle-même, ce qui arriva de temps en temps et me priva de choses inestimables. Je lui en voulus longtemps d'avoir « escampé », jeté aux « escoubilles » un palet non seulement idéal mais joli, un morceau de carreau ancien de cuisine, où sur un blanc crémeux, « juste » au milieu, s'épanouissait une fleur bleue. Plus jamais je n'en trouvai un d'aussi joli et d'aussi commode, d'aussi lisse, d'aussi docile à se laisser guider du bout du pied. Un jour mes épingles à nourrice réintégrèrent la boîte de ma mère. Elle me jeta aussi une des meilleures ficelles : un cordonnet de parfumeur, avec lequel j'exécutais en me jouant les trente figures.

« Ça ne te serait pas arrivé si tu avais mis un peu d'ordre. Pleurer pour un traste [4] pareil.

– C'est *mes* choses. »

J'en voulais à ma mère de toucher ainsi mes affaires. J'avais découvert que les adultes eux aussi avaient des choses et qu'on n'avait pas intérêt à y farfouiller. Ma mère avait sa boîte à couture remplie d'objets que je convoitais, sa boîte à boutons qu'elle me prêtait rarement, ses tiroirs et ses armoires où je ne devais pas regarder. Mon père avait ses boîtes de cuillères pour la pêche, où de petits poissons articulés en métal voisinaient avec les magiques « buld'o », comme des planètes saturne transparentes, où se mouvait une eau prisonnière, la machine à sertir les cartouches qui les fermait d'un bourrelet brillant, la dosette de cuivre à peine plus grosse qu'un dé avec laquelle il les remplissait de poudre et de plomb. Il m'arrivait de ne pouvoir résister, d'ouvrir la boîte, de regarder et surtout – enfin! – de toucher.

Si j'égarais un objet précieux, je priais saint Antoine et je demandais à ma mère :

« Maman, t'as pas vu mon dé ?

– Si, justement.

Ah! »

J'étais tout heureuse.

« Je l'ai rencontré qui se promenait sur le fil », me disait-elle en riant.

J'étais furieuse.

Mais d'un autre côté, mes choses, menacées par le temps qui passe, comme par l'inconscience maternelle, me devenaient, si possible, encore plus chères. Et quel bonheur si en revenant de l'école, ma mère m'annonçait qu'elle avait retrouvé mon dé dans la poche du gilet bleu, ou mon illustré dans le débarras! Ou lorsqu'en me précipitant dans la poubelle avant le passage des « boueux », je récupérais, en me salissant les doigts, le flacon, d'une taille merveilleusement exacte, que je destinais aux perles vertes.

7

ANTIPETITSERPENTIGRAPHE

« Poing, féminin, godin
Caracas, Seboulot
Ville principale de la Marengo
Cache ton poing derrière ton dos. »

Comptine

A l'image des petites gens qui nous entouraient et affectionnaient les comparaisons toutes faites, les formules dans lesquelles on peut puiser, comme dans un magasin d'accessoires, nous aimions employer à propos la phrase qui convenait. Cela nous paraissait mettre les choses à leur place, dans un ordre du monde admis de nous.

A une plus petite nous disions que « si on lui pressait le nez, il en sortirait du lait », à une qui pleurait « pleure, tu pisseras moins », à une qui avait faim « mange ta main et garde l'autre pour demain ». De celle qui n'avait jamais la moindre pièce à dépenser chez Honorat, nous disions « qu'il lui manquait toujours dix-neuf sous pour faire un franc », de l'orgueilleuse qu'elle « pétait plus haut que son cul ». Si une affirmait, à propos d'un garçon : « bè, tu risques pas que je serais sa fiancée », nous affirmions sentencieusement « il ne faut jamais dire fontaine, je ne boirai pas de ton eau ». Quand une, dont nous étions jalouses, était trop sage : « méfie-toi de l'eau qui dort », murmurions-nous dans son dos, et devant les bijoux de pacotille : « tout ce qui brille n'est pas or ».

C'était rassurant, cela fixait la mobile réalité du réel. C'était bon comme une chose connue dont l'efficacité avait été approuvée. Cela ne différait guère des retrouvailles avec les lieux connus et les plantes que l'année ramenait, régulièrement, dans son tablier.

« Ami, fâché, le trou du cul bouché », « le nom des fous s'écrit partout », « c'est dans les petites boîtes qu'il y a les bons onguents », « celle-là, sa copine c'est ses mains et ses pieds », « c'est hors de froid », « occupe-toi de tes oignons », « ne regarde pas la paille de mon œil, mais la poutre du tien », « les points du lundi au samedi », « longue aiguillée mauvaise ouvrier », « elle fait ça pour un bien de paix », « marche en France, pas sur les habitants, « quoi ? les canards font coua », « arrête ! j'ai pas d'arêtes, j'ai que des os et des boyaux », « tu cherches une belle-mère ? », « les habitants de la tête », « le roi n'est pas son cousin », « à peu près n'a pas de mesure », « une main pousse l'autre », « à la Saint-Glinglin », « quand les poules auront des dents », « tu l'as cru, patate crue », « c'est la fin finale », « elle parle de tête... », « imbécile de la ville », « faire du chiqué », « qui va à la chasse perd sa place », « tu veux tout savoir et rien payer », « tu déménages ou tu changes de rue ? », « pousse-toi, tu n'es pas la fille d'un vitrier », « mieux serait plus mal », « mets un point à ta flûte »; à tout cela nous ajoutions ce qui appartenait à notre société enfantine. Les « demandeuse », « encroyeuse », « copieuse », le « ramir » inventé par nous, s'étaient chargés peu à peu de tout un vécu collectif. « Garçonnière », « commandeuse », « menteuse des menteuses », « salope », « tricheuse », sanctionnaient un comportement, le rangeaient dans une catégorie établie.

Nous n'en finissions pas d'exploiter un jeu de mots : « la tête en os », pour « le tétanos », comme le nom russe « Iskaslagueulanski ». Nous en avions inventé un qui concernait les sœurs Soulié et nous le retrouvions avec joie à chaque colonie. Le cantique du soir « avant d'aller dormir sous les étoiles » demandait à un moment au Seigneur d'éloigner de nos âmes « l'esprit de mensonge, qui rôde dans la nuit pour les souiller ». « Pour les souiller » devenait « pour les Soulié », les sœurs aux beaux cheveux. On leur écrivait sur des billets : « C'est pour vous que rôde l'esprit de mensonge. » Elles étaient furieuses. Le soir, on attendait le moment. On chantait « pour les Soulier » en modifiant la prononciation du verbe. On se poussait du coude, on se faisait de l'œil en contenant notre rire.

Les blagues verbales de toutes sortes, les chansons démarquées, nous les répétions sans être fatiguées de leur retour périodique et sans qu'elles perdissent de leur pouvoir comique.

« Tu fais des cordes pour la marine ? » lancé à travers la porte à celle qui s'attardait aux cabinets nous amusait toujours. C'est le fait du populaire de s'esclaffer pour la centième fois à la même histoire drôle, d'y trouver un plaisir décuplé par le retour de la plaisanterie, comme si l'arrivée du connu était aussi agréable que le choc de la nouveauté. Cela ne nous empêchait pas d'aimer une blague nouvelle et d'autant plus peut-être qu'on savait l'utiliser à l'infini.

De même que nous répétions les médisances concernant les personnes du quartier, nous n'en finissions pas et c'était chaque fois nouveau de dire « tu bisques, tu rages... », de chanter les paroles comiques sur l'air de « je t'ai donné mon cœur ». Nous étions « noires de rire » en continuant : « qu'en as-tu fait ? je l'ai bouffé. Comment l'as-tu trouvé ? trop peu salé, très peu poivré », ou « elle descend de la montagne en pyjama ». Chaque fois qu'au goûter, en colonie, nous avions des Vache qui rit, nous chantions :

« Le meilleur des fromages,
C'est la Vache qui rit.
Quand la vache est malade,
Le fromage est pourri.
Les enfants sont malades,
Ils s'en vont droit au lit
En rêvant au fromage
De la Vache qui rit. »

Lorsqu'était lâchée une des plaisanteries archiconnues, nous ironisions : « Elle est bien bonne, elle est irrésistible, nous nous réveillerons la nuit pour nous la raconter », et nous enchaînions :

« Le pape est mort,

Un nouveau pape est appelé à régner. Araignée ?

Quel drôle de nom. Pourquoi pas libellule ou papillon ?

Ah ! Ah ! Elle est bien bonne... »

Nous aimions cette histoire où il était question de pères et d'abbés avec des jeux de mots à chaque nom :

« L'Abbé Cane et son vélo », le « Père-manent » qui restait dans sa cellule, le « Père-turbateur » qui mettait du désordre.

C'était toujours incomplet, alors nous en copiions des morceaux sur des carnets et complétions à l'occasion.

Parfois on commençait d'une voix sépulcrale :

« Minuit, l'heure du crime, une femme, un couteau à

la main... étendait du beurre sur du pain », ou « La bourse ou la vie ? », « La canne ou le parapluie ? »

On récitait ces sortes de chansons de mensonge où des gens « lisaient le journal à la lueur d'un bec de gaz éteint », se levaient « de bon matin quand le soleil se couche », des univers étranges où le capitaine des pompiers pleurait dans son casque « quand le casque fut plein, une larme tomba sur un noyau de pêche qui germa... ».

Nous tentions, dès que c'était possible, les perfides jeux piégés pour peu qu'arrivât une nouvelle ou une plus jeune.

« Quelle est la couleur du cheval blanc d'Henri IV ? » On le disait à toute vitesse pour escamoter blanc.

« Marron ? hasardait la visiteuse.

– Tu es nulle en histoire.

– Mais on peut pas le savoir !

– Si, justement, si tu étais maligne et bonne à l'école, tu le saurais. » Elle cherchait.

« Noir ?

– Qu'elle est bête ! » Et on continuait :

« Vingt, cent, mille ânes dans un pré et cent vingt dans l'autre. Combien y a-t-il d'ânes ? »

On les voyait chercher.

« Vingt, cent mille ça fait cent vingt mille, plus cent vingt. » On ne pouvait s'empêcher de se tordre.

« Ça fait mille deux cent quarante.

– Que non !

– Alors ça fait cent vingt mille cent vingt.

– Non. Tu es nulle en calcul. »

Elle essayait de se justifier en refaisant tout haut les opérations. Si c'était une petite elle arguait :

« Je ne sais pas compter jusque-là. »

Et nous riions comme des folles en disant entre deux hoquets :

« Arrête, je peux plus respirer. »

C'était pur délice. Il fallait tout de même choisir les naïves, nous aurions été bien déçues d'entendre :

« Il n'y a qu'un âne, c'est toi. »

A « pince-mi, pince-moi étaient dans une barque, pince-mi se noya, qui resta dans la barque ? », une avisée pouvait répondre « pince-toi ». Mais on savait choisir les victimes.

« Connaissez-vous le jeu du petit cochonnet qui se joue à trois ? Le premier prend la boule et la lance, le second prend la lance et la boule. Que fait le troisième ? »

A toute réponse on reprenait :

« Je vois que vous n'avez rien compris au jeu du petit cochonnet qui se joue à trois. Le premier... etc. »

Cela pouvait continuer longtemps. Il n'y avait pas de réponse. Le jeu était de répéter et de rerépéter encore la donnée du problème jusqu'à la colère de la partenaire.

D'autres fois, il s'agissait de faire dire une imbécillité, puis d'affirmer « tu l'as dit ».

« Dis un nombre ?

– 14.

– Dis une couleur.

– Vert.

– Dis un animal.

– Un chien.

– Tu as vu un chien vert avec quatorze pattes ? » Inutile de protester :

« J'ai pas dit que c'était un chien. » Les autres, sans écouter, en rajoutaient :

« T'as pas de bons yeux.

– Va t'acheter des lunettes.

– Oh menteuse ! où tu as vu ça ? »

« Tu l'as dit », était péremptoire. A « il ou elle » :

« Tu l'as dit que tu boirais dans le verre d'Antoine, que tu mouillerais aucun mouchoir à l'enterrement de Georjou. » A « pince-mi » : « C'est toi qui as dit pince-moi. Alors je te pince. C'est pas ma faute. C'est la tienne. Je t'écoute. »

Il existait encore :

« Répète " chon " après moi.

– Je suis allé au Plateau.

– Chon.

– J'ai vu un arbre.

– Chon.

– Avec des nids.

– Chon.

– Grossière ! Mal élevée ! Tu as dit nichon. » Certaines avaient la présence d'esprit de répondre :

« Grossière ! c'est toi qui l'as dit, c'est toi qui l'es. »

Il y avait aussi ces devinettes où jouaient les noms des villes :

« Quelle est la ville la plus lourde : Lourdes. »

« Quelle est la ville la plus féroce : Lyon. »

« Quelle est la ville la plus légère : Tulle ou Liège. »

« Quelles villes font 21 ? Troyes, Foix, Sète. »

« Quelle est la ville la plus vieille ? Milan. »

Mille ans paraissait un âge extrême pour une cité, ignorantes que nous étions de l'histoire et voyant dans le chiffre 1 000, comme d'ailleurs dans cent, des quantités énormes qui n'avaient rien à voir avec mille unités : « Plus de mille... des cents et des mille... mille ans. » Quant au million, il n'existait que dans l'expression « gagner le million à la loterie », ou être « millionnaire ».

Il nous semblait normal que les villes jouent ainsi de leur nom, nous étions assez près de croire qu'exprès elles contenaient des devinettes, n'écrivant que pour nous tromper : Troyes au lieu de trois, et Lyon au lieu de Lion.

Mais la plus belle de ces énigmes était : « Quelle est la ville la plus riche ? », car la réponse était : « Béziers, parce que l'or(b) coule à ses pieds. »

Nous savions bien que le nom de la rivière c'était Orb, en prononçant le « b », mais nous l'escamotions un peu pour obtenir « or », contentes que notre ville fût ainsi à l'honneur et que pour une fois ce ne fût pas Paris. Orb nous paraissait facilement le travestissement de l'or fabuleux.

Quand après, du parvis de Saint-Nazaire ou de Cantellettes, nous regardions le poudroiement de la vallée, nous pensions à l'or qui coulait au pied de notre ville et nous en étions fières.

Ce monde étrange des devinettes où l'irréel, le paradoxe se résolvait en quelques secondes – « Qu'est-ce que c'est qui a les os *sur* la peau ? Qu'est-ce que c'est ? cinq cent demoiselettes, chacune dans sa chambrette [1] » – ? nous l'écrivions sur de petits papiers et ce courrier circulait pendant la sieste, ou pendant la classe – dehors flamboyaient juillet et août. Quand ce n'était pas trop difficile on se risquait jusqu'à une charade qui du « et » abstrait faisait une haie vive, qui révélait des mots cachés dans les mots : chat-rat-deux, chat-mot, boule-haie, ou un mystérieux : « Je t'invite $\frac{P}{A}$: A sous P = à souper. » On envoyait une tache noire : « Qu'est-ce que c'est ? » La réponse était : « Combat de nègres dans un tunnel. » « Nabuchodonosor, roi de Babylone. Écrivez cela en 4 lettres. » Les quatre lettres étaient celles du mot : cela, mais on laissait longtemps planer le mystère avant de donner la clé.

Chansons amusantes, problèmes – « Faire un homme à

la six, quatre, deux [2] » – se mêlaient à des messages plus personnels :

« Rose tient fâchée à Éliette »,

« Passe-moi ton carnet de chants »,

« Est-ce que tu feras aux pièces dans la cour ? »

A ces informations s'ajoutaient des gros mots. Rarement écrits, le plus souvent murmurés et certains dans le creux de l'oreille, en protégeant encore la bouche de la main en coquille comme pour éviter qu'ils ne s'en aillent. Les plus gros des gros mots – le mortel « s'enculer » – produisaient un tel choc que j'en fermais les yeux. « Enceinte », « pute », « quiquette », nous les cherchions périodiquement sur le dictionnaire et pensions que s'ils ne s'y trouvaient pas c'était à cause de leur insoutenable grossièreté.

A voix plus que basse nous disions :

« La mère d'Angèle est une pute », et « les hommes enculent les femmes ».

Même en ce moment, je ne suis pas très à l'aise pour écrire ces mots et ne sais comment exprimer l'univers de damnation dans les délices qu'ils exprimaient. Nos parents, nos maîtresses ignoraient sûrement que nous les connaissions. Ainsi que « ça et ça », formule qui remplaçait le mot de l'union des sexes. Qu'aurait dit, si elle l'avait su, sœur Sainte-Anna qui nous faisait réciter l'alphabet avec « peu long » pour la lettre « p » et « que long » pour la lettre « q », afin d'éviter les deux vocables ? Au lycée, encore, un point Q dans une figure de géométrie nous faisait rire. En leçon de maintien, au lieu de ventre, la sœur commandait : « Ceinture rentrée. » Il y eut une histoire terrible le jour où Claude écrivit sur un billet : « Pour faire un enfant, il faut une heure, pour faire deux enfants, il faut deux heures », ainsi de suite jusqu'à dix, et où le papier tomba entre les mains de l'autorité.

En général, nous nous cachions bien et rien n'apparaissait de toutes ces choses interdites et drôles qui circulaient entre nous.

Les mots n'étaient pas tous frappés, comme « pute » et « s'enculer », d'un interdit infernal et de la conviction que nous faisions un péché épouvantable. Beaucoup nous faisaient seulement rire. A la plaisanterie s'ajoutait la délectation secrète.

Nous n'utilisions pas « merde » comme une exclamation de colère. Quand l'énervement nous prenait, nous osions « mèou... [3] » ou « me... » en allongeant le « eu » ce qui laissait suffisamment sous-entendre le mot. On disait même pour éviter cette grossièreté : « Il a dit les cinq lettres. »

Par contre, dans des expressions toutes faites, nous usions de « merde » et « cul » : « chacun son goût, la merde a le sien », « cinq kilos de merde en vrac » pour *Cyrano de Bergerac*, « grosse tête petit cul, quand il pète on le voit plus », « on n'y voit pas plus que dans le trou du cul d'un nègre », et « au cul... messieurs, au cul... mesdames, aucune hésitation », « je suis vaincue – vingt culs – et quarante fesses », « quand saint Éloi le fer forgeait son fils Oculi soufflait (au cul l'y soufflait) », « Espagnol de merde ». Nous le disions à propos du père d'Alice, en prenant le risque énorme que ces paroles lui fussent rapportées.

Nous nous réjouissions de « péter », de tous les petits refrains paillards qui le contenaient.

« Tu pètes, Charlotte ?

– Non maman, je rote.

– Va-t'en aux cabinets, petite salope. »

Voir réunis dans un tercet : « péter », les cabinches et salope, cela avait de quoi nous charmer.

Si on nous avait surprises à chantonner :

« A, B, C, D, des carottes et des navets,
Mon grand-père est enterré
Dans le trou des cabinets,
Quand la merde pétera;
Mon grand-père sortira »,

nous eussions été sévèrement grondées. Il arrivait que l'on attrapât un « emplâtre [4] » pour des mots déplacés. Aussi les formules et chants cirulaient-ils dans les nombreuses cachotteries de l'amitié. Après, de toute façon, il fallait s'en confesser.

C'est parce que les « petairolles [5] » pétaient que nous les aimions et au plaisir du cornichon sauvage s'ajoutait la phrase prononcée : « On va faire péter les cornichons. »

Nous écrivions cul : cu. Un matin, une arrivait en classe l'air tout excitée :

« Tu sais la nouvelle ?

– Non.

– Mon cul se serre sans ficelle. »

La blague était bien connue, mais avides de cancanages, nous nous laissions prendre à l'expression familière : « Tu sais la nouvelle ? » annonciatrice d'un événement. Il était rare de se méfier de :

« Madame une telle a été opérée !

– Oh ! disions-nous, intéressées par le sensationnel. Et de quoi ?

– Elle avait des dents au cul et dépaillait toutes les chaises. »

Ou bien c'était, glissé en pleine classe, tout bas, vers le bureau voisin, et à peu près infaillible :

« Tu l'as vu ?

– Qui ?

– Mon cul. »

A la fontaine, il était bien rare qu'on n'entende pas dire :

« Tu attraperas la pécolle.

– C'est quoi ça ? demandait une naïve.

– C'est la peau du cul qui se décolle. » S'il n'y avait pas de naïve, celle qui buvait répondait :

« Non, j'aurai pas la peau du cul qui se décolle. » Que l'on connût ou non la réponse, la pécolle fonctionnait pour notre joie.

Le refrain démarqué sur un air de Bizet :

« Toréador, ton cul n'est pas en or,
Ni argent, ni en fer-blanc,
Il est en peau de fesse, toréador,
Il se fronce, il se pince,
Et quand tu vas chier, toréador,
Il est comme le nôtre »,

nous le chantions surtout au moment des corridas, fêtes importantes de la ville. Nous n'y assistions pas, mais allions parfois voir la sortie des arènes et ces hommes bardés d'or et d'argent. Le petit refrain remettait à leur place les éblouissantes apparitions.

Il y avait aussi le « Duc de Bordeaux [6] » et « il n'est ni rond ni carré, ni pointu, il est ovale, mon trou de balle, il n'est ni rond ni carré ni pointu, il est ovale le trou de mon cul ». Et encore : « Marinella, j'ai pris tes jambes pour tes bras, et quand je m'en suis aperçu, je t'avais embrassé le... Marinella. »

Une chansonnette reprenait un air d'opérette « comme une plume au vent, gratte-moi ce qui pend, ça me chatouille, la peau des couilles ». C'était le seul exemple où intervenait ce mot, mystérieux, dont j'ignorais la signification exacte. Tout se situait entre les jambes, c'était assez pour être obscène et comique.

La plus édulcorée de ces chansons célébrait la reine d'Angleterre et Napoléon, et appelait le cul : « la lune [7] ».

D'autres formules en forme de plaisanteries passaient du cul aux excréments.

« Comment tu t'appelles ?

– Mange coustelles [8].

– Et ton petit nom ?

– Mange estron [9]. »

Ou bien :

« Julot, passe-moi le pot !

– Trop tard, j'ai fait dans le plumard. »

Ou encore :

« Quand j'étais petit je n'étais pas grand,
J'allais à l'école de Monsieur Bertrand,
J'avais des culottes, j'y faisais dedans... »

Certains chants évoquaient les fameux « poils au cul », comme *La Petite Lili* – qui était encore plus amusant à cause du prénom [10]. « Non, tu ne verras plus les poils de mon cul, j'en ai fait des brosses... [11] » Nous en parlions, de cet ornement adulte ! A l'abri de l'escalier, avec une ou deux copines bien choisies pour éviter les rapportages, dans des conciliabules secrets, nous nous transmettions des recettes pour faire pousser le « persil ». Il fallait se mettre de la m... de poule au bon endroit. Je ne crois pas toutefois qu'aucune l'ait jamais fait.

Nous parlions de ces mystères essentiels. Des histoires initiatiques se transmettaient en secret. Une où il était question d'une salade frisée tombée dans l'eau glauque du canal : un curé la cherchait pour consoler un enfant ; au même moment une sœur de charité cherchait dans le même canal une bouteille qu'un autre enfant avait tombée. Tous deux s'étaient déshabillés pour entrer dans l'eau et à un moment ils s'écriaient, l'un : « Je tiens la salade ! », l'autre : « Je tiens le goulot de la bouteille ! » (Histoire damnatrice s'il en était, comme celle où le prêtre troussait une fille sous un arbre, comme cette autre où il disait : tout ce qui tombe du ciel est béni ! et où il tombait une crotte sur l'autel.)

Nous riions, mais à peine. Nous cherchions l'explication de secrets que nous soupçonnions délectables, parce que cachés.

Il y avait des mots défendus et chargés de mal, il y avait tout ce plaisir d'approcher les mystères du sexe, mais ce n'était ni continu, ni même quotidien. Cela avait sa place, mais pas plus qu'autre chose, dans une vie modeste dont la richesse et la variété m'étonnent encore. Et je crois qu'à cet égard mon quartier, les compagnes de jeux que le hasard avait mises près de moi, n'avaient rien de particulier.

Je ne fus pas spécialement chanceuse. Tous les gens interrogés sont unanimes. Ils ont tous, comme moi, dans le même milieu, joui pleinement d'une géographie ordinaire, sillonné l'espace d'itinéraires que l'heure et le mois variaient, puisé à l'humble foisonnement des fossés, été nourris pauvrement et délicieusement, possédé des boîtes, bricolé carton et écorces, ont connu commandantes et fourchettes, chanté « toréador ton cul n'est pas en or », mais se sont aussi bien enchantés du tournoiement d'une toupie, ont soigneusement gardé le secret des « bons-amis », mais caché aussi des choses innocentes comme le cinéma qui se jouait en couleurs au plafond du dortoir d'Ouillas, ont prononcé cul avec ravissement mais avec autant de ravissement « paradichlorobenzène » – bien sûr paradis –, chantonné « on n'a jamais vu ça, Hitler en pyjama, et Mussolini en chemise de nuit », pas plus souvent que « comme une plume au vent, gratte-moi ce qui pend ».

Quelqu'un, un jour, nous donna l'idée de mettre noms et prénoms à l'envers. Cette passion dura un temps, éclipsa toute autre, et même – on verra pourquoi – l'autorité d'Alice fut impuissante à la juguler.

Certains noms ainsi renversés nous paraissaient jolis et élégants – suivant d'obscurs critères –, d'autres laids, d'autres obscènes, certains franchement ridicules, d'autres carrément imprononçables. Quand je dis passion, le mot a tout son sens. C'était un enchantement de jouer ainsi à mettre le réel – à travers le langage – cul par-dessus tête. Un mot qui retourné révélait des aspects invisibles, c'était comme les devinettes sur du papier – cherchez le sapeur –, comme les animaux ou l'or cachés dans les noms des villes, comme les étrangetés anthropomorphiques enfouies dans les choses et qu'un simple regard différent pouvait révéler dans l'objet le plus usuel – « Qu'est-ce qui a un œil au bout de la queue [12] ? ».

Comme la plupart de nos prénoms se terminaient par un « e », nous avions décidé de le supprimer pour éviter la monotonie des voyelles initiales. Certaines, malgré tout, voulaient le garder.

Simone était Énomis – elle faisait partie de celles qui, pour des raisons euphoniques, voulaient conserver leur « e ». Éliane devenait Naile, ou Naïle, puisqu'on disait Éliane en faisant la diérèse. Teloc était la transformation de Colette, Sor de Rose, Nylène d'Évelyne. Nous nous moquions de certains, d'Alice, de son Cila et surtout de Rives, son nom de famille, devenu Sévir ; « Ça lui va bien à cette commandante », disions-nous, secrètement bien sûr. Toutefois, dans sa finesse, elle avait compris nos moqueries rentrées et décrété que ce jeu était « complètement idiot ».

Nous nous pavanions de ce prénom à l'envers, méconnaissable, qui était pourtant bien le nôtre, mais exotique. « C'est pareil, pas vrai », disions-nous, « de le lire dans un sens ou dans l'autre ? » Ce nom vint en appoint de ceux que nous nous donnions le temps d'un jeu et de ceux que nous donnions à nos poupées [13]. De plus, quand l'un était ridicule, on pouvait enfoncer le couteau dans la plaie et dire « mais c'est le tien ! ».

Celles dont les prénoms comportaient « que » ou « ch » voulaient qu'on n'inverse pas les deux lettres, sinon le résultat devenait difficile à prononcer. Nous l'admettions dans l'ensemble. Monique se retournait en Quinom et Michèle en Léchim, Jacqueline en Nilquaj que nous trouvions beau. Nous avions aussi supprimé les doubles lettres avant le « e » final, n'en gardant qu'une. Éliette s'allégeait jusqu'à « Ile », qui faisait poétique, mais on ne pouvait pratiquement rien sortir de Charlette –» Lrach – et de Judette – Duj.

Des puristes, toutefois, n'admettaient aucune de ces commodités et elles s'obstinaient à dire, en butant dessus, Enileuqcaj pour Jacqueline, Eiuqcaj pour Jacquie et Enilehcim pour Micheline – sauf si ça les arrangeait que ça fasse Lechim, pour s'amuser du jeu de mots avec lécher qui nous apparaissait comme obscène. Nous ne savions d'ailleurs pas pourquoi, mais sœur Sainte-Anna nous l'interdisait comme de lécher les sucres d'orge, comme de tremper [14], de nous asseoir par terre jambes ouvertes et de jeter le palet en nous penchant entre nos cuisses écartées, si bien que nous nous plaisions à exécuter ces gestes.

Les noms de famille y gagnaient en originalité. Plus de Delmas, Puech, Nègre, Alart, Fraisse, qui couraient partout.

Je devenais Tenauor et, en trichant à peine, Tenaor, superbe – bien qu'il y eût toujours quelque tatillonne pour faire éclater le ridicule « u », bien fort, juste avant l'élégante finale. Galibert devenait Trebilag, Negre, Ergen et nous étions toutes ravies. Plus un nom de famille apparaissait barbare, plus nous le trouvions beau : Yrtsuo, Luobatuor, Lorbac – pour Oustry, Routaboul, Cabrol.

A quoi reconnaissions-nous qu'un nom était distingué ou ridicule ? S'il contenait des à-peu-près vraiment approximatifs. Par exemple, nous disions à Germaine – Niamreg :

« T'as faim, que ton nom on dirait miam, miam ? »

A Paulette – Teluap : « Ouah ! ouah ! tu es un chien. »

Senegas – Sagenes – qu'on lui fasse dire : Sage-nez », ou « Sagène, ça gêne », était drôle.

Claire : Rialc, Jeanne : Naej, Yvonne : Novy, paraissaient élégants pour des raisons obscures. Roques, devenu Sequor, faisait seigneurial. Di Fiore : Eroifid, était aussi admirable à l'envers qu'à l'endroit avec le « roi » central. Et nous étions sans paroles devant le Legna de « cette Espagnole de merde » de Rose, transformé en Angel. Sagnas et sa syllabe vulgaire « as » se transmuait en Sangas, tragique par le sang. J'étais jalouse de Castelbon devenu Nobletsac.

La lecture à l'envers révélait parfois des obscénités.

Lucienne – Neicul : « Ça ne nous étonne pas de cette salope ! »

Quant à Nicolas, Salocin, il nous ravissait qu'on lui fasse dire : sale, salo, sein, ou « sale aux seins ».

Nous jouions de cela par période, allant même jusqu'à prendre comme initiales celles du nom à l'envers.

Ma mère trouvant de mystérieux I. T. – Iram Tenauor – dans tous les coins de mes cahiers, m'interrogeait, soupçonnant quelque garçon caché.

« Qu'est-ce que c'est que ça ?

– C'est mes initiales, à l'envers.

– Comment ça, à l'envers ?

– A l'envers complètement du nom.

– Je n'y comprends rien », disait-elle, perplexe. Parfois, je la testais :

« Maman à l'école y a une fille qui s'appelle Enaïle.
– Tu te trompes. Ça doit être Hélène.
– Non pas, je t'assure, c'est Enaïle, avec a-i... comme ça. Je l'ai vu écrit.
– Tè, c'est drôle. Et d'où ça vient ? Ça doit être étranger.
– Sûrement. »

Et je gardais ce secret pour le plaisir d'en avoir un de plus et parce que, d'abord, ça ne la regardait pas.

Avant même que l'on nous enseignât à faire pirouetter les noms, nous avions vu le ridicule de certains patronymes et n'avions pas attendu Nicul pour rire. Rognonne se voyait toujours reprocher la vulgarité du « rognon » et Planagume, aux allures de légume, paraissait vraiment trivial.

La malheureuse Colette Nicolas, en plus de « sale aux seins » s'acquit un surnom qui lui resta plusieurs années. Notre maîtresse qui avait l'accent parisien disait « Nicolas Colet » et en répétant cette musique amusante nous l'avions baptisée Niclaclette – en rétablissant le « e » final – « Où est Niclaclette ? » « Niclaclette, c'est à toi ». Nom et prénom accolés, elle fut définitivement Niclaclette au point que ça nous étonnait toujours de l'entendre appeler Colette par les adultes.

L'Alcover d'Odile s'était, lui, mué en « haricot vert ». Ce n'était déjà pas flatteur. Le haricot vert faisait vulgaire, peut-être parce qu'il était le grand légume de l'été, revenant sans cesse sur les tables, sous toutes les formes, en alternance avec la tomate. Pouvoir transformer un nom en haricot vert, c'était déjà le ridiculiser. Mais nous ajoutions « haricot vert, c'est les boches » et nous tenions Odile dans un incroyable mépris. A la moindre occasion de dispute nous lui assénions « d'abord, toi, tu es pour les boches ». Elle tentait des explications, disant qu'en Espagne... – elle préférait passer pour espagnole bien que ce ne fût pas bien porté.

« On s'en moque que tu sois espagnole, lui disions-nous, ton nom veut dire que tu es pour les “ haricots verts ”, ton nom le dit. »

Et comme la ville était encore pleine de ruines de maisons bombardées, comme les plages et les vignes étaient minées, Odile avait affreusement honte et nous jouions de cette honte.

C'était injuste, mais les mots étaient réels et péremptoires. Les mots sont peut-être les plus vivants jouets de mon enfance. Nommer, jouer avec les mots était incantatoire. Nos bouches possédaient le monde, celui du futur, comme celui des luxes inaccessibles, comme celui des mystères du corps et de l'amour.

Et de même que j'espérais faire pousser des carottes en écrivant leur nom dans la poussière, je croyais qu'à prononcer certains mots j'en provoquais l'incarnation.

C'est pourquoi nous mentions.

Une certaine manière de faire mousser les nôtres, les biens de la famille, de présenter sous un heureux jour les situations et les objets, comme savait le faire Alice, n'était pas à proprement parler du mensonge. Tirer parti de ma double appartenance au quartier et à l'école libre, faire valoir l'une par l'autre, n'était qu'une habileté – encore qu'il y eût déjà mensonge à parler d'Alice sans évoquer le dur régime de « cuillère et fourchette ».

L'école libre, ses ravissantes dévotions, les marronniers et les micocouliers de mon itinéraire, le « palais » du soir sur la place Saint-Aphrodise, les évanouissements du jeûne eucharistique, je présentais tout comme un ornement. Et, inversement, à l'école les parties de balle au mur et de patins à roulettes étaient toujours gratifiantes, réussies *a priori*. Je m'étais contentée d'augmenter leur valeur, de taire que j'avais perdu ou que j'avais été seulement le spectateur d'une magnifique séance dans l'avenue.

Mais souvent, nous mentions délibérément.

Aucune phrase ne revenait plus souvent que « c'est pas vrai » ou « c'est même pas vrai ». Comme nous mentions beaucoup, notre langage était émaillé de « c'est vrai... », « la preuve que... », « demande à ma mère », « demande-lui à elle – en désignant une copine comme témoin – si c'est pas vrai ». Nous mentions et donc nous doutions.

Sur nous-mêmes, sur nos proches, il était difficile de mentir, mais sur la famille et les amis – et plus ils étaient loin, mieux c'était – la marge de mensonges était beaucoup plus vaste. Toutefois, il fallait rester prudent, le faire à bon escient, afin de ne pas éveiller les soupçons et d'éviter les vérifications auprès de nos parents. Si on allait trop loin, Denise ou Lili insinuaient :

« Il faudra que je demande à ta mère... »

Elles le faisaient parfois :

« Madame Di Fiore, c'est vrai que vos cousins de Capri ils sont " fabricants " de souliers, pas marchands, fabricants ? »

« Madame Rives, c'est vrai qu'à Briançon les cousins d'Alice ont des vaches ?... »

Si nos parents démentaient, nous étions honteuses, moins d'avoir menti que d'avoir eu la sottise de nous laisser prendre. Cette confusion, nous l'appelions « manquer ».

« T'as vu comme elle a manqué, disait Josée, quand j'ai demandé à sa mère si c'était vrai qu'elle aurait une montre en or ? »

Souvent, avec finesse, nous annoncions une chose mensongère en précisant que c'était un secret. Ainsi, si notre mère ou notre grande sœur nous contredisaient, il était facile de dire :

« Je t'avais prévenue, elle veut pas que ça se sache. »

Lorsqu'un soupçon arrivait, avant de traiter la fille de « menteuse des menteuses », on essayait de la faire jurer :

« Eh bien, puisque c'est vrai, jure-le sur la tête de ta mère. » Ou bien, sûre d'elle, une de nous déclarait :

« Je te le jure », ou « croix de bois, croix de fer, si je mens je vais en enfer ».

On pouvait se dérober au serment en disant :

« Je ne peux pas jurer, le curé nous le défend... c'est défendu de jurer... mais je te l'affirme... je te donne ma parole et même ma parole d'honneur. »

C'était un bon truc pour couper au serment que de mettre en avant l'interdiction religieuse, c'était sans danger. Donner, même en mentant, notre parole d'honneur, quelle importance ? et cela posait comme une fillette pieuse.

Certaines disaient d'un air hypocrite :

« Je te donne ma parole d'Ame Vaillante », « de Croisée de l'hostie », mais seul le serment qui consistait à jurer sur la tête de quelqu'un nous paraissait valable.

« Tu mens ! » disaient les autres quand on ne voulait pas jurer. « Si c'était vrai, tu ne ferais pas ta sainte, tu jurerais sur la tête de ta mère, qu'elle meure à l'instant. »

Jurement suprême. Le plus souvent, c'était la mère qui était impliquée dans les serments, ou quelquefois un petit frère très aimé, en tous cas un amour dont il était impossible de douter. Certaines se lançaient même à jurer sur la tête de Dieu. Lorsqu'une de nous avait juré, cela nous paraissait une preuve. « Ça doit être vrai puisqu'elle a juré... » Nous répétions l'information en précisant :

« Lucienne me l'a dit et même elle a juré » – car les sœurs Maurel juraient, bien qu'elles ne crussent pas en Dieu. Jurer sur la tête de quelqu'un ne nous paraissait pas impliquer Dieu, même si le curé et les religieuses nous interdisaient effectivement de jurer : « Dieu en vain tu ne jureras ».

Nous n'aurions pas juré vraiment d'une chose fausse, nous avions trop peur de porter malheur aux nôtres, alors nous nous efforcions, au moment même du serment, de l'annuler par quelque circonstance. La plus fréquente était de « juler ». « Je te le jule », disions-nous hautement, et nous étions tranquilles, mais les autres connaissaient comme nous cette astuce et faisaient répéter : « Dis bien je-te-le-ju*re* ». L'autre s'arrangeait, prétextant du pain qu'elle avait dans la bouche, ou bien criait très fort et escamotait le « r », insistant sur la fin de la phrase, où « mort » et « ma mère » étaient si proches que même après avoir julé, nous étions impressionnées de la proférer tout haut. Après, si le mensonge était découvert, c'étaient d'interminables discussions.

« Tu avais juré sur la tête de ta mère... menteuse des menteuses, tu vas la faire mourir.

– Mais non, d'abord j'avais julé.

– Non, on a bien entendu, on t'écoutait. Tu as dit “ jurer ”. Ta mère va mourir.

– Imbécile, je le sais bien que j'avais julé. »

D'autres moyens d'annuler le serment étaient possibles. On pouvait lever la main gauche au lieu de la droite. Ne pas cracher. Soulever un des deux pieds de terre sans que cela se vît. L'effet de nullité était le même. Si les auditrices étaient assez nombreuses et voulaient un vrai serment, elles surveillaient, au besoin tenaient fermement chacun des pieds appuyé contre le sol. Mais à ce moment-là, la menteuse julait ou bien elle jurait, et impressionné par le « r » qui sortait clair, on ne s'apercevait pas qu'elle avait levé la main gauche. Parfois, on criait « elle a pas craché » et on recommençait. « Cette fois, tu as julé », « c'est pas vrai que tu es allée à Paris ». Cela pouvait durer longtemps.

Quand parfois, devant le doute, celle qui racontait une chose qui nous paraissait mensongère prenait elle-même l'initiative de jurer, faisait vérifier toutes les circonstances

– le « r », le crachat, le pied et la main – à ce moment-là, on croyait ce qu'elle avait dit.

J'habitais une maison très modeste et malgré tout nous n'avions pas assez de meubles pour la remplir. Aussi une pièce servait-elle de débarras et nous en tenions les volets fermés. C'était au tout début de mon installation dans le quartier. Paulette un jour me demanda :

« Qu'est-ce qu'il y a là ? »

Je lâchai une énormité comme ça, sans réfléchir :

« C'est le bureau de mon père. »

Bureau, c'était bien plus que : salle à manger. Lancée dans l'impossible, j'ajoutai :

« Il est tout en or. »

Je le lui décrivis.

« Oh ! montre-moi-le, implorait-elle.

– Non ! mon père ne veut pas. »

Comme Paulette habitait une campagnette un peu à l'écart et fréquentait donc moins que d'autres le trottoir, ce mensonge dura un certain temps. Elle suppliait, je refusais. Un jour où les volets n'étaient pas tout à fait clos, elle s'approcha et regarda par la fenêtre.

« Menteuse, je vois rien. Rien qu'un débarras. »

Je ne me démontai pas et lui expliquai que pour garder le secret de ce bureau tout en or, mon père, par un jeu de glaces, faisait croire à un débarras. Elle ne savait pas ce que c'était, moi non plus, mais on m'avait dit que certaines magies de la foire étaient des « jeux de glaces ». Elle fut impressionnée un temps encore, jusqu'à ce qu'elle interrogeât ma mère qui la fit entrer dans « la salle aux ballots » – c'est ainsi que nous avions nommé le débarras – en disant que cette petite – moi – était « cabourde [15] ».

Nous mentions beaucoup, mais jamais de façon aussi grossière. C'était un péché de jeunesse, si j'ose dire, que cette absence d'habileté. J'en « manquai » après, toute seule, rien que d'y penser, et désormais je pris le coup et me mis à mentir, comme les autres, sur ce qui avait quelque apparence de vérité, une logique, ou qui ne pouvait être soumis à vérification.

Nous mentions sur des splendeurs, des originalités, des événements extraordinaires, qui ne nous appartenaient pas en propre mais que nous pouvions approcher et dont nous nous ornions comme de biens personnels. Je décrivais la maison où servait ma grand-mère, cet univers luisant et luxueux dans lequel je n'entrais pas puisque je restais sur le seuil de l'office. J'en parlais comme si je pouvais m'y pavaner, toucher les objets alors que, même si je jouais avec la fille des patrons, nous restions dans le parc. Mais comme je tordais toujours le cou pour voir audelà de la limite interdite – sans porte fermée mais aussi efficace qu'un mur – je pouvais parler des glaces hautes, des parquets marquetés, décrire des transparences de vitrines à verres ou à bibelots, les tapis, les fauteuils, le rougeoiement de la salamandre posée sur une plaque de cuivre comme sur une eau dont le rayonnement de chaleur était atténué par un pare-feu de métal ajouré « comme de la dentelle » et « brillant, tout doré », la douce chaleur des radiateurs de chauffage central. Je mentais à mes copines à partir d'un regard incomplet. J'en rajoutais sur ce que nous connaissions le moins : les lustres, le miraculeux piano sur lequel j'affirmais que j'avais joué, le salon, le canapé, les fauteuils, la terrasse, le parc.

Je mentais aussi sur ce qu'on m'avait donné à goûter dans cette maison de rêve. Je commençais par l'annoncer en me pourléchant :

« Je vais jouer avec Brigitte jeudi ». Ce prénom nous semblait très distingué. En jouant je me faisais appeler ainsi ou je nommais ainsi ma fille d'une après-midi. J'ajoutais : « Je vais me régaler. »

En revenant, je parlais de choux à la crème, de bol de chocolat, de « porcelaines » où nous était servi le goûter – tout cela entièrement faux. Je me les appropriais en parlant, j'en jouissais avec la bouche rien que de les raconter, en prononçant des mots quasi magiques. J'arrivais presque à croire que je furetais dans le luxe des meubles et du linge, puisque je le disais.

Je mentais sur ma marraine lointaine, ma tante « de Paris ». Je lui inventais des possessions mais avec prudence car le terrible et clairvoyant « tu mens! » pouvait, à tout moment, tomber tel un couperet exactement comme au jeu du menteur, où il faut savoir de quel air hypocritement dosé on pose sa carte en disant : cœur, alors qu'on met du pique. C'était un jeu fort intéressant pour nous qui mentions beaucoup, ce démenti de l'une ou de l'autre, cette preuve que l'on exigeait et qui confondait ou l'accusateur ou le menteur.

Parfois, on interrompait un propos douteux de l'ironique : « Il est vrai ce mensonge ? », où toute réponse était piégée ; si on disait « oui » on vous répondait : « Tu vois bien, c'est ce qu'on disait, c'est un mensonge, un vrai mensonge », si on disait non, on répondait : « c'est bien ça, c'est pas vrai ».

Alice de son côté racontait :

« Je suis passée voir ma mère chez Ragueneau. J'ai eu de la langouste ».

Elle se passait la main sur l'estomac :

« J'ai eu aussi de la pièce montée, parce qu'il y avait eu un mariage. » Nous étions émerveillées. Alice avait eu l'astuce de nous dire :

« Au moins n'en parlez pas à ma mère. Qu'est-ce que je prendrais, si elle savait que je l'ai dit. »

Elle ajoutait une chose assez dramatique pour nous faire taire :

« Si son patron le savait, il la mettrait à la porte. C'est pour ça qu'elle me fait venir au restaurant, qu'elle amène rien à la maison. » C'était bon rien que de l'écouter. L'inaccessible langouste rouge vif, dressée sur les plats, antennes en l'air, comme un ornement, nous aimions en entendre parler. Une fois, Alice avait même vu des pains entiers de glace – comme ceux de la Glacière biterroise – taillés, sculptés pour servir de décor aux crustacés. Elle racontait les pièces montées géantes, les tables ornées, le linge fin, l'argenterie que faisait briller sa mère.

Le père de Renée, lui, travaillait aux glaces Antolin. Elle nous racontait la fabrication d'un chocolat glacé : le bain de chocolat liquide, le bâtonnet de bois enfoncé dans le morceau de glace, le présentoir froid, et qu'elle en avait « marre » tellement elle en mangeait quand elle allait voir son père.

Cela nous paraissait complètement extraordinaire. C'était de l'ordre de ces contes où une maison tout entière était en pain d'épices, la table en pâté en croûte, les chaises en jambon et où les héros pouvaient manger jusqu'à être écœurés en entamant à peine les murs. Nous qui étions toujours limitées lorsque nous consommions des choses que nous aimions, qui avions un morceau toujours trop vite fini, une quantité épuisable – une tartine de beurre avec du chocolat râpé, un gâteau ou un demi-gâteau de pâtissier, un rouleau de réglisse que nous faisions durer et le plus souvent un morceau seulement de ce ruban, une mince tranche de saucisson, du jambon fin comme un tissu, un paquet de frites de la foire, un œuf à la coque, un seul – nous trouvions extraordinaire, mais vraisemblable, que Renée fût fatiguée de chocolats glacés. A cette occasion, j'affirmais que ma grand-mère connaissait des pâtissiers qui jetaient à la poubelle les restes de leurs mille-feuilles, non parce qu'ils étaient péris, mais par satiété. Et j'invitais tout le monde à croire qu'on pût être fatigué de nourritures de rêve et s'en détourner avant leur épuisement.

Renée mentait peut-être. Un dimanche après-midi, elle m'emmena avec elle chez Antolin. Je pus voir effectivement l'énorme bassine de chocolat fondu. J'eus droit comme Renée à un glacé un peu abîmé. Un seul. Rien de comparable à ce que j'avais attendu : l'écœurement devant une nourriture des plus admirables. Mais Renée parait à tout : « Justement, aujourd'hui, y en a eu presque pas de cassés. Et puis mon père a eu peur que tu le répètes, parce que, même lui, il a pas le droit d'en manger ». Cela avait un air de vérité contre lequel je ne pouvais rien dire.

C'est ainsi que nous mentions, que nous écoutions les autres mentir, doutant, demandant des preuves, ravies quand elles venaient confirmer une chose extraordinaire ou jolie. Peut-être, après tout, l'idée de « glaces à satiété » nous plaisait-elle plus que la vérité.

Mentir au jeu s'appelait tricherie. Ce n'était pas commode à cause des gardiennes des règles dont l'aréopage entourait la joueuse. Disons qu'on essayait toujours. Nous connaissions fort bien toutes les possibilités de mensonge. Nous tentions de mentir nous-mêmes et d'en empêcher les autres. C'était la même chose dans les jugements moraux : on pouvait traiter les autres de garçonnières et se laisser aller aux délices de l'amour. Dénoncer les épingles cachées et en porter soi-même dans l'impunité. Il ne s'agissait en fait que de n'être point pris.

Je ne me souviens de rien de plus désolant que les jeux des retraites où nous ne mentions plus. Ils devenaient si mornes que nous préférions encore nous asseoir et ne jouer à rien. Nous parlions, mais comme là encore, en racontant ceci ou cela nous retombions dans les mensonges, la conversation était si réduite que bientôt elle cessait et que nous préférions prendre un livre. C'est pourquoi je crois que le mensonge est l'essence du jeu, son moteur interne, et son sel : tout semblant, tout mime, toute histoire de dînette ou de famille est mensonge qui aide à s'approprier le monde, à l'essayer pour voir comment il va.

Et dans les jeux d'adresse, on veut encore, par un subterfuge – sur un pied ou d'une main – non seulement créer artificiellement la difficulté, en triompher, s'affirmer meilleur que les autres mais en trichant, meilleur qu'on n'est.

Même s'il le combat – « sans mentir et sans calculer », exigions-nous avec hypocrisie –, le jeu admet tacitement le mensonge à condition qu'il réussisse, toutefois, à sauvegarder quelque apparence de vérité.

Parfois, dans le logement minuscule de ma grand-mère, nous jouions à un jeu où l'affabulation se débridait, admise et sans contraintes. En alternance avec des parties de Loto et de Nain jaune, nous jouions à nous écrire, à quatre – mes deux cousines, ma sœur et moi – autour de la table.

Pour nous faire tenir tranquilles, on nous donnait du papier. Ma grand-mère sortait trois fabuleux crayon-encre. On léchait le papier et en écrivant sur la surface mouillée avec ce qui paraissait être un crayon, on obtenait une écriture qu'on aurait juré tracée à l'encre violette. Une autre méthode consistait à mouiller la mine sur la langue et nous sortions de là avec des bouches d'enfer. J'aime, rétrospectivement, que les mots aillent ainsi chercher leur sang dans la bouche qui est leur siège. Ce n'est sûrement pas par hasard et sûrement pas pour nous barbouiller que nous allions les cueillir là d'une mine insistante. Le quatrième crayon que sortait ma grand-mère – et que nous nous disputions passionnément – ne « s'appointait pas ». On désemmaillotait un bout de mine en déroulant une bandelette où étaient inscrites des devinettes. Je ne sais rien de plus beau et de plus symbolique que cette mine comme couvée par des mots avant même d'en inscrire d'autres.

Ainsi munies, nous nous adressions des lettres en miniature, moins pour économiser le papier que pour entrer, par le jeu, dans un monde en réduction : celui de ces petites enveloppes bricolées par nous qui tenaient dans le creux de la main.

Chacune de nous avait choisi un nom de jeu. Nous nous appelions « de » quelque chose : de Fleurville, de Rancé, de Rosbourg, comme chez la Comtesse de Ségur. Ma sœur aînée avait le chic pour trouver des noms et des prénoms distingués. Le sien était toujours le plus beau, elle nous éblouissait avec « de Maisonneuve », que nous trouvions sublime, et « de Balzac », parce qu'elle était grande et avait déjà des lettres. Laissant de côté Pierrette, Thérèse, surtout Marie qui était le nom qu'on donnait à la « bonne », nous nous prénommions : Florence, Elisabeth, Brigitte, Jenny.

Nous habitions Nice, Rome, mais plutôt Paris. Toutefois une seule – celle qui criait « prem » – pouvait l'avoir, car pour la bonne logique du jeu nous devions être éparpillées dans le monde.

Nous nous racontions dans ces lettres des choses fastueuses et inconnues :

« J'ai bien reçu le collier en or que vous m'avez envoyé »,

« L'autre soir j'ai mangé avec la reine d'Angleterre »,

« J'étais invitée avec les quintuplées du Canada »,

« Shirley Temple vous fait dire qu'elle passera chez vous ».

Nous disions « notre salon », « notre parc ». Nous parlions des bonnes, de la gouvernante, de princes et d'archiduchesses, et quand nous recevions une lettre, nous ouvrions délicatement l'enveloppe minuscule et lisions tout haut notre correspondance en prenant l'accent pointu.

Quand nous jouions à la dame, à la maman, nous n'imaginions jamais un tel luxe mais là, dans la cuisine d'hiver, avec les mots tracés menu, rien ne nous était impossible.

« J'ai eu vingt ans hier, m'écrivait Mizou. On m'a offert un manteau de fourrure et un collier de perles ». Et Pierrette :

« A la réception de l'Opéra il y avait une pièce montée garnie de roses blanches en hostie. » Une hostie en forme de fleur ? C'était un peu comme « les diamants en perles fines » dont parle la chanson.

« Nous voici dans notre château », écrivions-nous. Que savions-nous des châteaux sinon de ceux que la grande prospérité viticole avait semés dans la ville même, à demi cachés par les frondaisons d'un parc, « folies » si belles qu'il paraissait impossible que les gens pussent y vivre ? Avec le peu que j'en avais vu, avec les maisons bourgeoises où travaillait ma grand-mère, avec les boiseries silencieuses et les couloirs cirés du Cours Fénelon, avec la villa de Lamalou où nous étions reçues, son perron et ses colonnades, je fabriquais les châteaux de ces correspondances. Ils me suffisaient.

Perles, hosties, château, laquais : écrire et lire tout haut ces mots, c'était déjà les posséder.

Mais de tous, aucun n'était plus fabuleux que l'or.

Il n'y avait dans ma maison ni un bijou, ni de ces écus en or dont quelques-uns, ailleurs, restaient dans les armoires. Nos chaînes et nos médailles de baptême étaient en plaqué, en « fix ». On disait volontiers dans ma famille que c'était « un joli plaqué, solide », mais ce n'était pas de l'or. Il en était à peu près de même dans toutes les familles du quartier, mis à part quelques bricoles : une médaille, une croix au moment de la communion solennelle et parfois, ô merveille, une montre en or. Celle qui allait en bénéficier l'annonçait un an ou deux à l'avance. Cette absence ne nous empêchait pas, au contraire, d'en « parler de tête », d'en rêver. Ma grand-mère parlait des « louis » de sa jeunesse, des « louis de l'arrière-grand-père qu'après sa mort on n'avait pas retrouvés, parce qu'il s'était laissé convaincre par un ami de les lui prêter, sans papier » – il ne savait pas lire. Ma grand-mère évoquait cet or perdu avec chaque fois des larmes et des regrets, et ces louis envolés faisaient partie de ma vie. Ma mère m'avait confié que grand-mère en avait toutefois deux qui reviendraient, à sa mort, un à ma tante, l'autre à mon père.

Cachées dans ce logement des plus modestes, qui ne voyait jamais la lumière du soleil mais seulement son reflet tout dilué, renvoyé par les vitres d'en face, ces pièces donnaient une saveur spéciale à son ombre, au bruit de la pendule et à son balancier de cuivre où se reflétait la cuisine convexe.

Ma grand-mère aurait bien voulu avoir des chaînes, elle aurait bien voulu que nous en eussions, des « chaînes d'or », et elle aussi, elle avait reporté ce goût sur les plaqués-or qu'elle mettait le dimanche à son cou.

A la génération de ma mère, qui avait connu deux guerres – à sept ans et à la trentaine – même le plaqué avait disparu. Il ne lui restait qu'une alliance mince comme un fil, qu'elle ne portait pas, pour ne pas l'user dans les lessives et nettoyages – rien d'autre. Pas la moindre croix, médaille, bracelet, « tour de cou », broche ou boucles d'oreilles.

« Maman, fais-moi voir ton alliance », suppliais-je.

Elle la sortait du tiroir de l'armoire, la posait dans ma main.

« C'est de l'or ? du vrai ?

– Oui, c'est de l'or, mais elle est bien fine, elle ne pèse pas beaucoup. »

Évelyne me faisait voir, des fois, une chaînette de sa tante.

« Elle sera pour moi quand je ferai ma communion, expliquait-elle. Elle me l'a promise. »

Et elle posait au creux de sa main une chaîne à maillons si ajourés qu'elle ne pesait pas plus qu'un papier de soie. Elle brillait finement et je me disais, éblouie : « C'est de l'or. »

Il était inaccessible.

Toutefois, j'étais fière de ma chaîne et de ma médaille en « fix », et je répétais devant les autres : « C'est du plaqué, mais du joli plaqué. »

Nous parlions beaucoup de bijoux « en or » à l'approche de la communion. Il était question de « ma médaille en or de ma communion », de « ma dizaine en or avec des vraies perles que j'aurai pour ma communion », de « la montre en or » – mais c'était peut-être un mensonge de Josée.

Quand l'une parlait trop souvent et trop fort de « son bracelet de quand elle était petite, en or », quand vraiment elle s'en croyait trop, nous lui disions :

« Il est en or ?

– Oui.

– En or dur ?

– Oui.

– Ah ! c'est de l'ordure. »

Elle ne savait que répondre. Nous plaisantions ainsi car l'or n'était pas pour nous. Nous voulions conjurer cette miraculeuse apparition sur nos égales, nos copines de jeu et pour cela nous le transformions en ordure.

Nous en rêvions pour un jour indéterminé du futur, et nous mentions pour nous l'approprier à l'avance et en jouir déjà :

« J'ai une médaille... un bracelet... un collier... en or. Je ne le mets pas. Ma mère a peur que je le perde, je le mettrai pour la communion. »

« Quand je serai grande, ma marraine me donnera une broche tout en or qu'elle a... »

Et l'or revenait sans arrêt quand nous jouions à nous écrire autour de la table.

Une fascination du même genre – incantatoire dirai-je – s'exerçait avec certains livres.

Quand le dimanche soir, les pieds dans le four, je lisais en attendant le retour de mon père, en guettant dans le noir et le froid, le bruit du grelot du chien, habillée de linge propre depuis le matin, mon tablier fraîchement repassé, rénové, prêt pour le lendemain, posé sur le dossier d'une chaise sous laquelle étaient alignés mes souliers bien cirés, j'avais une préférence pour un vieux catalogue de la Manufacture des Armes et Cycles. Il datait d'avant la guerre, d'une époque que ma mère appelait « le bon temps » et qui me paraissait antédiluvienne.

Les dessins m'étonnaient et m'angoissaient un peu. Je me demandais s'ils étaient exacts, si les dessinateurs ne fraudaient pas. Si tout était aussi beau. Je ne savais que répondre. Je me disais pour me rassurer : on les gronderait s'ils mentaient, mais je ne pouvais m'empêcher de les soupçonner. Sous les dessins représentant les articles, à la fin d'un pointillé, le prix était marqué, dérisoire. Je me faisais acquéreur – ils étaient si bon marché – d'objets totalement inutilisables, dans le lieu où je vivais, ou que je jugeais très luxueux. De garnitures de bureau, de lampadaires, de miroirs – le reflet était figuré par des hachures – de fournitures de salle de bains, de manteaux de femme, de bicyclettes, de cosy-corner, de serre-livres à poser sur la cheminée représentant deux éléphants affrontés, d'un paravent de toile peinte, de machines à coudre – ma mère n'en avait pas et allait « piquer » chez ma grand-mère – d'une patinette : certaines étaient à pédale et avançaient sur deux roues, tandis que la privilégiée pompait avec son pied.

Je possédais aussi un vieux livre de calcul qu'une des patronnes de ma grand-mère lui avait donné avec d'autres choses : « Tenez, Marie, cela pourra servir à vos petites-filles », et ma grand-mère avait pris le livre comme elle prenait tout ce que ces dames lui donnaient.

J'en avais hérité. Tout le programme de calcul mettait en scène Pol et Loïc d'Arvor et leur riche famille. En termes de périmètres, de volumes, d'intervalles ou d'intérêts, tous les problèmes parlaient d'eux. Chaque début d'énoncé était comme une histoire qui ne se nouerait jamais, une histoire mélancolique à cause du flou arithmétique où se perdaient toujours la suite et la fin.

« Loïc d'Arvor a cassé un vase dans le bureau de son père... »

« Le jardinier des d'Arvor a décidé de planter des arbres fruitiers tous les deux mètres... »

« Mme d'Arvor va faire des confitures avec sa cuisinière... »

« L'automobile de monsieur d'Arvor fait du trente à l'heure... »

Je lisais ces problèmes et même après au milieu des chiffres, tout en sachant que je ne les trouverais pas, je cherchais des détails de l'histoire et, me contentant de ce qui m'était donné, j'étais toute contente que Mme d'Arvor eût réalisé une économie sur les confitures, que M. d'Arvor allât plus vite que le train et arrivât à la ville dix minutes trente avant lui, que Pol et Loïc eussent remboursé la lampe cassée avec leur argent de poche en six semaines.

Chaque chapitre était orné d'images.

C'est l'automne. Pol et Loïc d'Arvor partent pour l'école. Leur maman les accompagne. Elle porte un chapeau et un joli manteau. Elle a l'air d'une artiste de cinéma. Pol et Loïc s'amusent dans le jardin de leur villa, grande et belle comme un château. Le père arrive dans une auto brillante – des éclats blancs l'attestent sur la carrosserie – avec son beau cartable à la main, son manteau de bonne coupe. Le livre ne dit pas quel métier il fait, mais il a un bureau dans la maison même : on le voit le jour où Loïc casse un vase. Il se tient devant le bureau, tête basse, et son père fait les gros yeux...

Dans la cuisine, une grosse servante pèle les fruits, de la vapeur sort d'une marmite. Pol se lèche un doigt, Loïc avance la main vers un pot.

Dans le verger, c'est l'hiver. Les carrés des semis sont vides.

L'auto de M. d'Arvor file sur la route – la vitesse est marquée par des traits – à l'arrière-plan le train fume.

Je me perdais dans cette maison de riches, si bien

ordonnée. J'épiais sur les visages les sourires et les soucis. D'une gravure à l'autre, les désordres étaient résolus : sur une image Pol rentrait de l'école tout déchiré, le genou saignant. – « Combien cela coûtera-t-il en pharmacie sachant que... ». Sur l'image suivante on le voyait dans sa chambre faire ses devoirs, assis très sage à sa table, les chaussettes bien tirées, les cheveux peignés. Sur l'image du vase coupé, il y avait des morceaux partout, de grosses flaques d'eau par terre. A la page suivante le plancher luisait à nouveau.

« La montre de M. d'Arvor retarde de cinq minutes... »

« M. d'Arvor possède des actions... »

« Le père et la mère de Pol et de Loïc d'Arvor ont décidé de les emmener en pique-nique... »

Je lisais et relisais périodiquement ce livre et ses centaines d'histoires toujours inachevées, prétextes à calculs que je ne faisais pas, à de menus romans que j'inventais pour mon plaisir.

Parfois, à travers des mots véritablement magiques, nous étions introduites dans des mystères sacrés, cachés, dévoilés seulement à une minorité et encore après de longues négociations.

Il y avait un gage où on demandait à celle qui était punie :

« Entre dans l'eau sans te mouiller. »

Elle protestait :

« C'est pas possible ! »

Les autres se parlaient à l'oreille et affirmaient :

« Si ! c'est possible ! Nous on sait le faire, on entre dans l'eau et on ne se mouille pas. »

Elle restait toute bête et jalouse de ne pas savoir. Alors, au lieu de lui révéler le secret, on lui imposait un gage plus difficile ou cruel.

Un automne, je revins de la colonie porteuse de ce savoir magnifique. Je l'avais échangé contre je ne sais trop quoi – hostie entière ou image dorée, en tout cas, contre une chose très précieuse. J'avais payé le prix qu'il convenait pour connaître la clé de l'énigme.

Je pus alors sourire d'un air important... Mais au moment où je ramassais une branchette, où j'allais dessiner un rond dans la terre, y sauter dedans et dire triomphalement : « Je suis dans l'O – dans l'eau – et je ne me mouille pas », les meneuses m'arrêtèrent :

« Ça va! c'est ça! », à la grande déception de celles qui croyaient à cette occasion apprendre le secret.

Les autres s'agitaient, n'avaient rien compris, se demandaient quel rapport il pouvait y avoir entre une branche et l'eau qui ne mouille pas, et restaient hors du territoire sacré.

C'était la même chose aux métiers muets avec l'antipetitserpentigraphe. Il arrivait que deux fillettes « connaissantes » choisissent ce métier mythique.

Tout le monde ignorait ce que c'était, personne ne se posait la question de savoir si un tel métier existait. La seule question posée à voix basse qui venait parfois pendant les conciliabules était :

« C'est quoi ce métier?

– Je ne sais pas, mais c'est sûr que ça existe. »

Rien n'aurait été changé si on nous avait démontré à coups de dictionnaire qu'il ne correspondait à aucune réalité. Aurions-nous constaté son absence dans le *Larousse* recouvert de tissu, que nous eussions cru qu'il réservait lui aussi cette magie à quelques élus. Nous n'avons jamais eu, non plus, l'idée de demander à des adultes.

De toutes manières, l'antipetitserpentigraphe n'a jamais été contesté au nom d'aucune logique. La fraternité de celles qui savaient le protégeait, affirmait son existence. C'était merveilleux d'être dans le secret de ce mot étonnant. Si merveilleux que nous ne cherchions pas à le décortiquer, à en tirer « anti » ou « petit » ou « serpent » ou « graphe », dont l'école nous avait révélé le sens. Notre mystère n'avait rien de savant. Il était jubilation pure d'initiées porteuses d'un mot cabalistique, magnifique et impénétrable. Nous avions souci de n'introduire que parcimonieusement d'autres invitées dans le mystère.

Cela est si vrai qu'aujourd'hui encore peu de personnes, qui ont pourtant joué aux métiers, savent dire exactement ce qu'est antipetitserpentigraphe. Quelques-uns, par contre, clignent de l'œil : ils n'ont jamais oublié.

Je sens dans ma bouche, tout entier, ce mot savoureux, sans que l'étymologie ne l'entame. Toute ma vie, il a été présent, et je n'ai jamais pu voir un nouveau dictionnaire sans l'y chercher, je le jure. Je me disais que « peut-être, quand même, c'est bien un métier », et qu'on n'avait pas sorti ça « de dessous notre bonnet ».

Il y sera peut-être un jour, sans explication : « Antipetitserpentigraphe : nom de métier imaginaire inventé par les enfants. »

Deux fillettes revenaient du coin où elles s'étaient isolées en disant : « A........ E », et elles restaient là.

« Et les gestes ? réclamait le public.

– Il n'y a pas de gestes. »

C'étaient des protestations, mais elles restaient imperturbables.

« Parle-le alors. »

Il s'agissait de dire le nom de métier en brouillant avec la paume de la main le mot prononcé par les lèvres. Comme cela eût été encore trop clair sous le tapotement de la paume, nous prononcions mal le mot, le limitant aux voyelles : « A i e i e a i a e ».

Il arrivait que du sein du groupe jaillisse :

« Antipetitserpentigraphe !

– Tu as deviné. »

Les autres étaient perplexes.

« Qu'est-ce qu'elle a dit ?

– C'est quoi ça ? »

Mais personne ne répétait. Quand aucune n'avait rien deviné, les spectatrices demandaient de « tremper ».

Elles voulaient la solution. D'habitude, pour les autres métiers, nous la donnions, même pour des métiers hardis – otorhinolaryngologiste – ou rigolos comme « ramasseur-de-mégots-derrière-les-hôpitaux ».

Mais pour antipetitserpentigraphe, nous la refusions.

Les clefs des mystères, qui toujours dans les religions sont mots ou agencement de mots, rendent puissants et le pouvoir, s'il se prend, ne se donne ni ne s'offre.

Rien ne m'a plus enchantée que ce mot. Je ne me souviens pas du moment exact où je suis entrée dans le mystère, mais je me souviens d'avant et d'après.

Avant, je suis passée de l'envie, de la jalousie, à l'humble prière : « Dis-moi ce qu'elles ont dit tout à l'heure », puis à la prière assortie d'offrandes à celle qui savait – mais quel objet était à la hauteur d'une aussi fabuleuse connaissance ? – à la proposition d'échange de secrets, à la servilité, aux faux témoignages.

Après, je me souviens de toutes ces années où je fus avec délectation dans le secret, où seule l'amitié « à la vie et à la mort » aurait pu me faire livrer ce mot. A ma cousine même je ne voulus pas le dire. Je me pavanais dans mon savoir. Je crois que je n'aurais pas osé écrire quelque chose d'aussi beau.

A partir du moment où je fus introduite, je demandai de

jouer plus souvent aux métiers muets. Mais il ne fallait pas abuser de l'antipetitserpentigraphe. Une fois dans l'après-midi, une seule. Deux c'était déjà trop, cela alertait les autres trop vivement. Deux fois et une fillette attentive et obstinée pouvait retenir le mot.

Le jeu m'a appris la modération, l'habile dosage, la limite à ne pas franchir : lorsqu'on fait « bisquer », lorsqu'on se moque, lorsqu'on impose un gage. Non pas pour être meilleur, mais pour ne pas tomber sous le coup du jugement d'autrui, en fait pour se conduire plus astucieusement que moralement. Esquiver les règles, esquiver les interdictions des parents et de l'école, c'est la grande affaire de l'enfance. Nous nous moquions des « trop sages » qui étaient incapables de le faire. Et quand Marie-Bernadette mourut à quatorze ans, nous ne fûmes guère étonnées. Pieuse, irréprochable, rendant « le bien pour le mal », comme nous le conseillait la religion, donnant ses affaires, prêtant sans rien demander en échange à celles qui la sollicitaient, ne se fâchant jamais si on lui abîmait quelque chose, ne « mentant pas » – elle était la seule qu'on croyait sans qu'elle jure, ce que d'ailleurs elle aurait refusé avec douceur – elle n'était pas faite pour la vie. Nous l'avions fort bien compris.

Dans les prés de la colonie, dans la cour de l'école, parfois au terme de la promenade du jeudi, quand le cadre s'y prêtait, au bas de l'escalier, souvent, nous « faisions aux pièces ».

Nous organisions parfois une séance de gymnastique, avec enchaînement de musique que l'une chantonnait, bouche fermée : *Le Danube bleu* ou *Le Marché persan*. Mais le plus souvent, il s'agissait vraiment de théâtre. Nous reprenions les comédies exécutées par des équipes d'adultes ou par nous-mêmes sur la scène du patronage. Nous empruntions le déroulement de l'histoire, les personnages. Nous répétions à peu près les phrases entendues, celles que nous avions retenues parce qu'elles nous paraissaient belles. Nous parlions pointu, nous refaisions les entrées en scène, les gestes. Quand je décidais de faire jouer sur l'escalier une des représentations vues sur la scène du patronage, j'en profitais pour m'attribuer le beau rôle. Si à l'école je dansais le ballet inventé par Alice avec des figures de « La Vigilante », je devenais l'étoile.

C'était un de nos jeux très aimés. Le plus facile consistait à faire des gestes sur une chanson. Nous avions à notre disposition un large éventail de chants narratifs, avec des rôles qui parfois même pouvaient se chanter. Nous reprenions périodiquement *Le Cœur du roi*, *Les Castagnettes*, *Le Sire de Framboisy*, *Le Troubadour*, *Elle est morte Adèle*, *Tambourins*, *La Petite Diligence*, *La Maman d'un petit homme*, *La Légende de saint Nicolas*, *Par le petit doigt* auxquels s'ajoutaient les nouveautés ramenées chaque année de colonie par les unes et les autres.

Pendant un temps, on apprenait par cœur tous les couplets, on les copiait sur un papier et à un moment, après avoir été jouée plusieurs fois, cette sorte de pièce chantée faisait partie du patrimoine du groupe.

Quand on pouvait, on se déguisait, on se maquillait. On se couronnait de liserons ou de lierre, on mettait les pendants du platane, on se faisait des chapeaux, des galons d'herbes qui accrochent. On enlevait le tablier et on le nouait par les manches autour de la taille pour faire une juge longue. Un cache-nez devenait une ceinture, un turban. Un manteau se transformait en cape, tourné du côté de la doublure, en général satinée. En rentrant le tablier dans les échancrures des cuisses de la culotte, il était possible de se fabriquer une sorte de barboteuse bouffante. On échangeait les souliers, on se mettait même, en été, pieds nus pour être plus agiles lors des acrobaties. Les papiers d'argent servaient alors à fabriquer des nœuds, des couronnes royales, des bijoux. On changeait de coiffure et de voix. Ces déguisements ne valaient pas les vrais, portés quand on jouait sur une vraie scène, mais ils cherchaient à les imiter. L'occasion était bonne de décrire les fastes des tulles garnis de paillettes, des satins brillants des costumes qu'à la colonie, à la paroisse, Laure tenait dans une grande armoire et dépliait devant nous, dans des odeurs de poussière et de vieux tissus.

De temps en temps, revenait une étonnante pièce : *La Soupe aux épingles.* D'où venait cette histoire dont le scénario se déroulait imperturbablement, ne se modifiant que sur les détails ? Je l'ignore encore. Nous savions qu'elle venait de plus loin, des autres. Jamais je n'avais rien lu racontant cela, jamais les adultes n'en avaient parlé, ni joué quoi que ce soit d'approchant. Et pourtant ce qu'elle narrait était la dramatique, la tragique confrontation des mères et des filles et notre triomphe sur elles.

A la première scène, on voyait une marâtre avec sa propre fille et sa belle-fille. C'était une scène d'injustice : à l'une les jouets, les gâteries, les douces paroles, à l'autre les croûtons et les gifles. Puis il y avait une scène terrible. La marâtre préparait pour sa belle-fille une soupe de mort où elle versait tout un paquet d'épingles – non pas des épingles de nourrice, mais de ces épingles à têtes fines, presque insaisissables, que la sœur d'Alice, la couturière, ramassait avec un aimant dans les rainures du sol. D'une voix pour une fois caressante, elle appelait sa belle-fille : « Viens, que je t'ai préparé la soupe. »

Mais à ce moment-là quelque chose l'attirait au-dehors, et la belle-fille faisait manger cette soupe à la petite sœur. Elle était, suivant les jours, innocente ou vengeresse.

A la dernière scène, la vraie fille de la marâtre se tordait en mourant. La marâtre sanglotait avec de grands gestes de désespoir et la belle-fille riait dans un coin. La fin, malgré sa cruauté, nous paraissait une bonne justice et nous ne la modifiions jamais : la petite toujours mourait, étendue bras déjetés sur le sol. Nous nous contentions de broder sur les détails, d'ajouter parfois le personnage du père aveugle et impuissant, trompé par l'hypocrisie de sa femme.

L'important dans *La Soupe aux épingles* était de trouver une fille pour le rôle de la marâtre. A un moment, il y eut à l'école Angèle Milian et cette pièce est pour toujours liée dans mon esprit au ciment gris de notre cour d'école, cet espace entre les bâtiments, sans arbres, bordé de hauts murs, à la porte-coulisse par laquelle entraient les personnages, et surtout Angèle.

Nous l'avions choisie d'abord parce qu'elle nous dépassait de toute une tête, une tête étrange, large et ronde, augmentée d'une tignasse trop frisée, d'une indéfrisable de coiffeur. Le visage plat et sans expression était étrange aussi, avec une grande bouche triste et des yeux horizontaux, à peine fendus. Le cou qui portait cette tête était épais. De plus, Angèle, sans être plus âgée que nous, avait deux gros seins comprimés toujours dans le haut de ses robes. C'est cela surtout qui la faisait différente de nous et la prédisposait aux rôles de femmes. Nous lui disions :

« Tu es poitrinaire.

– Non, non, protestait-elle.

– Que si ! tu l'es, tu as de la poitrine. Puisque tu es si vieille, tu feras la marâtre. »

En plus de tout cela, quelque chose planait sur Angèle : la mauvaise réputation de sa mère. Elle était serveuse dans un café. J'avais entendu ma mère en parler en pinçant les lèvres, avec ma grand-mère qui elle aussi avait servi, mais chez les riches, dans « les grandes maisons » brillantes où je l'accompagnais quelquefois. Ma mère ne voulait pas que je me « fasse » avec elle, « me criait » toujours lorsque nous rentrions ensemble de l'école et m'empêchait d'aller jouer chez elle le jeudi. Elle préférait Solange-la-boiteuse. Pourtant c'est avec elle que je rentrais du patronage, à la suite d'un de ces longs après-midi d'été où dans l'ombre d'un amandier nous avions joué *La Soupe aux épingles*, à moins que ce fût un jeudi d'hiver où l'odeur des mandarines flottait dans un froid si vif qu'il faisait mal à la gorge et à la poitrine.

Angèle y était sublime. Ce visage immobile comme un masque se prêtait à la tragédie. Lorsqu'elle faisait sa doucereuse, elle était déjà inquiétante et quand dans le récipient que nous avions trouvé pour figurer la marmite elle tournait un roseau et vidait les épingles mortelles, elle semblait une sorcière. Dans le désespoir final, elle nous faisait peur, tordant les mains, laissant passer à travers sa bouche aux coins abaissés un gémissement si convaincant que Clairette – elle jouait la fillette parce qu'elle était particulièrement menue – nous paraissait véritablement morte. Angèle semblait, avec ses gros seins serrés dans le tricot, s'être introduite, vraie grande personne, dans notre jeu d'enfants. Elle ne paraissait pas du tout « faire semblant », et il y avait, fugitif mais fort, un moment où le théâtre avait l'air vrai. La méchanceté, la mort, la vengeance étaient, l'espace d'un temps bref, réelles et présentes en face de nous. A la question piège « il est vrai ce mensonge ? », je réponds alors oui, résolument.

Souvent, dans cette cour un peu sinistre de l'École du Saint-Enfant-Jésus – où le rire final de la fille n'était pas véritablement de joie, mais plutôt sarcastique, un « rire jaune », disait-on, forcé et amer devant le cadavre de la petite – nous étions presque soulagées que la pièce se terminât.

J'ai beaucoup joué « aux pièces », j'ai beaucoup représenté *La Soupe aux épingles*, et dans tous les rôles, jamais je n'ai éprouvé d'impression aussi violente que lorsque Angèle, avec son corps de femme, incarnait la marâtre et à travers elle tout l'univers piégé, cruel, des adultes où la fille entrait triomphante en commettant un crime.

8

COMMANDANTES, IMPORTANTES, INTÉRESSANTES

« J'appelle à mon secours : Liliane,
Et je lui dis : Va-t'en. »

Chanson de corde

Dans le quartier, Alice est la commandante. A l'école, c'est Rolande qui, comme elle, fait et défait les fâcheries, choisit la règle du jeu et impose son jugement. Alice règne sur une quinzaine de fillettes, réunies géographiquement dans un certain périmètre – bien que ce ne soit pas absolu : la fille de l'institutrice ne se « fait » pas avec nous.

Les adultes, aux « Ames Vaillantes », aux « Croisées », en colonie, à la Société de gymnastique, nous organisent, établissent des listes, des équipes, désignent chefs et sous-chefs.

Nous n'avons nul besoin de cela et il arrive même que leur choix soit en contradiction avec notre hiérarchie, celle qui est née de la fréquentation mutuelle et de nos propres jugements.

La religieuse confie des responsabilités à une fille que nous détestons : nous lui obéissons, mais dans le jeu, elle reprend la place que nos diverses estimations lui ont donnée – aggravée de rancœur. En colonie, Laure sépare deux amies de cœur – une va dans l'équipe « Bernadette », l'autre dans l'équipe « Jeanne d'Arc » – et elles passent leur temps à déplorer cet aveuglement.

Lorsque nous jouons loin des adultes et de leurs institutions, notre pyramide s'impose, subtile, ni fixe, ni figée, en haut de laquelle se maintient – mais pas toujours facilement – une commandante, vrai chef, bien que personne ne lui donne ce titre.

Comment les commandantes le deviennent-elles, au point d'imposer leurs goûts, leur mauvaise foi, leurs injustices, leurs décisions les plus arbitraires ?

Il y a ce que nous sommes : la position sociale, la beauté, les divers savoirs ou habiletés. Mais la manière de juger ces éléments est nôtre et si elle emprunte certaines valeurs du monde des adultes, elle en amène d'autres, différentes. Nos jugements sont un miroir déformant de ceux de la société ambiante, au point qu'il arrive à en inverser les termes.

Parfois, dans la foulée de nos mères, nous admirons les yeux clairs, la réussite scolaire, les cheveux blonds, les signes extérieurs de richesse, nous sanctionnons la négligence, l'absence d'hygiène que n'excuse aucune pauvreté. Mais d'autres fois cela est sans poids face à la capacité de faire le grand écart, face au prestige d'être aimée par un garçon. Évelyne s'appelle Di Fiore. Pour nous, ce nom, au lieu d'évoquer l'immigré italien, rappelle de Fleurville et la comtesse de Ségur. Elle chante quelques petits refrains « Papaveri son alti, alti, alti... » et son exotisme nous charme. Lili est née à Limoges, pays de la porcelaine. Elle en devient elle-même porcelaine. Lorsque ma mère me dit que Rolande a la « figure comme une lune », j'en suis choquée. A l'école nous disons « belle comme Rolande », tant elle est incontestable, inventive, autoritaire, amusante, toujours porteuse d'un jeu original. Nous admirons tout d'elle alors : son teint laiteux, son fin sourire, ses yeux verts impérieux, jusqu'à son frère séminariste. Pourtant nous n'avons entendu louer ni sa beauté, ni sa richesse : sa mère veuve est concierge.

La béquille du beau Maurice l'enjolive. Un de nos voisins, un petit homme râblé, chevelu, cillu, sourcillu, dont les poils des aisselles sortent en une touffe qui tremble au vent, une sorte d'homme préhistorique, buriné par le grand air, pieds nus, torse nu souvent, été comme hiver, par principe d'hygiène, nous plaît parce qu'on dit de lui qu'il prend des « bains d'air », tout nu dans son jardin. Un jour où chez moi il est question de beauté masculine, je le cite, déchaînant les rires. Cela me confirme dans l'idée que les parents « n'y entendent rien », ce que ma mère prouve abondamment en appelant mes trésors des « saloperies », en trouvant « bêtes » des activités que je juge des plus intéressantes. Aussi, je continue à l'admirer sans réserve.

Quand ils ne trouvent pas écho en nous, les critères des adultes nous indiffèrent. Que nous importe que Bernadette soit première à l'école ? Elle ne sait « rien » faire. Elle rate « tout » aux osselets, s'empêtre dans la corde, tombe la balle, manque les mailles de son tricot et « marche » à toutes les blagues...

A l'école, les trois sœurs Soulié et leur petit frère arrivent tous les jours, tous les quatre, avec des têtes merveilleusement peignées : de leurs beaux cheveux drus, du même blond cendré, leur mère, tous les matins, tire des boucles. C'est son honneur, sa gloire, à cette femme, rieuse et menue, que du pauvre logement familial sortent tous les jours ces têtes remarquables. On se retourne sur eux dans la rue. Tout le monde admire : la religieuse, nos parents. « Mais comment elle fait ! » s'exclame ma mère qui ne m'orne d'anglaises que le dimanche, « quel travail ! ». Renseignées, nous, par les sœurs Soulié, nous ne participons pas aux louanges. Nous savons qu'elles ont caché une brosse au bas de l'escalier et que tous les matins elles aplatissent des boucles, on ne sait pourquoi, détestées. Ainsi, le somptueux ornement naturel ne nous les fait pas juger plus belles, et au contraire nous rions sans rien dire en entendant les cris d'admiration.

Être habile à un jeu, posséder des savoir-faire, avoir telle maison, tels jouets, donne une certaine importance, mais ne confère pas forcément le commandement. C'est au contraire le fait d'être commandante qui donne de l'éclat à tout ce qui constitue la vie de la fillette. Comment dire alors ce qui au départ lui a donné le pouvoir, puisque justement ce pouvoir valorise toute sa personnalité ?

Toutefois, sans atouts naturels – ce que du moins nous considérons comme des atouts – n'apparaissent pas les chefs – nous disions aussi chèfes – incontestées.

Alice avait des qualités indéniables. Elle sautait comme une chèvre à la corde, courait à toute vitesse, était redoutable aux osselets comme aux patins à roulettes. Elle avait une grande voix sonore. Elle était mince, haute, avec un long cou gracieux, des cheveux très raides et brillants. Son atout le plus précieux était de faire partie d'une Société de gymnastique : « La Vigilante ». Elle défilait périodiquement au centre-ville et faisait des acrobaties en « pleine » allée Paul-Riquet, sur des tapis de caoutchouc. Elle portait à cette occasion une tunique blanche dont la jupette en forme, très courte, tournoyait sur une culotte de tissu soyeux, serrée aux cuisses par des élastiques. Elle chaussait alors des sandales blanches en toile, qui n'étaient pas des espadrilles mais ressemblaient à des chaussons de danseuse. Lorsqu'elle partait, éblouissante, le dimanche matin, un gilet de laine sur les épaules, elle nous semblait une reine.

Pour les acrobaties que nous exécutions, au bas de l'escalier, sur la large bande de trottoir servant de scène : pont, grand écart, roue, panier, pied dans la main, homme droit, Alice était imbattable. Quand elle prétendait : « C'est comme ça qu'il faut faire, le moniteur le dit », il était impossible de la contrer. Au nom de quoi l'aurions-nous fait ?

En outre, Alice était un peu mieux habillée que nous. Non qu'elle fût plus riche, au contraire, mais sa grande sœur était couturière : c'est elle qui avait exécuté la jolie tunique de gymnastique. Cela lui permettait d'avoir des vêtements plus nombreux et plus coquets que nous. Pour allonger ou agrandir un vêtement, nos mères ne connaissaient qu'une méthode : « donner » aux coutures, « défaire » l'ourlet, mais la sœur d'Alice trouvait toujours une astuce : le bord de l'ourlet allongé devenait un feston, une bande de couleur entre deux coutures semblait moins un ajout qu'un ornement.

Son logement, pourtant, le plus modeste de tous, n'avait qu'une porte-fenêtre ouverte sur le trottoir pour éclairer deux pièces. Les cabinches étaient les plus sinistres que nous connaissions, malodorants, situés au fond d'un couloir sombre.

Son père, il ne fallait pas trop en parler. A peine le voyait-on. Alice disait qu'il était serveur, qu'il faisait les saisons, mais nous sentions un mystère. On entendait trop de conversations par les portes indiscrètes ouvertes sur la rue, pour ignorer que ce père n'était pas très fidèle à sa famille. On entendait parfois pleurer Alice et on savait que la cause était là, dans ce père absent, mais nous nous contentions de ses explications, nous n'aurions pas osé l'interroger : c'était une des multiples manifestations de son pouvoir.

La mère d'Alice, vaillante, d'une propreté méticuleuse malgré la pauvreté de son logement – son trottoir était le plus beau, le plus lisse du quartier – était plongeuse dans un restaurant. Les mains marquées jusqu'aux avant-bras par l'eau bouillante et les cristaux de soude, peignaient avec délicatesse les cheveux raides et luisants de sa fille ou aidaient son aînée à quelque travail de couture fastidieux et minutieux comme le surfilage.

Mais, et c'était sa force, Alice savait faire valoir tout ce qui était sien. Elle posait comme avantageux le métier de sa mère « dans un des plus grands restaurants de la ville » et il planait sur cette humble femme des éclats d'argenterie, des nappes amidonnées et des langoustes. La « couture » de sa sœur devenait un métier raffiné et luxueux. Autour de nous les femmes disaient qu'il n'y avait pas de meilleur métier, que quelqu'un qui savait coudre « c'était de l'or dans la maison ». Toutefois, ce n'était pas ces considérations qui nous faisaient apprécier « la couture » de la grande sœur, mais les restes de tissus superbes qu'Alice pouvait récolter, ainsi que des épingles – certaines à tête de nacre – et les vêtements gracieux que la grande savait tirer d'un coupon.

Tout chez Alice, même les défauts, était bien et même « mieux ». C'était « mieux » d'avoir une porte-fenêtre sur la rue. Sur cette marche qu'il fallait descendre pour pénétrer dans la cuisine qui était presque une cave Alice s'asseyait, jouait, lisait. C'était « mieux » qu'un perron. C'était « mieux » une chambre obscure : c'était plus chaud. La cuisine communiquait avec une remise où elle entreposait sa corde à sauter, où le soir elle faisait rentrer sa pie. « C'est mieux, affirmait-elle, que de l'avoir dans une cabane de jardin. » Les cheveux raides c'était « mieux » que les cheveux frisés qui étaient bossus. Que dire à cela, de la ligne droite supérieure à la ligne courbe ? Pour Alice « cuillère et fourchette » c'était « mieux » que « les olivettes » qui faisaient bébé, bien que l'on pût y glisser des noms de garçons.

Briançon, où elle allait chaque été chez sa grand-mère, devenait un lieu de délices. On n'en finissait pas des descriptions de montagnes, de prés d'alpage gras, pleins de vaches et de fleurs inconnues. Comme elle fréquentait les colonies proposées par l'école laïque, elle alla une fois à Strasbourg. Elle en revint avec une cigogne dont le corps était constitué d'une pomme de pin et les pattes, de deux fragiles branchettes. Elle la montrait glorieusement, mais elle nous la laissait rarement toucher.

Une autre fois elle alla en Bourgogne, une autre « à l'océan ».

Quoi qu'elle fît, c'était enchanteur. Si elle allait jouer dans un autre quartier, si elle rencontrait d'autres filles, lieux et gens étaient présentés sous un jour alléchant. Ce qu'elle vivait devenait admirable, enviable, inaccessible.

Nous tentions bien de la même manière de faire valoir tous les éléments de notre univers. J'essayais de monter en épingle les chasses de mon père, et le fait qu'étant mécanicien il possédait une auto, mais je n'avais pas l'habileté d'Alice. Elle était un vrai chef et nous la servions de notre mieux, nous adoptions ses idées, nous savions comment nous comporter en sa présence. Dans les jeux, les règles étaient celles qu'elle imposait. Aux métiers muets, elle avait imposé un « pot ». Elle avait décidé qu'on « ploumbait » avec « Poing, féminin, godin. » Sa chanson préférée pour la balle était : « Je joue à la balle, contre la muraille [1]... » A la fin de la série psalmodié « sans rien faire, sans bouger... », quand on disait « grande », elle exigeait un tour complet [2]. Et comme chansons de corde, celles des « coups doubles » où elle était très forte :

« Arlequin dans sa boutique [3]... »

« Oh ! la grau [4]... »

« Il neige à gros flocons [5]. »

« Elle a des talons hauts [6]. »

Et chaque chant était chanté avec son air à elle, et avec ses paroles, car il existait des variantes.

Aux osselets, à la marelle, l'ordre des épreuves était celui qu'elle jugeait bon.

« C'est comme ça que ça doit se jouer », affirmait-elle. Elle donnait des raisons, invoquait l'ancienneté :

« Ma sœur jouait *déjà* comme ça, et même mon frère. » Comme il avait presque trente ans, cela devenait incontestable. Elle invoquait la vraie règle et l'usage :

« On joue *toujours* comme ça à l'école », ou « je n'ai jamais vu jouer autrement ».

En fait, elle imposait ses goûts et sa fantaisie. Si j'ai beaucoup joué à la marelle à six carrés et très peu à l'escargot ou à l'avion, c'est à cause d'elle. Personne ne la contredisait en face, n'essayait de s'opposer à elle. Comme les autres dans le quartier, je me pliais à ses volontés et réservais pour d'autres lieux, d'autres chansons, d'autres formulettes, d'autres règles. Ailleurs je sautais « j'appelle à mon secours [7]... »

C'est qu'il s'agissait d'obtenir les bonnes grâces d'Alice pour ne pas être exclue au moment des partages.

Il y avait des jeux où tout le monde pouvait jouer. De

multiples emplois subalternes pouvaient être créés : des servantes, des pères, des tantes. Il ne s'agissait que de répartir les rôles. Alice décidait qui serait qui. La perspective d'occuper une place sans éclat n'était pas très agréable, mais au moins on jouait.

Par contre, certains jeux, comme les osselets, la balle, la corde s'accommodaient mal d'un trop grand nombre de participantes : il aurait été fastidieux d'attendre trop longtemps son tour, alors on ne prenait que quelques filles. Un tri sérieux décidait, sous la forme d'un arrêt du hasard, qui jouerait ou non. C'était « cuillère et fourchette ».

Alice se mettait face au mur, le visage caché dans son coude replié. Près d'elle se tenait une autre fille, Lili ou Anna. A tour de rôle nous posions la main sur le dos d'Alice et demandions : « Cuillère ou fourchette ? »

Si elle n'avait pas été renseignée par la voix, son acolyte, d'un mot glissé entre les dents, lui donnait l'identité de la postulante et le verdict tombait, compréhensible dans la grâce comme dans la rigueur, seulement pour qui connaissait bien les remous du moment dans notre société : « cuillère » ou « fourchette » disait Alice. Seules les cuillères jouaient. Les fourchettes devenaient des spectatrices.

Dans tous les jeux il y a le moment où on joue et le moment où l'on regarde. On devient un public connaisseur, qui apprécie les exploits, garde les règles, commente ce qui se passe par des cris, des huées, des rires. Mais un public qui deviendra tout à l'heure acteur et qui module donc ses verdicts, ses jugements. Les spectatrices « fourchettes » qui subissaient docilement l'éviction, ne pouvaient même pas se permettre d'être des juges sévères. Elles n'étaient plus rien. Humblement, elles cherchaient à se faire bien voir par leurs commentaires, à se faire accepter des plus puissantes, pour, une autre fois, faire partie des « cuillères » pour lesquelles au plaisir du jeu s'ajoutait le plaisir de la parade.

Il n'est pas exclu que nous préférions, tant pis, être « fourchette » de temps en temps et profiter une autre fois pleinement d'un double plaisir, plutôt que de voir régner la justice.

Nous nous fâchions beaucoup entre nous, pour des motifs multiples occasionnant des brouilles plus ou moins graves et longues. Il nous arrivait de nous battre, à notre manière de filles : agripper une poignée de cheveux, pincer, donner une gifle. On venait nous séparer en disant « séparation entre l'âne et le cochon ». Mais le plus souvent, sans échange de coups, la fâcherie arrivait au terme d'une violente dispute verbale. Il y avait eu tricherie, âpre discussion achevée en conflit pour un lâchage aux étirettes [8] pour savoir qui la première avait crié « prem », qui avait envoyé un gafarot dans une chevelure, qui avait fait une entravette [9] dans les rangs et provoqué une chute, qui avait révélé le nom du métier, qui avait rapporté. Il y avait eu des reproches sur une image abîmée, un objet prêté et perdu.

« Je te suis fâchée, criait l'une.

– Moi aussi, disait l'autre, et elle ajoutait, je suis bien contente.

– Je m'en fous pas mal », rétorquait-on.

A partir de là, on ne se parlait plus, on changeait de trottoir quand on rencontrait l'autre, on refusait de s'asseoir près d'elle à l'église ou, si on y était obligé, on s'écartait au maximum et on posait ostensiblement le sac au milieu du banc. Si on était à côté d'elle en classe, on dressait verticalement le buvard comme une barrière, en signe de refus et d'isolement.

Comme nous vivions en groupe, une fâcherie n'était pas sans conséquences. Elle entraînait des prises de position. En général nous étions suivies dans notre fâcherie par notre meilleure amie. Certaines pourtant se retrouvaient seules, celles qui ayant le moins de pouvoir sur les autres n'avaient aucune possibilité de faire partager leur animosité. Le groupe continuait à fonctionner sans vous. Mais souvent c'étaient deux fillettes qui s'isolaient. On les voyait passer, pincées et raides près des groupes en train de jouer. Elles se parlaient à l'oreille. On disait : « Elles font des messes basses sans curé », à cause de leurs murmures incompréhensibles.

Lorsqu'on n'était pas concerné par une fâcherie, on la traitait avec ironie :

« Michèle " tient " fâché à Jacky ? Oh ! ami-fâché, le trou du cul bouché. »

Mais quand la meilleure amie se fâchait, ou soi-même, on prenait ça très au sérieux.

Si le sujet de la fâcherie était vraiment grave on disait : « Je te suis fâchée à mort », et la brouille pouvait durer plusieurs semaines.

Pour peu qu'on eût quelque ascendant dans le groupe, on faisait partager sa haine non seulement à sa meilleure amie, mais à plusieurs filles du groupe – voire au groupe tout entier si l'on était la commandante.

C'est pourquoi se fâcher avec Alice était terrible. Si elle annonçait : « Je suis fâchée à Anna », elle pouvait être sûre que personne ne lui parlerait. Toutes suivraient lâchement. Elle pouvait bien, Anna, venir rôder par là, toute boiteuse qu'elle était, essayant de se faire plaindre en tirant la jambe plus fort qu'à l'ordinaire! Nous craignions bien trop Alice pour avoir pitié d'elle. Quand Alice s'absentait – ou si Anna nous rencontrait toute seule à l'épicerie – elle essayait bien de s'introduire, elle tentait une conversation. Souvent c'était peine perdue. Mais il arrivait que la perspective d'un après-midi de solitude fût trop forte ou que la bannie apportât une friandise alléchante. Alors on jouait avec elle malgré la peur exercée à distance par la commandante. On léchait le coco en tremblant que cela ne lui soit rapporté. Alice avait d'ailleurs l'habileté de comprendre qu'une telle situation n'était pas durable. Elle voyait bien quand il était temps de reparler à Anna ou à Aline, si cette dernière, ostensiblement, et en ayant l'air de bien s'amuser, sortait sur sa porte avec son petit piano à huit notes – il tenait entre ses genoux et il en sortait une musique aigrelette que nous trouvions adorable. Notre convoitise étant alors éveillée, il valait mieux qu'Alice fît la paix.

Quand elle n'était pas concernée, Alice jouait à l'impartiale. Plusieurs fois, deux ou trois sœurs Pech furent fâchées avec les Maurel. Alice prenait dans le jeu les premières arrivées :

« Si les Pech ne veulent pas venir, je m'en fous. »

« Si les Maurel ne veulent pas des Pech qu'elles s'en aillent! »

Elle prétendait rester en dehors de la brouille et parfois même c'est grâce à son autorité que tout s'arrangeait. Elle avait besoin de tout le monde pour faire une pièce et appelait les ennemies. Au début, sur l'escalier, elles ne se parlaient pas, puis dans l'ardeur du jeu, les tensions se dénouaient.

« Elles sont ramies », disions-nous.

Mais lorsque Alice était touchée elle-même par une fâcherie, elle était impitoyable.

Une fois elle me tint fâchée parce que j'avais osé

prendre la béquille de Maurice. Momo était un jeune homme qui avait, dans le quartier, la réputation d'un coureur de jupons. Il en était orné. Il avait un visage de petit voyou blond et une jambe de bois. Juste après la guerre, dans une vigne, il avait sauté sur une mine et marchait en s'aidant d'une béquille. Nous l'aimions toutes sans réserve. Alice tirait de lui une part de son prestige car il était ami avec son frère aîné et venait parfois chez elle. Elle savait sur lui des « choses que je ne dois pas dire ». Elle en faisait des mystères. Momo ne dédaignait pas, comme il connaissait bien Alice, de nous montrer son habileté aux osselets. Il posait sa béquille luisante contre le trottoir et s'asseyait près de nous. Alice le considérait un peu comme sien. Souvent il lui faisait compliment de son habileté et il lui arrivait même d'être battu par elle. « Jouer comme Momo » était un idéal de perfection que seule Alice avait atteint. Il jetait l'osselet très haut et de sa grosse main où brillaient des poils blonds il raflait tous les autres aussi éloignés qu'ils soient. Alice s'enorgueillissait de lui et ne manquait pas, quand l'occasion se présentait, de virevolter en sa présence dans sa tunique de La Vigilante. Un jour je voulus toucher la béquille, cette béquille qui nous paraissait moins un instrument orthopédique qu'un attrait supplémentaire.

« Si tu touches la béquille, je te suis fâchée », prévint Alice car elle prévenait toujours et souvent, avec cette menace, obtenait ce qu'elle voulait.

Mais je ne pus résister à la béquille, et Alice ne m'adressa pas la parole pendant un temps qui me parut une éternité.

Le soir, j'allais au lait toute seule et, par la fenêtre, je la voyais partir avec une autre. Le jeudi matin, le dimanche après vêpres, le soir après l'école, je restais dedans – au grand étonnement de ma mère – ou jouais dans le jardin, hachant des herbes pour de nostalgiques dînettes. Le temps paraissait long et vide un peu à la manière des grandes vacances, sauf qu'au lieu de traîner dans un quartier désert, j'étais exclue du quartier vivant et animé.

« Quand même, elle exagère cette ramonette [10] », dit ma mère quand elle connut la raison de ma sagesse.

« Laisse-la tranquille. Laisse-la, priai-je.

– Tu es bien bête. A ta place je me “ rendrais ”.

– Moi, ajoutait ma sœur, tu risquerais pas que j'y revienne. »

J'en profitais pour aller voir ma vieille voisine. Lorsque j'étais seule, elle me laissait jouer dans la cabane de son jardin. J'en profitais pour aller voir Solange-la-boiteuse. Mais c'était triste, même si par ailleurs je jouais avec mes copines de classe.

La fâcherie dura plus longtemps qu'une autre, dans la mesure où je n'avais pas le temps scolaire pour me « r'amir ».

Les rires me parvenaient de loin. Je voyais les illustrés passer de main en main. J'étais privée de *Fillette* qu'Alice me passait d'habitude en échange de mon *Lisette*. J'aimais le lire, bien qu'il ait une mauvaise réputation, et il me manqua.

La fâcherie s'arrêta le jour où j'eus un grand morceau de tissu fleuri. Une rayonne rose qui fuyait entre les mains comme de l'eau. Je m'installai en haut de l'escalier avec ma boîte à ouvrage, tendant mon étoffe à bout de bras, ayant l'air de la regarder, de la mesurer, en réalité la présentant comme un drapeau de paix.

« Qu'est-ce que tu vas en faire ? me demanda Alice.

– Une barboteuse pour mon poupon.

– Tu sauras le faire ? C'est difficile... »

Je me mis à lui expliquer comment j'allais procéder, trop contente d'être enfin rentrée en grâce.

Ma mère et ma sœur en conclurent que je n'avais « pas de vergogne », que j'acceptais n'importe quoi, sans aucune dignité, mais cela me fut égal.

Lorsque Alice se fâchait avec une autre, par contre, nous aimions bien ça, nous y trouvions de multiples plaisirs de cancanage.

La fâcherie d'Alice et Lili fut une des plus passionnantes. Lili pourtant avait du prestige : son jardin avait un arbre à kakis et un cerisier à gomme ; elle possédait une paire de patins ; sans fréquenter la Société de gymnastique, elle faisait « l'homme droit retombé en pont », comme en se jouant, elle était plus souple qu'Alice et de sa chevelure très sombre, très frisée, on tirait le dimanche des anglaises brillantes. Mais la cause fut si grave qu'Alice prit ce risque. Il s'agissait de Michel. Il était incontestable que Michel était à Alice : elle recevait de lui des billets, il l'invitait sur les autos-scooters. Et pourtant quelqu'un rapporta à Alice qu'on avait vu, un soir, Michel et la jolie Lili dans un coin de porte, vers Blanc, où c'était tout noir. Alice déclara alors :

« Lili, je lui suis fâchée à mort, vous entendez, à mort. »
Elle ajouta :

« Si quelqu'un lui parle, je lui suis fâchée à mort aussi. »

Cette extraordinaire histoire s'acheva pourtant en queue de poisson. Elle se perdit, pour l'une comme pour l'autre, dans le passage à un autre état dont le fait de se trouver avec un garçon dans un coin noir était le signe. Toutes deux, presque au même moment, eurent des seins. On dut faire des pinces à leur corsage et elles furent indisposées.

Près d'Alice, les autres n'étaient pas dépourvues d'atouts pour se faire valoir. Lili, toujours elle, arrivait presque à exécuter le grand écart facial. C'était une rareté et Alice elle-même en était incapable. Elle était toutefois parvenue à s'approprier en quelque sorte cette supériorité. C'est elle qui appelait Lili :

« Allez, viens faire *ton* grand écart. »

Les jambes de Lili s'écartaient toutes raides de part et d'autre de son bassin et de son buste bien droits. Elle descendait, descendait. On croyait que son pubis allait toucher terre, mais non, elle n'y arrivait pas entièrement. Alice relevait sa jupe et le faisait constater. Lili affirmait qu'elle gagnait des centimètres, Alice mesurait du travers de la main la distance qui manquait et déclarait qu'elle n'y était pas. Ainsi, en la présentant, Alice s'appropriait cette prouesse, cette souplesse qui n'était pas sienne, et du « pas tout à fait », du « presque », elle tirait encore profit.

De la même façon elle appelait son jeune frère :

« Zézé, ferme les yeux, montre que tes paupières brillent *naturellement.* » Elle insistait sur naturellement parce que, parfois, par coquetterie nous mettions de la brillantine de nos mères sur nos paupières pour les faire luire.

Comme c'était *son* frère et qu'*elle* le montrait, elle en recueillait la gloire.

Le jour où Évelyne eut un vélo, au lieu de la laisser monter au zénith par la possession de cette chose exceptionnelle, Alice devança toute possibilité d'être dépassée en devenant une monitrice attentive et dévouée. Je la revois rouge et gonflée d'orgueil, expliquer à la mère d'Évelyne ses efforts et ses difficultés. Si bien qu'elle eut une sorte de droit sur le vélo. Elle ne manquait jamais aussi de rappeler qu'elle avait appris à tricoter à Josée.

Elle savait habilement profiter des savoir-faire de certaines. Elle se faisait fabriquer, sans rien donner en échange, un cinéma, une paire de chaussettes en miniature pour sa poupée. D'autres n'obtenaient ces services qu'au prix d'un rude sacrifice.

Toutefois elle n'arrivait pas à tout dominer ni à faire tout sien. Elle devait compter avec les qualités propres aux autres. Elle admettait ma supériorité quand je prenais, jambes tendues, mon pied dans ma main. Avec leur habileté aux jeux : elle s'inclinait quand Monette la battait à la balle; avec leurs doigts de fée, leurs beaux jouets. Toutes celles capables de l'égaler ou de la dépasser étaient ménagées, estimées. Elles recevaient d'Alice, comme de toutes, considération, gentillesses, dons, traitements spéciaux.

Chaque groupe, plus ou moins, avait sa « chèfe », même s'il m'est arrivé de connaître des groupes moins nettement dominés, où plusieurs têtes partageaient alternativement l'autorité.

Tout près d'Alice à la Font-Neuve, Jacky-du-café exerçait son empire et Bonnafous dominait la place Vieille. On ne peut pas dire qu'Alice les admirait. Elle n'empiétait pas sur leur domaine, mais ne perdait pas une occasion de les critiquer.

« Alors, demandait-elle si on était allé jouer sur la Place, Bonnafous est toujours aussi moche ? »

C'est Jacky qu'elle jalousait le plus à cause de sa beauté et de sa grâce aux patins. Quand cette fillette en short, encore chaussée de ses roulettes, rentrait dans le café de ses parents, hommes mûrs et jeunes gens tournaient la tête. Alice aussi était douée pour le patinage, mais elle sentait une nuance et elle admettait :

« Tu vois, moi, je serais plutôt championne de patinage acrobatique, et Jacky, avec toutes ses simagrées, elle serait plutôt championne dans l'artistique. » Elle dénigrait mais reconnaissait la belle Jacky.

Dominé par l'ascendant de la commandante, ici Alice, ailleurs Rolande, ailleurs une autre, le groupe que nous formions bougeait avec vigueur, traversé de haines, d'amitiés, de conflits, de réputations, d'événements qui bousculaient nos rapports un temps, rendaient la hiérarchie instable et les autorités toujours fragiles.

En dessous d'Alice, trois ou quatre prétendantes au commandement attendaient l'occasion. Sans parler du troupeau des autres, des sans-grade ou des peu-de-grade, fillettes insignifiantes qu'une circonstance pouvait faire sortir du lot.

Quand Alice s'absentait brièvement – il lui arrivait de partir un après-midi en sortie de gymnastique – bien que son autorité s'exerçât à distance, nous avions tendance à relâcher légèrement l'étau.

Une brève suprématie d'une autre s'installait et même si elle ne se contentait pas de faire respecter l'ordre établi, les changements ne dépassaient jamais certaines limites. A « grande » nous remplacions la pirouette par deux claquements de mains : un derrière le dos, un devant, avant de ressaisir la balle. C'était un peu moins dur, ça nous soulageait. Nous remplacions les coups doubles par les sauts simples, nous tracions une marelle-avion, nous partagions avec les olivettes.

J'apprenais à mes copines des jeux de « tapettes », peut-être puérils, mais amusants.

« Dans sa cabane vivait un ermite [11]... »

« Marie-Madeleine va à la fontaine [12]... » où tout un jeu de mains se frappant et se croisant découvrait d'autres agilités. On faisait l'escargot en chantant « Enfilons les aiguilles de bois [13]... ».

L'une ou l'autre en profitait pour s'octroyer le beau rôle. On la traitait alors de « commandeuse », c'est-à-dire de prétendante à l'autorité, mais incapable de l'exercer.

Quand Alice revenait, on reprenait le cours normal de ses désirs, on ne parlait même pas de la légère entorse faite à ses volontés ou, si on en parlait, Alice disait qu'on pouvait bien, si on le voulait, jouer à des jeux bêtes. Et elle en rajoutait sur ses succès au tapis de sol.

Mais, pour notre souveraine, les choses n'étaient pas si simples lors d'absences un peu longues : maladie, vendanges et surtout départs d'été en colonie. Là, dans un laps de temps plus vaste, des habitudes s'installaient, des événements se produisaient.

L'été, en vidant inégalement le quartier – mais jamais totalement, les séjours à l'extérieur se chevauchaient – était une période délicate pour les divers pouvoirs. Il amenait des regroupements inattendus d'enfants, d'imprévisibles nouveautés.

On avait cimenté une nouvelle portion de trottoir et

celles qui étaient restées là avaient tout vu, pourraient tout raconter et peut-être montrer dans un coin, indélébiles désormais, leur initiale ou l'empreinte de leur main.

Une nouvelle famille avait emménagé et il y aurait près de nous désormais une fillette de plus. Les particularités de la nouvelle étaient connues de celles qui avaient assisté à l'installation et ce savoir mettait, un temps, les autres à l'écart. Telle fille des « confins » se faisait maintenant avec nous, et il faudrait un temps pour assimiler son univers propre, jauger ses forces. Son originalité allait un moment estomper ce que nous connaissions trop bien les unes des autres. Il fallait l'initier à notre monde et les premières présentes en avaient eu l'avantage. Cela avait créé des amitiés.

Ma paire de patins était enfin arrivée de la Manufacture des Armes et Cycles de Saint-Étienne et Alice ne pourrait plus compter avec ce pouvoir sur moi. De plus, en la prêtant judicieusement, je m'étais fait des amies « à la vie, à la mort ».

Les prestigieuses cousines d'Évelyne, Italiennes de Capri, étaient passées avec leur français approximatif et leur joli accent étranger. Elles avaient amené en cadeau des spartiates à lacets de cuir.

La cousine de Paulette était descendue de l'Aveyron : une fillette ronde comme un œuf, au teint de lait, qui, lorsque l'ardeur du jeu la saisissait, parlait patois, ce qui nous faisait mourir de rire. On avait des choses à raconter. On avait envoyé à Josée depuis la Corse, dont sa mère était originaire, un service de porcelaine orné de têtes de Napoléon.

Une fille était venue passer une quinzaine chez sa grand-mère avec ses jouets, des magazines inconnus de nous, des livres nouveaux. Elle avait pu avoir du poids. Elle avait amené un air neuf de balle ou de corde, des devinettes, des charades, des blagues – telle phrase à répéter à toute vitesse et où, à un moment, on se trompait inexorablement de façon obscène, dans le genre : « Arsouille sur un pont se grattait les coudes, gratte-toi les coudes, Arsouille » – des pièges où l'on se couvrait de ridicule, des utilisations astucieuses des plantes du fossé : c'est ainsi que nous fut découverte la catapulte tirée du plantain et la loupe d'herbe. Maintenant on savait, avec cette herbe verte capable de tailler les lèvres, faire une boucle entre pouce et index et remplir ce rond de salive. On s'était entraîné et on réussissait à tous les coups.

Tout cela, les absentes l'ignoraient et connaîtraient un temps la faiblesse de ceux qui sont hors des savoirs.

Par contre, celles qui revenaient, et Alice avec elles, en compensation, avaient des souvenirs de colonie, sortaient de leur boîte des graines inconnues, des coquillages, de nouvelles images. Mais elles retrouvaient le quartier avec un peu d'appréhension. Et celles qui étaient restées craignaient de leur côté ce vent d'aventure et d'étrangeté qu'apportaient les voyageuses, redoutaient leurs yeux remplis d'autres horizons, leurs bouches d'autres chants, de récits tout neufs.

Lorsque Alice rentrait, elle percevait les changements avec finesse et reprenait tout en main, de cette main ferme qui la faisait nommer « ramonette ». Elle avait la grande habileté de composer avec l'inévitable, elle se rendait compte des goûts nouveaux, des habitudes déjà prises. Au lieu de s'opposer aux innovations, elle les adoptait avec enthousiasme, et ainsi les faisait siennes. Vite au courant des nouvelles, elle les emmagasinait dans sa propre mémoire et désormais les souvenirs des autres lui appartenaient.

En temps normal, lorsque nous étions toutes réunies, des occasions de pouvoir éphémères étaient données à l'une ou à l'autre, le plus souvent par hasard. Un événement les rendait « importantes ».

Les importantes étaient celles qu'une responsabilité ou un changement de situation haussait tout d'un coup. Elles éveillaient un nouvel intérêt.

Évelyne avait pour quelques heures le vélo de sa mère, de son frère. Aline servait à l'épicerie, Madeleine distribuait l'encre d'un air lointain sans écouter nos demandes. On avait chargé Lucienne de la surveillance d'un bébé et elle promenait le landau d'un air triomphant, faisait les gestes rêvés, prenait le bébé dans ses bras, lui mettait un vêtement, lui faisait manger un biscuit, relevait le capuchon de la voiturette. Josée préparait la soupe.

Celle à qui l'on confiait un travail d'adulte se savait enviée, admirée, se plaisait à répéter les phrases propres à ce qu'elle avait à accomplir. Elle en rajoutait de compétence, de surveillance de l'enfant, de nettoyage scrupuleux des légumes, d'attention. Vingt fois Josée rentrait chez elle en précisant :

« Je vais vérifier sous la marmite. »

L'enfant qu'on vous avait confié était habillé, déshabillé en fonction du temps qu'il faisait :

« Il y a du vent, viens mettre le gilet »,

« Ne cours pas tu vas tomber »,

« Mange doucement ».

Nous mettions tout notre savoir à lui faire achever le pain de son goûter, à nettoyer ses petites mains, à rouler sa voiture tout doucement sur le trottoir, à ne traverser qu'au prix de précautions multipliées. Les autres suivaient. Tout d'un coup, et pour un temps, les intérêts, les pouvoirs changeaient de main. C'étaient de grands moments. Les autres autour de la privilégiée essayaient d'intervenir, mais l'enfant avait été confié à une seule, elle avait autorité sur lui, sur le gaz de la soupe et pour un empire n'aurait pas partagé l'épluchage des légumes, la responsabilité de la flamme et la charge du bébé.

D'autres fois, Lucienne cousait des torchons pour sa mère, Alice surfilait un vêtement pour « avancer » sa sœur ou exécutait en entier un ragoût sous nos yeux. Lui voir faire « pour de vrai » tous les gestes du jeu de dînette augmentait, si c'était possible, notre admiration pour elle.

Nous disions bien à ces moment-là, « elle s'en croit », « c'est une encroyeuse », « elle fait sa fière », mais pendant un temps donné, la supériorité était si incontestable que nous ne la lui discutions pas, espérant, un jour, en acquérir une.

Il arrivait que l'on devînt importante pour une plus longue durée grâce à la naissance annoncée, puis vécue, d'un petit frère ou d'une petite sœur. On suscitait un intérêt prodigieux. Avant la naissance, les commentaires, les questions ne manquaient pas sur cette femme enceinte, mystérieuse, objet de fascination, de crainte et d'un vague dégoût, que l'une de nous allait côtoyer de si près, et sur laquelle nous pourrions obtenir des renseignements. Le temps de gestation nous semblait interminable. Il arrivait qu'on confiât, à celle qui allait avoir une « petite sœur » une pelote blanche, rose ou bleue, toute neuve, dont elle tricotait une brassière. Cet ouvrage-là, elle le tenait dans un torchon fermé d'une épingle à nourrice. Il n'était pas question d'y travailler dehors, mais si on était une de ses amies, elle nous faisait venir chez elle pour bien nous montrer qu'elle était en train de tricoter une brassière bleue. Nous pourrions en témoigner.

Nous la regardions déplier la toile, saisir le tricot aux couleurs suaves – après s'être lavé les mains – dérouler avec soin la pelote neuve. Nous regardions seulement.

« Ne touche pas, que tu salirais », disait-elle.

Quand la séance était finie, elle rabattait les quatre coins du torchon, dérobait la merveille et fermait avec l'épingle argentée. Le paquet était volumineux et sans poids.

Lorsque le bébé était né, la gloire de la grande s'augmentait parfois du fait qu'elle devenait marraine. Et cette importance-là était acquise une fois pour toutes. Elle se gargarisait de « ma filleule » et bien avant l'âge du langage serinait au bébé : « marraine, dis marraine ». Là aussi, si on était amie, on était admise à voir la toilette ou le bain, à admirer la copine portant le nourrisson ou lui donnant le biberon mais, dans l'ensemble, il ne fallait pas toucher, ou alors il fallait être vraiment amie pour porter quelques secondes le paquet emmailloté – « fais attention de bien mettre ton coude sous son cou » – ou pour faire rouler le landau ou la poussette pendant quelques mètres. Lorsque le bébé était plus grand, on pouvait espérer se le faire « prêter », car les charmes du pouponnage avaient largement diminué pour la grande sœur et tendaient à devenir contrainte. On rendait alors service en tenant une petite main, en gardant le bébé sur les genoux, tandis que la grande faisait son tour de « deux balles » au mur. Toutefois, la grande restait comme propriétaire de la petite et l'affirmait sans cesse. « C'est ma sœur à moi », disait-elle, si on en disposait trop librement, si on lui donnait des ordres, si on prenait l'initiative de lui faire enfiler un gilet, si on remettait une barrette tombée.

« De quoi tu te mêles..., disait-elle, c'est ma sœur. »

Une de nous tirait donc prestige et importance d'une circonstance particulière. Mais c'était fragile et transitoire et bien incapable de remettre en cause la hiérarchie que dominait Alice.

Même si cette importance était devenue chronique pourrait-on dire – avoir une petite sœur était acquis ou avoir un beau-frère, comme Évelyne – ce n'est pas pour autant que les commandantes étaient éclipsées. Elles savaient reconquérir sans cesse un pouvoir toujours menacé.

Pour les choses fugitives – un nouveau livre, une image pieuse particulièrement belle – l'importance acquise retombait comme un soufflé quand la cause avait disparu. Les visites des parents, des cousins éclairaient un instant un visage dans la masse. Après leur passage, il s'effaçait.

Mais sans cesse, à défaut d'importance, nous tentions toutes et tout le temps de nous rendre intéressantes. Épisodiquement, l'une ou l'autre arrivait à se parer d'un prestige plus ou moins éclatant et provisoire, à éveiller l'intérêt, l'attention, la considération. Le plus simple était d'arriver avec une friandise, une boîte de coco, un chingom. Il était possible de faire trois ou quatre heureuses, pour un temps dévouées. Mais que restait-il de leur amabilité une fois le chingom disparu ? Sortir un jour un jouet un peu exceptionnel, de ceux qui restaient dans les maisons, montrer triomphalement un jouet neuf : une balance, une cuisinière de fer éveillait la considération, la propriétaire devenait le pôle des envies.

Se faire prêter l'objet était le désir de toutes. Plus le jouet était rare, plus celle qui le possédait avait de pouvoir. Les patins à cet égard furent remarquables. Nous les estimions plus que le vélo. Rien à un moment ne fut mieux que d'en avoir à soi une paire. Très peu nombreuses étaient celles qui avaient pu décider les parents à cette dépense. Tout le monde, à mesure que passa le temps, en fut pourvu, mais ils furent longtemps une rareté.

On mendiait longuement le prêt des patins, on sacrifiait ce qu'on avait de plus beau pour obtenir une demi-heure, une heure de patinage. On partageait même la paire : chacune patinait sur un pied, s'aidant de l'autre pour se propulser. Quand nous n'avions trouvé personne de disposé et que l'envie était trop forte, on sonnait chez M. Axel. Le prix qu'il fallait payer sous la verrière nous faisait monter aux joues le rouge de la honte – et il faudrait s'en confesser! Nous savions que nous serions l'objet de dures critiques de la part des autres plus vertueuses ou mieux pourvues :

« C'est une salope, elle a sonné chez M. Axel... » Nous savions aussi qu'avec cela on pourrait nous faire du chantage :

« Donne-moi ça, sinon je dirai que tu es montée chez Axel... »

Mais l'envie de patiner était plus forte que le dégoût du vieux saligaud ou que les commérages. Alors nous sonnions et nous avions les patins pour nous, tant que nous voulions, tout un long après-midi. C'était si navrant d'avoir à mendier! Cela gâtait tout le plaisir.

« Oh! quelle demandeuse celle-là », disait avec mépris celle qu'on priait et quand enfin elle acceptait, le temps était obligatoirement compté. La propriétaire réclamait ses patins trop tôt, toujours trop tôt, avant la lassitude, arrachant le bien, laissant sur une faim douloureuse. Pendant qu'on patinait on attendait anxieusement le « rends-moi-les, c'est fini ». On quémandait « encore un peu... encore un tour », et cette dernière descente était amère. Les prêteuses étaient si impitoyables que c'était le moment de terribles disputes.

« ... Et je lui avais prêté mes patins et elle voulait pas me les rendre. »

« Je lui avais donné mon chocolat et à peine j'avais fait un tour qu'elle me les a repris. »

Toujours la propriétaire terminait par le péremptoire : « Et d'abord, ils sont à moi ».

Celle qui ne possédait pas de patins n'avait pas intérêt à se fâcher. Elle encaissait, détachait les courroies et venait s'aligner avec les spectateurs. Elle remettait sa vengeance à plus tard, au jour où elle aurait à son tour des patins, où elle pourrait traiter de salopes celles qui sonnaient chez le vieil homme, où elle pourrait prêter et reprendre son bien comme une souveraine injuste.

Après une journée de patinage, lorsqu'on enlevait les petites roues sous les pieds, on éprouvait une étrange sensation à marcher, faite de sûreté, de légèreté après l'instabilité.

Celles qui, en rentrant chez elles, portaient les patins par les courroies, « s'en croyaient », crânaient, montraient, par le balancement des patins, par le cliquetis qu'ils faisaient, qu'elles en possédaient une paire.

D'abord demandeuse, puis à mon tour glorieuse et comblée, je fis ce chemin sur le trottoir dans l'allégresse. Quand nous étions allées patiner sur l'Avenue, nous repartions toutes ensemble, la courroie autour du poignet, et ce poids même au bout du bras était une joie.

Ce pouvoir des patins n'était valable qu'aux saisons où nous y jouions. Mis à part la première année d'enthousiasme, les patins et leur prestige rentraient dans les maisons dès la fin mai, pour ressortir en automne. Le pouvoir d'un jouet quelconque ou d'un savoir, d'une dextérité s'exerçait par vagues calendaires.

Seules les plus douées, les plus fortes arrivaient à se faire prêter quelque chose. La préférence allait à la mieux aimée – dans l'amitié « à la vie, à la mort », on pouvait même se faire prêter un jouet sans échange – à celle qui promettait le plus, à celle qui proposait l'échange avantageux, à celle qui avait l'autorité.

Des raisons toujours mauvaises étaient avancées pour refuser, puisées dans les réputations, dans de fallacieuses interdictions parentales :

« Toi, je te prête pas mon vélo, tu es trop grande, trop lourde pour monter dessus. »

« Ma mère me défend de prêter. »

« Toi, je te prête rien, tu casses tout, tu abîmes... la preuve, c'est que c'est toi qui as cassé la tasse de porcelaine de Paulette. »

« Michèle est sansogne, n'y prête rien. »

« Regarde, lui disait-on, mais pas avec les mains », et on ne voulait rien lui confier. Il était entendu que l'objet aurait été rendu sali ou abîmé.

A défaut de possession, savoir confectionner un cinéma, être bonne en dessin, tricoter des chaussettes à talons pour poupée, être bonne aux ficelles [14], tout ce qui impliquait l'adresse des mains pouvait nous rendre intéressante.

Ces ficelles tenaient une place considérable, demandaient de la mémoire et de la dextérité. Celle qui réussissait, à toute vitesse, en entrelaçant ses doigts, à exécuter « la barrière à quatre », « le coupe-cou », « l'oiseau-qui-vole » ou « le cul de poule » était porteuse d'un pouvoir potentiel qu'elle pourrait utiliser au moment voulu. Car si tout le monde connaissait en gros les transferts, le passage à travers les diverses figures : « le tapis », « le train », « le berceau », « la boîte à sardines », « le poisson dans le plat », jusqu'au « soleil » final qui pouvait devenir lance-flèche, les figures solitaires faisaient l'objet d'un secret. Celle qui savait allait à toute vitesse, il était impossible de décomposer ses mouvements. Pour réaliser « la Tourélfel », « le parachute », « la salopette », « la couronne du roi », « l'écureuil qui grimpe à l'arbre », « les petites lunettes », les divers « secrets » où la ficelle, qui paraissait tout embrouillée, glissait tout d'un coup comme un serpent et se détachait de la main [15], pour tout cela il fallait être initié. C'était une faveur, ou un échange. Celle qui était forte aux ficelles donnait un spectacle fascinant : « Fais-nous le squelette... fais-nous le piège à pouces », demandions-nous dans l'espoir de percer ses secrets en épiant ses gestes. Mais la manipulation était si rapide qu'en quelques secondes elle mettait sous le nez des spectateurs le papillon en train de voler ou la fontaine, ou la barrière qui s'ouvre.

Lorsque ma grand-mère m'eut appris à crocheter, j'eus un beau savoir dont je fus forte. Je maniais le crochet de métal brillant ou le gros en corne, je « définissais » un ouvrage d'un « picot », j'exécutais une dentelle. On me portait un gilet de poupée ou même un « vrai » cache-nez en me demandant, comme un service, de faire un ornement de couleur contrastée. Sous les regards admiratifs du groupe je crochetais donc, avec la condescendance nécessaire, avec un orgueil qui renvoyait l'ignorante à son néant. Pour conserver ce pouvoir, je préférais rendre service plutôt que de communiquer mon savoir. C'était toujours dangereux de permettre à quelqu'un d'acquérir sa propre technique, bien qu'il y eût dans l'apprentissage un moment proprement fabuleux : celui où on n'épargnait à l'autre aucune réflexion désobligeante sur sa maladresse ou sa lenteur d'esprit. On ne se privait pas de « tu ne comprends rien », « tu ne comprends pas vite », « le temps que tu aies appris on tuerait un âne à coups de figues ». Ça faisait rire les spectateurs et humiliait la postulante. On tenait l'apprentie, même amie, sous sa domination. Mais ça ne durait qu'un temps et l'élève risquait de dépasser le maître. Il ne restait alors qu'à proclamer : « c'est moi qui t'ai appris ! », n'empêche que désormais, c'est l'autre qui était forte d'un savoir.

Le fait pour moi de fréquenter l'école libre me rendait intéressante, mais d'une manière ambiguë. Mon école était plus lointaine, plus contraignante : je devais aller à la messe, aux vêpres, au patronage. Je ne rejoignais les jeux qu'à la sortie et à une heure et demie je devais m'arracher au trottoir avant les autres pour ne pas être en retard. C'était le côté négatif de l'intérêt que suscitait cette école spéciale. Il y en avait d'autres, malheureusement pour moi. Les parents des Maurel étaient communistes et disaient du mal des curés, leurs filles n'allaient pas au « catéch » et elles ne firent pas leur communion. Elles disaient des choses sacrilèges auxquelles je ne savais pas répondre. Alice était farouchement laïque, à cause de son école et de la société de gymnastique. Alors, parfois, on se moquait de moi, on trouvait dans ma fréquentation de l'école une raison pour m'isoler, pour se glorifier loin de moi, hors de moi.

« De quoi tu te mêles ? disait l'une. C'est pas ton école. »

« D'abord, cette fille, tu la connais ? »

« Le timbre antituberculeux ? disait Lucienne, ce n'est pas la peine que tu en parles, tu ne sais pas. »

Elles avaient des secrets qu'elles justifiaient par le fait que de toute façon « je ne connaissais pas ». Elles parlaient ostensiblement des maîtresses, des lieux, des arbres de leur cour, d'une partie de balle au mur particulièrement réussie, d'un coin si commode pour la corde. Il était question d'événements, de gens inconnus. Quand je partais il devait être visible que je râlais comme une teigne, car quelqu'une toujours me disait :

« Ah ! tu bisques, tu rages de partir ? »

Elle ajoutait :

« T'as qu'à pas aller à l'école des curés », et je les voyais continuer leurs jeux.

A d'autres moments, par contre, le fait d'aller à l'école libre me rendait vraiment intéressante. Nous jouions au moins deux fois par an la comédie sur une « vraie » scène. J'étais alors en costume et « maquillée », de vrai rose et de vraie poudre. Je me faisais photographier dans la rue par mon père et toutes les autres venaient voir. Cela ressemblait au privilège de La Vigilante, sauf que c'était moins fréquent.

Lorsque, le samedi, j'arrivais avec la Croix d'honneur au ruban rouge, bleu ou vert suivant mes mérites – on aurait dit une médaille militaire – j'étais admirée, pas tant d'ailleurs pour mes résultats scolaires que pour la croix elle-même qui fonctionnait comme une sorte de bijou. J'épinglais la croix sur mon manteau et quand j'enlevais le manteau je la fixais au tablier ou à la robe. Quand, d'autres fois, je partais de chez moi en « Croisée de l'hostie » ou en « Ame Vaillante » avec la jupette plissée, le chemisier et les chaussettes blanches, le béret où était fixé l'écusson, je brillais. On me regardait tandis que je m'éloignais sur le trottoir. Le mercredi des Cendres, j'étais ornée de mon front noirci sur lequel je faisais des mystères.

Au moment des communions solennelles de l'une ou de l'autre, je devins la compétence, l'autorité. On me demandait conseil sur l'hostie, les processions, les images. Je faisais réciter le catéchisme. J'étais jugée plus apte qu'une autre à répondre judicieusement.

Je me signalais aussi à l'attention lorsque j'exécutais devant tout le monde la petite salutation que l'on m'enseignait pendant les « leçons de maintien » : un plongeon, genoux fléchis, pointe du pied droit contre le talon gauche, dos bien raide. En effet, les dames de Saint-Maur avaient à cœur de donner aux fillettes pauvres que nous étions une « bonne éducation » et nous enseignaient cette manière de dire bonjour, qui ne me servait absolument à rien, jamais, sauf justement à me faire valoir devant mes copines. Je leur faisais voir ce geste distingué, puis je le leur apprenais. Elles le répétaient après moi et je corrigeais sévèrement leurs erreurs. Pour cela j'étais censée fréquenter une école « chic » – nous disions « chique », sans ironie. Pour dire exactement la vérité, je saluai une ou deux fois, quand la directrice du Cours Fénelon vint nous visiter.

Elle arriva dans notre classe comme une heureuse révolution. Une religieuse converse entra avec un fauteuil et un objet de velours – quinze ans plus tard j'appris que cela s'appelait : une chancelière. Nos maîtresses défaillirent de reconnaissance devant ce haut personnage aux cheveux blanc-bleuté et à l'accent pointu. C'est devant elle et les signes de sa puissance – fauteuil, cheveux et mystérieux objet de velours – que j'exécutai le plongeon.

Je fus intéressante, avec éclat, le jour où mon père tua le renard et où ses copains de chasse firent paraître un entrefilet dans le journal. Les copines venaient en quémandeuses :

« Tu nous fais voir le renard ? »

Je faisais des embarras, je ne les menais dans la cave qu'après leur en avoir montré l'extrême difficulté :

« Mon père défend... »,

« Ma mère ne veut pas »,

« Surtout ne touche pas... »

« On doit le faire tanner... »

« Ça fera un col de fourrure pour ma sœur. »

Je faisais sentir que montrer le bel animal dans sa somptueuse fourrure d'hiver était une grande faveur.

Malheureusement cela ne dura que quelques jours. Après, je ne pouvais montrer que l'article découpé dans le journal.

Certaines fillettes, comme moi, pouvaient mettre parfois une particularité en avant et, un moment, sortir de l'ombre. Mais il restait celles que rien ne rendait intéressantes, celles auxquelles on ne prêtait pas, les fourchettes-nées qu'il n'y avait pas à ménager, qu'on prenait dans un jeu à contrecœur, avec lesquelles les autres ne voulaient pas sortir, qu'on servait les dernières – s'il en restait – lors du partage des fleurs d'acacia ou d'une friandise, celles qui avaient toujours le plus petit bout de réglisse, la plus petite pincée de phoscao, auxquelles on refusait du coco, du chingom.

Elles étaient dociles et silencieuses souvent, toujours d'accord, admirant ce qu'il fallait et qui il fallait.

Pourtant personne dans le groupe ne loupait la moindre occasion de se rendre intéressante, ne fût-ce que le laps de temps, très bref, d'une sorte d'exploit. Une se mettait à roter. L'autre à loucher. Quand je pouvais dérober un morceau de papier collant transparent, je m'attachais deux doigts l'un à l'autre avec ce ruban et infirme d'une main, ayant deux doigts raides et inutilisables, je captais un moment l'intérêt. Je faisais de même avec la seccotine dont presque toutes les maisons avaient un tube. Moi – ou une autre – nous en mettions le long du bord interne du majeur et ainsi le collions à l'index. Cela faisait mal au moment où l'on voulait le décoller, même si on laissait longtemps la main sous le jet de la fontaine, mais justement toute l'opération rendait la fillette « intéressante ». On prenait sa main pour bien constater la forte adhérence des deux doigts, on assistait avec intérêt à l'opération du décollage. Avec la même seccotine, on se fabriquait des verrues sur les mains ou les genoux. Pourquoi était-il si gratifiant d'avoir des verrues? A cause de toutes les recettes magiques utilisées pour s'en débarrasser? Elles nous semblaient fabuleuses comme les contes et nous aurions bien aimé, nous aussi, comme celles qui en avaient naturellement, les compter, aller jeter autant de petits cailloux que de verrues dans le puits de la place Vieille et partir en courant assez vite pour ne pas les entendre tomber dans l'eau. Nous rêvions d'être amenées chez ces femmes qui les faisaient fuir en murmurant des choses inaudibles d'une bouche qui bougeait comme un lapin qui broute. En même temps, les verrues nous dégoûtaient. Alors on s'en fabriquait pour faire semblant, dans l'attrait et la répugnance. Les plus impressionnantes étaient celles que l'on obtenait avec des ventouses de poulpe.

Lorsque nous nous amusions parfois à nous coudre les mains, nous étions occupées à nos ouvrages. Nous piquions l'aiguille dans la surface insensible de la peau, au bout des doigts et en haut de la paume, et faisions courir un fil qui paraissait traverser les chairs. Nous nous le faisions à nous-mêmes sur la main gauche et parfois on se faisait coudre l'autre main par une copine – on hésitait un peu car elle pouvait toujours perfidement vous piquer, protestant qu'elle ne l'avait pas fait exprès. Celle qui s'était fait coudre les mains restait un moment avec ce fil qui allait de doigt en doigt, paralysait la main, l'immobilisait dans une sorte de toile d'araignée. Les points d'attache, sans être aucunement douloureux, étaient sensibles. Ça tirait un peu. C'était surtout impressionnant. On hésitait toujours à accomplir cet amusement un peu effrayant, où l'on se sentait sur la frange de la douleur, où l'on voyait le fil courir sous la peau transparente. Mais celle qui avait le courage de se piquer, ou de se livrer à une autre armée de l'aiguille, montrait sa main comme un exploit. C'était plus ou moins réussi, plus ou moins joli. « Fais voir ta main », lui demandait-on. On poussait des cris comme si on n'aurait pu soi-même le supporter, des cris effrayés, des cris d'horreur. Celle qui avait la main ainsi cousue faisait des grimaces de souffrance, gémissait, tenait sa main en l'air ou contre elle. Si une nouvelle arrivante venait s'intégrer au jeu, nous disions :

« Fais-lui voir ta main. »

Et tout le monde était plein de considération. Quand on se faisait coudre les deux mains, on restait ainsi, immobile, incapable de faire un geste utile, demandant qu'on nous renoue le lacet, qu'on fixe dans nos cheveux la barrette tombée. Un temps, cousues de fil rose et blanc, nous étions intéressantes. C'étaient des pièges à mains, de toute façon très fragiles : un mouvement brusque, et ils craquaient. L'héroïne en gardait le bout des doigts un peu mâché, comme passé au papier émeri, car avant que le fil ne tienne, il avait fallu piquer plusieurs fois pour arriver à prendre assez de peau pour faire glisser l'aiguille et le fil sous un épiderme si mince que le seul passage du fil parfois le déchirait.

Au bout d'un moment, nous passions à autre chose et la brève suprématie de la main cousue s'effaçait.

Les mains cousues, nous voulions parfois les garder le temps d'un repas, pour augmenter l'intérêt par la longueur de l'exploit. Nos parents nous traitaient de cabourdes, mais personne ne nous empêchait de faire tout cela, parce qu'après tout la peau « se réparait du même morceau ».

Puis, il y avait les cornes entre les yeux. Plus elles étaient grosses, plus on faisait impression. Aux branches des rosiers qui dépassaient des multiples jardins de la rue, nous prenions les épines. Nous nous les posions sur l'arête du nez où leur base se collait facilement grâce à la sève toujours un peu poisseuse. Au besoin nous les faisions tenir avec un peu de salive. Elles tenaient assez solidement et nous pouvions courir sans faire tomber ces dents pointues, ornement, mais aussi effrayant os supplémentaire, corne d'animal qui nous faisait monstrueuses. Je rentrais parfois à la maison ainsi décorée et ma mère me disait :

« Enlève ça, tu ne vas pas manger avec ça ? »

Parfois je refusais, on me disait que j'étais vraiment bête, mais je savais que l'après-midi, je pourrais encore m'enorgueillir et dire : « Je l'ai depuis ce matin. » Si les épines que l'on trouvait étaient suffisamment longues et pointues, on pouvait se les épingler sur la main, ou sur les doigts, pour faire frémir et frémir soi-même.

Tous ces handicaps imaginaires, faux comme des poulets de théâtre, ne valaient pas, pour attirer l'intérêt, le handicap réel que constituait le fait de porter des lunettes et les vraies blessures.

Nous avions beaucoup d'envie pour celles qui portaient ces petites vitres sur le nez. Ma sœur avait cette chance. Je mettais ses lunettes parfois et, malgré une image qui me donnait le vertige, je serais bien sortie ainsi dans la rue si – à cause de leur prix – elles n'eussent été des objets quasiment sacrés. Impossible d'y toucher. Elles étaient, pour celle qui les portait, un réel pouvoir. Elle ne pouvait pas faire ceci ou cela. Pas courir – pas trop. Il ne fallait pas la bousculer, la brutaliser. Avant même qu'on l'ait touchée, elle criait « attention à mes lunettes ». Ma sœur échappait ainsi à un certain nombre de claques maternelles. Celle qui manquait la balle, avait toujours une bonne excuse à sa maladresse : c'était à cause des lunettes. Elles servaient de bouclier et quand je voyais Bernadette ou Céline plier les petites branches soigneusement avant de loger les lunettes dans l'étui, j'aurais donné cher pour être myope. On disait bien, entre nous, « les bésicles » pour se défendre du prestige, mais elles étaient là.

Les gauchères n'étaient pas sans prix à cause de leur originalité, de leur manière biscornue de poser le cahier. Nous allions jusqu'à trouver qu'Anna, quand elle fixait un seul patin à sa jambe la plus courte, avait un avantage sur nous.

Toutes les petites blessures captaient l'attention et donnaient droit à l'indulgence.

On parlait beaucoup de trous dans les genoux. Tout n'était pas goudronné et lorsque nous tombions, les gravillons nous blessaient cruellement. La peau n'était parfois que râpée mais d'autres fois il y avait un « trou ». Le sang coulait le long de la jambe. De la terre, des cailloux salissaient la plaie, des éclats s'étaient logés sous la peau. C'est en claudiquant, soutenue par deux autres, que la blessée rentrait à la maison se faire panser, précédée d'un groupe qui annonçait : « Madame Di Fiore, Évelyne s'est fait mal! », toutes contentes de la distraction – bien que l'événement fût banal. Si la blessure était quelque peu impressionnante, la mère criait, faisait sortir tout le monde et amenait sa fille chez le pharmacien dans l'avenue Foch. C'était rare qu'il conseillât de « faire des points », sauf s'il s'agissait d'une plaie ailleurs qu'au genou : une lèvre fendue, un sourcil. La plupart du temps il se contentait d'effectuer le nettoyage. A la maison c'est la mère qui s'en chargeait. La victime pleurait, grimaçait de douleur. La plaie était d'abord nettoyée avec de l'eau oxygénée qui moussait, montait comme du lait et coulait toute rose de sang sur la jambe. Du bout du coton, les cailloux étaient écartés et d'une aiguille passée à la flamme du gaz on allait chercher ceux qui étaient prisonniers de la peau et des chairs. Les cris montaient des fenêtres. Moins toutefois, qu'au moment de l'alcool à 90°. Certaines serraient les dents, courant autour de la cuisine sous la morsure et tireraient gloire plus tard de leur courage et de n'avoir pas crié. Après, on nous badigeonnait largement du spectaculaire « mercure au Krome ».

Je ne puis écrire ce mot autrement qu'avec une orthographe inexacte et barbare. C'est exactement ce qu'était cette liqueur qui agrandissait la plaie, lui donnant une violente couleur de sang frais qui ne disparaissait qu'avec le temps.

Lorsque nous revenions au jeu, la jambe un peu raide, le genou bandé – le sang continuait parfois à couler et imbibait la bande Velpeau – nous étions l'objet d'indulgence et d'attention. On devenait plus intéressante, si quelques jours après on pouvait annoncer que « ça ramassait » sous la croûte, que du pus se formait. Nous tripotions les croûtes et faisions sortir ce jus jaunâtre, épais, qui dégoûtait et faisait crier les autres. Parfois la croûte ne révélait que de la chair sanguinolente. Il m'arriva d'y passer la langue et même de manger la croûte. On me traitait de dégoûtante avec considération.

Parfois ma mère, pour faire guérir une plaie, sortait de l'alcool, où il était conservé, un pétale de lys macéré, jauni, mou, chiffonné, mais fleur encore. Elle allait le chercher dans la bouteille avec une longue aiguille. Bientôt il n'y avait sur le genou qu'une petite place rose qui démangeait – « C'est que ça guérit », disait ma mère.

Avoir été malade au lit avec de la fièvre, avoir eu quarante, quarante et « un » dixième, quarante et « deux » dixièmes étaient des faits considérables. « J'ai déliré », annonçait la malade et c'était encore mieux.

« Tu demanderas à ma mère si c'est pas vrai et si j'ai pas eu quarante. » Cela posait la fillette en situation privilégiée, surtout si on l'emmenait chez le médecin et qu'elle en revînt avec un fortifiant, de l'huile de foie de morue à ingurgiter le matin, ou une ampoule à prendre aux repas.

Dans le quartier, les autres n'étaient pas là pour vous voir avaler les ampoules, on ne pouvait qu'en parler, faire voir la boîte et après, quand elle était vide et qu'on nous la donnait, se faire remarquer en disant :

« C'est la boîte de mon fortifiant. »

Mais en colonie, être obligée de prendre ce genre de remède rendait la fillette fragile et précieuse. « C'est du sang de bœuf », disions-nous devant le verre plein d'un liquide effectivement rougeâtre. Les ampoules de sang de bœuf, la malade prenait l'air important pour les absorber avant le repas, affirmant qu'elle devait se fortifier. Elle en parlait tout le temps :

« Il faut pas que j'oublie mon remède », « et comment je ferai quand on ira manger sur l'herbe pour mon ampoule ? ».

Si on lui demandait : « C'est mauvais? », elle répondait : « Oh non! mum... c'est bon. C'est sucré. »

La directrice, les sœurs, étaient pleines d'égards pour celles qui devaient prendre des ampoules, elles leur demandaient si elles allaient bien, regardaient le blanc de leur œil, leur faisaient des compliments sur leur meilleure mine ou les contraignaient à dormir pendant le temps de la sieste, à arrêter certains jeux violents, à se coucher dans le pré le long de la haie vive de frênes ou de noisetiers. Certaines s'endormaient et Laure, Denise ou Rose les couvraient de leur gilet de laine grise ou noire, nous faisaient signe – « chut » – et nous forçaient à nous éloigner. C'était si joli, ce sommeil d'enfant abandonnée, pâlotte, souvent menue, que j'enviais les malades.

Dans le quartier, certaines devaient, comme prescription médicale, au lieu d'avaler des ampoules, aller à l'abattoir, tout proche de la Font-Neuve, boire un plein verre de sang frais. C'était le remède le plus extraordinaire, le plus fabuleux, qui associait le sang, la mort des bêtes, ces hommes gigantesques aux grands tabliers blancs toujours maculés de rouge et une maladie assez grave pour nécessiter ce remède répugnant.

Le sang nous fascinait. Entre sept et treize ans il y en avait toujours quelqu'une à qui il fallait arracher une dent avec un fil. C'était aussi peu original que les genoux couronnés, mais nous étions toujours impressionnées quand une crachait dans le ruisseau une pleine bouche de sang. Elle l'avait accumulé et avait même aspiré à la racine de la dent pour répandre au sol la flaque la plus grande.

J'enviais aussi celles qui avaient le bonheur, aux moments les plus imprévus, de saigner du nez. On jouait à la marelle et soudain, une goutte écarlate, étoilée, tombait sur le trottoir.

Nous étions en classe, une fillette se levait précipitamment, le mouchoir sur le nez : son cahier était déjà plein de sang. Elle renversait la tête en arrière, posait son mouchoir en tampon. La maîtresse lui faisait lever le bras, la faisait parfois allonger sur un banc. On glissait dans son dos une grosse clef froide. Le nez saignait beaucoup plus que le genou. Le mouchoir était trempé, de petits ruisseaux s'échappaient de dessous le tampon et coulaient le long du cou. C'était beau et impressionnant.

Mais le summum, je crois, était l'opération de l'appendice. « Elle a l'appendice ». Il n'y avait rien, véritablement, au-dessus de l'appendice, pour rendre intéressante. Celle qui avait eu cette chance pouvait le raconter bon nombre de fois. Elle avait eu la visite des copines, elle avait agité devant leur nez le flacon contenant l'organe blanchâtre. On racontait toujours – la mère le répétait d'un air dramatique – que « ça avait été " juste " », « qu'il était temps », et notre copine, si ordinaire qu'elle fût, était ornée de ce danger mortel auquel elle avait échappé par miracle.

« Mon appendice était énorme... »

« Elle était pleine de pus. »

« Tu pourras demander à ma mère. »

Et puis, elle pouvait montrer la cicatrice, barrant son ventre d'une balafre rose.

Mise à la diète, au régime, allongée sur son lit de clinique, la fillette opérée était mystérieuse et grandie. Elle ne mangeait pas de tout. Elle ouvrait à peine la bouche et était rassasiée de quelques cuillerées. Sa mère s'affairait autour d'elle, penchée sur ses désirs, donnait des yaourts, des compotes, que sa fille absorbait d'une petite bouche pâle. Lointaine, dolente, elle n'avait pas envie de jouer. Sa tête tombait sur le côté : elle dormait. La mère nous disait : « Elle se repose, elle est très fatiguée. »

Et nous nous retirions sur la pointe des pieds, envieuses de tout : des couloirs de la clinique, de la tablette qu'on mettait sur ses genoux au moment du repas, de ce qu'on avait vu dans les assiettes. Celles qui avaient eu la chance d'y passer en profitaient pour raconter leur propre opération. Les autres, soudain, se sentaient inexistantes, embarrassées de leur santé et de leur appétit.

Accident, fièvre récalcitrante, « trou », pansement spectaculaire, saignements abondants rehaussaient des fillettes parfois si insignifiantes qu'on ne leur accordait pas forcément, ni tout à fait spontanément, l'intérêt que méritait leur situation.

« Oh! disait-on, elle en fait des embarras avec sa bande . »

« Elle se croit intéressante avec son coton dans le nez. »

« Elle essaye de se faire remarquer avec son " mercure au Krome ", son pus, sa jambe raide. »

« On en entendra parler de son appendice. »

On hasardait même, si celle qui essayait de se mettre en avant était vraiment faible :

« Elle le fait exprès, c'est du chiqué. »

Mais au fond nous étions jalouses de l'intérêt qu'elle provoquait et que nous ne pouvions nous empêcher de partager.

Les malheurs moraux mettaient en lumière à la fois celles qui les subissaient et celles qui en étaient les plus proches. C'était au point que nous faisions des fois semblant de pleurer, enfouissant la tête dans les bras, imitant le bruit des sanglots. Quelques instants au moins cela créait une incertitude : « Est-ce qu'elle pleure pour de vrai ? » Mais tout de suite on essayait de dégager le visage pour bien voir si les larmes coulaient. Lorsqu'on y arrivait, la fameuse pleureuse était prise en flagrant délit de mensonge. Souvent, là elle éclatait de rire. Mais ce n'était que du semblant.

Quand mourut Yvon le frère de Margot, à quinze ans – un grand garçon qui ne nous regardait pas mais qui disait quelquefois un mot à sa sœur en nous croisant – le deuil de notre copine la mit au centre de nos conversations.

C'était pourtant une enfant effacée, ni habile, ni riche, ni jolie. Je pus porter cette extraordinaire nouvelle jusqu'à mon école : « J'ai une copine que son frère est mort à quinze ans », et devenir ainsi moi-même objet de curiosité. J'avais, pleine de mon importance, porté un mot à la maîtresse pour être autorisée à m'absenter à l'heure de l'enterrement. Comme il avait lieu à la paroisse proche de l'école – je n'avais que la place à traverser –, je quittai la classe à quatre heures, l'air modeste, contraint et triste. La sœur m'avait fait un signe :

« C'est l'heure, vous devez partir. »

Par la suite, je fus longuement interrogée.

Nous étions fascinées par les vêtements noirs de Margot passant au bras de sa mère, pâle, les yeux rouges de larmes qui étaient bien « pour de vrai » cette fois.

Pendant de longues semaines nous fîmes nos conversations des détails de cette mort. Il avait tellement grandi dans les derniers jours de sa maladie qu'on n'avait pu lui mettre son costume de communiant. Il avait fallu lui en acheter un. Monique l'avait dit et nous le répétions.

« Ses cheveux et ses ongles ont poussé *après* sa mort », expliquaient les mieux informées.

Nous étions venues, en sortant de l'école, dès le premier jour jusqu'à la porte pour regarder les rideaux blancs du deuil. J'avais accompagné ma mère jusqu'à la tablette drapée. J'avais signé sur le cahier noir et blanc. « Tu dois signer toi-même, m'avait dit ma mère, puisque tu es amie avec Margot. »

J'étais gonflée d'orgueil mais en faisant cela je n'étais en cette circonstance rien de plus que les autres. Par contre, certaines fillettes étaient venues « faire la visite », elles avaient vu l'adolescent sur son lit de mort. A cette occasion, je regrettai fort de n'avoir pas entretenu avec Margot de meilleures relations, de m'être moquée d'elle, d'avoir tenu en mépris cette enfant timide. J'aurais pu, alors, comme les privilégiées, dire « je l'ai vu... on ne le reconnaissait pas... sa grand-mère pleurait ». Dans la rue même où habitait Margot on avait « fait des draps ».

« Viendrez-vous tenir un drap à l'enterrement d'untel ? » demandait-on. Il fallait quatre personnes pour un drap de deuil tenu aux quatre coins et leur abondance était un des signes de la taille du chagrin. Lili, qui était voisine, avait tenu un drap. Je l'enviais, perdue près de ma mère dans la foule du cortège. D'autres fillettes, très amies avec Margot – comme les Pech – s'étaient tout fait raconter, les paroles du docteur « qui venait deux fois par jour », le moment tragique. D'autres encore avaient leur mère amie avec celle de Margot et pouvaient avancer :

« Ma mère m'a dit que la mère de Margot lui avait dit... »

Je ne faisais qu'écouter et répéter. Il m'était impossible de m'imposer par une quelconque particularité. La mort nous paraissait une chose si étonnante, si étrangère, si lointaine que la voir s'approcher éveillait plus de curiosité que de crainte. Qu'elle pût toucher une de nous paraissait impossible, et une morte, si ordinaire et insignifiante qu'elle soit, devenait « quelqu'un ». Ainsi, à l'école, Marie-Bernadette. Sa piété, vraiment inaccessible – elle allait à la messe tous les jours – et ennuyeuse – si elle jouait, il ne fallait pas tricher, il fallait être charitable, elle nous quittait pour aller à l'oratoire dire le chapelet – la mettait un peu à l'écart. Sa mort l'intégra totalement à notre vie. Nous parlions d'elle, de son enterrement – là j'avais tenu un drap – nous creusions notre mémoire pour récolter des souvenirs. Celles qui n'en avaient pas de première main racontaient ce qu'on leur avait raconté. Dans le quartier, je parlais d'elle comme d'une amie bien connue et disparue, et je prenais l'air triste comme si j'avais un gros chagrin.

La pire des morts bien sûr était celle des mères, qui nous paraissait un malheur considérable, le seul malheur digne de ce nom.

Près de Paulette, vint habiter quelques mois chez une tante une fillette qui éclatait en sanglots au milieu des jeux, de façon imprévisible. Ce fut Paulette qui l'amena. Elle connaissait son histoire et ses particularités :

« C'est qu'elle n'a plus de maman, c'est pour ça qu'elle pleure. Et sa tante me l'a dit : " il faut faire comme si de rien n'était, comme si on ne s'en apercevait pas ". »

La première fois qu'Éliette se mit brusquement à pleurer sur le trottoir où nous jouions à la marchande, Paulette nous fit un signe d'intelligence : « Vous voyez, c'est comme je vous avais dit. » C'est elle qui nous empêcha d'approcher, de la consoler, qui nous renvoya à notre porte-monnaie de carton, à notre balance. Paulette soudain eut les choses en main. Chaque fois qu'une nouvelle arrivait, c'est Paulette qui expliquait tout. Elle régna ce temps-là, avec Éliette que nous n'osions pas contrarier parce que « quand on la contrarie, ça lui rappelle sa maman ».

Une année arriva en colonie une fillette douce et un peu débile : Jeannette. Rien ne la désignait pour être intéressante et voilà que deux choses la haussèrent à une gloire absolue. Un des derniers dimanches de la colonie, elle fit sa communion solennelle – elle venait d'un de ces quartiers de « caraques », méprisés de tous et assez peu tenus par les paroisses pour qu'une enfant pût échapper à l'éducation religieuse.

Tous les jours, la directrice elle-même la prenait à part pour les instructions. Dès que nous sûmes qu'elle ferait « sa solennelle », seule habillée au milieu de nous, que les sœurs du couvent lui préparaient robe et voile pour la cérémonie, on porta sur Jeannette un autre regard et elle fut transfigurée. Tout le monde l'invitait à jouer, on la voulait près de soi, on lui proposait une place sur le banc, sur l'herbe à l'ombre. Ce fut encore mieux après le dimanche mémorable, quand nous eûmes vu la chapelle décorée de fleurs blanches, quand nous eûmes entendu le prêtre prêcher « rien que pour elle », quand elle nous apparut sur son prie-Dieu, seule comme une mariée, si jolie et si blanche, voilée de mousseline, et point de mire des regards. Notre communion avait été une des occasions de la vie qui nous avait rendues intéressantes, mais nous avions partagé l'attention du public, nous étions les éléments d'un cortège où jouaient les comparaisons.

Jeannette, elle, eut tout pour elle seule.

Les derniers temps du séjour, c'était à qui lui donnerait un biscuit, une part de goûter, une friandise, c'était à qui se l'approprierait pour profiter de sa gloire. Et son triomphe n'était pas fini, il fut couronné par le drame.

Laure, un jour, fit un aller-retour à Béziers. Il y eut des conciliabules dont nous sentions que Jeannette était l'objet. Puis il courut un bruit effarant : « Sa mère est morte »... « pendant qu'elle était ici »... « mais elle ne le sait pas encore »... Les derniers jours elle le savait : elle passait son temps près de Laure et Denise, effarée, défaite. Le jour du départ on l'habilla de noir. Cette fillette en noir après avoir été vêtue des blancheurs ravissantes de l'habit de communiante put bien disparaître de notre horizon, puisqu'elle fut recueillie à l'orphelinat de la rue des Jardins, pendant des années nous ne parlâmes pas moins d'elle, racontant quand l'occasion se présentait les événements étonnants dont elle avait été l'héroïne. Jamais aucune de nous ne fut autant le centre des conversations et elle resta une sorte de mythe, présent dans toute ma vie d'enfant.

Les responsabilités, les petites et les grandes douleurs, donnaient des pouvoirs provisoires à l'intérieur de chacun des groupes réunis par le hasard.

L'univers des adultes cernait notre espace temps. Sans cesse ils défendaient, ordonnaient et c'était souvent que nous étions en faute.

Aussi, connaître les exactions des unes et des autres donnait-il un redoutable ascendant.

Souvent, lorsqu'une entorse aux diverses règles était commise, nous avions souci que personne ne le sache, ou au mieux, le moins de monde possible. Il s'agissait d'éviter les « rapportages ».

A l'occasion, une fois ou l'autre, nous devenions « rapporteuses de paquets ».

Dans la violence d'une dispute quelqu'un criait : « Je le dirai à ta mère, j'y dirai que tu reçois des billets de Michel », et si c'était vraiment grave, elle s'élançait en courant vers la maison de celle qu'elle voulait trahir, qui alors la poursuivait, la retenait par le tablier – c'est ainsi que se déchiraient les poches, que s'arrachaient boutons et boutonnières – essayait de l'empêcher, si c'était possible, en promettant :

« Je te prêterai mon livre »,

« Je te donnerai mon chingom »,

ou en menaçant :

« Si tu rapportes ça, moi je dirai à ta mère que jeudi dernier tu lui as volé du phoscao »,

« Que tu as déchiré ta combine »,

« Que tu as bu à la fontaine »,

« Que c'est toi qui as abîmé ses ciseaux que tu lui avais pris sans sa permission ».

Pour être lourdement dit, cela n'en était pas moins clair et pouvait arrêter la rapporteuse. Mais cela ne marchait pas toujours et la rapporteuse arrivait jusqu'à la mère, et l'autre, alors, en désespoir de cause, criait très fort pour au moins brouiller l'information : « C'est pas vrai, c'est pas vrai ! »

« Madame Rouanet, », criait l'autre encore plus fort, « votre fille reçoit des billets de Pierrot », et il lui arrivait de révéler, si elle le savait : « Même qu'elle les cache dans la couverture de son catech. »

Terrible révélation qui nous attirait demande d'explications, engueulades et pour finir une de ces roustes bien méritées dont ma mère disait qu'elles n'avaient jamais tué personne. De la rue nous entendions les cris et les pleurs, arrêtées un instant dans nos jeux, et nous commentions, parfois navrées pour celle qui prenait la danse : « C'est Denise, cette cafarde, qui a rapporté à sa mère », d'autres fois triomphantes : « Aussi, c'est bien fait pour elle. Elle embête toujours tout le monde. A force Aline l'a rapportée... »

S'il se disait d'une fillette : « Méfie-toi, c'est une rapporteuse », elle était tenue en piètre estime. L'estime, l'honneur, ce n'était pas toutefois ce qui retenait le plus. La prudence venait de ce que l'autre pouvait connaître sur nous, à la suite des multiples commérages, des secrets de deuxième et troisième main qui circulaient entre amies. On ne savait jamais si l'autre ne tenait pas en réserve quelque chose de grave à aller raconter à la maîtresse ou à la mère. On menaçait : « Je dirai à ta mère que tu lui prends des sous », et l'autre vous sortait : « Et moi je lui dirai que tu manges du chocolat quand elle monte en ville. »

A l'instant même on apprenait, et qu'elle détenait un savoir dangereux, et que quelqu'un nous avait trahi. Quelqu'un avec qui on avait partagé le chocolat, ce qui était une grande perfidie, quelqu'un qui avait profité du bonbon acheté en cachette à l'épicerie pendant qu'on avait à sa disposition le porte-monnaie maternel! Et justement on avait partagé dans l'espoir qu'elle se tairait. Quelqu'un était venu avec nous chez Honorat, avait joui du trajet et de l'hercule clandestin et avait trahi la promesse de ne rien dire. On avait fait jurer de ne pas révéler ce billet d'amour qu'on cachait dans le livre de géographie et tout le monde le savait. Et il était parfois impossible de savoir qui avait parlé car l'autre avait tenu son savoir en réserve pour s'en servir comme une arme au moment voulu. Pendant tout le temps où l'on jouait à autre chose, parfois pendant des jours, tout en ayant l'air bien copine, elle avait gardé ce secret.

C'est pourquoi, très souvent, il y avait menace de rapportage, plutôt que rapportage effectif. Il suffisait de dire : « Laisse-moi me mettre au faux bois que tu y es toujours, sinon je dis à ta mère que tu as coupé la pointe de son ciseau », pour obtenir ce qu'on désirait.

Les mêmes règles jouaient lorsque nous nous dénoncions entre nous, loin des adultes, ménageant celles dont les pouvoirs pouvaient nous nuire, nous faire exclure du jeu ou de certaines bonnes grâces.

« Je dirai aux autres que tu as des épingles partout. »

« Je dirai à Alice que tu parles de Michel. »

Cette révélation au groupe tout entier ou à une seule était la première étape à un rapportage possible aux parents.

Le jour où je mentis effrontément et où j'affirmai en cours de religion, pour me rendre intéressante, qu'on avait donné un manteau de fourrure aux sœurs Maurel pour qu'elles deviennent communistes, quelqu'un le leur rapporta. Je ne sais qui. Je soupçonnai Bernadette qui fréquentait l'école libre, mais nous n'étions pas dans la même classe. Peut-être était-ce Angèle ? mais elle n'habitait pas le quartier. En tout cas, les sœurs Maurel le surent et demandèrent des comptes. Pendant quelque temps je tremblai en passant sur le trottoir du figuier que leur mère ne surgît et ne me grondât, ou même qu'elle vînt en parler à la mienne. Il m'arriva même de faire le tour par la rue Morse.

Pour rapporter effectivement, il fallait être culottée, il fallait oser aller trouver la mère ou la maîtresse – que ce fût en cachette ou devant tout le monde – mais cela arrivait et tout d'un coup le monde des adultes s'introduisait dans le nôtre.

On apprenait à M. Bois que Josée avait cueilli les belles roses disparues de sa clôture et il venait trouver la mère de Josée. Mme Rives apprenait qu'on n'avait pas donné sa pie à Alice, mais qu'elle l'avait achetée. Ma mère savait enfin que j'avais ébréché le rasoir paternel en appointant un crayon, que j'avais cassé le petit verre à liqueur qu'elle avait cherché si longtemps – je l'avais pris pour jouer parce qu'il était petit et bleu, j'avais paradé, puis je l'avais tombé et j'avais jeté dans la buse les morceaux de verre. Les parents apprenaient que nous avions été patiner dans l'Avenue.

Il en résultait des raclées, des punitions, des surveillances. Aussi, n'était-il pas rare qu'une fâcherie suivît un rapportage. Quand la rapporteuse passait, la victime chantonnait ostensiblement :

« Rapporteuse de paquets, trois cochons pendus au nez », ou lançait méprisante et l'œil noir :

« Les cafards, on les écrase avec les pieds. »

Quand une de nous au jeu avait subi une injustice, avait été maltraitée – on riait d'elle par exemple, ou elle clignait toujours – elle partait chez elle en annonçant : « Je vais le dire à ma mère. »

La plupart du temps nous n'y attachions pas grande importance, et nos mères le plus souvent refusaient d'intervenir. Elles nous conseillaient seulement de nous « rendre » :

« Et aussi, tu n'as qu'à te rendre, au lieu de rester, comme une gourde ».

Mais il y avait quelques fillettes particulièrement gâtées, souvent parce qu'elles étaient filles uniques, et dont on savait la mère capable de venir chez nous ou de crier par la fenêtre :

« Madame Rives, vous avez vu ce que votre petite a fait à la mienne ? » – et elle montrait le délit : une poignée de cheveux arrachés, la trace d'une main sur une joue, un jouet abîmé, un genou en sang.

« Quand même, elle n'est pas gentille. »

Mme Rives envoyait un « emplastre » à sa fille, « pour

lui apprendre », et les choses en restaient là souvent. Mais quelquefois les mères arrivaient à se disputer :

« Oh ! Mon Dieu, elle est pas morte votre fille !

– La vôtre, c'est une grandasse.

– C'est pas ma faute si vous avez une angrole [16].

– Vous feriez bien de surveiller votre garçonnière.

– Comment ? Ma fille une garçonnière ? La vôtre est une sainte nitouche. »

Et les mères se fâchaient.

En général dans le secret de la maison, les mères tapaient chacune leur fille tout en hurlant que la mère untel ne s'était pas regardée, qui « gâtait et pourrissait sa fille et se mêlait de quoi ? Je te le demande ».

Certaines mères étaient encore fâchées, alors que leurs filles « ramies » jouaient ensemble en cachette.

Mais des fillettes ainsi soutenues étaient assez rares. On pouvait agir en toute impunité comme bon nous semblait, avec autant de moqueries, de brimades, de cruautés que le permettait l'appréciation subtile des pouvoirs des unes et des autres.

Mais que d'animosités, larvées ou non, que d'insatisfactions, de jalousies, de rancœurs en nous, contenues par la nécessité de convivre, que de rancunes, que de blessures emmagasinées, de médisances secrètes, que de fiel, même quand nous jouions tranquillement !

Qui aurait su que parmi ces fillettes alignées au bord du trottoir il y avait des fourchettes qui rongeaient leur frein ?

Qui, lorsque nous applaudissions aux exploits de Jacky-du-café sur ses patins à roulettes, sentait notre désolation de n'avoir pas de patins ?

Qui savait que cette fillette, venant acheter au ravissant étalage de la marchande, et cette autre vendant avec le sourire, concoctaient l'une et l'autre une vengeance, parce qu'une histoire de balle perdue ou d'yeux de garçons restait entre elles ?

Heureusement, il existait des moyens pour nuire de manière indirecte à l'insu des puissantes. Une entravette dans les rangs. Un gaffarot bien lancé. Une tache sur le cahier. Un secret divulgué.

Il existait aussi le jeu pour défouler les sentiments cachés. Le jeu par essence est dangereux. On risque d'y perdre la face. Même les plus fortes n'échappent pas aux règles, ne les inventent pas. Certes dans l'éventail des possibilités elles ont choisi les règles qui leur conviennent le mieux, mais elles peuvent perdre et se ridiculiser. Quant Alice était battue par Monette, nous étions toutes secrètement soulagées. Il se pouvait que chacune de nous – par ses qualités personnelles ou la tricherie – une fois ou l'autre gagnât.

Mais étaient bien plus occasion de méchancetés ou de vengeance ces jeux qui, sous couvert d'utiliser le hasard, exposaient aux maléfices d'autrui.

« Le coupe-fil » permettait à la fois de sauver son amie et d'épuiser la poursuivante. Lorsque Évelyne poursuivait Josée, je m'élançais en travers de la trajectoire en criant « coupe-fil ! ». Évelyne était alors obligée de me poursuivre. Quand Josée avait un peu repris son souffle elle faisait pareil. Au bout d'un moment Évelyne, haletante, criait « pouce ! ».

« Cuillère et fourchette » donnait un partage où se réglaient les comptes du moment. Le choix d'Alice ou de celle qui le faisait à sa place n'était pas toujours le même. Cela n'aurait pas été amusant. Un prêt, une friandise récemment obtenus, la perspective d'une distraction, le souvenir d'un conflit, une amitié nouvelle, rendaient le verdict chaque fois différent – car nous n'étions guère fidèles en amitié et telle, à laquelle on disait tout, avec qui on était comme « cul et chemise », avec qui on se promenait en se tenant par le cou, qu'on ne quittait pas, deux mois plus tard était évincée au profit d'une autre, plus intéressante. Liens qui se faisaient et se défaisaient, qui étaient lourds de complexité, d'instabilité, de conflits et de nouveauté.

« Marchipotel » permettait à peu près de faire ce qu'on voulait. Si nous y étions trop lésées nous réclamions la liste, mais l'autre la refusait, partait en courant et la déchirait pendant ce temps entre ses mains.

Au « jeu du ciel et de l'enfer » il était facile, très et trop facile de tromper le hasard. Ce papier plié astucieusement [17], que l'on tenait sur les pouces et les index et qu'on faisait d'un mouvement des doigts s'épanouir et se clore comme une fleur, s'ouvrait, un coup sur deux sur un coloriage rouge : l'enfer, l'autre sur un coloriage bleu : le ciel. Il suffisait d'un simple calcul pair-impair pour précipiter dans l'enfer celle qu'on détestait. Quant au message écrit sous l'une des pliures, celle qui tenait le jeu le cachait au creux de sa main et assénait ce qu'elle voulait : « personne ne t'aime », « tu es laide », « tu pues ». Les choses désagréables surtout.

Quand l'occasion se présentait – comme à coupe-fil – on avantageait l'amie ou les préférées, mais l'amusant était de ficeler dans un faux hasard celles qu'on n'aimait pas.

Dans « un, deux, trois, soleil » [18], celle qui, dos tourné aux autres, frappait contre le mur pouvait dire qu'elle avait vu bouger Ginette ou Suzanne en fermant les yeux sur les fautes de ses amies. Bien entendu il ne s'agissait pas d'agir trop grossièrement. Le jeu devait continuer à paraître juste, sinon l'accusation de tricherie venait défaire le verdict du hasard.

Dans « Mère que veux-tu ? », le jeu était à peu près semblable, mais plus encore favorisant et défavorisant. Car, sans jamais se retourner, la mère – tournée vers le mur – répondait aux demandes des autres :

« Mère, que veux-tu ? »

« Pas de fourmi », répondait-elle à la voix qu'elle avait reconnue, bien que chacune s'efforçât de contrefaire la sienne, ou alors :

« Pas de géant, pas avec élan – on pouvait aller jusqu'à trois pas – patelle, demi-patelle, pot de colle, casserole [19] ».

Là, la grossièreté était de n'octroyer à certaines que des pas de fourmi et de donner à sa meilleure amie : trois pas de géant avec élan, ce qui en une seule fois la menait au but. D'ailleurs, c'est avec l'expression « tiens ! pardi ! finesse » que les autres refusaient.

La « désignance » associait ce pernicieux et faux hasard à la distribution de gages, très prisée et qui était aussi une occasion de déployer préférences et inimitiés. Au centre du cercle des filles se tenant par la main et tournant, une fille yeux fermés ou bandés tournait sur elle-même, le doigt tendu. Quand elle criait « stop », le cercle s'arrêtait et le doigt tendu désignait celle qui allait avoir un gage. Les yeux fermés, à juste titre, n'inspiraient pas confiance ; nous savions que des plis noyant jusqu'à la fente des yeux, comme obtenus par un effort musculaire terrible, pouvaient permettre au regard de filtrer. Nous préférions le bandeau fait d'un cachez-nez ou d'un mouchoir noué.

Quand celle à qui on avait bandé les yeux n'y voyait vraiment rien du tout, elle criait qu'on l'avait trop serrée, et même qu'elle y voyait : elle espérait qu'un nouveau bandage laisserait un espace sur les côtés, mettrait devant les yeux ce clair de trame qui la ferait clairvoyante.

Quand le bandeau était bien noué on agitait devant le visage deux, trois, quatre ou cinq doigts en demandant :

« Combien j'ai de doigts ? »

A celle qui n'y voyait vraiment rien il arrivait de tomber juste et celle qui trichait répondait trois quand elle en voyait un. Pourtant quand nous entendions un nombre différent de celui des doigts agités, nous étions rassurées et certaines désormais d'être livrées au hasard, ou du moins à son apparence. Pour être inutile, cette vérification ne nous paraissait pas moins indispensable. Après intervenait le gage. En général il s'agissait de réaliser une sorte d'exploit.

Ils étaient plus ou moins difficiles ce qui, une fois encore, permettait de les distribuer en fonction des sentiments. Certains se faisaient comme en se jouant, d'autres demandaient du courage.

Sauter plusieurs escaliers, faire le tour de la cour sur un pied sans se reposer, faire la roue, l'homme droit contre le mur, tenir la jambe en l'air une minute, traverser la rue à quatre pattes, ce n'était pas difficile. On se salissait les mains, on était ridicule et si ma mère m'apercevait de la fenêtre, elle me criait :

« Qu'est-ce que tu fiches ? », mais c'était tout.

Nous préférions imposer d'autres audaces qui concernaient les adultes et les garçons. S'avancer pour dire bonjour à Pierrot ou Georges qui passaient justement. Aller chercher du persil chez Mme Toustou, « comme si c'était pour ta mère ». La punie s'exécutait, le rire à la bouche. Les autres s'approchaient jusqu'à la grille pour bien entendre. Si Mme Toustou voyait rire la copine elle pouvait croire qu'on se moquait d'elle et se plaindre que nous étions mal élevées. Aller voler du sucre dans le buffet pour le manger ensemble. Un gage pouvait alors s'achever en « volée ». Mais nous nous amusions tant à les exécuter que nous prenions le risque. Parfois on se tordait littéralement au point de pleurer de petites larmes de rire. Il nous arrivait, lorsqu'on avait envoyé quelqu'une demander l'heure à un passant, de lui dire quand elle revenait toute bête – on avait toujours l'air un peu bête dans les gages – : « On n'a rien entendu, il te faut recommencer ! »

L'usage était en effet de donner un autre gage quand

un avait été mal accompli ou refusé. Exprès, à celle qui refusait on en imposait un de plus difficile ou de plus cruel. Si elle refusait, on corsait encore la difficulté et elle était prise dans un engrenage où souvent elle regrettait de ne pas avoir accepté le premier, et à notre grande joie demandait d'y revenir, mais nous refusions et elle était éliminée.

Nous ne désirions pas le vrai hasard, rien ne nous paraissait plus angoissant que les moments où il s'exerçait vraiment. Au tout dernier moment de la marelle, quand la tête renversée en arrière, il fallait refaire l'itinéraire en aveugle – comme Œdipe ? – en vraie aveugle cette fois, puisque pour dérouter notre corps on nous avait fait pirouetter sur nous-même, nous avions tant de crainte que parfois nous supprimions l'épreuve. Il nous semblait tout à fait injuste que le bénéfice de la partie fût perdu si, par un effet du pur hasard, nous mettions le pied sur un trait. Les tricheries, elles, nous convenaient mieux, pourvu qu'elles eussent les meilleures apparences du destin. Au prix de mensonges et d'efforts nous tentions de le plier à notre usage, de le forcer à nous obéir. Et c'était admis comme une sorte de droit. Il était impossible de récriminer contre le choix obscur des oracles. Car, que dire contre le doigt tendu qui désignait dans la ronde celle qui devrait exécuter le gage ? que dire contre cette main qui frappait les poitrines au rythme des « ploumbettes » et s'arrêterait on ne savait où ? On ne pouvait logiquement se venger du destin. C'était un excellent moyen de débloquer des violences qui sans cela, à cause de pressions diverses, seraient restées sans exutoire.

Aux « poses », la meneuse de jeu faisait tourner les participantes yeux clos, lentement ou vite, à leur choix, ce que nous appelions « huile ou vinaigre », et à un moment les lâchait. Théoriquement, elles devaient rester dans la pose où l'élan les avait immobilisées, mais avant de leur demander : « huile ou vinaigre ? » la meneuse avait annoncé : « la plus belle », « la plus rigolote », « la plus souple ». Alors quand on nous lâchait brusquement, nous nous arrangions pour nous arrêter dans une pose correspondant à la commande – « vinaigre » facilitait encore une tricherie facile, mais celle qui faisait tourner vite pouvait perfidement vous lâcher avec violence.

Une fois « tombées », à travers les fentes des yeux, nous regardions les inventions des autres et pouvions copier et rectifier. La meneuse réveillait en leur tapant sur l'épaule celles qui n'étaient pas élues et toutes faisaient cercle autour de la pose la plus réussie.

Lorsque dans la grisaille trouble de mes yeux faussement fermés je voyais Alice réveiller les autres, lorsque je comprenais que j'allais être désignée, je retenais difficilement un sourire de triomphe. « Comme par hasard » j'étais tombée en grand écart, j'avais arrondi mes bras en corbeille au-dessus de ma tête, comme les danseuses, j'étais en équilibre sur la pointe du pied, comme arrêtée en plein vol, ou affalée par terre comme un clown.

« Oh, tricheuse, tu n'es pas tombée comme ça !

– Si, justement, que j'ai trébuché quand Denise m'a lâchée.

– Mon œil ! »

Mais il était impossible de vérifier, et nous en profitions chacune à notre tour.

Les « ploumbettes », ces chansons pour diviser les camps, décider de l'ordre de passage, choisir qui clignait, étaient théoriquement un comptage de nombres hasardeux. Mais une équipe était plus prisée qu'une autre, une copine indésirable – une pouilleuse, une empotée – une position infamante, alors on s'arrangeait encore avec le hasard. Un rapide calcul mental permettait d'éliminer, de placer qui on voulait où on voulait. C'était le cas de « Anna, c'est Célina... [20] » et de :

« Es-tu déjà montée sur une échelle ?

– Oui.

– De quelle couleur était-elle ? Sans mentir et sans calculer. »

Nous avions cette audace de dire « sans mentir et sans calculer », alors que tout était fait pour justement calcul et mensonge.

« Bleue » disait celle sur qui on s'arrêtait, et elle savait déjà que la sixième après elle devrait montrer du bleu, car le comptage continuait :

« As-tu du bleu sur toi ? »

Elle avait pu alors demander du bleu si elle voyait de façon évidente que l'autre n'en portait pas sur elle. Certes le calcul mental était difficile, on en voyait hésiter légèrement et bien regarder avant d'énoncer la couleur.

« Eh ! dépêche-toi, la pressait-on, on a dit : sans calculer. »

Il arrivait que la mal aimée déjouât toutes les prévisions et montrât un bout de chemise de la bonne couleur, une bretelle cachée, voire un fil à l'ourlet de son tablier et pour une fois elle était sauvée.

Non seulement nous profitions de la façade du hasard – qui cachait, en ayant l'air de s'y soumettre, l'activité mentale déployée contre lui, subtile, vigilante et impitoyable, non seulement nous avions l'audace de le tromper et de parler à sa place, mais nous voulions avoir l'air d'être bénies de lui. Quand une sorte d'arrêt supérieur, posé comme indépendant de nous, mettait l'initiale de notre fiancé dans la feuille de lierre, quand le nombre des fruits de la folle avoine ou le fil cueilli sur nos vêtements le nommait, quand Marchipotel le désignait comme notre futur mari, quand nos ennemies allaient au « pot », dans le mauvais camp, étaient fourchettes, ne pouvaient atteindre le mur à « un, deux, trois, soleil », nous nous rengorgions comme si le ciel avait bien voulu se pencher sur le trottoir ou la cour de l'école, châtier celles que nous haïssions et nous combler de ses faveurs.

Cela était si fort que parfois, pour moi toute seule, je jouais à un de ces jeux de hasard truqués. Je marchais avec une question dans la tête :

« Est-ce que je me ferai gronder pour ma poche déchirée ? » Je ne devais pas poser le pied sur une des raies du ciment, sinon ce que je craignais arrivait. Si au contraire mes pas allaient d'espace vide en espace vide, c'était la chance.

« Si d'ici à l'épicerie je ne marche sur aucune raie, maman me laissera aller chez Lili », « m'achètera les crayons de couleur que j'ai demandés ».

« Si je ne marche sur aucune raie de l'école à la maison, j'aurai bientôt les patins à roulettes. »

Théoriquement, je devais laisser aller, naturellement, mon pas sans l'allonger ou le raccourcir et je dosais par une distance convenable la taille du vœu et les chances que j'avais de réussir. Je désirais à la fois être tranquillisée par cet augure et le tromper, m'arranger en regardant à plusieurs pas devant moi et en modifiant imperceptiblement mon allure. Je supputais du regard la distance. J'agissais avec mesure comme lorsque je trompais le hasard pour me venger des autres. Je n'aurais pas grossièrement sauté ou observé un arrêt. Je considérais qu'il avait parlé quand mon calcul était invisible, quand de l'extérieur – vue par des gens, mais aussi par quelque œil céleste – j'avais l'air de ne pas regarder où je posais mes pieds, quand je paraissais avancer normalement.

Toutefois il arrivait que malgré nos efforts, notre rouerie, la malchance – c'est-à-dire la mauvaise volonté des autres ou une maladresse que la tricherie n'avait pas maquillée – la malchance s'acharnât, que l'invisible nous résistât, et nous tombions inexorablement dans les rêts tendus du vrai hasard ou des pièges d'autrui.

Pour être préservées nous faisions attention de nous lever du pied droit, de ne pas remettre à l'endroit le vêtement enfilé à l'envers – sauf si le vêtement étant trop visible, nous ne pouvions faire autrement – nous nous faisions « tenir les pouces [21] » par une amie lors d'une épreuve scolaire et même à notre tour d'osselets, nous touchions du bois et ne passions pas sous les échelles. A l'inverse, intérieurement, dans le secret de la poche, nous croisions les doigts pour porter malheur à quelqu'un.

Pour savoir ce qui nous attendait, nous étions attentives aux présages : à la feuille de buis, aux ronds de vin laissés à l'intérieur du goulot de la bouteille – c'était des lettres en perspective –, aux coups reçus à la pointe du coude et qui annonçaient des surprises si toutefois on ne frottait pas l'os, aux cils sur les joues, à travers lesquels pouvaient se réaliser les vœux.

On reconnaît là les superstitions des adultes, mêlées à d'autres qui nous étaient propres, mais je ne connais pas chez eux cette opération, je dirai de désenvoûtement, à laquelle nous nous livrions si nous avions la « guigne » d'être désignée systématiquement pour cligner, de voir le palet s'arrêter inexplicablement sur le trait, la ficelle se nouer de manière mystérieuse, de découvrir dans la surprise achetée chez Honorat un jouet qu'on avait déjà, d'attraper tous les gages, de tomber plusieurs fois de suite aux patins, de ne pas pouvoir, malgré tous nos efforts, passer le moindre fil de regard à travers le foulard noué, d'avoir été cruellement piégée à « il ou elle ».

La malchanceuse se mettait à genoux. Au-dessus de sa tête l'une de nous exécutait du plat de la main droite un geste horizontal, tandis que le poing gauche, lui, dessinait des lignes verticales et qu'elle commandait : « Coupe couteau ! »

Avec quel couteau cherchions-nous à couper des fils invisibles ? et de quel genre de piège ? C'est sur un ton incantatoire qu'il fallait répéter plusieurs fois : coupe couteau ! coupe couteau !

Quand elle se relevait, la malchanceuse était théoriquement délivrée. A l'école, on nous défendait formellement « coupe couteau ». Cette fillette à genoux, cette bénédiction qui n'en était pas une, ces gestes croisés, apparaissaient comme une parodie sacrilège.

C'est donc par l'intermédiaire de hasards – on sait lesquels et tout ce qu'ils contenaient de nous – que nous assouvissions la multitude de sentiments vindicatifs nés du jeu des pouvoirs. Un jeu complexe où entraient les intérêts fluctuants, leurs éclairages variables faisant sortir de l'ombre le visage de Josée – le temps d'une main cousue – ou de Claude – pour son appendice – sans que soit modifié en profondeur l'ordre qui faisait les chefs.

En dépit des occasions d'être importantes ou intéressantes, des biens possédés, des circonstances imprévisibles – et on peut dire parallèlement à cela, en interférences – les plus fortes continuaient à s'imposer, à exercer leurs pressions, toujours contre le désir des autres de conquérir l'admiration, ou sinon l'intérêt, en tout cas, une parcelle fût-elle provisoire, de pouvoir.

Tous nos jeux et les conversations qui les accompagnaient étaient traversés du désir d'être remarquées, d'efforts pour y parvenir. Au bord du canal, dans les chemins de vignes, notre œil cherchait ce dont la possession allait nous grandir et que nous montrerions au creux de notre main, illuminées d'une brève royauté. L'équilibre le plus étonnant, la vitesse maximum aux patins, le vêtement élégant, le prestige d'un cousinage allaient nous auréoler momentanément d'une gloire incertaine, jamais définitivement acquise. Et le tout était traversé d'amitiés ordinaires et exceptionnelles, de jalousie amoureuse, de discordes, tout cela modulé par le fait que les unes et les autres étaient passagères.

Le pouvoir dans un groupe d'enfants n'a rien de simple, ni de naïf, ni d'innocent. Nous aimerions bien qu'il en soit ainsi. Nous voudrions les enfants purs, non encore pervertis, mais ils sont ambitieux, égoïstes, envieux, menteurs, rancuniers et cruels. Comme nous.

Et les petites filles que l'on voyait sauter aux marelles avec l'agilité des pieds, malgré leur grâce, leurs délicates omoplates qui saillaient sous le tablier, le blanc bleuté de leurs yeux, étaient avides, calculatrices comme des femmes, particulièrement fines et avisées comme elles et, comme elles, sans pitié.

9

MAIS OÙ EST DONC ORNICAR ?

« Je suis montée sur le Mont-Blanc,
J'ai laissé couler mon sang... »
Chanson de corde (coups doubles)

A six ans nous entrions à la grande école. Enfin les femmes – mère ou voisine – ne nous conduiraient plus jusqu'à la porte, nous ne les trouverions pas à la sortie.

A partir de six ans, si une grande sœur fréquentait la même école, elle était chargée des trajets. Sinon on confiait la petite, quelque temps encore, à une plus âgée. Elle était toujours surveillée, mais participait à toutes les aventures d'une vie enfantine. A un moment, je m'occupai de Jacqueline. Elle attendait en regardant, si je m'attardais pour une marelle, elle nous suivait rue des Têtes si nous allions y réveiller l'écho, elle venait jusqu'au bazar et avait un bonbon. Déjà, elle entrait dans les secrets. Je lui recommandais de ne pas le répéter et lui disant que celles qui allaient « tout raconter » à leur mère étaient encore des bébés. Jacqueline apprenait à dissimuler, se réjouissait déjà des entorses aux règles. De plus, tous les mois, sa mère me donnait une petite somme. Aussi, je ménageai Jacqueline le temps que dura cette responsabilité.

En général, cette période était assez rapidement passée. En gros, elle durait jusqu'à la « petite communion ». Mais parfois bien avant cette cérémonie la jeunette manifestait son indépendance, et je trouvai très vite de quelle façon il fallait tortiller mon poignet pour échapper à la main de ma sœur. Un temps, la plus grande se plaignait de la désobéissance de la petite – ma sœur rapportait à ma mère que je lui avais échappé – et la petite, un temps, était grondée. Enfin plus personne ne jugeait nécessaire de surveiller son trajet. L'école avait imposé devoirs sérieux et leçons.

La communion dite « privée » soumettait l'enfant aux obligations religieuses. Toutefois, au niveau des jeux, un certain temps encore elle restait « petite ». Si elle était admise cela pouvait être « pour du beurre » ou « pour des figues ». Ce n'était pas forcément désagréable. Les règles étaient assouplies, les fautes non comptées, et je m'émerveille de l'efficacité éducative d'une telle attitude. Comment seraient-elles devenues de bonnes joueuses, ces petites, si on les avait trop scrupuleusement arrêtées à la moindre faute ? Si la petite tombait un osselet, on lui disait « ça fait rien, continue ». Si elle bougeait à la partie « sans bouger », on faisait semblant de ne pas le voir. Parfois, c'était fait avec égards et gentillesse et si le jeu en était alourdi et ralenti, il y avait bien de l'amusement dans ces rires entendus, dans cette indulgence pleine de suffisance. D'autres fois, compter une petite « pour du beurre » était une manière de l'humilier. Elle était collante, elle suppliait qu'on la prenne, les autres refusaient, puis tout d'un coup, après s'être parlé à l'oreille, elles se radoucissaient : « Allez, viens. » On ne manquait pas de lui faire sentir qu'elle ne comptait pas.

« C'est à moi », disait-elle.

On faisait semblant de s'en souvenir tout d'un coup : « Ah! oui, on avait oublié. »

Quand c'était son tour, on bavardait ostensiblement, on ne la surveillait pas.

Elle en pleurait de rage. Autant nous aimions tricher dans une partie entre égales, autant nous détestions d'être ainsi mises à l'écart des règles. Notre souci n'était pas d'y échapper, mais de les transgresser habilement.

Dès qu'une petite ne l'était plus assez pour être protégée vraiment par sa mère, la vie n'était pas facile pour elle. L'éducation administrée par les autres ne serait pas tendre, la pitié inexistante, la vraie gentillesse rarissime. L'occasion était trop bonne, même pour les plus effacées, d'exercer des tyrannies compensatoires, d'éveiller à peu de frais de naïves admirations. Paradoxalement, et de façon relative, c'est encore d'Alice que pouvait venir une certaine justice.

Sur les petites, on essayait les blagues, d'elles on obtenait les échanges les plus avantageux, les prêts sans condition. On se faisait faire les commissions : « Va chercher la corde chez Arlette... Va au coin de Roques ramasser les feuilles de figuier... »

Et parallèlement tombait sans arrêt : « Tu es trop petite », « ce n'est pas de ton âge » accompagnés de rengorgements. Trop petite pour entendre des blagues paillardes – elle voyait les autres se contorsionner –; trop petite pour les histoires de fiancé, pour les vérités du sexe. C'était l'époque où l'on souffrait le plus des conciliabules secrets.

Je profitais de la naïveté de ma cousine, un peu plus jeune. Elle ignorait tout. Même les femmes enceintes. Je faisais le geste d'introduire mon index droit dans les doigts à demi-pliés de la main gauche et de le faire aller et venir :

« Qu'est-ce que c'est ?

– Je ne sais pas. »

Je riais et je racontais, après, à mes copines que ma cousine ne savait « même pas » ce que c'était « ça et ça ».

Pourtant elle était une de mes amies de cœur. C'est avec elle que je dessinais dans la terre ces jardins adorables. A table, nous partagions les tranches de pain en deux demi-lunes bien égales et nous en prenions une chacune. Notre grand-mère nous disait : « Mais prenez donc deux tartines ! »

– « Non, non, répondions-nous, on préfère partager. »

Elle trouvait magnifique et étonnant tout ce qui venait de moi et j'en profitais. J'exécutais sous ses yeux toutes sortes de ficelles et je lui disais qu'on n'arrivait à ça qu'avec des formules magiques que je ne pouvais lui révéler parce qu'elle était trop petite et dont elle ne devait pas parler. Le coupe-cou surtout la faisait trembler, elle avait peur de me voir m'étrangler.

« Ferme les yeux, ouvre la bouche », lui disais-je, ou « ferme les yeux et tends la main », comme on me l'avait fait tant de fois.

C'était une chose qu'il ne fallait pas refuser à la légère car un bonbon, un morceau de chocolat pouvaient ainsi vous passer sous le nez. On n'avait pas eu confiance, on avait refusé d'ouvrir la bouche et de tendre la main. L'autre sortait alors une friandise de sa poche : « Té, c'est ça que je voulais te donner. Tant pis pour toi. » Et elle l'avalait sous nos yeux. Ma cousine, toujours réticente au début, au bout d'un moment se laissait convaincre, fermait les yeux, ouvrait la bouche et tendait la main. Au lieu de la sensation agréable qu'elle avait escomptée – et d'autant plus agréable qu'elle avait eu peur – elle recevait sur la langue ou au creux de sa main quelque chose qu'elle crachait avec violence ou jetait au loin avec dégoût : une petite grenouille, un lézard gris, une sauterelle, de cette bave gluante qui sortait de certaines plantes à la fin du printemps, de la mousse de lessive ramassée au ruisseau, une nouille échappée à l'égouttoir et descendue par les chenaux, un bout de glace de la glacière municipale, un escargot, une limace, la peau fine, mouillée et glaireuse de l'intérieur des coquilles d'œuf, de la craie qui se collait sur la langue, du charbon qui lui faisait la bouche noire, un bout de peinture de la palette avec lequel on crachait vert ou rouge, un copeau de savon. Le plus souvent, on cherchait à provoquer la répugnance par une apparence – le mouillé, le gluant, le vivant – sans que la chose fût forcément répugnante. Cela, toutefois, se produisait : fruit gâté, chardon piquant, souris crevée trouvée dans le fossé.

Mais de temps en temps, pour pouvoir continuer à la prendre au piège, je mettais sur sa langue une cerise, une pincée de coco, ou je posais au creux de sa main le premier bouton de coquelicot, les yeux de Jésus, une feuille de carex semblable à s'y méprendre par sa forme et son reflet à une plume de canard.

« Tu vois bien ! » lui disais-je pour la rassurer, pour mieux lui faire tendre la main lorsque j'aurais à y mettre une patate gelée, translucide et gluante.

Ma cousinette – je lui donnais ce diminutif d'amitié – était, non seulement naïve, mais honnête. Elle ne cherchait pas à glisser un regard à travers ses yeux fermés comme j'étais capable, moi, de le faire. Avec elle, je n'avais pas à craindre les tricheries. Comme toutes les petites, elle manifestait une évidente bonne volonté de coopération, acceptait de partager tout à fait équitablement – alors qu'avec les copines de notre âge, il y avait toujours des raisons pour que certaines soient mieux servies : c'est elles qui avaient eu l'idée, qui avaient porté la brassée de fleurs, qui étaient sur *leur* seuil... bref, toujours un tas de mauvaises raisons.

Pour ma cousine j'avais inventé le cruel mensonge du point mousse. J'avais remarqué que ce point de tricot ne marquait son dessin de vaguelettes que tous les deux rangs de tricotage. Quand nous étions sagement installées sur le rebord de la fenêtre et qu'elle s'activait, encore maladroitement, des mains avec les aiguilles et la laine, je lui disais :

« Voyons si tu sais tricoter. »

Je comptais les rangs de point mousse pour bien lui faire remarquer le nombre, puis je lui passais mon tricot :

– A toi maintenant, tricote. Je ne regarde pas. »

Je mettais mes mains sur mes yeux. Je savais que le rang qu'elle tricotait ne se dégagerait pas à ce tour-là.

« J'ai fini, disait-elle.

– On va voir. »

Je comptais. Bien sûr, il y avait le même nombre de rangées. Je prenais l'air sévère et important :

« Tu vas voir que quand je tricote, moi, ça avance. »

Et effectivement, je tricotais et comme prévu faisais apparaître un rang supplémentaire.

« Allez, recommence », disais-je, feignant l'indulgence.

Elle recommençait et je cachais à nouveau mes yeux.

« J'ai fini.

– On va voir. »

Lorsqu'à nouveau je comptais, le nombre de rangs était le même. Je lui disais, l'air gentiment menaçant :

« Coquine ! tu n'as pas tricoté. Je comprends ! Allez, recommence, mais tricote cette fois.

– Mais je tricote, protestait-elle.

– Non, tu le sais bien que ça n'a pas avancé. Allez, vas-y ! »

Je mettais ma main sur mes yeux.

– J'ai fini », disait-elle.

Je comptais et me faisais plus sévère :

« Menteuse ! tu n'as rien fait.

– Mais si, tu as qu'à regarder, tu verras bien que je tricote.

– Ce n'est pas la peine de regarder puisque je compte. »

On recommençait. Je l'accusais alors de tricher.

« Mais regarde ! » suppliait-elle.

Elle voulait s'expliquer et s'embrouillait.

« Tu vois bien, disais-je, péremptoire, que tu ne sais pas quoi dire. »

Je continuais ce jeu cruel et menteur en jubilant intérieurement, mélangeant dans mes remarques la douceur d'une grande et la sévérité et les exigences d'une compagne de jeu. Elle ne pouvait même pas aller se plaindre à notre grand-mère. Mais un jour d'été, elle proposa d'elle-même de « jouer au point mousse », elle compta les rangs, me tendit le tricot et me dit, mi-figue, mi-raisin : « On va voir si tu sais tricoter ». Elle avait fini d'être petite.

L'acquisition de savoirs, de savoir-faire, d'habiletés, par étapes progressives, l'arrivée de plus petits encore, haussaient la fillette vers des échelons supérieurs. La couleur du « cheval blanc d'Henri IV » ou « pince-mi » et « pince-moi » ne marchaient plus, elle avait un bon ami, ricanait avec les autres au passage des femmes enceintes et devenait aux jeux une vraie concurrente.

Un jour où on l'envoyait chercher la balle qui avait roulé au loin elle répondait « vas-y toi-même, je ne suis pas ton petit nègre » et quand on l'insultait de « menteuse » ou « copieuse », elle répondait finement « tu insultes les autres avec ton nom ».

C'était fini. La fréquentation du monde les avait instruites, l'entraînement avait précisé leurs possibilités physiques ou l'agilité de leurs doigts. On découvrait qu'elles chantaient bien, couraient vite et ne seraient plus forcément battues à plate couture dans une partie d'osselets. Il y en avait même qui possédaient une habileté au-dessus de leur âge.

Simone, de la rue Morse, ne pouvait être prise « pour du beurre » dans les parties de balle au mur. Sa compétence la rangeait à notre niveau. Non que l'agilité de mains plus petites que les nôtres, d'un corps plus fluet, ne nous humiliât point, mais... Il était impossible de lui dire que nous ne la voulions point parce qu'elle était trop petite : elle *nous gagnait* parfois.

Non seulement elle y arrivait, mais encore avec grâce. A « grande » elle pivotait comme une ballerine sur un pied fixe, l'autre jambe tendue en arrière, la pointe bien allongée. Au moment où il fallait faire exécuter à la balle un rebond sur le sol avant de la rattraper, elle avait une manière originale de se reculer d'un pas chassé pour la saisir avec un joli balancement de tout son corps menu. Parfois elle saisissait la balle d'une seule main, en l'air, avec la prestesse d'un chat.

Nous ne pouvions rien dire, sinon qu'elle était forte. Nous n'aimions guère cela, même si sa supériorité ne dépassait pas le temps d'un jeu et nous jouions à la balle au mur plutôt en son absence. Mais si elle arrivait alors que nous étions bien installées contre le mur de Sauvagnac ou le portail d'Alice, elle s'intégrait à la partie sans même demander la permission... sa participation était chose acquise.

Lorsqu'on cessait d'être petite, restaient devant nous les grandes de la communion, et au-dessus d'elles, les vraiment grandes du certificat d'études.

Notre vie religieuse, pendant tout le primaire, était centrée autour d'un événement qui se rapprochait peu à peu : la communion solennelle. Il nous tardait que ce soit notre tour. Nous admirions de loin celles de la communion qui, pendant les diverses retraites qui jalonnaient l'année bénie, avaient une classe à part, des horaires particuliers de récréation, pour leur éviter les distractions. Toujours, dans le discours de la religieuse ou du prêtre, une mention spéciale les concernait : « Vêpres à 16 heures. Les communiantes viendront un quart d'heure avant. » « Le chapelet est obligatoire pour celles de la communion. » « Que les communiantes n'oublient pas la messe demain. » – On devait y aller tous les jours, d'octobre à mai, la dernière année.

Il nous semblait qu'il se passait des choses merveilleuses pendant ces moments qui leur étaient consacrés. Elles partaient parfois en retraite à « Villeneuve », où on les recevait dans un château appartenant à une pieuse bourgeoise. C'était mieux qu'un voyage, mieux que la colonie. En rentrant elles racontaient ces retraites silencieuses, « fermées », comme d'étonnantes expériences. Il n'était question que de chapelet aux doigts, de cantiques, de prêches de pères blancs ou de « carmes déchaussés », des « demoiselles » qui les encadraient, du parc dans les allées duquel elles priaient en déambulant, de la salle à manger ornée de lustres où se prenaient les repas en écoutant la vie d'Anne de Guinée. Nous les imaginions en train de passer dans les couloirs, mains jointes, ne jetant pas un coup d'œil au monde extérieur.

Nous aspirions à cela, à cette sagesse provisoire, à ces yeux baissés, aux regards que les plus jeunes jetteraient sur nous en train de prendre notre sainte récréation.

Des années à l'avance, nous pensions aux images – elles seraient imprimées à notre nom –, à la robe amidonnée, à l'aumônière pendue à la ceinture, au bonnet, au voile que nous choisirions. Certaines préféraient le voile « à la vierge » dont les pans se raccourcissaient progressivement de chaque côté du visage.

Nous pensions au beau missel que quelqu'un de la

famille nous offrirait, à la pochette bordée de dentelles – brodée ou non à nos initiales – avec laquelle nous le tiendrions précautionneusement, par respect et pour ne pas l'abîmer, aux gants blancs en tissu doux – on disait en « peau d'ange » – fermés d'une grosse pression qui transformaient en mains de sainte nos mains mal tenues, au cierge à la bague d'or.

Avec Colette nous avions un geste : de la main droite je simulais le port du cierge, de la gauche celui du missel. Ce geste, incompréhensible des autres, était entre nous une sorte de secret, un signe par lequel nous nous disions notre attente. Quand, en rentrant de la récréation, toute la classe s'agenouillait pour une prière, je lançais à Colette un coup d'œil d'intelligence et je l'accompagnais du geste. Il nous confortait, il nous préparait à cette cérémonie dont la perspective nous faisait jubiler et dont nous serions les héroïnes bientôt.

Des années nous avions rêvé de ces blancheurs, du voile de tulle léger, flottant derrière nous dans le vent de mai, des bijoux qu'on nous offrirait à cette occasion, du chapelet dans son étui de cuir, des chants que nous savions par cœur bien avant l'année du triomphe. A l'offertoire de la messe basse nous chanterions dans le petit matin de mai :

« Ô Jésus, vos enfants joyeux
Accourent au festin délicieux
Pour manger le vrai pain des cieux.
Sur le chemin du mystère
Inondez-les de lumière... »

Nous éprouvions une douce émotion, nous avions les larmes aux yeux rien que de l'entendre répéter aux grandes de la communion. Ce cantique serait nôtre un jour.

« Petit Jésus tout aimant [1] » se chantait aussi à la première messe, celle où l'on recevait la communion spéciale à ce jour. « Tout ce que vous demanderez au Seigneur ce jour-là, vous l'obtiendrez », affirmait sœur Sainte-Anna. Et, tout en mettant en garde contre les demandes futiles, elle nous citait sainte Thérèse de l'Enfant Jésus qui désirait la neige pour sa prise d'habits et qui l'eut. Quand elle entra dans la chapelle, il n'avait pas encore neigé. Mais quand elle sortit, la neige était là et dans sa foi enfantine elle fut sans étonnement. Combien de fois en ai-je rêvé de cette neige ?

J'avais projeté de demander deux choses : d'abord de pouvoir faire du vélo quand je serais au ciel. J'avais grand peur de m'ennuyer pendant toute l'éternité. Une fois j'avais interrogé sœur Sainte-Anna : « Qu'est-ce qu'on fait au Paradis ? » « Vous chanterez éternellement les louanges de Dieu », avait-elle répondu. J'en avais été glacée de peur. Je devais aussi demander de mourir en revenant de la Sainte Table. Cela me paraissait infiniment plus simple que de vivre au milieu de tentations auxquelles il me semblait impossible de résister.

C'est au cours de la grand-messe que nous devions jurer et faire retentir le grandiose « J'engageai ma promesse au baptême... » que nous chanterions une fois seulement dans toute notre vie.

Tout était fait pour que la cérémonie fût singulière et vraiment solennelle.

« J'engageai ma promesse au baptême,
Mais pour moi d'autres firent serment ;
Dans ce jour je vais parler moi-même,
Je m'engage aujourd'hui librement.
[Refrain]
Je m'engage (*ter*) aujourd'hui librement,
Je m'engage aujourd'hui librement.

Je crois donc en un Dieu trois personnes
Et je veux me soumettre à ses lois ;
Faible esprit, vainement tu raisonnes,
Je m'engage à le croire et je crois.

A la foi de ce premier mystère,
Je joindrai celle d'un Dieu sauveur ;
Sous les lois de l'Église, ma mère,
Je m'engage et d'esprit et de cœur.

Sur les fonts, dans une eau salutaire,
Pour enfant, Dieu daigna m'adopter ;
Cet auguste et divin caractère,
Je m'engage à le mieux respecter ! »

Le côté abstrait de ce chant, le volontarisme de la foi, la théologie complexe – nous avions douze ans – le langage difficile, nous donnaient l'impression de participer à une chose grave et austère.

Il s'agissait bien d'un triomphe. Toutes les gloires seraient réunies : le bel habit, le repas de famille et la pièce montée, le cortège et les visites, en grande tenue, chez les parents et amis, la petite somme donnée à cette occasion et le pécule amassé à force de visites. « Amenez-moi la petite pour la visite », disaient les amies de ma mère. « Je me suis fait deux mille francs », annonça Alice, un peu plus vieille que nous.

Nous ne démêlions pas ce qui était de Dieu de ce qui était profane ou même contraire à la foi. Nous n'y pensions pas. Tout était également ravissant dans la communion et nous la dégustions comme une friandise longtemps attendue. C'est pourquoi chaque geste comptait – même celui, menu, de tenir le voile de chaque côté entre le pouce et l'index, lorsque nous marcherions dans la rue. Chaque détail plaisait également. Pendant plusieurs années nous avons commenté la moindre circonstance de « *la Solennelle* », jusqu'à l'invisible culotte que pour ce jour ma grand-mère tricoterait, ornée de losanges et bordée d'une dentelle au crochet, jusqu'à la combine en indémaillable que nous étrennerions, peut-être incrustée de dentelle, jusqu'au chauffe-cœur d'angora tricoté pour le cas où il ferait froid, jusqu'à la chaîne du chapelet, jusqu'à l'image où le Seigneur montrait du doigt son cœur flambant dans sa poitrine ouverte, jusqu'au recueillement après la promesse.

Enfin, l'année extraordinaire arriva.

Enfin, nous allions partir *avec le car*, à Villeneuve. On nous prêcherait des retraites dans le salon, nous mangerions dans la salle à manger les mirifiques « hors-d'œuvre » dont nous avions tant entendu parler, et déambulerions dans le parc, le chapelet aux doigts.

Déjà, en colonie, l'été qui précéda l'année fameuse, on ne nous traita pas comme les autres. On nous distinguait publiquement pour donner l'exemple, mieux nous tenir. Sans nous forcer vraiment on nous incitait aux lectures pieuses pendant la sieste dans le dortoir aux volets mi-clos, à la messe matinale en semaine, à la récitation du chapelet.

Pour nous il se passa une chose inattendue qui vint ajouter des plaisirs inattendus à tous ceux que nous nous promettions depuis si longtemps.

Dès la rentrée, sœur Sainte-Anna nous annonça que nous étions onze, que nous devrions prier pour que Dieu en envoie une douzième et qu'ainsi nous serions les apôtres autour de Jésus. Nous priâmes. Elle vint.

C'est alors qu'on nous fit tirer au sort un petit papier sur lequel il y avait marqué un des douze saints noms. Nous pensions avec plaisir à celle qui serait Judas et que nous pourrions un peu martyriser, mais nous apprîmes qu'après la trahison les apôtres avaient procédé à la désignation d'un autre douzième.

Ce saint tiré au sort devait devenir notre modèle et notre protecteur de communion. Je tombai sur saint Jacques dont je sus qu'il avait été crucifié la tête en bas. Cela me permit de faire le « cochon pendu », d'étendre les bras et de me trouver en situation intéressante. Jean, le doux Jean que l'imagerie nous montrait la tête appuyée sur la poitrine de Jésus, ce fut Odile. C'est Colette qui devint Pierre le menteur, le renieur. Elle avait beau jurer, on avait beau jeu de douter de ses serments.

A « Thomas » nous disions quand nous mentions effrontément : « Oh ! évidemment, toi, tu ne crois rien » ou bien c'est elle qui, forte de son rôle, annonçait : « Moi, je crois que ce que je vois ».

Au début de l'année scolaire on nous distribua un carnet de « Préparation à ma communion solennelle et profession de foi chrétienne ». Je possède encore le mien, à spirales, dont j'avais recouvert de blanc le carton jaune. Sous la tranche j'ai retrouvé le petit papier où l'écriture de la religieuse avait inscrit Saint Jacques et où, de mon écriture, j'avais noté : mort crucifié tête en bas. J'y apprends les diverses intentions des semaines et mes ferveurs sont marquées de croix plus ou moins abondantes. Ce tableau de fidélité me dit que j'étais très forte sur les actes d'amour et d'adoration où les petites croix proliférent, mais je trouve zéro croix à « Leçons bien étudiées ». J'y trouve de magnifiques résolutions que je n'ai pas tenues, comme d'aller communier deux fois par semaine toute ma vie, de réfléchir avant de parler, ou de demander régulièrement au Saint-Esprit le don de piété.

A la fin de la retraite qui précéda le 28 mai, nous fîmes une confession, solennelle elle aussi. On nous permit de brûler la liste de nos péchés sur la plaque de fer brillant de la cour. Ce feu auquel assista sœur Sainte-Anna, ce bûcher autorisé, rendit la confession encore plus purificatrice. C'était comme si nos fautes étaient parties en fumée.

Enfin, un matin, je sortis de la maison entourée de la mousseline légère de mon voile. J'avais invité Évelyne et Alice au repas, elles m'attendaient sur le seuil, intimidées tout d'un coup par mes splendeurs.

Elles étaient dans l'assistance lorsque je fis le grave serment, la solennelle promesse.

« Renoncez-vous à Satan, l'ennemi du vrai Dieu ?

– Oui, nous y renonçons.

– Renoncez-vous à ses pompes, c'est-à-dire aux maximes, aux vanités, aux dangereuses séductions du monde ?

– Oui, nous y renonçons.

– Renoncez-vous à ses œuvres, c'est-à-dire à toutes sortes de péchés ?

– Oui, nous y renonçons.

– Promettez-vous de conserver la robe blanche de l'innocence que vous avez reçue au baptême ?

– Nous le promettons.

– Ces promesses, combien de temps les tiendrez-vous ?

– Toujours.

– Levez la main droite et renouvelez vos serments que je vais officiellement recevoir au nom de la Sainte Église. »

En levant la main droite, on disait ensemble, lentement : « Je renonce à Satan – à ses pompes – à ses œuvres – et je m'attache à Jésus-Christ pour toujours. »

Je pris l'air sérieux, mais je n'eus pas de frisson dans le dos. Le futur sur lequel je promettais était une terre inconnue.

Des dangereuses séductions du monde, nous ne savions rien sinon l'attrait de la boutique d'Honorat. Nous avions promis sur des choses mystérieuses : l'âge adulte, le travail à accomplir, le mois qui tombait, la maison tutélaire que nous quitterions, ce sang même qui n'avait pas encore coulé de nous.

De tout cela nous entendions parler, tout nous poussait vers ce futur et nous-mêmes. Nous y serions peu à peu inexorablement entraînées, consentantes et joyeuses.

Peut-être espérions-nous qu'allait s'élargir notre horizon ludique ?

La communion était un important rite de passage que tout contribuait à rendre solennel. Nous en étions le centre. A cette occasion la famille la plus lointaine débarquait, des dépenses étaient consenties. Pour nous. Nous étions l'objet d'égards, de respect. A l'arrivée de la famille parisienne, ma mère recommanda d'éviter trop de distractions : « la petite » était en retraite. Comme, sous la belle bague en papier doré, mon cierge était cassé, je devais faire pour le tenir droit un gros effort de la main. Ma mère en avait les larmes aux yeux et je vis son regard inquiet me demander si ça allait, pendant la procession autour de la place Saint-Aphrodise. J'en fus émue et flattée. Ma mère, quand je fus habillée, m'embrassa, me disant, pour la première fois, que j'étais « jolie comme un cœur ». Jusqu'au mariage je ne devais plus entendre un autre compliment de ce genre.

On devait avoir peur de nous voir devenir vaniteuses, il était dangereux que celle qui allait devenir femme se crût belle et, partant, séduisante. Nous ignorions que la communion célébrait la fin de l'enfance, qu'elle célébrait la mort du premier âge de la vie, annonçait l'entrée dans l'inconnu. L'année d'après, d'ailleurs, quand il était question de « renouveler », bien des parents hésitaient car la robe, trop petite, était devenue inutilisable. On avait situé cette cérémonie avant les multiples transformations physiques et avant ce choix important qui allait nous éparpiller qui au lycée, qui dans la classe du certificat, qui au centre d'apprentissage, qui dans un atelier, un magasin, une usine.

Alice, un jour, me donna – « je ne te le prête pas, je te le *donne* » – un album de *Fillette* et m'expliqua sans se faire prier les signes cabalistiques plus grand que : > et plus petit que : <, qu'elle utilisait au centre d'apprentissage et dont jusque-là elle avait fait tout un plat. C'était déjà comme un adieu : elle s'était tournée vers autre chose.

A peu de temps de là, de cette direction nouvelle qu'avait prise son regard, elle fut *indisposée*.

Un matin, j'arrivai en courant chez elle. Sa mère me dit d'un air maussade qu'Alice était aux cabinets et comme je me précipitais dans le garage pour aller la rejoindre, elle me conseilla : « Laisse-la tranquille. » Bien sûr, je ne tins aucun compte d'une aussi cocasse remarque et m'approchai pour bavarder avec Alice comme d'habitude par la porte entrebâillée. *La porte était fermée de l'intérieur par le petit crochet de fer.* Alice m'envoya l'attendre sur le trottoir.

Enfin ma petite amie sortit, jolie et pâlotte, la pie sur ses talons.

Je voudrais dire cette dernière minute de notre enfance. Plus jamais, entre nous, rien ne serait pareil. C'était un jeudi de printemps, encore aigre. La peinture grise du portail, presque écaillée, laissait voir le bois. Alice avait la main posée sur le loquet de fer argenté par l'usage, dont je connaissais par cœur le bruit qui chantait à tous les moments de nos jeux. Rien n'était visible de ce qui nous séparait, assez fort cependant pour que je ne lui tienne plus la porte des cabinets et qu'elle se désintéresse de *Fillette.*

J'appris la nouvelle quelques minutes plus tard. Nous n'étions pas de ces générations qui étaient prises au dépourvu par l'arrivée du sang et se croyaient blessées. Nous, nous savions.

Toutes nous avions vu, une fois ou une autre, tremper des linges dans l'eau rougie. Les femmes parlaient des règles sans trop se soucier de nous, à mots à peine couverts. « Ah ! les hommes sont bien tranquilles ! » disaient-elles souvent. Elles racontaient des histoires dramatiques de femmes qui étaient « comme ça » et avaient eu l'imprudence de boire glacé ou de toucher l'eau froide : elles étaient mortes. On les entendait déplorer cet état aux vendanges. Tout l'été, avec les robes légères et plus claires, il était question de taches « au bon endroit » et de la honte qui s'ensuivait.

Cela nous tracassait. Nous ne savions pas avec quelle violence coulait le sang. Nous imaginions un robinet brusquement ouvert, un flux impossible à retenir. J'essayais du plat de la main de retenir l'eau au bout du tuyau d'arrosage : impossible, elle *giclait* partout. Nous ne pourrions rien contre le sang impétueux. On irait au cinéma et on se relèverait la jupe ensanglantée. On s'assiérait chez une dame, en visite, et on se retrouverait tachée. En cours de gymnastique, tout d'un coup, le sang ruissellerait sur nos cuisses.

« Moi, disait Paulette, que mes seins poussent, l'an prochain je me fais dispenser de gym.

– Quand même, disait Germaine, on a mal au ventre avant. Ma sœur prend toujours des cachets. Moi, dès que j'ai mal au ventre, je fais attention pour m'asseoir et pour tout.

– Y en a qui ont pas mal au ventre.
– Et même, y en a qui ont même pas de seins et que ça leur est arrivé. Comme ça. Jacky-du-café...
– Y en a qui *le* sont à onze ans.
– Ça peut arriver sur les Allées.
– Pendant la messe...
– Et même le jour de la communion. »

La vision de la mousseline maculée de rouge nous donnait le frisson.

Tout était possible avec ce sang qui refusait d'avertir. Nous avions peur que l'événement se produisît en public, qu'il y eût des hommes et des garçons.

J'avais honte à l'idée que mon père allait le savoir.

Pour Alice il y avait longtemps que sa grande sœur avait dû faire des pinces à son corsage et qu'elle avait prévu, à La Vigilante, de mettre du coton, comme les grandes, si elle devait faire une démonstration.

Autant nous en parlions avant, autant celles qui *l'étaient* devenaient discrètes, mystérieuses. Il était impossible d'obtenir d'elles des renseignements.

« Je suis formée », dirait Alice fièrement et elle ne jouerait plus à ceci ou à cela, refuserait de courir, déserterait le trottoir comme on avait vu le faire à d'autres. On avait bien des exemples, autour de nous, de filles qui devenaient géantes, portaient des robes différentes, allaient le dimanche – et cela leur était permis par leurs parents – « faire les Allées ». Elles rangeaient leurs poupées dans le haut des armoires, ne voulaient plus jouer aux étirettes, sauter les « coups doubles ». Avec d'autres, formées ou transformées en même temps qu'elles, elles tenaient de secrets conciliabules, assises sur le rebord du trottoir, comme avant, mais tirant bien leur jupe pour dissimuler leurs jambes. Leurs choses cessaient de leur être précieuses, elles les distribuaient : comme cet album qui m'échut un jour.

Brusquement, elles s'envolaient. Après des vacances un peu longues par exemple ou un événement particulier, c'était fini : elles avaient de vrais seins, passaient sans s'arrêter et ne nous adressaient plus la parole que de loin et avec condescendance. C'est ce qui arriva à Margot après la mort de son frère qui l'isola quelque temps. Fût-elle indisposée pendant ces jours où elle ne vint pas à l'école ? De moi-même, sans que Margot me tînt vraiment éloignée, je n'osais plus lui parler, sentant bien qu'une barrière était franchie pour elle – dont le marchepied avait été le deuil.

Alice s'éleva ainsi, en peu de temps, vers des hauteurs insoupçonnables et nous devint étrangère. L'autorité de Lili alors s'exerça, mais comme elle avait le désavantage d'habiter loin, elle n'eut qu'une force affaiblie qui donna leur essor à des règnes temporaires, compliqua et rendit plus variable, dans notre groupe, le jeu des pouvoirs.

Au même moment j'étais entrée au Lycée; j'étais la seule : j'eus un cahier de textes, un emploi du temps, un culotte de gymnastique, autant de choses gratifiantes. Des révisions, des compositions me tinrent plus longtemps au travail. Quelque chose m'était arrivé qui de trois ans pourtant fut insensible.

Un des événements qui me fit le plus d'impression fut l'entrée d'une de mes meilleures amies de l'école, Claude, dans le monde du travail. Elle devint apprentie dans un petit atelier de confection. J'allais parfois la chercher le soir et je ne saurais dire pourquoi j'avais honte. Elle me paraissait victime d'un malheur sans remède, précipitée dans un piège comme ceux que nous cherchions à éviter en mentant et trichant, mais grave cette fois, inexorable. En attendant l'heure, je la regardais à travers la vitre, penchée sur sa machine à coudre, tout à fait semblable à celle que j'avais vue penchée sur son bureau, découpant dans du papier une collerette pour son encrier.

Le dimanche, elle venait bien à la messe, mais l'aprèsmidi elle allait au bal à la Maison du Peuple et y rejoignait ses camarades d'atelier.

Pour ma fête elle m'offrit un tablier « de devant » en Vichy. Sa mère précisa qu'elle l'avait taillé et cousu – plutôt piqué – elle-même. Chaque fois que je voyais ce tablier rose quadrillé de filets bleus, j'étais saisie d'une incroyable tristesse.

Claude me racontait ce qu'elle gagnait « à l'heure », qui, multiplié, faisait à la fin du mois une somme dérisoire; c'était, expliquait-elle, parce qu'elle n'était qu'en apprentissage, mais qu'au bout de trois ans elle gagnerait « comme une femme ». Je la regardais, elle n'avait pas changé, je ne savais même pas si elle était indisposée et pourtant je la percevais radicalement autre. Ce fut la première fois où je compris qu'entrer dans l'âge adulte pouvait être autre chose qu'une promotion : un fait détestable et irréversible.

Et pourtant, comme nous avions eu envie de « vieillir », comme nous avions hâte de voir notre corps se transformer, de voir arriver la communion solennelle, de porter un soutien-gorge et de participer, avec de petits carrés de tissu éponge, au mystère mensuel du sang!

Les « grandes » depuis longtemps nous paraissaient si enviables! Sur elles, nous portions un regard plus facilement admiratif que sur les grandes personnes, trop différentes de nous, ailleurs. Elles, prêtes à entrer dans le temps radieux de la Jeunesse, dans ce temps qui participait des prérogatives des adultes sans en avoir le poids d'occupation, de soucis, de marques physiques, elles lumineuses de charme féminin, de responsabilités intéressantes en même temps que d'une liberté que n'avaient pas les adultes. Elles passaient sur le trottoir. Aux récréations, le dos au mur, elles parlaient entre elles ou bavardaient avec sœur Sainte-Anne. L'air lointain et dédaigneux, ornées de hanches et de seins, comme porteuses de secrets auxquels il ne convenait pas que nous eussions part, elles passaient, plus verticales que nous, dressées. Quelque chose, en plus des hauts talons, avait raidi leur corps – mais la taille n'était pas la seule différence, puisque certaines d'entre nous, « grandes pour leur âge », faisaient partie malgré tout du groupe enfantin.

Ces grandes nous intéressaient pour des raisons très différentes.

Ma sœur était tout en boucles blondes et yeux bleus, raffinée à l'extrême. Je ne pouvais rien faire sans qu'on me rappelât à quel point elle avait été sage, *jamais une tache, jamais un trou; on changeait de tablier le lundi parce que c'était le jour, mais il aurait pu faire une semaine de plus.* Elle jouait *tranquillement* à découper ses poupées, jamais elle ne sortait dans la rue. Elle était devenue une petite jeune fille lointaine et très jolie.

Jacqueline avait deux beaux yeux sombres, des sourcils incroyablement fournis, des nattes dures et larges d'une main qu'elle roulait parfois autour de ses oreilles. Elle était grave, pondérée, d'une sagesse qui me paraissait tout à fait inaccessible, faite de piété, de raison, de gestes mesurés. Sa sœur aînée peignait des images pieuses et qu'elle eût, si proche d'elle, une personne capable d'exécuter de ses doigts ces images précieuses, grandissait plus encore Jacqueline – si c'était possible – et rendait sa sagesse comme légitime. Je pensais « pas étonnant qu'elle soit si sage » et j'avais une sorte d'excuse pour ne pas l'être autant.

Si Jacqueline, haute et droite, était l'image de la grandeur intérieure, Madeleine suintait par tout son corps, sa grande bouche, son beau regard, le contact avec les garçons, comme Micheline, comme Odile. Leur distance était le péché, dont nous ne savions presque rien, mais que nous percevions dans le mépris moqueur de leur regard, dans leurs secrets, leurs phrases sybillines et leur mystérieuse disparition, à la fin du patronage, le jeudi, après vêpres ou à la sortie de l'école.

Christiane, à cette même école de l'Enfant Jésus, nous quitta *pour se marier.* On entendait dire autour de nous qu'on avait le droit de se marier à partir de quinze ans trois mois parce que c'était l'âge auquel s'était mariée la Sainte-Vierge, mais malgré cela, voir accéder au mariage une fillette à peine plus grande que nous, la savoir chargée d'un ménage, d'un mari et bientôt peut-être d'un enfant, sans la période intermédiaire où la fillette était devenue jeune fille et qui durait quelques années, nous parut monstrueux. Au lieu de la rendre intéressante cette circonstance la raya de notre vie. Elle habitait dans le quartier de Saint-Aphrodise et quand on la voyait arriver au bout de la rue avec son cabas à provisions, on partait en courant, on avait peur. Nous parlions d'elle, nous racontions cette histoire aux autres, nous montrions Christiane dans la rue, bien qu'il ne fallût pas montrer du doigt (on donnait à cela une raison effarante : « Dieu est partout et si tu montres du doigt, tu peux lui mettre le doigt dans l'œil » et nous nous étions transmis cette interdiction venue d'on ne sait où). Nous disions en tendant le bras : « C'est celle-là, là-bas, avec sa robe rouge » et nous filions à toute vitesse pour ne pas répondre à son « bonjour ».

J'étais entrée au lycée et cela avait mis fin à la si agréable utilisation de Saint-Pierre, Timothée ou Thomas, ces noms d'apôtres de la communion solennelle par lesquels nous aimions nous désigner. Je revenais au patronage le jeudi, le dimanche, j'y retrouvais celles qui étaient restées à l'école pour préparer le certificat d'études, celles qui y revenaient comme moi bien qu'elles fussent au centre d'apprentissage, mais je ne m'amusais plus à leur dire qu'elles étaient menteuses comme Pierre ou qu'elles faisaient leur sainte nitouche en imitant le Jean des images. Celles de la communion, qui allaient vivre la grande aventure qui nous avait occupées si longtemps ne me paraissaient pas du tout enviables. Cet événement, je le laissais derrière moi sans nostalgie.

Je jouais toujours mais progressivement j'abandonnai la dînette. Je demandais à ma mère de faire moi-même les beignets d'acacia du mois de mai. Un jeudi, je lus dans *Lisette* une recette de gâteau et je voulus le confectionner. Notre professeur de français nous fit découvrir l'agar-agar et avec tout cela je laissai « le semblant » pour la vraie cuisine.

Un jour, dans une dictée où il était question d'un « homme hagard », notre professeur avait trouvé « agar » écrit par Conception Granero, une petite Espagnole qui, dès que ses mains étaient libres, tricotait en classe sur ses genoux. Elle était héritière de ces générations de femmes qui ne pouvaient ni ne devaient rester les mains croisées, ni à la messe, ni même pour entendre le beau savoir. Alors, tout en écoutant, Conception tricotait. Ce professeur était connu dans la ville pour son originalité. Après la fameuse dictée d'Agar – comme nous l'appelions après – elle nous tint un discours stupéfiant. « Mademoiselle Granero, dit-elle, je devrais vous enlever deux points pour votre " agar ". Mais en le lisant je me suis souvenue de mon enfance. Avec mon frère, nous achetions de l'agar-agar chez le pharmacien et nous fabriquions des flans. J'ai eu un tel plaisir à me souvenir de cela en lisant votre faute d'orthographe que décemment je ne puis vous punir. Je ne vous enlève pas ces deux points. » Nous parlâmes longtemps entre nous de cette dictée d'Agar et même j'en fis un mot de passe dont je me régalai un temps. C'est ainsi que de cette manière inattendue, je découvris les mérites de l'agar-agar, dont je fis profiter mes copines du quartier. C'est que j'étais devenue plus grande : ma mère – qui elle aussi, je l'appris avec stupéfaction, connaissait ce mystère, mais le dénigrait « parce qu'un flan sans œufs c'est pas terrible » – ma mère me laissait tourner le lait bouillant.

La dînette fut donc abandonnée en premier, sauf en colonie où je continuai, moins souvent toutefois, à cueillir les cosses de genêt et de rouquette, à tirer des cuillères du buis, à fabriquer l'eau savonneuse de vaisselle avec de la saponaire, à faire des services à café dans des glands.

Je ne fis plus de maison dans une feuille de papier plié, et pourtant j'avais découvert les feuilles de copie qui avaient l'avantage de n'être pas trouées au milieu comme celles arrachées au cahier du soir.

Je cessai de découper avec une aiguille fine, parce que pour les travaux manuels il avait fallu m'acheter « rien que pour moi » une paire de vrais ciseaux pointus de couturière. A l'un des anneaux était noué un extra-fort où mon nom était écrit. En cours de couture j'appris avec ravissement la boutonnière et la poche « passepoilée » qui subjuguèrent ma mère. Elle me repassait les morceaux de toile des exercices avec admiration et me regardait les fixer d'un point de colle sur le cahier de couture. Les ciseaux cessèrent donc d'être inaccessibles et perdirent leur magie. Ils devinrent un outil commode dont j'usai avec plaisir, sans plus.

Une sorte de fadeur s'insinuait dans bien des choses, tandis que d'autres commençaient à devenir fastidieuses. L'or des images ne me fascinait plus, depuis que j'avais appris qu'avec un gramme d'or on pouvait faire un fil de deux kilomètres de long. La poudre d'or devenait poudre aux yeux. Je me mis à évaluer le prix des choses et découvris qu'un petit miroir rond, dont autrefois je ramassais tous les bouts dans une boîte quand j'avais le malheur de le briser, était un objet de pacotille. Depuis longtemps je n'avais plus joué au rat. Comment dotés maintenant d'un prix exact et relatif à la fois à la somme qu'on m'allouait parfois le dimanche, et à ce que dépensait ma mère pour la nourriture, un prix donc qui prenait sa place dans une hiérarchie des dépenses, les miroirs n'auraient-ils pas perdu une part de leur pouvoir ? Capter le soleil et le restituer était désormais affaire de physique.

Je patinais toujours avec ardeur et je jouais plus souvent aux pièces au patronage, mais le cours de gymnastique m'avait fait découvrir les barres parallèles, la corde lisse et le portique du stade Bessou. La roue et même le pont en perdirent du prestige et le ciment du trottoir me parut moins confortable que les tapis de caoutchouc.

La fréquentation du lycée me troubla beaucoup en ce qui concernait les lectures. Sans l'ombre d'un problème je m'étais délectée d'*Ames Vaillantes,* de *La Semaine de Suzette.* Dans le quartier nous continuions à nous passer les numéros, mais j'avais bien vu qu'il n'était pas bon de se glorifier de ces lectures. La seule chose à faire était de les cacher à mes professeurs. On nous donnait à lire des livres de *la* bibliothèque, interminables et ennuyeux. Quand on nous demandait ce que nous lisions et qu'au début je citais naïvement mes lectures, on avait même eu cette phrase : « Mais alors vous ne lisez pas des livres de *bibliothèque* ? » J'en avais conclu qu'il y avait deux sortes de livres : ceux qui ennuyaient et dont on pouvait sans risque se parer, que j'avais même intérêt à connaître, et ceux qui faisaient régaler et qui n'étaient pas « de bibliothèque ». Je garde de Corneille, de ce *Cid* où nous avancions à pas de fourmis d'alexandrin incompréhensible en alexandrin incompréhensible, l'impression d'une longueur démesurée et d'un ennui mortel.

Comment aurais-je pu parler du charme du catalogue de Saint-Étienne qui tenait aux dessins des objets, aux couleurs différentes des pages suivant les catégories d'articles – les roses, verts et jaunes étaient les mêmes que ceux du *Petit Bulletin de la Croisade eucharistique* – à la grande page glacée des mouches de la pêche que je contemplais en connaisseur ayant toujours gardé des plumes dans mes livres, un charme qui tenait aux pieds chauffés dans le four, un charme que je ne savais ni dire ni défendre ? Comment raconter le plaisir du monde plat des maisons découpées, si chaudes, si vivantes ? Comment aurais-je dit le bonheur de me plonger dans ces romans où des fillettes sages, aux chaussettes bien tirées, aux cheveux soigneusement peignés, que je ne voyais jamais jouer sur le trottoir, dénouaient des mystères, couraient des dangers, priaient Dieu et donnaient aux pauvres ?

J'appris à faire l'importante, mais d'une autre manière : dans le sérieux de l'étude. Prise au piège dans ma propre famille, je me cachais pour lire encore *Fillette*. J'appris, très lentement, à dissimuler certains délices, à ne plus en faire état.

A part mon savoir en couture – mais il me faisait forte dans une matière très inférieure – rien de tout ce dont j'étais savante ne comptait. Le roseau, en termes de cours de science, était « une tige cylindrique ligneuse à nœuds cloisonnants ». Moi, j'en savais la luisance extérieure, les fibres cruelles, la possibilité quasi magique de le transformer en tube à sel.

Je retrouvais dans les cours les objets de mon monde, mais comme décharnés. Leurs réalités sensuelles s'évaporaient. Ils ne contenaient plus rien, ni de l'usage, ni du plaisir. Les bulles qui sortaient de la bouche du crabe, l'œil pédonculé qu'il tournait furieusement de tous les côtés, l'odeur de plage qui montait du baquet du poissonnier, leur agitation dans le sac que j'écoutais en redescendant l'avenue au froid soleil de l'hiver; cet osselet dont je connaissais par cœur les creux, les bosses et le poids exact; de tout ce que je savais avec tant de certitude, je ne retrouvais rien, ni dans les livres, ni dans les interrogations de mes maîtres. Ma science était si inutile que je mis à penser qu'elle n'en était pas une. Pour la reconnaître comme telle, il me fallut beaucoup d'humilité et d'orgueil, et la conviction que les seules choses que j'ai acquises le furent de la main, de l'œil, du pied, dans les rues de ma ville.

« Tige cylindrique ligneuse à nœuds cloisonnants. » Je ferme les yeux. Je suis assise au bord de l'Hérault, contre la haie de roseaux qui font un crissement à peine audible. J'en serre un dans ma main d'enfant. Je déplie la feuille terminale pour en faire une flûte à un seul son. Elle se mêle aux friselis du fleuve. C'est plus beau que *Le Prélude à l'après-midi d'un faune*. Mais je l'ignore encore et aucun livre ne me l'apprendra. Aurais-je révélé les grands secrets de l'antipetitserpentigraphe, du nœud magique, de l'eau où je savais entrer sans me mouiller, que je n'aurais pas été plus prisée. Au patronage même, en colonie, les monitrices me poussaient vers autre chose, me conseillaient des lectures, m'interrogeaient sur mes résultats scolaires et me surveillaient pour savoir si je faisais convenablement mes devoirs de vacances. Pendant la sieste, je fis l'effort de lire *Les Chouans* et délaissai pour cela les ficelles et les tapettes, à la fois irritée de ne pouvoir agir à ma guise et fière de ma nouvelle importance. Je pouvais encore en tirer un grand profit auprès de mes copines. Je prenais l'air grave, tenais le livre comme un missel et si on me posait une question je la faisais répéter en prétendant que je n'avais pas entendu.

J'avais d'autres avantages, qui me « posaient ». On m'avait donné un bureau dans une salle de classe – le couvent qui nous recevait était un internat le reste de l'année – je m'y isolais pour faire ces devoirs, enviée des autres. Quand je partais en ayant bien soin de préciser plusieurs fois que j'allais *travailler*, ou quand je quittais le jeu sur l'appel de Laure et que je m'éloignais des métiers muets, il ne me manquait que des lunettes sur le nez pour éprouver un bonheur presque parfait. Un silence crayeux, un demi-jour entouraient ma retraite studieuse. Laure ou Denise venaient me dire un petit mot.

En plus de mes copines, maintenant, c'est les adultes qui me trouvaient intéressante. Ni mes parents, ni les religieuses, ni les demoiselles de la paroisse dirigeant la colonie ne m'adressaient plus la parole de la même manière. Mon public s'était agrandi. Autrefois, lorsque je me collais des épines de rosier sur l'arête nasale et le front et que ma mère disait « Qu'elle est bête, cette petite ! », ça m'était bien égal puisque je me préoccupais d'être tout à l'heure remarquée par mes copines du quartier. Maintenant c'est à ma mère elle-même que je cherchais à en imposer : je révisais mes compositions, la tête appuyée sur les mains, me récitant les leçons à moi-même, yeux clos, et je soignais mon attitude comme jadis lorsque je m'avançais vers la table de communion. Je voyais bien alors à travers les fentes de mes yeux – j'avais la technique – que ma mère me regardait et s'efforçait de ne pas faire de bruit (peut-être pensait-elle que je risquais d'avoir une méningite), je faisais tout pour qu'elle en ait l'idée : sourcils froncés, soupirs de fatigue.

Je lui demandais parfois de me faire réciter. Elle arrêtait son travail, s'essuyait les mains, prenait le livre et me rendait ce service. Je l'embarrassais en lui disant : « Pose-moi des questions. » « C'est que, disait-elle, je ne sais pas quoi te demander. » Et je me rengorgeais comme les pigeons des Allées quand, le jabot gonflé, ils marchaient lentement en posant leurs petites pattes rouges l'une devant l'autre. J'allais même jusqu'à demander à ma mère, perfidement, pour assurer mon pouvoir, de me faire réciter les leçons d'anglais. « Je n'y comprends rien », protestait-elle. « Ça ne fait rien, tiens le livre, cache-le-moi, demande-moi le mot en français. » – « Mais je ne saurai pas si tu réponds juste. » – « Ça ne fait rien, moi je le saurai. Pose-moi le verbe de la première colonne. Tu vois : to, tu dis tou ; puis le reste comme ça s'écrit. » Je récitais, sachant qu'elle était impressionnée par la langue des Américains si riches, porteurs de chocolat. Quand elle était petite, pendant la guerre de 14, ils donnaient des cours de langue aux enfants de son village de Lorraine et après distribuaient des friandises. C'était une langue savante et huppée. Je récitais et lorsque j'hésitais, je me penchais sur le livre, par-dessus son épaule : « ah oui », disais-je et je continuais à débiter les verbes irréguliers.

Quand parfois j'étais à mes devoirs ou quand le matin je partais avec mon gros cartable, elle me regardait d'un drôle d'air en disant : « tu deviens grandette ».

Dans le quartier, Josée, Germaine, Évelyne revenaient me trouver à la maison avec des problèmes, des analyses logiques, et d'un air compétent je dénouais les difficultés. J'en rajoutais même, comme autrefois : « Ton problème » est très facile quand on le résout par l'algèbre », disais-je. « Résoudre par l'algèbre » était une opération magique aussi bien auprès de mes copines que des adultes. Ils commençaient à m'intéresser plus qu'elles. Toutefois nous eûmes encore de beaux moments. Un jour je leur proposai cette énigme :

Un grand abbé plein d'appétit
(d'a, petits), a traversé Paris
(A traversé par I) sans souper
(100 sous P).

Une autre fois celle-là :

$$\frac{3\ \mathrm{A\ B\ O\ Q\ P\ H\ I\ E}}{3\pi\ R^2} = 3\ \mathrm{Q\ B\ C}$$

3 abbés (AB) occupés à chier, (H.I.E.)
sur trois pierres carrées, égale :
trois culs baissés.

Et encore L.H.O.O.Q. (Elle a chaud au cul)

« Je peux vous donner 14 décimales de π » disais-je et je récitais : « que j'aime à faire apprendre un nombre utile aux sages. Immortel Archimède, artiste ingénieur. »

Tout un jeu de mensonges et de tricheries s'installa pour faire valoir mes talents, forcer l'admiration et j'y mis autant d'habileté que je l'avais fait avec ma marraine et ma cousine de Paris, pour que le mensonge, invisible, ne pût être découvert. J'annonçais un 16 invérifiable au lieu d'un 14 en devoir. Je me faisais 2e au lieu de 4e. Je racontais mon triomphe à l'interrogation d'Histoire ou de

Sciences naturelles. Une fois, j'eus la chance d'être emmenée à l'infirmerie pour une plaie qui s'était mise à saigner, en pleine compo d'Histoire et pourtant j'eus un superbe 18. J'en fis usage longuement. J'amenais à Laure, Denise, à sœur Sainte-Anna la liste des prix et je prenais en colonie quelques livres pour les lire pendant la sieste – dont les fameux *Chouans* qui m'ennuyaient tant. Mais je préférais m'ennuyer que de perdre la considération de Laure et les avantages qu'elle me donnait.

Longtemps malgré tout, je restai fidèle aux osselets – j'aimais l'idée que c'était un vrai os et que le temps et l'usage des doigts le fissent jaune et lisse comme l'ivoire – aux patins à roulettes. Puis un jour, mes petites roues à la main, marchant un soir de juin sur le trottoir de ciment dont je connaissais tous les traits si utiles, toutes les nuances de couleur du beige doré au gris (les martinets tournoyaient, les odeurs de friture me parvenaient par vagues) au lieu de la félicité de naguère, je fus gênée, j'eus envie de cacher mes patins, de faire oublier que je venais de l'avenue, de n'être plus que cette fillette déjà grande qui partait le matin vers le lycée et deviendrait, peut-être, maîtresse d'école.

Pour cela, j'avais compris qu'il me fallait opérer un balayage à l'intérieur de ma tête et la remplir d'autre chose. On ne me vit plus rue Branly en train de déguster mon coco en marchant, en train de mâchonner à grands bruits de succion et de coups de mâchoires la réglisse de bois qui mettait des grimaces plein le visage. Il y avait eu pourtant un temps où rien d'autre ne comptait que la salive anisée tirée du bout de bois. Je ne dis pas que je n'en mangeais plus, je dis simplement que ma nouvelle dignité m'interdisait de le faire dans la rue. On ne me vit plus en train de boire aux fontaines, dans une position acrobatique pour éviter de me mouiller les pieds ou assise sur le haut de la borne, coinçant le bouton sous mes fesses pour qu'une autre boive. Je trouvais que ces gestes des petites, en train de sauter, de courir, de se tirer par le bras, étaient déplacés, malpolis, vulgaires : j'aurais eu honte de m'y livrer. Les appels aussi m'apparurent peu convenables, de ces femmes qui ouvraient leur fenêtre pour lancer le nom de leur fille ou crier au marchand d'huile qu'elles arrivaient, les invectives contre les gosses jetées à plein gosier sur le trottoir, les disputes, les éclats de voix, les rires des fêtes passant à travers les rideaux de l'été. En rédaction, ou lorsqu'on nous faisait faire des phrases, je ne racontais ni la glacière municipale, ni la communion solennelle, ni l'érodion planté dans la laine du tricot et tournant en y faisant pénétrer sa tête velue, ni le bleu de méthylène, ni le « Ballon rouge » que chantait ma tante.

Je ne parlais pas des chemins de vignes de janvier et de leur lumière, quand nous cherchions les amandes tombées. Je n'aurais pas osé raconter comment, trouvant une amande double, je la partageais avec une autre fille et me tenais prête le lendemain à crier « Philippine » la première. Ce qui avait fait mon bonheur devenait puéril.

Personne ne m'avait dit de le cacher, personne ne m'avait imposé de m'en nettoyer. C'est de moi-même que je tus mon goût pour les coffrets de carton recouverts de coquillages nacrés où il y avait écrit « Souvenir de Valras », pour la boule transparente où il neigeait sur Notre-Dame de Lourdes. Non seulement je le tus, mais au-dedans de moi je leur refusai mon adhésion, comme à un enfantillage dépassé. La boule neigeait toute seule dans un coin de ma mémoire près de la crèche de Fonserane et du corps de cire de Saint-Victorin. Je me mis à douter, à propos de tout, de mon « bon goût » qui était celui de ma mère et des miens.

Une fois peut-être eût pu se débloquer cette force rentrée. Lors d'une rédaction où il s'agissait de parler d'une fête, je racontai exceptionnellement l'élection du maire du quartier, son apparition sur l'estrade ceint de bleu, blanc, rouge, avec son conseil municipal, le discours qu'il fit où il nous promit un « fauteuil à vendanger » avec lequel on pourrait couper commodément le raisin, qu'il ferait fabriquer « en Amérique », pliable, léger comme une plume, agrémenté d'un petit parasol. Je parlai de la « bande à Jacky qui s'en croyait tant et plus » parce que la fête se déroulait chez elle, devant le café, et l'emplissait de monde. Je décrivis les ampoules colorées du bal, les bons repas dans les maisons et les draps de lit qui servaient de nappes.

Le professeur m'interrogea longuement sur ce que j'avais écrit, mais je ne compris pas le sens de ses questions, sauf que j'avais révélé quelque chose que je désirais cacher. Tout l'interrogatoire me parut suspect. Maintenant, de l'autre bout du temps, je crois que cette femme était amicale et me révélait ma richesse. Ce n'était pas l'heure. Et je ne la compris ni ne la crus.

En devenant différente de mes copines du quartier et de l'école, différente non seulement de mes parents mais de tous les adultes qui leur ressemblaient, commençant d'entrevoir que ma vie ne serait pas la leur, je me dépouillai, du moins à l'extérieur, de toutes leurs façons de parler, de leurs manières de bouger le corps et petit à petit des idées et des raisonnements qui leur paraissaient incontestables.

Une irritation me prenait lorsque ma grand-mère parlait de son ancienne patronne en disant « Madame voulait », « Madame demandait » et des enfants en les appelant « les petits monsieurs » et « les petites demoiselles ». Le personnage de mon arrière-grand-père – Carayon Pierre-Étienne 1851-1910, dit le cœur d'émail pendu sur sa tombe – changea de visage. Il m'avait longtemps enchantée, ce doux aïeul illettré, fileur de laine dès l'âge de neuf ans, qui sans savoir lire ni écrire « ne se trompait jamais dans les paquets de laine » que les paysans du pays apportaient à la filature. Ma grand-mère montrait fièrement la médaille du travail en mauvais métal, présentée dans un petit cadre de velours vert, qu'il avait gagnée en travaillant pendant trente-cinq ans dans la même usine Chabbert, à Lacaune. Un beau diplôme, encadré lui aussi, l'accompagnait.

Ma grand-mère, sa fille, venait le voir à la filature. Il l'asseyait sur la barre du métier, qui fonctionnait avec la force du courant de la rivière, et il lui disait que c'était un manège. Ma grand-mère aimait toucher à pleines mains la laine encore odorante des ballots. Parfois, Pierre-Étienne l'arrêtait dans ses investigations :

« Non, celui-là ne le touche pas.

– Pourquoi ?

– Parce que.

– Parce que quoi ?

– Parce qu'il y a quelque chose dedans.

– Quoi ?

– Chut ! »

Il se faisait prier un moment et annonçait d'un air mystérieux : « Un petit rien tout neuf dans des patettes rouges. »

Ma grand-mère nous faisait souvent le coup des patettes rouges quand nous voulions toucher à ses tiroirs, et j'avais beau savoir que ce n'était *rien*, je ne pouvais m'empêcher de penser à la chose précieuse enveloppée de chiffons rouges. C'était presque aussi beau que l'anti-petitserpentigraphe et j'adorai, Carayon Pierre-Étienne jusqu'au jour où je compris qu'il travaillait à l'âge de neuf ans, qu'il avait dans sa vie travaillé jusqu'à douze heures par jour, qu'il faisait nuit ENCORE lorsque tout enfant il partait à la filature, qu'il faisait nuit DEJA lorsqu'il rentrait le soir, qu'il dégageait des cendres les pommes de terre qu'on avait réservées pour lui et se couchait dans le bas d'un buffet parce que la maison était petite et les enfants nombreux. Il ne me faisait plus sourire, cet homme dont la tête était pleine de laine, il me donnait envie de pleurer et j'étais plus triste encore de le savoir satisfait de son sort.

L'autre arrière-grand-père, Rouanet, celui des « louis d'or », était venu de Sauvergues. On m'avait raconté que, dérouté par la civilisation, il voulait à tout prix allumer sa cigarette à l'ampoule électrique. Avec les cageots et cagettes que jetaient les jardiniers des Halles, il fabriquait des paquets de bois pour faire prendre le feu le matin et les vendait pour quelques sous. Il adorait la foire et l'hiver, tous les dimanches il s'y rendait, s'installait à une loterie. Là il jouait « dans sa tête », sans rien miser. Il se disait « je mets sur le 7... ou sur le 4 » et il gagnait ou perdait. En rentrant, il annonçait : « Oh! aujourd'hui j'ai pas eu de veine, j'ai tout perdu » ou alors il était tout content : « C'était bien. J'ai gagné tant de kilos de sucre. » Je pensais à lui encore que je fréquentasse peu les loteries. Je passais un moment près d'une table pour profiter de l'organisation des chiffres qui ressemblait à une marelle et qui me plaisait à cause de cela. J'aimais aussi la chaleur des gens alignés, des lumières vives. J'aimais le bruit des grandes roues que le propriétaire de la baraque lançait d'un vigoureux coup de poignet, une dans un sens, l'autre dans l'autre, dont l'une indiquait le numéro gagnant, l'autre le nombre de kilos de sucre gagnés. Ce qu'il y avait d'inscrit sur ces roues, gris et brouillé au départ, laissait apparaître les chiffres au fur et à mesure du ralentissement. Auguste Rouanet devait suivre la progression de son numéro vers le but d'un cœur battant même si ce n'était pas « pour de vrai ». Et il vint un jour où je le compris merveilleusement. C'était exactement comme lorsque nous jouions : à la marchande nous étions heureuses d'avoir bien vendu, à la dînette d'avoir réussi notre gâteau de terre, sans avoir investi rien d'autre que des émotions, le plaisir de craindre et d'espérer sans aucune conséquence pour la vie réelle. On se fâchait, on pleurait, on se battait, on était le soir triste ou gai, mais on avait joué pour jouer. Parce qu'il n'avait pas de sous, Auguste était dans l'essence même du jeu.

L'idée de pauvreté me vint. Ma petite amie entrée à l'atelier faisait partie des pauvres.

J'avais perdu l'innocence où je vivais et dans le confort de laquelle il n'y avait pas d'ambition sociale, pas de conflits, pas de misère, où le bas d'un buffet pour lit, le petit ouvrier de neuf ans, avaient pu me paraître simplement étonnants et charmants. Je quittais progressivement ce monde dont l'ordre me donnait un bonheur sans nuages et sur lequel je ne me posais aucune question amère. En perdant l'innocence, je commençai à me trouver peu élégante avec mes vêtements arrangés, allongés, avivés par l'astuce de ma mère et de ma grand-mère, que jusque-là j'avais vue comme des habiletés comparables au fait de savoir tirer une robe des feuilles de châtaignier. J'eus honte de mes culottes de coton qui, bien que destinées à être invisibles, étaient décorées de trou-trous et ornées d'un picot au crochet, de mon cartable que je trouvais râpé, des chaussettes de coton rouge tricotées par ma grand-mère qui apparaissaient au bout évidé de mes sandalettes, taillées pourtant avec soin. Ça ne me faisait plus rire ni sourire. Je trouvais ça laid, voyant. J'en avais assez des habits qu'on me passait. Habiter, un jour, une maison qui ne serait pas du tout comme celle des papiers pliés, qui m'était pourtant apparue longtemps comme un absolu de bonheur, devint une réalité accessible.

La richesse, l'argent avaient été une occasion de rêver, de parler longuement ; maintenant je me mettais à croire que tout ce qu'ils donnaient pourrait m'appartenir « pour de vrai ».

Un jour mon père me donna des nouvelles d'Angèle, l'héroïne de *La Soupe aux épingles.* C'était l'été. C'étaient des jours exceptionnels. Nous étions bien contents. Je venais de réussir à l'École Normale. Je brodais mon trousseau – car j'avais un trousseau maintenant comme les héritières – je le brodais de lettres rouges au point de croix. J'éclatais d'orgueil.

Mon père en arrivant pour manger me dit qu'Angèle Milian était mariée.

« Elle a épousé le fils Tor. Tu le connais ? » Oui, je le connaissais. Nous avions vendangé dans la même colle.

« Eh bè, elle s'est mariée avec lui, il y a quelques mois. Tu m'as compris, tu m'as. Le mariage devait presser. »

C'était l'été et j'allais quitter ces gens pour lesquels la vie de tous les jours avec le prix du gaz, celui du pain, les augmentations, posait d'incessants problèmes. J'étais déjà de l'autre côté de la barrière.

« Je la vois passer devant le garage, ajouta mon père. Elle pousse une voiture d'enfant. On dit dans le quartier que son mari la bat. »

J'entrais dans un monde autre, doublement : chez les adultes et dans une autre catégorie sociale. Je devais découvrir, au fil des ans, qu'on y faisait son intéressant et son important, qu'on y mentait et qu'on y trichait, qu'on y jurait des choses fausses, qu'on jouait à la dame ou à la marchande. La seule différence était que les billets n'étaient plus découpés dans la marge blanche du *Midi libre*. Il y avait de cruelles soupes aux épingles, des cuillères et des fourchettes, mais ce n'était plus « pour de rire » et le temps d'un jeu. On s'y rengorgeait du mystère de mots savants. Il y avait les initiés et les autres : ceux qui éliminés du jeu devenaient spectateurs. On avait des choses aussi qu'on gardait jalousement dans des boîtes, non plus de la poudre de papillon ou un petit lézard sec, aplati par une pierre, devenu d'un bleu-vert métallique, mais des bons du Trésor, des bijoux d'or. Chez les adultes, il y avait des garçonnières et des rapporteuses et des maisons, des chambres abstraites comme celles de la marelle. Simplement ça n'avait plus le même nom. Les choses et les maisons s'appelaient des biens, le rapportage la trahison, les mensonges l'habileté, faire son important, avoir un poste de responsabilité.

Je tenais enfouis, pour mieux jouer aux jeux des grands, le café fabriqué avec de l'eau et du vieux marc, le plongeon appris chez des dames de Saint-Maur, l'étonnant total hebdomadaire de sœur Sainte Anna, ma photo de communiante et les images *imprimées à mon nom* de ce grand jour, les principes des Ames Vaillantes – « l'âme vaillante est propre et soigneuse », « l'âme vaillante a le regard franc et le cœur pur », « l'âme vaillante est ardente au travail comme au jeu ».

Je devins habile aux surfaces des trapèzes et des losanges, au volume des troncs de cônes et des sphères.

Un temps, il y eut pour m'en souvenir des espèces de comptines :

« Le carré de l'hypoténuse
Est égal si je ne m'abuse
A la somme des carrés
Construits sur les autres côtés. »

« Le volume de la sphère
Est égal si je sais le faire
A quatre tiers de πr trois
Même si la sphère est en bois. »

Il y eut, pour retenir les conjonctions de coordination : « Mais où est donc ornicar ? » contre lequel nous prévenaient nos maîtres car *où* était *ou*, et : *est, et.* Pendant ce moment de fragile équilibre, je pus croire que ces formules n'étaient pas loin de :

« Elle a des talons hauts
Une jupe à carreaux
La fermeture Éclair
C'est Joséphine Baker [2]. »

« Mais où est donc ornicar ? » était étrangement semblable à « Unidor tu sors dans un corridor plein d'or. »

Toutefois tout bascula vite car maintenant je savais. Les nombres complexes, le plus grand commun diviseur, le plus petit commun multiple, la règle de trois, les intervalles, le mariage du plus et du moins étaient les mystères auxquels j'étais conviée. Mais ça, pensais-je, c'est important. Je savais qu'il ne fallait pas dire « Qu'est-ce que faire ? » ou « sas que », et que de même que les livres que je lisais autrefois n'étaient pas de bibliothèque, la langue que je parlais n'était pas du bon français. De certains mots que j'employais, qui m'avaient servi pendant des années, comme « ramonetté » ou « être encroyeuse », j'appris avec quelque stupéfaction qu'ils n'*existaient pas.* D'autres, comme « s'assir », « plancarte », et même « plancarde » étaient des barbarismes. « Je suis été [3] », une horreur ; de même *un* asperge, *un* moule (le coquillage), *une* pétale. Pour « s'en rappeler » qu'il ne fallait plus utiliser on nous asséna une formule que j'enregistrai dans l'instant, tant elle était vigoureuse : « Cent rats pelés ne font pas une bonne soupe. »

Quant au roman de Pol et Loïc d'Arvor, à cette histoire nostalgique et inachevée, je l'avais oubliée. L'important était de trouver la bonne solution, d'avoir dix sur dix et non de penser au verger et au jardinier de Mme d'Arvor.

Le chemin devait être long qui me ramena au trésor enfoui, et je l'ai livré.

J'ai voulu tout dire du ciel et de l'enfer, des lignes du trottoir, du fil cueilli sur la jupe, de mère que veux-tu ?, des poses, de un, deux, trois, soleil, de il ou elle, de cuillère et fourchette, des fleurs de marronniers blanches ou roses, des trompettes de Jéricho, du bleu des glycines, des marrons devenus des troupeaux, des arbres de Judée et de leur moisson rose, à leurs pieds comme une ombre en couleur, de l'espangassat ou troue-sac aveugle et vivant, avançant dans la manche, des hirondelles de la folle avoine, du gafarot emmêlé à la chevelure, de l'éclatement du cornichon sauvage, de la pigne amandière et de ses mystères emboîtés les uns dans les autres, du moment où elle est fermée comme une tirelire, jusqu'à la main de Jésus que recèle l'amande dans sa coque poudrée de noir, du coucou venu aux arbres fruitiers en morceaux ambrés, du kaki pendu sur le plaqueminier nu de l'hiver, du coco Boer qui mouillé de salive change de couleur, de la réglisse de bois, des fougères des murs à goût de réglisse, de l'inaccessible chingom, des miroirs ronds trouvés dans les surprises, du monde inverse des devinettes, des cigales de fer et des vraies cigales de juillet, des flûtes, l'une verte, souple, l'autre de bois soyeux, sorties des canisses, des anges, pensées matérialisées mais si peu incarnées, passant dans l'air de l'été, de la fleur de pissenlit capable de deviner, de son fruit comme une sphère d'air et de graines, des boules vieilles, des jeunes boules du platane, de la confiture dans la silique du caroubier, de l'hostie au bord des nougats, de celle qui enrobait certains cachets, de l'hostie non consacrée dont on nous donnait les débris, de la vraie qui nourrissait le cœur, des boîtes de car domino, des chiques de la foire qui de malléables devenaient cassantes comme du verre, de la saucisse de Jésus vendue sur les Allées par la mère de Sandra Clairsoleil, qui ornait son kiosque d'affiches de sa fille artiste et chanteuse, des frites de la colonie, de celles de la maison, de celles de la foire, des boules de cyprès, du puzzle dans le platane, de la poudre des lys et de celle des boules vieilles de platane qui nous faisaient un maquillage jaune, des bobines de fil vides, des liserons comme boas, des boîtes de gonacrines, de la grosse boîte métallique où ma mère gardait les boutons, du jeu de petits chevaux qui se pliait comme un livre, des cinq osselets dont l'un était rouge et dont la série contenait à peine dans nos petites mains, de Marchipotel, des feuilles de lierre, des plumes d'oiseaux et des lézards, des images pieuses où rêvait la poudre d'or, de l'argent mat des boîtes de saccharine emplies de minuscules pastilles de sucre qui n'en était pas, du bleu ineffable de la fiole d'optrex, des tapis de bourres de laine arrachées à nos tricots, de la balle au mur et de la chanson où nous mimions, tout en lançant la balle, les aventures de la fillette qui avait cassé un carreau – « je joue à la balle, contre la muraille, un peu plus haut, je casse un carreau, la balle roule dans un fossé, un homme passe, me la ramasse, la met dans sa poche et puis s'en va, je monte à la maison, papa lisait, maman cousait, petit frère dormait et moi je pleurais. Papa me dit, pour pénitence tu me feras trois tours de danse, en voici un, en voici deux, en voici trois » –, de la corde à sauter accrochée au poteau, des coups doubles, de la dînette, de la dame, des pétales de géranium ou de rose collés sur les ongles d'un peu de salive, de la marchande et de son étalage, des pièces et de la soupe aux épingles, des poupées, de l'autel dans le bureau et de l'encrier avec sa fraise de papier découpé, de l'écho de la rue des Bains, de la correspondance autour de la table, des carnets de papiers à cigarette JOB, du couvercle des boîtes de sucre, des secrètes perles des morts, des petits cinémas au creux de la main, des épingles à nourrice, du pain grillé sur le dessus de la cuisinière argenté de zébracier tandis que les pieds se chauffent dans le four, des maisons aux pièces dessinées à la craie, de la couture faite à points minuscules ou à points de Jésus, des découpages, du tricotage et du délectable piège du point mousse, de patte malade et de patte perchée et des patettes rouges, des robes, couronnes, ceintures et même souliers en feuilles de châtaignier, de marronnier, de mûrier accrochées les unes aux autres d'une branchette de bois ou d'une aiguille de pin, de l'herbe qui accroche, des poupées de coquelicot, des rintintins, des écorces de pin taillées en meubles ou bateaux, de l'achat des petits nègres et du choix de leurs noms de baptême, des boîtes à chaussures, des services de porcelaine dont on ne jouait que dans la maison, des dînettes ou ménages de fer et de terre, des boîtes à couture, des mallettes, des travailleuses en cotonnades fleuries sur leur X de bois, des rouleaux de réglisse, des bonbons dont nous disions qu'ils étaient faits de rondelles de carottes à cause de leur cristallisation circulaire, des bouchées couvertes de chocolat, de la visite des églises et du décor théâtral des reposoirs, des reliques en os noyées dans la cire, de sœur Jacquette, de la muscari qui parlait latin, du catalogue de la manufacture des armes et cycles de Saint-Étienne, des petites qui comptaient pour du beurre, du chocolat râpé sur la tartine, de l'acrobatie du panier, de la feuille de houx, de celles qui se trouvaient mal à la messe et de l'odeur de l'alcool de menthe dans le petit matin, des balances vraies ou improvisées, du Nain jaune, du Loto, des gouttes bleues, des gouttes rouges cherchées aux herbes folles, du passage à travers l'étable à vaches, du trajet du lait, des fontaines à bouton ou à roues, des patins à roulettes, du carton des cotons à repriser, du tapis gaufré des boîtes de remèdes, du tube de verre de la vanille, de Marie-Madeleine va à la fontaine, du cochon pendu, du grand écart, de la roue, de l'homme droit retombé en pont, de la feuille de lys dans l'alcool, des trous dans le genou, de quarante et un de fièvre, du sang de bœuf, des saignements de nez, de l'opération de l'appendice, d'ami-fâchée le trou du cul bouché, de se lier les doigts avec du papier collant, de se coudre les mains d'une aiguille et de fil, des messes basses sans curé, de Prem !, de la bombe dans le plantain, des ramonettes, des olivettes, de « dans la pomme ou dans la cerise ? », des épines de rosier collées sur le visage, de se faire des verrues, de la femme sans tête, de la bombe atomique, des nains et des géants et des puces savantes de la foire, des autos-scooters, du magic-city, des casseroles, de l'avaleur de grenouilles et de verre, des yeux de Jésus et des yeux de Marie, des noms à l'envers de Castelbon devenu Noblesac, de Béziers la ville la plus riche, de « il n'est ni rond, ni carré, ni pointu, il est ovale mon trou de balle », de péter, des métiers muets, de mettre au pot, de poing féminin godin, des coloriages, du papier d'argent, de la poudre de papillon, de toréador ton cul n'est pas en or, des Espagnols de merde, de la menthe à l'eau, des ailes de cigales ou de libellules, des baies sauvages, de la mousse de savon, du fruit de la luzerne comme pendant d'oreille, des bouts de craies, des descentes de chenaux, des plaques d'écoulement et de leur fente s'ouvrant sur le mystère, des bouches d'égout et du noir de la terre, des plaques de gaz et des prises d'eau, des ficelles, des hiboux dans le buis, de ses pouvoirs de divination, des cuillères que recèlent les branches, des fleurs séchées, du facteur qui n'est pas passé, des feuilles en dentelle, des feuilles naissantes du platane, des pattes d'oiseaux, des fromageons, des amandes vertes encore cristallines, des mûres, des bouteillous, de tous les acides fruits verts, des fleurs de tilleul, des cosses de genêt et de rouquette, des lumières, des érodions qui tournant au poignet du pull-over disaient les heures du jeu, des étirettes si dangereuses, de « je déclare la guerre », de la glacière municipale dans les rues chaudes, du noyau d'abricot, de la grenade magique, de la micocoule, de la jujube, des glands où était caché tout un service à café ou tout un troupeau de cochons, du pied dans la main, des jardins dans la poussière et du pouvoir d'incarnation des mots, d'entrer dans l'eau sans se mouiller, de la peau d'orange et des petits Jésus, des buvards-réclame et des protège-cahiers, du recouvrage des livres, du dévidoir de fer, de la procession et des pétales de fleurs lancés à pleines poignées, des déguisements en ange, des ailes emplumées, de l'or et de l'argent des costumes, de la crèche de Fonserane, des neuf écluses et des portes de l'eau, des bijoux de lilas, de « je t'aime, un peu, beaucoup » dans les folioles d'acacia ou de marguerite, de la liste des péchés, de la *Croisade eucharistique* et des Ames Vaillantes, de la lumière des vitraux, des cabinches, des virgules, des sentinelles, des garçonnières, des importantes, des intéressantes, de la grosse et de la petite, de l'épicerie du quartier, de la boulangerie, de faire « ça et ça », des gommes, des porte-mine, des éponges, des cahiers du soir, des boîtes minuscules où étaient rangées les plumes, de Pol et Loïc d'Arvor, de *Lisette* et *Fillette*, des herbettes, des vies de saints, des cantiques, de complies si douces et si tristes, de l'or fabuleux, de philippine, de Saint-Aphrodise, de monter en ville, de la fête du quartier et du maire comique, des bordures de trottoir en granit ou basalte, du ruisseau pavé de galets de rivière par endroits, des grattoirs de fer devant les portes, des perfides entravettes, de Pince-mi et Pince-moi, du non moins perfide « il est vrai ce mensonge ? », des ciseaux, du découpage à l'épingle, de l'angora, du satin et du tulle, de la dentelle et des broderies, des diamants dans l'euphorbe, des bougnes, de faire des jours, du sedum des murailles, de « Je me suis rendue », de la petite communion et de la communion solennelle, des saponaires, du cirage du bureau à la bougie, des gitanes ou caraques, des balles à élastique et des pistolets à eau de la fête païenne sur la place de l'Église, des moulins multicolores tournoyant au vent d'avril avec les semences de platane, des tableaux vivants, de la chaîne des dames, de la leçon de maintien, de s'enculer – j'ose-à-peine-l'écrire –, des billets reçus, des chemins de vignes des promenades, du plongeon, de la croix d'honneur, du dictionnaire Larousse où nous cherchions quiquette, du catech, du bleu de méthylène antiseptique d'un bleu de pierre précieuse, des têtards, des grenouilles vertes, des lézards morts ou vivants, de juler et de jurer, des pailles pour boire, des bâtons sculptés, du carex, des femnettes, de la racine de garance, de patelle et demi-patelle, pas de fourmi, pas de géant, du fruit de l'iris, de la passiflore, de séparer aux pieds et d'avoir un an.

Tout, sorti, débusqué, après avoir été enfoui. Sorti à la lumière, et épousseté pour m'en émerveiller. Tout, jusqu'au secret de ce que nous ne nommions qu'à voix basse, ou d'une émission de voix brouillée par la paume de la main. Tout, jusqu'au mirifique mot de passe, celui qui ne donnait rien de plus que d'être admis à participer à un mystère inutile, sans signification, ce mot qu'aujourd'hui j'ai livré à l'endroit et à l'envers parce que je ne sais pas résister au plaisir de me rendre intéressante, l'inatteignable, le pas vrai plus vrai que le vrai, le mirobolant :

A N T I P E T I T S E R P E N T I G R A P H E
E H P A R G I T N E P R E S T I T E P I T N A

Et je dédie ce livre à ceux qui furent près de moi :

à ma mère, à l'instant où j'ouvre la porte et où je rentre dans l'ordre domestique ;

à mon père quand il sort de sa musette, pour moi, une pigne amandière ou pose dans ma main une plume de palombe ;

à ma sœur, qui préfère perdre, plutôt que de rassembler dans sa main l'immonde famille Lavinasse ;

à Pierrette, suçant son chocolat sous nos yeux envieux

après avoir mangé la mie de son pain avec un morceau de croûte;

à Mizou en cette minute où nous contemplons la beauté éphémère de notre jardin – derrière la haie coule l'Orb d'or;

à Lili, dans le temps immobile où son pubis va toucher terre;

et à Alice, assise en amazone au bord du trottoir, comme une reine, rassemblant, d'un coup, les cinq osselets dans une seule main et éclatant de rire.

Béziers, le jour du solstice d'hiver 1989.

NOTES[1]

1. Nous utilisions beaucoup de mots occitans adaptés en français : par exemple ringueta devient ringuette. Ils seront ici signalés par la mention (*oc.*).

CHAPITRE I

Des années toutes rondes

1. Jacquette de Bachelier : sainte biterroise du XVIIe siècle, cordelière, dont la dépouille est encore vénérée.

2. « Connaissez-vous Nénette et Rintintin
Qui faisaient la chasse aux sous-marins
Nénette et Rintintin se sont noyés
Dans un verre de café au lait
Tout chaud et bien sucré. »

« Une négresse qui buvait du lait
Ah ! se dit-elle si je le pouvais
Je tremperais ma figure
Dans un bol de lait
Je serais plus blanche
Que tous les Français. »

3. Pech, (*oc.*) : mot occitan qui désigne une colline.

4. Mot occitan francisé, désigne les gitans, dit aussi gitanes même pour les hommes : c'est un gitane (*oc.*).

5. Points de Jésus : points énormes et hâtifs.

6. Marelle : il sera souvent question de ce jeu que nous nommions palais (et non palet). On y pousse un caillou plat du bout du pied dans un dessin chiffré. C'est là le principe mais les variantes sont très nombreuses suivant la forme du dessin et la manière d'avancer sur un pied. On doit en connaître une centaine.

Les dessins de base sont : la marelle à carrés ▶

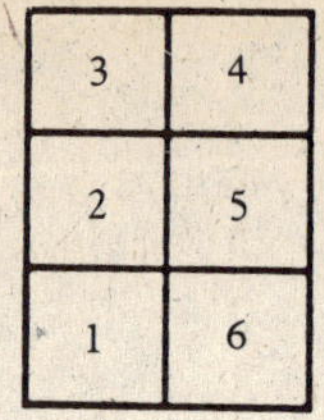

La marelle avion ▶

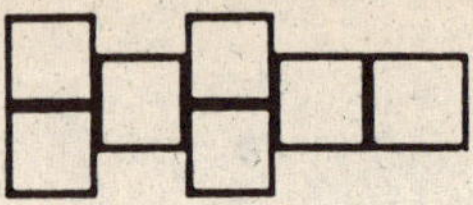

la marelle escargot, du type ▶

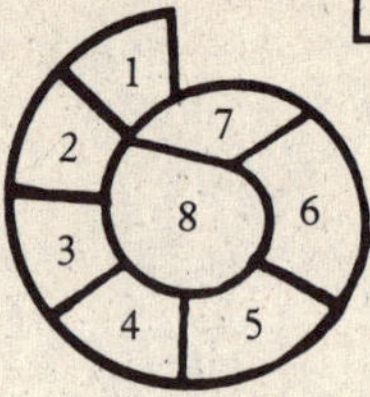

Les handicaps de base sont : sans parler, sans rire, sans bouger, pieds croisés, yeux fermés, etc. Il existe toujours un carré de repos et des zones dangereuses (prison ou enfer).

7. La colle est l'ensemble des vendangeurs organisés en une équipe de coupeuses, porteurs, quicheurs, videurs de seau parfois, meneur, meneuse et porte-meneuse. Le nombre des coupeurs est un multiple de huit, quatre de chaque côté de la comporte dont s'occupe le quicheur et que les porteurs amèneront, quand elle sera pleine, jusqu'à la charrette.

Sur les vendanges on peut consulter « Le troupeau d'abeilles » de l'auteur.

8. Le meneur, ou chef de colle, dirige les vendangeurs dans l'ensemble de la propriété.

9. Capouner, (*oc.*), farcir, laver la figure, étaient les amusements adultes du groupe de vendangeurs. « Capouner » c'était embrasser pour l'oubli sur la souche d'une grappe de raisins, « laver la figure » écraser une grappe par surprise sur le visage, et « farcir » remplir tous les vêtements de feuilles.

10. Les coupeuses devaient en effet respecter l'alignement – donc le rythme – de la porte-meneuse.

11. Ringuette, (*oc.*) : trois cailloux par joueur – on joue à deux – à aligner sur le dessin suivant tracé dans la terre.

Greli-grelot : dans les deux paumes rassemblées en conque, on agite un certain nombre de cailloux en chantant : « greli-grelot, combien de grelots dans mon petit sabot ? Y en a... » l'autre doit deviner le nombre de cailloux en écoutant le bruit.

12. Fille : en parlant d'une gamine de notre âge nous disions une « fille » ou une « copine ». « Il y a une fille qui dit que... », « ma copine fait ça ». L'une comme l'autre de ces expressions était interdite par les religieuses comme d'une insoutenable vulgarité. Nous ne savions pas pourquoi. Cela ne nous empêchait pas de les utiliser entre nous.

13. Lumière : fruit de la scorsonère sauvage qui s'épanouit en une sphère d'air et de graines (publicité de Larousse).

14. Espangassat, (*oc.*) : appelé aussi « diable » ou « traucasac », l'orge des rats.

15. Ombilic à feuilles pendantes.

16. Buis : certaines feuilles du buis sont concaves au lieu d'être plates. Il suffit de garder une de celles-là au bout d'une branchette pour obtenir une très ressemblante cuillère.

17. Nous écrivions et pensions « palais » au lieu de palet, pour toute marelle, sûrement parce qu'on y gagnait des chambres et que le dessin ressemblait à ces maisons que nous avions l'habitude de tracer à la craie. J'appelais aussi « palais », le pavé ou le caillou qui me servait à jouer.

18. Les osselets (astragale du mouton) sont d'inégale grosseur. Trop gros, ils eussent été difficiles à rassembler dans nos mains. L'idéal était qu'ils fussent petits et égaux. Mais le boucher ne choisissait pas... Bien joli s'il acceptait de nous les mettre de côté.

19. L'omelette et l'œil de bœuf sont des figures du jeu d'osselets. Citons aussi « trou et bosse », « la tour Eiffel », « S » et « plateau », « l'araignée », « le pont », « les plaquettes de chocolat » – la grande, la moyenne et la petite – « le puits », « la rafale »... « le saucisson ».

20. Un des trajets de la marelle devait s'effectuer sans parler. Ainsi que telle séquence de balle au mur. En général la succession du palais était la suivante : sans rien faire, sans parler, sans bouger, sans rire, sur l'autre pied, yeux fermés. A la balle c'était pareil, sauf qu'on jouait : d'une main, de l'autre.

21. Figure du jeu d'osselets, dans laquelle on impose les osselets à saisir.

22. Le plaqueminier.

23. Le Marin est le temps du Sud, de la mer. Il est accompagné de nuages. Il fait « lourd ».

24. Le Nord, lui, dégage le ciel, le temps est sec. En hiver il rend le froid glacial.

25. Bouillaque, (*oc.*) : une commère.

26. Reprise perdue : un fil serpente d'un côté à l'autre des bords d'une déchirure pour les rapprocher. C'est la plus simple.

27. Dans la reprise damassée, le fil dessine un motif.

28. A patte-perchée, celle qui poursuit ne peut toucher que celles qui courent et non celles qui sont perchées.

A patte-malade, quand on a été touché on doit courir la main posée sur l'endroit de l'attouchement. Cela donnait lieu à des contorsions comiques. Quand les deux mains étaient occupées, si on était touché encore une fois on devenait la poursuiveuse – sauf, par exemple, si on avait été touché à l'épaule et qu'on puisse y mettre la joue.

29. Célèbre statue du sculpteur Injalbert. Elle fait partie d'une fontaine monumentale créée pour le Plateau des poètes,

jardin public dessiné par l'architecte paysagiste Buhler. Soixante-douze tonnes de marbre blanc, sous-bassement orné de cariatide, des m^3 de béton coulés dans le tertre pour rendre stable cette statue de bronze dominant le tout.

30. Finter, (*oc.*) : épier en cachette.

31. Ames Vaillantes : mouvement de jeunesse chrétienne. Je les ai beaucoup côtoyées et j'ai pratiqué le groupe en colonie, mais à l'école nous étions « Croisées ».

32. Avec l'argent récolté, les Missions achetaient des petits noirs, les baptisaient et les élevaient chrétiennement.

33. Les fleurs du mouron sont mêlées de bleu et de jaune. Lorsqu'il s'en trouvait deux d'intégralement bleues nous les mettions au creux de la main et disions que c'étaient les yeux de Jésus. Toutes jaunes c'étaient les yeux de Joseph.

34. Animal de toile et de bois où plusieurs hommes peuvent s'introduire pour le porter, le chameau – à une seule bosse, donc un dromadaire – mené par un homme costumé à l'arabe, « le papari », est sorti encore aux grandes occasions de la cité. Aphrodise serait arrivé pour évangéliser Béziers sur un chameau – il venait d'Orient. Après le martyre du saint, les biterrois se chargèrent de nourrir son chameau. Depuis il est l'emblème de la ville. Beaucoup d'autres cités languedociennes possèdent ainsi un animal gigantesque que l'on justifie par une histoire légendaire. Le poulain de Pézenas, l'âne de Gignac, le bœuf de Mèze...

35. Coques : pâtisserie traditionnelle, sorte de brioche sucrée, parfumée à la fleur d'oranger, vendue pour cette occasion.

36. Mot dérivé de « tarralha », vaisselle de terre, (*oc.*).

37. Mouvement catholique réservé aux jeunes filles, déjà presque mort dans les années 50. Toutefois il existait encore et, à la messe, aux cérémonies de la paroisse, participaient les jeunes – ou vieilles – filles vêtues de blanc, ornées de ruban bleu en sautoir, voilées de tulle comme les communiantes.

38. Si l'on récite mille Ave le jour du 15 août on peut demander une grâce avec une grande certitude d'être exaucé.

39. Notre-Dame du Moucadou, (*oc.*) : Notre-Dame du Mouchoir, statue « miraculeuse » biterroise, jamais reconnue par l'Église et objet d'une grande ferveur populaire.

CHAPITRE II

L'univers est sur le trottoir

1. Marelle escargot, enroulée sur elle-même au lieu de dessiner un avion ou un damier.

2. « Je déclare la guerre » : un cercle marqué de X portions est tracé, chacune ayant un nom de pays. Les joueuses posent

un pied sur leur portion, l'autre restant hors du cercle. La meneuse crie : « Je déclare la guerre à l'Italie. » A l'énoncé du pays elle poursuit « l'Italie ». Si elle l'attrape on peut prévoir tout un système de gages. On décide du remplacement de la meneuse.

3. Goullamasse et sansogne : version francisée de deux mots occitans signifiant des personnes sales et sans soin, (*oc.*).

4. Prem : abréviation de première, jetée pour retenir une chose ou une place au jeu.

5. Les amaguettes : cache-cache. De l'occitan s'amagar : se cacher, (*oc.*).

6. Nom des premiers collectifs bâtis à Béziers.

7. Celle qui cligne compte tout haut jusqu'à un chiffre convenu. Dès qu'elle l'a atteint elle peut commencer à chercher. Les fillettes cachées doivent ruser et profiter d'un moment où l'autre est loin pour sortir de leur cachette et venir toucher le but. Même débusquée, une fillette, si elle touche le but, est sauvée. On peut aussi jouer « à vue ». Dès qu'une joueuse cachée est déclarée « vue » elle est prise.

8. Peureux : se dit de tout endroit où on a peur.

9. Les Allées : grande promenade ombragée de 600 m. Construite au XIXe siècle.

CHAPITRE III

LES PROMENADES

1. A l'horizon de la plaine biterroise, les montagnes du Caroux se découpent contre le ciel. On s'est plu à y voir le profil d'une femme couchée sur le dos.

2. Fruit d'une rosacée, à chair verdelette et double noyau de bois, la taille varie jusqu'à celle d'une petite noix.

3. C'est-à-dire le cynorhodon, fruit de l'églantier.

4. Il s'agit du gaillet grateron, dont la tige est hérissée et reste accrochée aux vêtements.

5. « Cagarol, morgueta — « Escargot, mourguette
Mòstra tas banetas — Montre tes petites cornes
o apeli lo marescal — Ou j'appelle le forgeron
Per qu'escrache ton ostal » — Pour qu'il écrase ta maison. »

La mourguette est l'*helix vermiculata.*

6. Les fruits de la bardane se présentent comme des boules armées de multiples hameçons. Ils s'accrochent aux vêtements, aux cheveux. On peut les assembler entre eux.

7. Fruit du salsifis sauvage, il ressemble, trois ou quatre fois plus gros, au fruit du pissenlit. Il a le même agencement sphérique.

8. Le rais, (*oc.*) : graminée sauvage dont l'épi touffu comme

une queue s'accroche aux vêtements, s'accroche aux autres épis, au point qu'on peut en fabriquer de petits paniers, des corbeilles pour poupées.

9. Fonserane : Font Serana. Fontaine sereine ou fontaine-sirène.

10. La pouranque, (*oc.*) désigne une humidité marine, épaisse et chaude.

11. La cagne, (*oc.*) : la paresse.

CHAPITRE IV

Nous les filles

1. Patte-malade : jeu de poursuite où la fillette touchée doit mettre la main à l'endroit où elle a été touchée et continuer à courir ainsi. C'est parfois très acrobatique. Et on cherche à toucher à un endroit malcommode : milieu du dos, cheville, etc...

2. Poing féminin godin : comptine pour diviser. Chaque participante met devant elle ses deux poings et on chante :

> « Poing, féminin, godin,
> Caracas, séboulot (ou et mulot)
> Villes principales de la Maringo
> Cache ton poing derrière ton dos. »

Ce que fait celle que le sort désigne. Quand les deux poings ont été cachés, on ne participe plus à la comptine. Comme celle qui compte frappe sur les poings, elle n'en a qu'un à présenter et frappe dessus et dessous. Suivant le jeu pour lequel on compte, être éliminé peut être gratifiant ou non. La dernière qui reste cligne à cache-cache ou au contraire commence à la balle, ou devient maîtresse du jeu.

Nous disions non pas compter mais « ploumber » (*oc.*) et appelions ces chants ou petits récitatifs des « ploumbettes ».

3. Carriole : véhicule de planches à trois roues à roulement à billes – d'où l'autre nom du jouet – deux à l'arrière, une à l'avant sur un bras articulé, permettant de tourner. Ce jouet était bricolé par les garçons eux-mêmes.

4. Cèbe, (*oc.*) : sorte de mêlée brutale. Plusieurs variantes existent de ce jeu. Il faut sauter sur le dos de plusieurs garçons penchés en avant – comme lorsqu'on joue à saute-mouton. A force de recevoir l'assaut de nouveaux venus se précipitant de toutes leurs forces sur les garçons courbés, les porteurs s'effondrent ou bien certains de ceux qui ont sauté tombent à terre.

5. Les diverses faces des osselets ont un nom : trou, bosse, roi et valet ou « S » et « plateau ».

6. La mère : l'osselet rouge, appelé aussi « le rouge ».

7. Ce temps surcomposé est utilisé en français du Midi pour désigner une action qui s'est produite plusieurs fois, mais exceptionnellement, une habitude peu fréquente.

Ex : ça s'est eu vu... (c'est-à-dire : on l'a vu parfois, mais pas souvent).

8. Deux fillettes se tiennent face à face par les mains dont elles font une sorte de pont. Les autres passent dessous en file. On chante :

« Laissez-les passer les olivettes,
Laissez-les passer qu'elles vont souper.
Trois fois passera,
La dernière, la dernière,
Trois fois passera,
La dernière
Arrê-arrê-arrê... tera. »

On peut faire durer cet arrê... autant que l'on veut. A la fin on emprisonne une des fillettes de la chaîne dans les bras et on lui pose tout bas la question : « Pierre ou Jean ? », « Dans la poire ou dans la cerise ? » ou bien « Paris ou Marseille ? », ou quoi que ce soit, décidé entre les deux qui se tiennent les mains. Suivant sa réponse elle est envoyée dans l'un ou l'autre camp et vient se ranger derrière son « chef ».

9. « Antoine-Pivoine
Marchand de navets
Qui lève les robes
A Monsieur le Curé. »

10. Métiers (muets ou non) : deux fillettes d'un groupe sortent à l'écart et choisissent un nom de métier. Elles reviennent, annoncent les lettres extrêmes B....R et se mettent à mimer. A la première qui répond elles demandent : « Dans quoi tu veux ? » L'autre annonce une catégorie quelconque – ce qu'elle veut – noms de filles, de garçons, de villes, de fruits. Les deux fillettes à nouveau partent à l'écart et choisissent chacune un nom de garçon, de ville, de fruit... Elles reviennent et proposent le choix à la gagnante : « Lucile ou Henriette », elle répond et « sort » préparer un métier avec celle qui proposait le nom choisi.

Si personne ne répond, les deux fillettes *parlent* le métier. Elles prononcent le mot en tapant du plat de la main sur la bouche. Le son sort tout brouillé, mais aide à deviner.

Si encore personne ne trouve le métier mimé, elles demandent : « Vous trempez ? » et les spectatrices enfoncent chacune l'index dans la main fermée comme un poing – mais pas tout à fait. Après elles révèlent le nom du métier et repartent en mimer un autre.

11. Le temps que la joueuse est en l'air, la corde doit passer deux fois sous les pieds. La réussite des « coups doubles » dépend à la fois de l'habileté de la joueuse – elle doit savoir sau-

..aut et se recroqueviller sur elle-même quand elle est en . air – et de celle qui tourne la corde. Il y a toujours des controverses possibles, des malveillances réelles ou imaginaires.

12. A un jeu aussi alerte et mouvant que le palais, « sans bouger » paraît une aberration. Il s'agit en fait de ne faire qu'un saut de case en case et d'envoyer le pavé au numéro suivant d'un seul mouvement du pied – sans s'y reprendre à deux fois.

13. Tu quiches : tu exagères – traduction de l'occitan « quichar ».

14. L'érodion bec de cigogne. Nous ignorions bien sûr ce nom. Nous appelions ces fruits spiralés et munis d'une tête pointue : des heures.

15. Combine : pour combinaison.

16. Femnette (*oc.*), se dit fennette, avec un double n. Il n'y a pas d'équivalent en français.

CHAPITRE V

Le coco Boer et le pain d'hostie

1. Le touril (*oc.*) ou tourin, soupe d'été faite d'un oignon fricassé avec de la tomate. Le tout couvert d'eau et épaissi de pâtes ou de pain.

2. Deux sœurs jumelles poissonnières venaient de Valras vendre la pêche de leurs maris. Quand une seule venait, on l'appelait « la jumelle ».

3. La traîne : pêche traditionnelle qui consiste à tendre un filet depuis le bord de la plage. Le filet a une poche et on le place en forme de U, avec une barque. Il est tiré depuis la plage.

4. Scombre gascon, poisson de mer.

5. Ravoir quelque chose : le nettoyer et le faire redevenir propre. Se dit d'un ustensile ou d'un vêtement.

6. Saquette, (*oc.*) : nourriture que l'on emporte dans sa musette.

7. Coupe-cou : nom d'une des figures du jeu de ficelles.

8. Navets de Pardailhan : navets à peau noire venus dans la terre d'un village du nord de Béziers : Pardailhan. Réputés pour leur parfum, ils sont bien connus dans le biterrois.

9. Polypode vulgaire.

CHAPITRE VI

MILLE CHOSES DANS DES BOÎTES

1. Gonacrine : pastilles pour la gorge.
2. Le biais, ou manière de faire, ou art. Mot occitan qui indique toute habileté.
3. Il s'agit d'une luzerne.
4. Traste : mot occitan, de « trast » : grenier. Par extension, tout ce qui mérite d'y être relégué.

CHAPITRE VII

ANTIPETITSERPENTIGRAPHE

1. Qu'est-ce qui a les os *sur* la peau ? C'est l'œuf. La coquille est par-dessus la peau qui double l'œuf. Les cinq cents demoisellettes sont les grains de la grenade.
2. En enchaînant trois nombres : 6, 4 et 2, on obtenait un profil.
3. Méou, (*oc.*) : miel, pour merde.
4. Emplâtre, carpan, (*oc.*) : gifle.
5. Silène enflé.
6. « Le duc de Bordeaux ressemble à son père, son père à son frère et son frère à mon cul. De là j'en conclus que le duc de Bordeaux ressemble à mon cul comme deux gouttes d'eau. »
7. « La reine d'Angleterre, qui s'est foutue par terre, en dansant la polka au bal de l'opéra. Napoléon premier, voulut la ramasser, son pantalon craqua, la lune se montra. »
8. *Manja costelas*, (*oc.*) : mange côtelettes.
9. Une version expurgée disait : « tire-bouchon »
10. « La petite Lili
M'avait bien promis
Trois poils de son cul
Pour faire un tapis.
Les poils sont tombés,
Le tapis est foutu,
La petite Lili
N'a plus de poils au cul. »
11. Sur l'air de *La Fille du Bédouin.*
12. Réponse : la poêle à frire a un œil au bout de la queue.
13. Pour ainsi changer de nom, les filles sont mieux partagées que les garçons. Outre les divers noms de dames, elles peuvent défouler leurs désirs d'autres patronymes et prénoms sur leurs poupées, en particulier leurs folies de grandeur.
14. On « trempe » quand on décide d'abandonner une recherche, de déclarer forfait. C'est donner sa langue au chat (tout aussi obscène). On enfonçait l'index dans le puits du poing présenté. C'était la façon de dire que l'on capitulait.
15. De l'occitan « cabord », « caborda » : fou, dérangé.

CHAPITRE VIII

Commandantes, importantes, intéressantes

1. « Je joue à la balle
contre la muraille
un peu plus haut,
je casse un carreau,
la balle roule
dans un fossé,
un homme passe,
me la ramasse,
la met dans sa poche,
et puis s'en va.
Je rentre à la maison,
Papa lisait,
Maman cousait,
petit frère dormait,
et moi je pleurais;
Papa me dit :
Pour pénitence
tu me feras
trois tours de danse :
en voici un,
en voici deux,
en voici trois. »

A chaque séquence, il y a un geste particulier. Cette chanson est psalmodiée.

2. La série est : « Sans rien faire, sans bouger, sans parler, sans rire, d'un pied, de l'autre, d'une main, de l'autre, tapette, moulin et grande. »

3. « Arlequin dans sa... bou... tique / sur les marques du palais / il vendait sa botariga / à tous ceux qui l'écoutaient – 1-2-3 – / Silence // Silence // Poli // chinelle // danse ».

Pendant « Arlequin dans sa... bou... » que l'on fait durer, la fillette est accroupie sous la corde que l'on balance au-dessus de sa tête. A partir de « tique », et jusqu'à – 1-2-3 – elle doit se lever brusquement et sauter normalement. Pour la fin, à chaque // on tourne des coups doubles.

4. « Oh la grau, la grau, la vieille
qui croyait avoir vingt ans
Aujourd'hui ont fait la noce
Et demain l'enterrement. »

5. « Il neige, il neige
à gros flocons
Petits enfants,
c'est la saison
Il faut rentrer à la maison
Il neige à gros flocons. »

Des coups doubles sont tournés tout le temps.

6. « Elle a des talons hauts 1-2-3 // une jupe à carreaux 1-2-3 //
la fermeture Éclair 1-2-3 // c'est Joséphine Baker 1-2-3 //
Elle a un petit mari 1-2-3 // qui s'appelle Louis 1-2-3 //
et un petit garçon 1-2-3 // qui s'appelle Léon 1-2-3 /
Vive // Napo // léon //. »

Coups doubles à chaque // . Ces trois jeux de corde sont très athlétiques.

7. « J'appelle à mon secours (ici le nom d'une copine) et je lui dis va-t-en 1-2-3 – ».

Sauts simples et assez lents. La difficulté vient du fait que celle qui est appelée doit venir sauter avec l'autre et quitter le jeu à « va-t-en ».

8. Étirettes : deux fillettes se tiennent par les mains, rapprochant leurs pieds et penchées en arrière, tournent voluptueusement. Si l'une lâche, l'autre tombe violemment.

9. Entravettes : quelqu'un passe, on avance le pied et il trébuche.

10. « La ramonette », (*oc.*) : c'est la femme du ramonet, chef des ouvriers d'un domaine viticole. En général, les femmes du peuple en Languedoc commandent (on les appelle : le gouvernement). On traitait de ramonettes les fillettes particulièrement autoritaires.

11. « Dans sa cabane vivait un ermite / qui se nourrissait d'eau et de pain bis / jamais poulet n'entra dans sa marmite / ni autre chose en son logis / un jour pourtant il en vint une / la guetta si bien qu'il l'attrapa / ah! s'écria-t-il la bonne fortune / jamais le loup ne te mangera tra la la la. »

Il s'agit d'une vraie chanson à mélodie où face à face on se frappe dans les paumes, croisant ou non les mains.

12. « Marie-Madeleine, leine, leine / Va à la fontaine, taine, taine.
Va chercher de l'eau, l'eau, l'eau / dans son petit seau, seau, seau.
Jésus la regarde, garde, garde / et lui dit tout bas, bas, bas
Marie-Madeleine, leine, leine / tu n'en auras pas, pas pas.
Marie-Madeleine, leine, leine / se met à pleurer, rer, rer.
Jésus la regarde, garde, garde / Je t'en donnerai, rai, rai. »

Même jeu de mains que nous appelions « tapettes ».

13. Escargot : on s'enroule subtilement en passant sous un « pont » de bras tendus.

14. Il y a deux manières de jouer : les transferts où la ficelle passe de l'une à l'autre et les figures que l'on exécute seul : « la barrière à deux », « le bol dans le plat », « le cul de singe », etc.

15. C'est pratiquement impossible d'expliquer par écrit comment on fait ces merveilles. J'invite les lecteurs à venir me voir. J'ai appris, j'ai réappris les ficelles à des centaines de gens.

16. Angrole : petit lézard gris des murailles. On désigne gentiment de ce mot occitan les enfants menus et vifs.

17. Pliage du ciel et de l'enfer :

D'un côté appeler X le point de rencontre des diagonales, de l'autre l'appeler X'. Bien marquer les diagonales (arêtes du côté X). Tourner le carré du côté X'. Ramener les pointes A, B, C, D, vers le point X'. On obtient un carré plus petit dont une face est x et l'autre x'.

Le mettre face à soi du côté X. Ramener les quatre pointes du carré plus petit en X'. Le petit jeu est prêt.

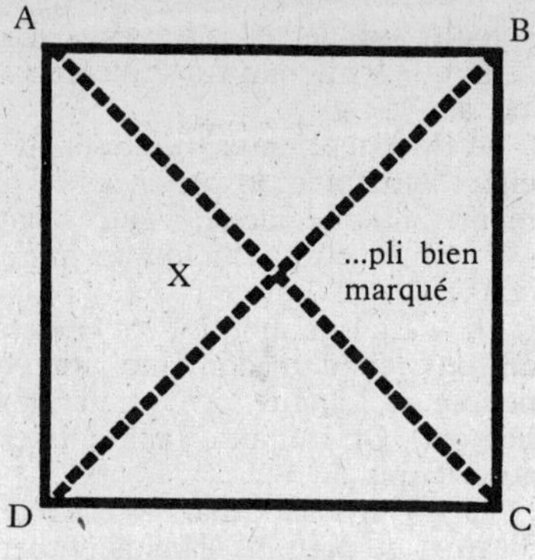

face X

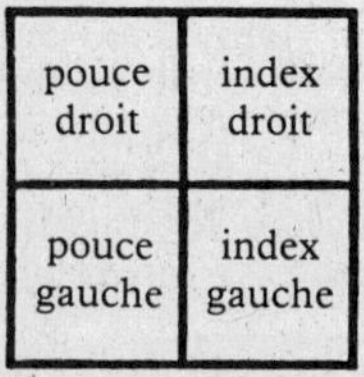

côté X'

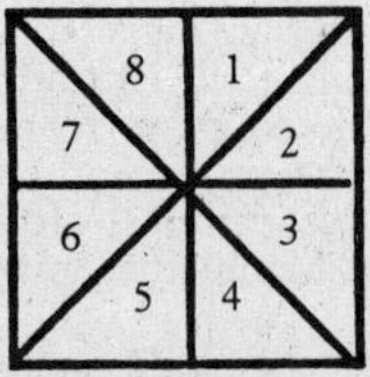

côté X

Du côté X' on a quatre languettes. On les soulève et on glisse ses doigts comme cela est indiqué. On obtient un bec à quatre pointes que l'on tient face à soi sur les deux pouces et les deux index. Réunir ces quatre doigts en bouquet. Les quatres pointes sont rapprochées. Écarter les deux pouces toujours joints des deux index toujours joints. Fermer. Écarter index droit et pouce droit joints d'index gauche et pouce gauche joints. Refermer. Ouvrir, fermer. Ouvrir, fermer. Chaque fois qu'on ouvre on découvre quatre nombres, et quatre autres la prochaine fois. Colorier en bleu une des ouvertures – c'est le ciel – en rouge une autre – c'est l'enfer –.

Sous chaque nombre mettez un message. Répartissez ainsi quatre choses gentilles et quatre choses méchantes, dans le genre « *tu pues* », « *tous les garçons t'aiment* », « *Pierre t'aime* », « *tu es laide* ».

18. La maîtresse du jeu fait face au mur. Les autres se tiennent à distance, derrière une ligne. Pendant que la maîtresse compte : 1, 2, 3, les autres doivent avancer le plus possible. A « soleil », elle se retourne brusquement et renvoie derrière la ligne de départ celles qu'elle a vues bouger. A gagné la première qui touche le mur.

19. Patelle : la largeur du pied. Demi-patelle : largeur d'une demi-pointe, c'est-à-dire le pied posé sur les orteils. Pas de fourmi : juste la pointe extrême des orteils. Pot de colle : sauter sur place. Casserole : exécuter une vrille en l'air en sautant.

20. « Anna, c'est Célina.
– Que fais-tu là ?
– Du chocolat.
– Pour qui ?
– Pour moi.
– Pour qui encore ?
– Pour Monsieur, pour Madame, pour la Reine d'Espagne. »

21. Tenir les pouces : opération protectrice. L'amie serre son propre pouce dans le creux de sa main, au profit de son amie. Il arrivait à une amie scrupuleuse d'être handicapée par un pouce tenu serré, pendant que l'autre effectuait une épreuve. Il m'arriva de le faire pour Alice, partie en démonstration de gymastique. Le fin du fin était de tenir les deux pouces.

CHAPITRE IX

Mais où est donc Ornicar ?

1. « Petit Jésus tout aimant
Pain de vie
Sois notre aliment
Dans la Sainte Hostie

Il est venu le beau jour
Jour de grâces et de mystères
Où nous t'offrons sur la terre
Le trône d'amour
Que ton cœur préfère.

Quitte du ciel les splendeurs
Et viens dans la blanche hostie
Trésor de grâces infinies
Répandre en nos cœurs
l'immortelle vie. »

2. « Elle a des talons hauts
Une jupe à carreaux
La fermeture Éclair
C'est Joséphine Baker
Elle a un petit mari
Qui s'appelle Louis
Et un petit garçon
qui s'appelle Léon.
Vive Napoléon ! »

3. Incorrection fréquente des Méridionaux, car en occitan le verbe être se conjugue au passé simple avec lui-même : « soi estat ».

TABLE DES MATIÈRES

Achevé d'imprimer
par Maury-Eurolivres S.A.
45300 Manchecourt

Imprimé en France
Dépôt légal : septembre 1991